防火與防爆

（第二版）

FIRE AND
EXPLOSION PROTECTION

張一岑◎著

SPONTANEOUSLY COMBUSTIBLE

EXPLOSIVE A

FLAMMABLE GAS

序

　　台灣地區在短短的四十年內，由一個傳統農業化社會轉變成高度工業化社會，台灣的經濟奇蹟不僅使得國人驕傲，並且已成為開發中國家的楷模；然而，在傲人的成就之下，卻隱藏著無限的危機。由於國人急功好利，僅重視硬體（設備、建築），忽視軟體（技術研究開發、人才培養），工業基礎並不穩固，宛若在沙灘上堆砌的城堡，操作人員對於錯綜複雜的生產程序、詭異的化學反應，只知其然，而不知其所以然，再加上地狹人稠，工業區與社區、商業區之間幾無安全緩衝距離可言，萬一發生重大災變，後果不堪設想。由下列幾個最近發生的工業意外案例，即可發現台灣地區的高度危險性：

- 某國企業在兩年內，發生十餘次意外，包括火災、爆炸、油氣洩漏等，財產設備與賠償損失超過十億元，現場工作人員傷亡十餘人，這一連串的事件皆是由人為失誤所造成的。
- 半導體工業在一年內發生三次火災，損失將近二百億元，在半導體發展史上，可說是空前絕後，以一件損失高達一百二十億元的火災事件為例，即可看出整個產業的問題。意外發生的原因，在於排氣管線中易燃物質的濃度過高，超過著火濃度下限，而排氣管線又以塑膠材質製成，易於產生靜電，靜電放電所產生的火花，點燃引火；火勢在燃燒一至兩小時後，本已由消防人員撲滅，但是為了排放濃煙，卻將密閉的廠房打開，引入大量空氣，又再引燃，終於釀成不可收拾的大禍。
- 桃園縣蘆竹鄉某化學工廠發生火災，消防人員未能充分掌握廠內儲存的溶劑、樹脂資訊與特性，貿然使用大量消防水滅火，結果造成火勢蔓延與連續性爆炸，多位消防人員殉職。

　　試想一個歷史悠久、營業額高達三、四千億元的大型公司，居然無力督促員工確實執行安全的標準作業程序，頻頻發生人為失誤，吾人又怎麼能希冀千百家人才與資金缺乏、技術落後的中小型工廠能安全操作運轉呢？

　　如果消防隊員僅有冒險犯難、犧牲小我的精神，但缺乏轄區內工廠所儲存的物質資訊與化學物質滅火經驗，吾人又怎能奢求他們因應日益增加的大小災變呢？如欲改善目前狀況，唯有加強安全教育與推廣安全觀念，將工業安全觀念深植人心。

有鑑於此，筆者乃根據個人工作經驗，並參考歐、美、日等先進國家有關製程安全、防火、防爆等專業書籍與論著，撰寫一系列書籍，曾先後出版《化工製程安全管理》、《化工製程安全設計》，分別闡述安全管理方法、危害辨識、風險評估、本質安全設計與疏解系統等，期以協助設計工程師熟悉原理、方法與設計技能。本書著重於案例分析、火災與爆炸的預防，期以協助現場工程師解決實際問題。

本書共分為四個主要部分，第一篇為導論，含第一章「火災與爆炸統計」與第二章「工業火災與爆炸意外案例」，以過去發生的案例與統計資料，分析討論發生的原因與背景；第二篇為基本觀念，僅含第三章「火與爆炸」，概述火與爆炸特性；第三篇為火災、爆炸之防範，介紹對策（第四章）、設計（第五章）、設備（第六章）；第四篇為消防與安全管理，除討論消防設備（第七章）、特殊生產場所防火防爆對策（第八章）、如何撲滅液體碳氫化合物火災（第九章）外，並介紹安全管理（第十章）。本書內容多取材自國外大型工業災變的實例、跨國性公司與美國消防協會（NFPA）準則、方法，並強調火災、爆炸的預防。全書平鋪直陳，儘量避免理論的探討，凡具大學一、二年級理工學院程度者皆可理解，除可供從業工程師參考外，並可作為工程科系教科書。

防火、防爆範圍廣泛，筆者雖然廣泛蒐集資料，並多方請教專家學者，解決疑惑，但限於個人能力、精力，獨自編寫本書，難以周全，未盡善美之處，恐不勝枚舉，尚祈海內外專家學者指正。

本書承揚智文化事業股份有限公司葉忠賢先生鼎力支持，工研院于寧博士協助借閱相關書籍，雲林科技大學徐啟銘博士提供災變資料，王若懷小姐協助翻譯日文資料，閻富萍小姐協助編輯出版事宜，在此謹向他們表示最大的謝意。沒有他們的熱忱協助與鼓勵，本書無法如期完成。

最後謹將本書獻給業師高璟教授、Dr. B. L. Bruner與Dr. T. W. Leland，以感謝他們當年導引筆者走入學術的殿堂。雖然本書內容與三位恩師所傳授的量子化學與統計熱力並無關聯，但是他們追求真理的精神與所指引的研究方法，一直協助筆者解決疑惑、克服困難。令人惋惜的是Dr. T. W. Leland早在1986年即已逝世，筆者無法再親聆教誨，當面表示由衷的感謝。

張一岑

民國101年9月

目　錄

PART 1

導　論

Chapter

1

火災與爆炸統計

1.1 一般火災統計

火災與爆炸一直是最主要的公共災害之一，歷史上重大火災不僅奪取數百甚至數千人命與龐大財務損失，甚至會造成嚴重的經濟衰退。天災會引發火災，1923年日本關東大地震所引發的火災造成十餘萬人死亡與200萬人無家可歸就是顯明的例子。人為縱火也會造成都會人口密集地區的重大傷亡，例如1949年9月2日，大火燒燬中國重慶市三十多條街巷，造成7,000人與數萬人受傷。易燃物資儲存場所，如彈藥庫、化學工廠等，如果引燃，極易造成重大的財務損失與人員傷亡。

1984年，印度博帕市（Bhophol, India）農藥工廠發生爆炸，大量劇毒異氰酸甲酯散布至大氣中，造成3,894人死亡與20萬人受傷。**表1-1**列出二十件人類歷史上死亡人數超過1,000人的重大非軍事火災與爆炸，其中二十世紀中期後所發生的重大火災或爆炸事件多集中在工業場所，如化工廠或發電廠。

依據日內瓦協會（Geneva Association，國際保險經濟學研究會）統計，2006～2008年間，會員國（歐、美、日本、新加坡等）內火災或爆炸所造成財務損失每年高達552億美元，約占國內生產毛額之0.12%；其中以新加坡最低，僅占0.05%；挪威則高達0.22%（**表1-2**）。每年死亡人數高達9,560人，平均每十萬人中，約0.93人死於火災（**表1-3**）。

近十年來，我國火災發生次數逐年下降，民國90年發生13,750次火災，至民國99年已降至2,186次，降幅高達84%[2]。死亡人數也由234人降至83人（**圖1-1**），每十萬人口死亡人數僅0.54人，雖遠高於新加坡（0.11）、義大利（0.17）、瑞士（0.3）、澳洲（0.48）、荷蘭（0.52）等國，但遠低於英（0.80）、法（0.98）、美（1.21）與日本（1.62）（**表1-3**）。

2010年，美國發生1,331,500件火災，其中以建築物失火最多，占36.1%，野火次之，占28.3%，交通意外所引發的火災占13.9%，廢棄物為13.0%[3]。火災造成3,120人死亡與17,720人受傷，85%是在家庭失火中死亡。烹飪是造成家庭失火最主要的原因，占68%，煙霧或燃燒所產生的毒性物質是致人於死的最主要原因[4]。2008年，日本共發生52,394件火災，平均每一萬人口發生4.1件；死亡人數計1,969人，受傷人數計7,998人，總損失金額為1,084億日圓[5]。2008年至2010年，中國共發生火災39.8萬起（不含森林、草原、軍隊、礦井地下部分火

表1-1　歷史上二十件重大非軍事火災爆炸事故[1]

項次	日期	地點	事故摘要	死亡人數
1	1923/9/1	日本關東	7.6級地震將東京夷為平地，所引發的火災造成200萬人無家可歸	142,807
2	1857/3/21	日本東京	地震所引發的火災	107,000
3	1986/4/26	蘇聯基輔	核能發電廠爆炸	7,000〜8,000
4	1729	土耳其	伊斯坦堡市內大火	7,000
4	1949	中國重慶	人為縱火	7,000
6	1984/12/3	印度博帕	異氰酸甲酯散布至大氣中	3,849
7	194911/29	東德	Johanngeorgendstadt鈾礦爆炸	3,700
8	1769	義大利布雷西亞	雷擊造成彈藥庫爆炸	3,000+
9	2001/9/11	美國紐約市	恐怖份子劫機撞雙子星大廈	2,749
10	1845/5/3	中國廣州	戲院失火	1,670
11	1917/12/6	加拿大	Nova Scotia地區軍火船撞船	1,654
12	1942/4/26	中國遼寧省	本溪湖煤礦爆炸	1,549
13	1865/4/27	美國密西西比河	蒸氣輪船爆炸	1,500
14	1934/3/21	日本函館	都市大火	1,500
15	1863/12/8	智利聖地牙哥市	教堂失火	1,488
16	1871/10/8	美國威斯康辛州	森林大火	1,152
17	1956/8/7	哥倫比亞	炸藥車爆炸	1,100
17	1948/12/3	中國東海	太平輪爆炸	1,100
19	1906/3/10	法國Courrières	煤礦爆炸	1,030
20	1904/6/15	美國紐約市	蒸氣輪船鍋爐爆炸	1,030

災），死亡3,865人，受傷1,967人，直接財產損失52.1億元人民幣，與前三年相比，火災起數和死亡、受傷人數均下降，但財物損失卻上升55.5%[6]。

　　民國95年至99年間，我國火災次數以電器設備所占比例最高，約三分之一（33.2%），人為縱火次之，占12%。令人驚訝的是菸蒂居第三位，高達9.9%之多。其餘分別為爐火（5.0%）、機械設備失火（4.1%）、敬神掃墓（2.4%）、施工不慎（2.3%）、自殺（1.3%）、玩火（1.3%）、瓦斯漏氣爆炸（1.2%）、爆竹（1.0%）、燈燭（0.8%）、化學物品（0.4%）、烤火（0.2%）[2]。交通事故僅占0.9%，遠低於美國的13.9%。爐火、敬神掃墓、自殺、玩火、瓦斯漏氣爆炸、爆竹、燈燭、烤火等合計13.2%，皆為國民對於火的使用與火災防範觀念與能力缺乏所導致，有待提升。如將縱火、施工不慎與菸蒂合計在內，人為失誤所造成的火災高達37.4%。

防火與防爆
Fire and Explosion Prevention

表1-2　2006～2008年世界火災直接財務損失統計（2009年1月百萬美金）（註一）

國家	英文名稱	年			占GDP百分比	
		2006	2007	2008	2006-2008	
新加坡	Singapore	112	98	98	0.05	
斯洛維尼亞	Slovenia	-	-	-	0.07	2002-2004
澳洲	Australia	864	1,003	882	0.05	
捷克	Czech Republic	31	174	246	0.08	2008
西班牙	Spain	-	-	1,629	0.08	
波蘭	Poland	331	486	630	0.09	2005-2007
紐西蘭	New Zealand	150	179	0	0.11	
美國	United States	16,718	21,219	22,505	0.11	
日本	Japan	6,752	6,790	8,558	0.12	
德國	Germany	5,589	5,585	5,101	0.13	
英國	United Kingdom	3,104	4,380	3,562	0.13	
荷蘭	Netherlands	1,262	1,704	1,879	0.16	
芬蘭	Finland	440	596	546	0.17	
義大利	Italy	3,726	4,733	5,638	0.17	
瑞典	Sweden	805	1,074	976	0.17	
丹麥	Denmark	561	805	-	0.20	2005-2007
法國	France	5,589	6,437	8,143	0.20	
挪威	Norway	-	-	-	0.22	2003-2005

註一：The Geneva Association, World Fire Statistics 27, 2011.

表1-3　2006～2008年世界火災造死亡人數（註一）

國家	英文名稱	年			每十萬人口	
		2006	2007	2008	2006-2008	
新加坡	Singapore	10	5	0	0.11	
瑞士	Swissland	30	15	-	0.30	2006-2007
義大利	Italy	280	250	285	0.17	
澳洲	Australia	90	105	110	0.48	
斯洛維尼亞	Slovenia	5	15	10	0.50	
荷蘭	Netherlands	85	70	100	0.52	
中華民國（註二）	Rep, of China	120	120	101	0.54	
西班牙	Spain	245	255	270	0.66	
德國	Germany	510	-	-	0.68	2006
紐西蘭	New Zealand	25	35	35	0.75	
英國	United Kingdom	515	465	475	0.80	

（續）表1-3　2006～2008年世界火災造死亡人數（註一）

國家	英文名稱	年			每十萬人口	
		2006	2007	2008	2006-2008	
瑞典	Sweden	90	110	130	1.20	
美國	United States	3,550	3,750	3,650	1.21	
挪威	Norway	55	70	-	1.25	2006-2007
丹麥	Denmark	70	70	-	1.28	2006-2007
捷克	Czech Republic	150	224	316	1.41	
波蘭	Poland	605	600	585	1.56	
日本	Japan	2,100	2,050	2,000	1.62	
匈牙利	Hungary	180	175	190	1.81	
芬蘭	Finland	125	95	110	2.08	

註一：The Geneva Association, World Fire Statistics 27, 2011.

註二：內政部消防署，全國火災次數起火原因及火災損失統計表，2011年。

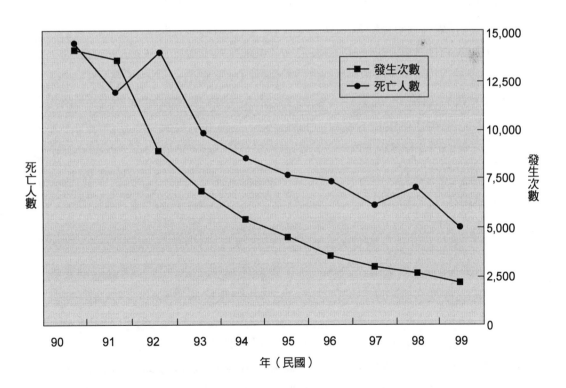

圖1-1　我國近十年來火災發生次數與死亡人數[2]

從火災統計數據可知，如欲降低我國火災次數，必須從改善機械設備與教育宣導著手，除嚴格要求與管制產業界使用合格的機械設備外，應加強國民理解火的危險性與提升使用爐火、瓦斯與燈燭設備的能力，並且嚴格管制與避免在公共場所或敬神掃墓時不當用火的行為。

1.2 工業火災統計

1.2.1 台灣

自民國59年至82年為止，台灣的化學災變共348件，其中以爆炸案件最多，占35.92%，化學物質外洩次之，占29.31%，火災占19.25%，其他（含中毒等）占15.52%，爆炸及火災事件合計55.17%[7]。

表1-4列出引起化學災害事件的化學物質類別及所占的比例，其中以可燃性液體居多，占52.8%，壓縮氣體次之，占19.2%，爆炸性物質居第三位，占15.6%，此三種物質皆是引發火災、爆炸的物質，總共約占87.6%。

引起爆炸與火災的原因以明火最多（40.0%），電火花次之，占25.9%，摩擦／撞擊占18.8%，靜電占7.1%，自燃占7.1%，高溫占1.1%（**表1-5**），其中明火及電火花所引發的案件，多為發火前未偵測引燃物質的濃度所致，換句話說，即在不應產生火花的環境中點燃火花，自然會引發出失火式爆炸的意外[8]。

1.2.2 日本

日本發生之主要化學災害案例的類型以爆炸事件居首，占72.5%，外洩次之，占36.3%，火災則占25%。就災害原因分析，以裝置設備故障最多，占33.6%，其次為運轉操作過失，占25.4%，維修清潔過失占17.3%，其他占23.7%。

日本裝置設備故障的分析中，以反應器及其他生產單元操作設備如蒸餾塔、槽等占62.1%，其次為管線破裂、腐蝕，占19%，如與我國情況相比較，日本操作單元設備所占的比例遠超過我國，其原因可能是日本化工業較為進步，

表1-4　引起化學災害的化學物質類別百分比[8]

物質類別	台灣	日本
液化石油氣、可燃性液體	52.8%	42.5%
壓縮氣體	19.2%	28.1%
爆炸性物質	15.6%	4.4%
腐蝕性物質	6.3%	3.8%
易燃性固體	2.9%	18.1%
有機過氧化物	1.9%	3.1%
其他	1.3%	0 %
合計	100.0%	100.0%

表1-5　引發工業災害的火源分析百分比[7]

點火源	美國	台灣	日本	說明
明火	37.0%	40.0%	26.9%	香菸、焊接火星、爐火
電火花	23.0%	25.9%	9.0%	馬達、電器火花
摩擦／撞擊	12.0%	18.8%	29.9%	摩擦發熱、撞擊火花
靜電	1.0%	7.1%	13.4%	皮帶、汽油、粉末、蒸氣
自燃	4.0%	7.1%	8.0%	氣體、粉末積聚、自然發火
高溫表面	7.0%	1.1%	4.5%	燈泡、引擎
雷電	1.0%	0.0%	4.5%	電擊
化學點火源	11.0%	0.0%	0.0%	反應失控、物料過熱
其他	4.0%	0.0%	0.0%	

開發新產品及新製程的機會多，因此不確定的因素亦多，容易引起反應器或塔槽的失常而引發災害，日本管線破裂的比例遠較我國低，顯示其檢視維修上較佳[7]。

　　操作運轉失誤中以操作不當占第一位（43.2%），其次為通風不良、不安全的環境（38.6%），閥操作錯誤占15.3%。

　　日本石油工業自1958年起，災變逐年上升，至1973年達最高峰，全年超過100件，然後逐年減少，八〇年代中期以後趨於平緩，每年在30件左右。危險物製造、儲存場所所發生的火災次數，自1965年起逐年減少，可見過去三十年日本對於火災的預防及工業安全，不僅十分重視，而且有很大的進展。

1.2.3 美國

　　由1944年至1989年間發生的139件化學災害分析結果，可知美國化學災害以爆炸事件最多，占全部案件57.6%，火災次之，占52.6%，危害性物質外洩事件占38.8%，由於各類型災害常成因果關係，上述統計含重複計算，故其總和超過100%，由於美國自1970年起即大力推行工業衛生及汙染防治，在大型災變中發生中毒事件較少。

　　表1-6列出美國工廠互助工程公司（Factory Mutual Engineering Corporation, FMEC）曾分析過美國發生的25,000件以上的工業火災原因，其中以火焰源所占的比例最高（44%），電源次之（25%），如除去人為縱火與吸菸所造成的火災，火焰源與電源比例相當。

表1-6　工業火災造成的原因[9]

原因	百分比（%）
電源	
電器設備或電線短路	23
靜電	1
雷電	1
小計	25
物理源	
機械摩擦	10
機械設備	2
小計	12
火焰源	
燃燒器火焰	7
燃燒產生的火花或餘燼	5
吸菸	18
縱火	3
焊接、切割所產生的火花	4
高溫設備（鍋爐、火爐、塔等）表面	7
小計	44
化學源	
化學反應失控	1
熔融物質潑灑	2
物料過熱	8
自燃	4
小計	15
其他	4

1.2.4 綜合比較

　　由台、日、美三國的化學災變統計比較，可以得到下列數個基本的結論[2]：

1. 美、日兩國所發生的災害原因中，以設備居首位，而我國則以操作及維修等人為疏忽所占的比例居多，足見我國從業人員防災觀念不足，有待於加強改進。

2. 反應器、塔、槽等生產設備是設備中所占比例最大者，由於反應器、塔、槽中所盛裝的易燃性物質多，一旦發生故障，易發生嚴重的後果，今後宜對此類設備多加維護及檢驗，以期安全運轉。

3. 我國因管線破裂而導致失事者所占比例甚高，達三分之一左右，不僅應全面檢討管線的設計及張力分析，並加強檢視維修。

4. 我國化災案例中，由於可燃危害性物質積滯、殘留所造成的災害偏多，可見工業界通風不良，且缺乏偵測儀器，宜設法改善。

 1.3 重大工業火災／爆炸事件

　　表1-7列出1970年至2009年四十年間世界上發生的100件最主要的化學災變統計，此資料係根據美國M&M保防顧問公司所出版的《碳氫化合物與化學工業的大型財產損失》（*Large Property Damage Losses in the Hydrocarbon-Chemical Industries*）中統計而得，總損失以2009年1月幣值計算，達298億美元，平均每個意外事件損失為2億9,800萬美元[11]。

表1-7　1970～2009年間100件主要石油與化學工廠災變損失

	意外次數	損失金額 百萬美金*	平均損失 百萬美金*
1970～1979	12	2360	196.7
1980～1989	27	9730	360.4
1990～1999	24	6710	279.6
2000～2009	37	11040	298.4
小計	100	29840	298.4

*2009年1月幣值。

火災／爆炸、火災、爆炸與蒸氣雲爆炸共占69件，總損失高達204.4億美元，占總損失68.5%（**表1-8**）。

表1-9列出近十年來，重大工業火災及爆炸事件，以供參考。

 1.4 火災／爆炸演化過程

任何一個火災／爆炸事件的發生皆是由於一個或數個意外、非計畫性的事件所引發的，在發生之前，必須具備一些潛在的危害因素，例如過量的易燃性、危害性物質的不當儲存或反應在某些特定條件下難以控制等。如果系統中的危害因素眾多時，意外事件遲早會發生，西諺莫非定律（Murphy's Law）有云：「任何可能發生的事，一定會發生」（Anything that can happen, will happen），在日常生活中屢試不爽，也同樣能應用於工業災變中。

表1-8 1970～2009年間各行業別意外型態與損失

	煉油廠	石化廠	氣體工廠	儲運所	油井	件數小計	財物損失*	平均損失*
火災／爆炸	11	8	2	3	8	32	10460	327
爆炸	3	10	1	1		15	4340	289
火災	8	2	1	1		12	1980	165
蒸氣雲爆炸	3	4	3			10	3660	366
油氣噴出					6	6	1740	290
颱風	3	1			1	5	1860	372
機器損壞		1	1		3	5	1370	274
地震	2			1		3	680	227
設計／施工不良			1		2	3	490	163
碰撞					2	2	960	480
產品遭受汙染	1					1	210	720
結構失效					1	1	720	720
暴動					1	1	650	650
觸地／氣候					1	1	150	150
打樁作業					1	1	150	150
不詳					2	2	420	420
總件數	31	26	9	6	28	100	-	-
總損失*	7940	7230	1290	2660	10720	-	29840	298

*單位：百萬美金。

表1-9 2000～2009年間重大工業火災及爆炸事件（百萬美金）[11]

時間	地點	類型	說明	財物損失	死／傷人數
9/21/2001	法國 Toulouse, France	爆炸	肥料工廠中硝酸銨倉庫爆炸，威力約等於3.2級芮氏地震	610	30/3,000
6/25/2000	科威特 Mina Al Ahmadi Kuwait	火災／爆炸	煉油廠與天然氣液體廠間的凝結油管線洩漏後失火，燒毀三個蒸餾工廠與兩個重組工廠	600	5/50
1/19/2004	阿爾及利亞 Skikda, Algeria	火災／爆炸	大量碳氫化合物噴出，與鍋爐接觸後爆炸，摧毀了三個油氣液化單元與發電廠等50%設備	560	27/72
2/18/2008	美國德州 Texas, USA	火災／爆炸	70萬桶／日，煉油廠爆炸，流體化觸媒裂解工廠、公共設施儲槽區與瀝青工廠損毀	380	0/2
3/20/2007	日本新瀉	火災／爆炸	甲基纖維素工廠中，靜電引燃甲基纖維素後失火爆炸，整個工廠停工兩個月	290	0/17
3/23/2005	美國德州 Texas, USA	火災／爆炸	45萬桶／天，煉油廠中的異構化工廠於起動時，由於反應槽液位計失效，油氣由疏解閥進入排放槽後再由排放煙囪排出	270	15/105
4/29/2006	美國德州	火災／爆炸	乙烯工廠的丙烯冷凍工廠失火，火勢延燒三日，工廠停工六個月	250	
8/16/2007	美國密西西比州 Pascagoula Mississippi, USA	火災／爆炸	325,000桶／日，煉油廠的二號原油蒸餾工廠失火	230	
4/9/2001	荷屬安地列斯島 Wickland, Aruba Dutch Antilles	火災	煉油廠的減黏裂化工廠的隔離閥失效，油品點燃後燒毀	230	5/50
12/10/2005	德國 Munchsmunster Germany	爆炸	己烷由石化工廠洩漏後與電馬達接觸後引火爆炸，燒毀單元工廠	230	0/20
8/14/2001	美國伊利諾州 Lemont Illinois, USA	火災	160,000桶／日，煉油廠的原油蒸餾塔由於腐蝕而洩漏，油品洩漏後失火	210	
10/12/2006	立陶宛 Mazeikiu Lithuania	火災／爆炸	煉油廠內真空蒸餾工廠油氣洩漏失火	180	
11/22/2002	摩洛哥 Port of Mohammedia Morocco	火災／爆炸	大雨造成的洪水表面浮油與煉油廠熱設備接觸後著火，燒毀真空蒸餾塔、觸媒重組與加氫脫硫等工廠	180	
4/23/2004	美國伊利諾州 Illiopolis Illinois, USA	爆炸	年產31萬噸聚氯乙烯廠的氯乙烯單體與醋酸乙烯反應槽爆炸，摧毀75%工廠設施	180	5/2

（續）表1-9　2000-2009年間工業重大工業火災及爆炸事件（百萬美金）[11]

時間	地點	類型	說明	財物損失	死傷人數
4/23/2001	美國內華達州 Carson City Nevada, USA	火災	油氣由煉油廠石油焦工廠管線洩漏，油氣噴出失火，濃煙高達900公尺，石油焦工廠停工兩個月	170	
1/4/2005	加拿大 Fort McMurray Alberta, Canada	火災／爆炸	225,000桶／日，石油砂煉油廠的前處理設備失火	160	
1/6/2003	加拿大 Fort McMurray Alberta, Canada	火災／爆炸	石油砂煉油廠的前處理工廠油氣洩漏後發生爆炸，溶劑回收工廠電機設備受損	160	0/2
1/20/2004	印尼 Gresik, East Java Indonesia	火災／爆炸	化工廠中機械失火後爆炸	150	2/68

災害發生的過程可分為下列三個階段：

1.發起（Initiation）。
2.散布（Propagation）。
3.後果（Consequences）。

發起事件為機械設備的失常、管線破裂、電力或蒸氣的中斷、天災、人禍等，如果發起事件的影響範圍很小或不引發一連串的連續事件時，災變不致會發生；例如一個未直接與控制元件相連溫度計的損壞，也許會造成操作人員的不便，但並不一定會直接造成控制閥的錯誤開啟或操作員的判斷失誤。如果此溫度計的指示數據直接控制冷卻水的流量，失常後，冷卻水供應減少，反應器內的溫度不斷上升，而溫度計又無法正確指示正確情況及指示冷卻水控制閥加大開啟程度，反應器即可能在短時間內失去控制，壓力則不斷上升，如果疏解閥或排放系統設計不良時，即可能發生爆炸或可燃物質外洩的後果。

中間事件為操作人員、系統或機械設備對於發起事件的反應，中間事件發生後的階級為散布階段，在此階段中的人為性、機械性的疏解、調整、災害控制或抑止等的因素措施，也屬於中間事件。

中間事件演變的結果，也會造成一連串的連鎖反應，然後引發出可怕的火災、爆炸及有害、可燃物質外洩，這些後果發生後，會不斷地引發出其他事件，例如易燃性氣體由管線逸出後，遇點火源著火爆炸，將附近的反應器、儲

槽破壞，由反應器、儲槽洩漏的揮發性液體，在短時間內揮發形成蒸氣雲，將整個廠區籠罩在內，然後再遇火源爆炸，不僅將整個工廠破壞，而且會危及周圍社區。

　　表1-10列出火災／爆炸演化過程，以供參考。第二章中則詳細敘述各種不同爆炸及火災的實例。

 ## 1.5 災變的預防

　　圖1-2顯示災變演化的流程圖，此流程圖雖與**表1-10**類似，但是將發展過程分類為四個大類：(1)評估（Evaluation）；(2)工程技術（Engineering）；(3)管理實施（Enforcement）；(4)教育訓練（Education）。

表1-10　火災／爆炸演化過程[11]

危害	發起事件／意外	中間事件		災變後果
		散布	修正及控制	
過量的危害物儲存量 ・著火物質 ・可燃物質 ・不穩定物質 ・毒性物質 ・過熱物質 快速反應特性 ・反應物 ・產品 ・中間產品 ・副產品 對下列參數或物質敏感的反應 ・雜質 ・溫度、壓力、濃度、酸鹼度等程序參數	機械設備失常 ・泵、閥、壓縮機 ・儀器、偵測器 圍堵失效 ・管線 ・桶槽 ・儲槽 ・氣密墊 人為失誤 ・操作 ・維修 ・測試 公共設施中斷 ・電力 ・水 ・空氣 ・蒸氣 天災人禍 ・洪水、颱風、地震、雷擊 ・恐怖份子破壞 方法及資訊錯誤 ・設計 ・傳播	程序參數失常 ・溫度、壓力、濃度 ・流率 ・相態 圍堵失效 ・同左 物質外洩 ・可燃性 ・爆炸性 ・反應性 著火及爆炸 （操作員失誤） ・忽略 ・安裝 ・診斷／決策 外在因素 ・警示遲滯 ・未警示 方法／資訊錯誤 ・數量 ・實用性 ・時效性	安全系統反應 ・疏解閥 ・備用公共設施 ・備用機件／系統 緩和系統應變 ・通氣 ・短堤 ・火炬 ・噴水系統 控制反應 ・計畫中 ・臨時決定 意外發生後應變措施 ・警示 ・緊急應變 ・個人防護設備 ・疏散及警衛 外在事件 ・早期偵測 ・早期警告 資訊傳送 ・路徑 ・方法 ・時效	火災 爆炸

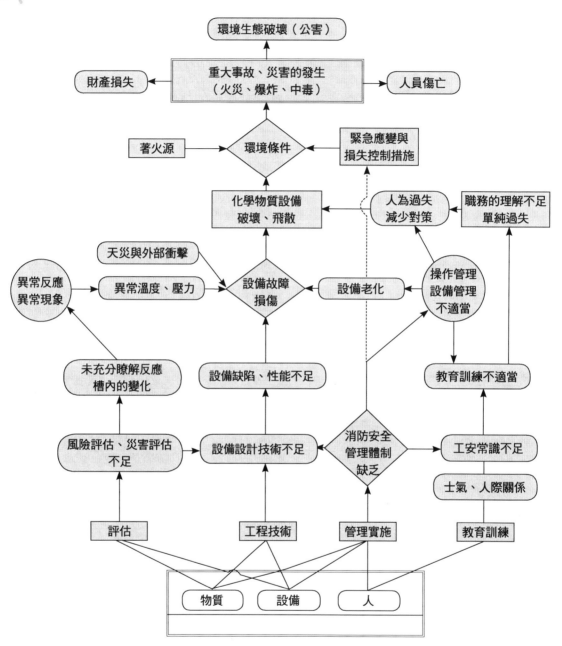

圖1-2　災變演化流程[12]

由於這四個項目的英文字皆以E開始，因此可稱為四E原則。

1.5.1 評估

評估包括危害辨識、風險評估等。危害辨識的目的在於發現製程中可能造成危害的因素，危害辨識的方法很多，工程師可依據其需要，選擇適當方法執行。

風險是意外發生的機率與損失的組合，風險評估為評估一個系統的危險程度的系統性方法，其目的在於意外發生前即找出製程中危害、機率、影響，以及由三者組合的風險程度，其結果可以作為決策的依據，風險評估包括危害辨識、機率分析、影響分析、風險分析等部分。

1.5.2 工程技術

工程技術的重點在於設計的合理化、安全化，營建的水準符合設計要求及安全標準。

1.5.2.1 設計合理化、安全化

1.廠址選擇。

2.廠房、設備布置。

3.本質安全設計：

(1)降低／去除製程中的危害。

(2)減少可燃物質的使用量、儲存量。

(3)選擇和緩的操作條件。

4.足夠的安全防範設施：

(1)緊急疏解系統。

(2)急冷、緩和、洗滌、焚化等處理。

(3)消防設施。

(4)緊急因應企劃。

5.安全檢討。

1.5.2.2 工程及營建符合設計要求及安全標準

　　1.標準規範。

　　2.安全準則。

　　3.品質保證。

　　圖1-3顯示一個現代化工廠必須具備多層保護措施，才可將災變的發生機率及損壞降至最低。

1.5.3 管理實施

　　管理實施包括安全運轉與安全管理。

1.5.3.1 安全運轉

　　1.試俥／啟動前檢討。

　　2.檢視。

　　3.操作及維修步驟。

　　4.員工配置及訓練。

　　5.緊急因應措施。

　　6.實際操作（手冊及指令、安全規則、訓練）。

1.5.3.2 安全管理

　　1.定期安全查核。

　　2.風險評估、危害辨識。

　　3.意外調查、改善。

　　4.製程修改專案許可及執行。

　　5.安全管理組織。

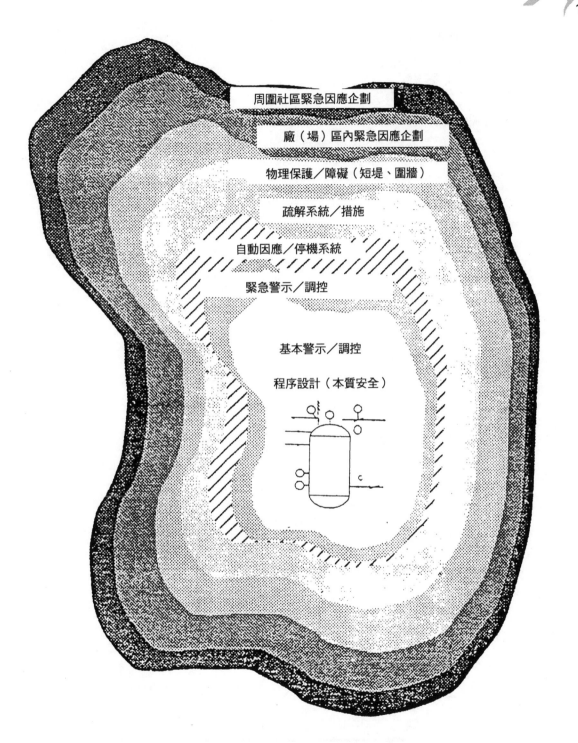

圖1-3　具多重保護措施的現代化工廠[13]

1.5.4 教育訓練

1.5.4.1 教育訓練的內容

教育訓練是防火防爆工作中不可缺少的一環，其目的在於不斷地建立員工正當的安全意識、工安規則以及緊急防範逃生措施。其內容為：

　　1.安全意識之建立。

　　2.安全政策及責任。

　　3.危害通識。

　　4.基本防火防爆作業。

　　5.危險物品之處理及儲存。

　　6.物質安全資料表（MSDS）。

1.5.4.2 教育訓練的方式

訓練方式可分為：

　　1.課堂講習。

　　2.現場實習，例如消防及緊急應變、疏散。

　　3.定期性檢討會。

　　4.電腦模擬。

 **參考文獻**

1. NFPA, Deadliest/Large-loss Fires, National Fire protection Association, 2011.

2. 內政部消防署，全國火災次數起火原因及火災損失統計表，2011年。

3. M. J. Karter, Fire Loss in the United States during 2010, National Fire Protection Association, 2010.

4. Ahrens M., *Home Structure Fires,* Quincy (MA): National Fire Protection Association, 2011.

5. 黃欽賢，「98年全國消防暨義消楷模赴日本（名古屋市）參訪考察報告書」，基隆市消防局，2010年。

6. 〈2008至2010年中國火災近40萬起〉，中國安全生產網，2011-06-29，http://www.aqsc.cn。

7. 蘇德勝，〈化學工業災害調查與分析〉，《化學工業汙染防治與安全教育研習會論文集》，頁B1-B33，1992年。

8. 行政院環境保護署，《中華民國台灣地區環境資訊》，1994。

9. Roger L. Brauer, TABLE 16-1 Leading Causes of Industrial Fires, *Safety and Health for Engineers*, 2nd Edition, John Wiley and Sons, New York, USA, 2005.

10. Marsh Global Energy Practice, The 100 Largest Losses 1972-2009, 2010.

11. AIChE, *Guideline for Hazard Evaluation Procedure*, 3rd Edition, John Wiley and Sons, New York, USA, 2008.

12. 野村福次，《化學災害安全對策技術第四冊，事故災害事例對策》，東京：丸善株式會社，1979年。

13. AIChE, *Guidelines for Engineering Design for Process Safety*, CCPS, American Institute of Chemical Engineers, New York, USA, 1993.

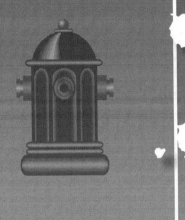

Chapter 2

工業火災與爆炸意外案例

工業火災及爆炸所造成的人畜傷亡及財產損失相當嚴重，為了協助讀者瞭解其發生的原因及演化過程與影響，本章介紹下列事件：

1.蒸氣雲爆炸：
　(1)英國邦斯菲爾德油品儲運站（Buncefield Oil Storage Depot）爆炸事件。
　(2)美國菲利浦化學公司高密度聚乙烯工廠爆炸事件。
　(3)英國傅立克斯鎮（Flixborough, England）尼龍原料工廠爆炸事件。
2.液化石油氣爆炸：墨西哥液化石油氣轉運站爆炸事件。
3.化學反應失常事件：義大利薩維梭事件。
4.過氧化物爆炸事件。
5.粉塵爆炸實例。
6.油品儲運時因靜電所引發的火災、爆炸事件。
7.半導體工廠意外事件。
8.煙火工廠意外事件。

 2.1 蒸氣雲爆炸

蒸氣雲爆炸是所有化學災變中破壞威力最大的，發生的原因主要是由於易燃性高壓氣體或高壓液體由桶槽、管線中洩漏後，形成巨大的氣雲。由於大多數的易燃氣體或有機蒸氣的比重大於空氣，氣雲形成後積聚在地表面，其散失速度甚慢，逐漸將整個工廠或附近社區籠罩在內。氣雲的周圍不斷與空氣接觸，形成可燃氣體混合物，如遇點火源，則著火爆炸，其最高威力可相當於數噸甚至數十噸三硝基甲苯（TNT）炸藥的威力。自1960年至1989年間所發生的三十六次蒸氣雲爆炸事件的統計可知，其總威力相當於583噸TNT爆炸，財產損失超過15億美元，共有724人死亡。

2.1.1 英國邦斯菲爾德油品儲運站爆炸事件

2.1.1.1 摘要

　　2005年12月11日（星期日）清晨六點，英國邦斯菲爾德油品儲運站發生第一次爆炸，接著於6:26和6:27分發生兩次爆炸，結果導致二十座儲槽（每座容量：1.2萬公秉）燃燒，火球高達300英尺，濃煙高達10,000英尺，爆炸威力相當於2.4級地震。本意外造成41人輕傷，2人重傷住院但情況穩定，儲運站嚴重毀

圖2-1　英國邦斯菲爾德油品儲運站爆炸圖

壞。財物損失4億美元，如果將賠償、訴訟與調查費用包括在內，總損失高達15億美元。

邦斯菲爾德油品儲運站發生爆炸燃燒後，附近房子、車子、樹木、玻璃多受波及，M1公路封閉15哩，疏散居民2,000人。150位來自二十個鄉鎮消防單位之消防員，動用6具高容量之幫浦，每分鐘以泡沫與32,000公升水混合滅火。火勢於12月13日（星期二）熄滅[1]。

12日，赫德福德郡和倫敦北區已有兩百多所學校關閉，人們擔心直衝雲霄的煙霧會危及人的健康。警方警告，當大火減弱後，半空的灰塵會較接近地面，影響人們的呼吸道，引致咳嗽、眼部敏感及噁心，長者、呼吸病患者及兒童特別易受影響，當局呼籲爆炸現場附近居民留在家中並關好門窗。據悉，有1,200萬人住在爆炸煙霧的範圍。首當其衝的是在爆炸現場當值的警員，當地醫院表示約25名警員感到不適。

當邦斯菲爾德油庫大爆炸釋出的黑煙吹向倫敦時，夾雜濃煙灰塵的「黑雨」可能會嚴重危害英國首都倫敦居民的健康。英國氣象部門發言人表示，「黑雨」降下會汙染草原，可能會危害吃草的牲畜，使英國東南部供應的牛奶含有汙染物質。

2.1.1.2 位置

邦斯菲爾德油品儲運站位於英國倫敦北方25哩，是航空燃油之主要供應站（圖2-2）。它自1968年開始營運，供油量占全英國5%，儲運量為英國第五位。儲存之油品包括超低硫柴油、無鉛汽油、高級無鉛汽油、煤油、工業及農業用製氣油、航空燃油等。其中HOSL區由道特爾（TOTAL）英國公司及德士

圖2-2　邦斯菲爾德油品儲運站布置圖

古（Texaco）公司共同投資，股權分別為60%及40%，其餘由BP、Shell及BPA（British Piping Agent）共用[1]。

2.1.1.3 原因

純屬意外；據報告指出，該區上空正好有油氣之蒸氣雲，經火花或熱源點燃後，因連鎖反應導致二十座油槽發生火災，點火源仍調查中。燃燒物質為飛機燃油，供應對象為希斯洛國際機場與倫敦周邊另三個中型機場。儲槽結構設置的不合理和防火堤密封性的失效是造成事故範圍擴大的重要因素。

2.1.1.4 法律責任

2010年7月16日英國法院判處包括道特爾在內的五家英國石油公司為2005年邦斯菲爾德油品儲運站火災負責，五家公司將支付巨額罰款。道特爾公司被罰620萬英鎊，道特爾公司的合資公司赫特福德石油儲存有效公司單獨被罰245萬英鎊。其他遭罰的公司還有曼澤維爾控制系統有限公司、TAV工程有限公司以及英國管道署有限公司。

2.1.2 美國菲力浦化學公司高密度聚乙烯工廠爆炸事件

2.1.2.1 摘要

1989年10月23日位於美國德州帕薩丁納市（Pasadena, Texas, USA）的菲力浦化學公司所屬的高密度聚乙烯工廠發生爆炸事件（**圖2-3**），造成23人死亡、314人受傷，爆炸威力相當於10噸的三硝基甲苯炸藥，一時黑煙蔽天，周圍10哩之內皆會感到震波，兩個生產高密度聚乙烯的工廠全部被毀壞，財產損失高達近8億美元。

爆炸是由於乙烯原料及異丁烯（催化劑攜帶流體）由高壓（50公斤／平方公分）反應回路中洩出，形成巨大的蒸氣雲後，遇點火源著火爆炸。至於為何乙烯及異丁烯會由回路中逸出，雖難有定論，但絕對非操作失誤或蓄意破壞所造成的。最可信的原因為維護工作執行得不夠澈底，以及安全管理不當。美國職業安全衛生署（OSHA）調查報告中，指出廠方作業及管理不合安全規定者，達五十五項之多，應繳交罰款570萬元。工會則將責任推至公司管理階層，因為公司為了降低人事負擔，使用大量臨時合約雇工，合約雇工的經驗及安全

圖2-3　美國德州菲利浦化學公司高密度聚乙烯工廠爆炸圖

資料來源：Chemical & Engineering. News, p. 4, Oct. 30, 1989.

訓練皆較正式工會成員為低，易於失誤及疏忽。

由於該工廠產量占美國高密度聚乙烯市場的需求量17%，爆炸後，供應失調，價格上漲約8～10%。

此事件發生後，震驚美國化學工業界、國會及政府主管機關，因而加速工業安全管理法規之修正，OSHA 1910・199（化學工廠風險管理系統法規）之迅速頒布及執行與此事件有很大的關係。

2.1.2.2 場地狀況

美國菲利浦化學公司是美國菲利浦石油公司（Phillips Petroleum Corp.）附屬的化學公司，發生意外的工廠位於石油及石化中心的德州休士頓市（Houston, Texas）近郊帕薩丁納市（Pasadena），附近工廠林立，人口約10萬人，多為工廠員工或支援服務人員，工廠占地面積約330萬平方公尺，主要產品為：

1.高密度聚乙烯（HDPE）：68萬噸／年。

2.聚丙烯（PP）：23萬噸／年。

3.煤油（Kerosene）：8萬噸／年。

　　從業人員約900人，其中600人為合約雇工，300人為正式員工，流程圖如**圖 2-4**所示，乙烯原料經乾燥、與氫氣混合，再與由異丁烷傳送的觸媒在高壓環狀反應器中聚合，聚合後的固體成品由反應器底部的沉積柱（Settling Legs）的閥釋出。

2.1.2.3 發生過程

　　事故發生的前一天（10月22日，星期日），承包維修工作的公司費雪工程

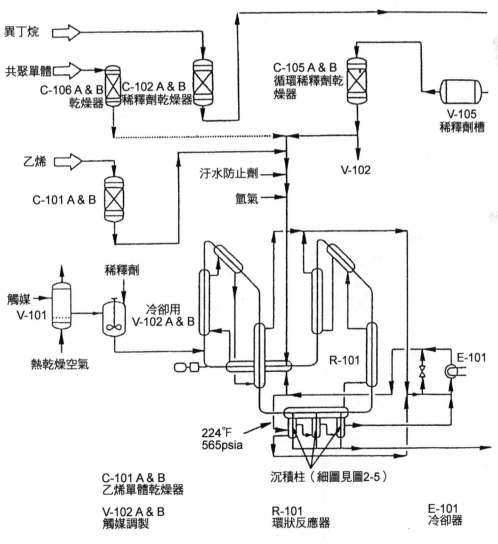

圖2-4　高密度聚乙烯製造流程圖[2, 3]

公司（Fish Engineering Company）的作業人員已將第六號環狀反應器的第六個
沉積柱（**圖2-5**）的三個修護完成，第二天（10月23日）開始維修第四號沉積
柱，至中午吃飯時尚未完成，工人即停工進食，下午1:00開始工作時，乙烯、
異丁烷、氫氣等易燃氣體由聚合物閥洩出，引火而爆炸，其威力約相當於2.4噸
TNT炸藥。

爆炸發生十至十五分鐘後，一個容量為75立方公尺的儲槽爆炸，二十五至
四十五分鐘後，其他反應器也發生爆炸，噴出大量易燃易爆氣體，總質量約38
噸之多，總威力達10噸TNT炸藥，一時黑煙蔽天，周圍10哩之內皆可感覺爆炸
震波，兩條生產線全部破壞。

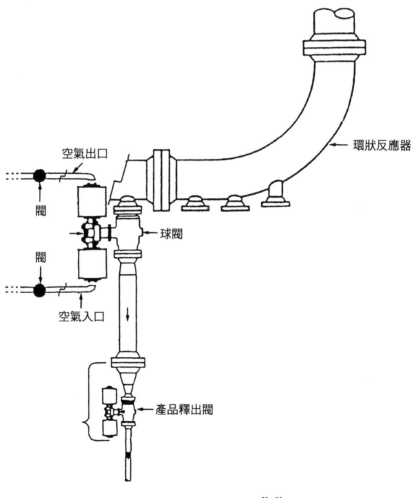

圖2-5　沉積柱的細部圖[2, 3]

2.1.2.4 原因

依據美國職業安全衛生署（OSHA）所召集的由現場技術人員、工業安全、衛生人員、地方主管人員、工業衛生專家所組成的調查小組調查報告，意外發生前現場作業人員於休息時將可燃物質偵測器關閉，由空氣驅動的聚合物閥裝置錯誤。

可能引燃噴出的易燃性氣體的點火源為：

1.觸媒再生裝置。
2.電焊設備。
3.反應器附近的車輛（十一輛）。
4.控制室後處理工程建築物內的一般電器設備。
5.堆高機。
6.以柴油為冷媒的冷卻系統。

2.1.2.5 消防

爆炸及火勢維持了十小時之久，消防用水雖然有專用管線，但是化學災害後一部消防泵損壞，水壓不足，難以有效發揮功能，必須由冷卻水塔、池、排水處理槽等水源取水，馬達驅動的消防設備也因電力中斷而無法使用，三台柴油泵浦中，一台因損壞在維修中，一台因燃料不足而停俥，僅有一台派上用場，一直到意外發生後十小時，才將火熄滅。由於災情現場溫度高，設備及結構皆被破壞，陷身在火海中的工作人員難以逃生。

2.1.2.6 調查結果

OSHA調查小組指出工廠中不合工業安全地方多達五十五項，主要內容可歸類為下列幾項：

1.風險評估、危害辨識及安全查核工作不澈底。
2.無防止可燃性物質洩漏的安全對策。
3.菲利浦化學公司與費雪工程公司從業人員未能澈底執行安全作業準則。
4.可燃性氣體偵測及警示設備不宜停機，而且應在其他可能外洩的場所增設。

5.工廠內點火源過多。

6.儀器室的結構無法抗拒火災及爆炸，而且通風不良。

7.工廠內消防設施不足。

2.1.3 英國傅立克斯鎮事件

2.1.3.1 摘要

1974年6月發生於英國傅立克斯鎮尼龍原料工廠的爆炸事件（**圖2-6**），是有史以來調查最深入的化學災變事件，對於化學工業界及工程界的影響很大，災變發生後，促使政府、工程界開始注意製程安全與運轉。

工廠的主要原料為環己烷，其製造程序包括六個串聯式反應器，環己烷先與空氣作用，產生環己酮，再經氧化，形成環己醇。每個反應器的容量為20噸，反應溫度與壓力分別為155℃及7.9大氣壓力。

災變前幾個月，第五號反應器有洩漏現象，必須停機修補，為了避免生產停頓，生產部門決定將第五號反應器隔絕，再將五號及六號反應器相連。

所需連接管線的28英寸不鏽鋼管當時並無庫存，該廠以20英寸管取代，由於口徑減少，截面積僅有所需28英寸管的一半，管內流速增至1倍以上，壓差及張力增加。為了增加管線的彈性，以降低張力的影響，因此在反應器接頭處使用彈性伸縮管。然而，由於管線支撐不足而破裂，30噸的環己烷外洩揮發，形成蒸氣雲後引火爆炸，造成28人死亡，36人受傷，大火燃燒十日之久，並波及附近社區，損壞1,821幢房屋及167間商店工廠，財產損失超過4億美元。

2.1.3.2 場地狀況

此工廠由尼龍專業公司（Nypro Co.）所經營，於1967年成立，荷蘭國家礦業公司（DSM）占45%股權，英國國家煤礦理事會（National Coal Board）占45%，Fisons公司占10%。主要產品為己內醯胺（Caprolactam），產量為每年7萬噸。工廠占地約60英畝（**圖2-7**）。舊廠係以酚的氫化法製造，而新廠則以環己烷為原料，經氧化過程，產生環己酮及環己醇，然後再合成己內醯胺。事故發生前，廠內儲存大量的易燃原料，包括33萬加侖環己烷、66,000加侖石油腦、11,000加侖甲苯、26,400加侖苯及460加侖汽油。

（a）環己烷工廠爆炸現場

（b）己內醯胺工廠爆炸現場

圖2-6　英國傅立克斯鎮尼龍原料工廠爆炸現場[4]

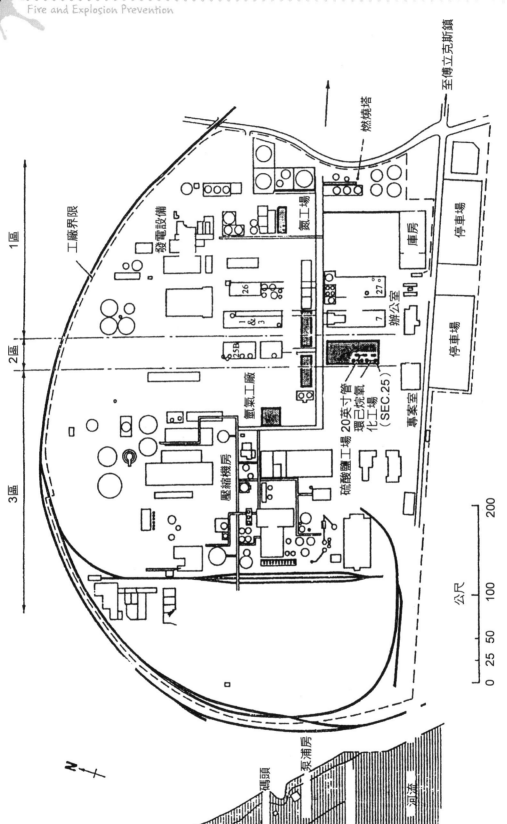

圖2-7　英國傅立克斯鎮尼龍專業公司工廠[4]

空氣、觸媒與環己烷在7.9大氣壓力的反應槽中反應，反應溫度為155℃，由於產出率低，每個反應槽僅產生6%的環己酮及環己醇，必須使用六個串聯反應槽，以增加產品的產出率，然後經分餾塔分離，未反應的環己烷再回流至反應槽中反應（**圖2-8**）。

每個反應槽的高度相差14英寸，液體受重力影響而流動（自R2521至R2526），每個反應槽之間以28英寸不鏽鋼管相連，鋼管與反應槽之間為伸縮軟管，管中僅部分為液體所占，其餘部分為氣體，以平衡壓力。

2.1.3.3 原因

意外的發生是由於環己烷由第四號與第六號反應塔之間的20英寸管洩出後揮發形成蒸氣雲，著火爆發。

事故前三個月（1974年3月27日）第五號反應槽（R2525）外槽殼上有一道6公尺長的裂縫，由於小量的環己烷由裂縫中洩出，因此可判斷不鏽鋼製的內槽亦已損壞，廠內高級主管開會決定必須將該槽隔離修補，將第四號與第六號反應槽相連。

這個工作屬於管線的連接，廠中人員並不重視，任由現場修護人員執行。由於當時廠中並無28英寸的不鏽鋼管，現場維修人員決定以三段20英寸管線焊接（成曲折形）（**圖2-9**），然後以凸緣與28英寸管及彈性軟管相連。

在整個維修過程中，沒有一張工程圖出現。工作人員僅使用粉筆在地板上繪出圖形，未經過工程師檢視，也沒有人懷疑是否修改的部分及彈性軟管可以承受管徑縮小後所增加的張力。現場施工及設計人員也未參考任何設計手冊或準則。連接管線是以**圖2-9**所顯示的四個鷹架上的橫桿所支撐，修改工作完成後，僅測試至反應正常操作壓力（約8大氣壓），而未測試壓力疏解閥的設計壓力（10.6大氣壓力），4月1日工作即恢復正常運轉。

2.1.3.4 發生經過

5月29日（意外發生前三天），由於視鏡洩漏，工廠停機修護，一直到6月1日才完成維修工作，準備起動；然而，由於一連串的小問題，一直無法起動，至下午4:53發生爆炸事件。茲將起動前的情況簡述於後：

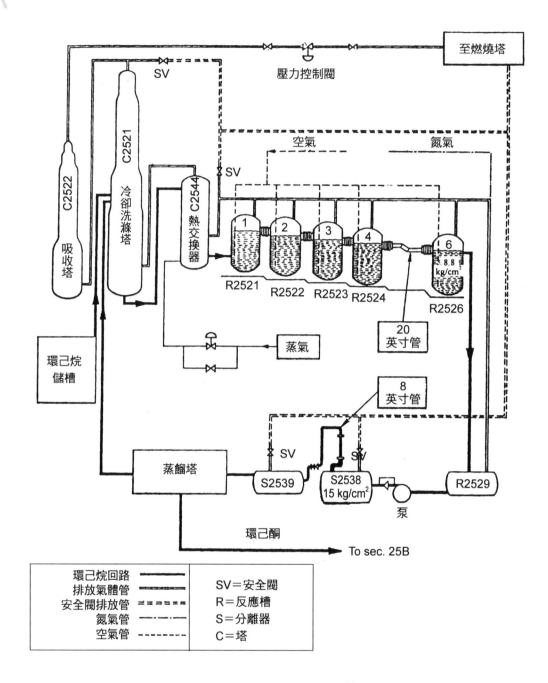

圖2-8　環己烷氧化工廠流程[4]

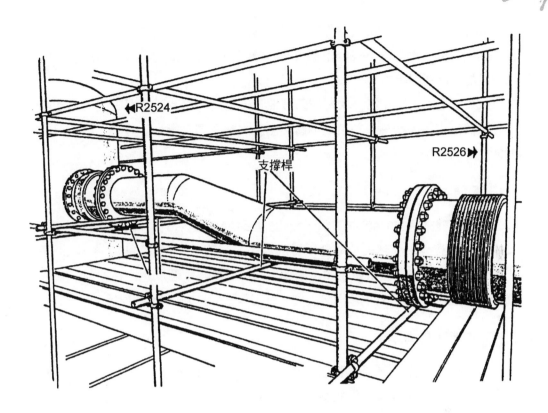

圖2-9　20英寸管裝置位置及其支撐[4]

上午4:00　　　　　　開始進行環己烷循環及蒸氣加熱，由於發現洩漏，馬上停止循環及加熱。

上午5:00　　　　　　洩漏停止，開始循環。

上午6:00　　　　　　壓力上升至8.2大氣壓（8.5 kg/cm²），一號反應槽溫度僅110℃，發現洩漏，停止循環及加熱，由於不產生火花的工具鎖在櫃中，無法偵測洩漏源。

上午7:00　　　　　　壓力降至4.3大氣壓（4.5 kg/cm²），第三班人員上班。

上午11:00～12:00　壓力上升至8.9大氣壓（9.2 kg/cm²），釋放部分氣體，以降低壓力至8.5大氣壓（8.8 kg/cm²）。

下午3:00　　　　　　第三班上班，以後二小時發生情況不得而知，因為控制室內所有工作人員全部陣亡。

下午4:53　　　　　　爆炸。

爆炸威力在15～45噸TNT炸藥之間，據推測爆炸係氣雲遇著氫氣工廠中的熱源而引發的。爆炸前，現場生還人員曾聽到約兩分鐘長的噪音，可能是由於環己烷的洩漏所引起的。

90%以上的工廠在第一次爆炸即被摧毀，由於儲槽及反應器破裂，大量可燃性液體流出，火勢蔓延30英畝地區。由於火勢及煙幕過大，消防人員必須疏散8哩以外的村民。

2.1.3.5 消防

本次災變動用250名消防人員，使用5哩長6英寸及2.75英寸消防水管救火，其中19人在救火中受到火及酸性物質的灼傷。消防工作在6月1日下午11:00停止，當時使用二十二個噴射水頭。兩個環己烷儲槽及兩個反應器在控制下繼續燃燒，一直到6月13日為止。消防人員一直工作至6月19日才離開現場。

2.1.3.6 調查及立法

此事件發生後，震驚了整個英國，大幅改變了政府及化學工業對於工業安全的態度。英國政府不僅組織了調查小組，深入調查發生的原因、經過及其後果，並且成立了一個嚴重危害顧問委員會（Advising Committee on Major Hazards, ACMH），全面檢討工業危害，並發表三個深遠的報告，提出辨識、認知、去除／降低及評估等四個控制工業危害的原則，並列入法規之中。這四個原則已普遍為工業化國家所接受。

2.2 液化石油氣爆炸事件

2.2.1 墨西哥市液化石油氣儲存／轉運站爆炸事件

2.2.1.1 摘要

1984年11月19日清晨，墨西哥首都墨西哥市（Mexico City, Mexico）郊區的液化石油氣（LPG）儲存／轉運站，由於管線破裂，釋放出大量液化石油氣，釋放的氣體形成蒸氣雲後，著火爆炸，火球直徑長達360公尺，四個球形儲槽及四十八個筒形儲槽全部遭到破壞，儲槽碎片彈至1,200公尺以外，儲存／轉運站

周圍的住宅多遭嚴重毀壞，居民死亡多達542人，受傷者超過4,000人，財產損失高達2,250萬美元（1990年幣值），是過去三十年以來，損失最大的工業災變之一。

2.2.1.2 場地狀況

此儲運站是由墨西哥國營石油公司（PEMEX）所經營，位於首都墨西哥近郊（**圖2-10**），站內共儲存16,000立方公尺的液化石油氣，分別儲存於五十四個儲槽內，其容量及數量如下：

1. 球形儲槽（2,250立方公尺）：2個。
2. 球形儲槽（1,500立方公尺）：4個。
3. 平臥式角形儲槽（110立方公尺）：48個。

儲運站內布置如**圖2-11**所顯示，儲槽正南方200公尺外為住宅區。

自從1982年世界經濟不景氣發生後，石油價格及需求量開始下跌，墨西哥原油出口大幅減少，經濟蕭條，失業率顯著增加，再加上中南美洲內戰不已，大量難民湧入墨西哥市近郊。

由於儲運站周圍平地及山坡地多屬國有地，乏人管理，逐漸形成窮人及難民居留地，儲運站周圍出現了大量違章建築，此類建築物多以易燃的木材建

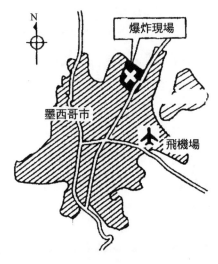

圖2-10　墨西哥國營石油公司液化石油氣儲存／轉運站位置[5]

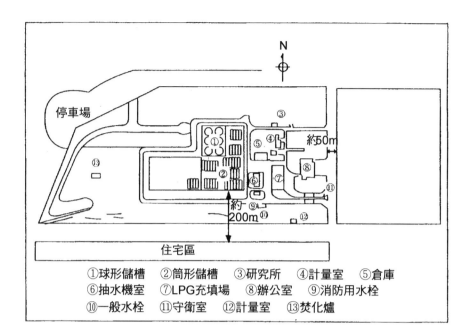

圖2-11 儲存／轉運站布置圖[5]

成，簡陋矮小，沒有足夠的通道及消防設備，當有火災或意外事件發生，搶救十分困難。

2.2.1.3 原因及過程

意外是由於通往儲槽的8英寸管線破裂，液化石油氣逸出後著火所引起的。

液化石油氣是丙烷、丁烷及少數的丙烯等烴類物質的混合物，比重視成分而變，約為空氣的1.5～1.75倍之間，由儲槽洩漏後，形成蒸氣雲，會受重力影響而下沉，難以有效散失。液化石油氣不斷地擴大，將整個儲運站及周圍住宅區籠罩起來。蒸氣雲遇火源著火爆炸後，火球即將整個儲運站及站外住宅區籠罩。

管線破裂的原因，則難有定論，有些災民報稱意外發生的前幾天，已有洩漏現象，有些人認為洩漏是附近居民潛入儲槽附近，偷取液化石油氣所引起的。

2.2.1.4 災情

依據由墨西哥石油協會、墨西哥國營石油公司、日本液化石油氣進口公司

組成的專家調查結果如下：

1. 死亡人數：542人。
2. 受傷人數：4,000人。
3. 財產損失；22,500,000美元（1990年幣值）。
4. 儲槽：除兩個球形儲槽頂部破壞外，其餘五十二個完全破裂，槽壁碎片四處彈散。
5. 住宅：全部毀壞。

火勢由11月19日上午5:40開始，十四小時後才得以控制，至20日下午才完全熄滅，總共延續三十六小時，儲運站全毀，附近住宅燒毀者不計其數。由於政府無法掌握戶籍，實際死亡人數不得而知，事後政府必須動員軍隊掩埋屍體及處理善後。災變現場滿目瘡痍，除了兩個儲槽外，所有設施皆被毀壞。

2.3 化學反應失常事件

2.3.1 義大利薩維梭事件

2.3.1.1 摘要

薩維梭鎮（Seveso, Italy）是距離義大利米蘭市25公里的小鎮，居民約有17,000人，1976年7月10日艾克梅沙化學工廠中生產三氯酚（Trichlorophenol）的反應器失去控制，溫度升高產生了四氯雙苯基戴奧辛（2,3,7,8-Tetrachloro-dibenzo-dioxin, TCDD），其中約2公斤經壓力疏解系統逸入大氣之中，再經雨水進入土壤之中，汙染面積達25平方公里（**圖2-12**）。

TCDD是目前公認為最毒的物質，動物實驗的結果顯示，僅需吸取體重十億分之一（10^{-9}）的劑量，即會致命。意外發生時，工廠與地方政府的溝通不良，附近居民未能即時疏散，約250人受傷，汙染嚴重地區目前仍以圍牆包圍，並且嚴禁人員進入。

如果設計時考慮過TCDD逸放的危險，而安裝適當的圍堵設備，則可防範此類意外的發生。

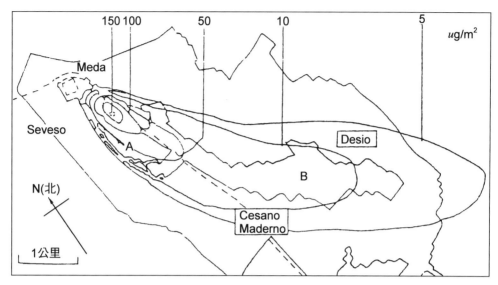

說明：圖中曲線為等濃度線

圖2-12　義大利薩維梭鎮地區遭受TCDD汙染濃度分布圖[1]

　　此事件的發生引起歐洲共同市場的重視，歐洲共同市場並因此而頒布「薩維梭訓令」。

2.3.1.2 製程簡介

　　艾克梅沙化學工廠的主要產品為三氯酚（2,4,5-Trichlorophenol），其化學反應如下：

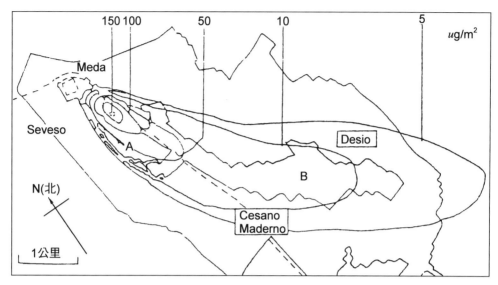

上列反應的附產品為2,3,7,8—四氯雙苯基戴奧辛（2,3,7,8-Tetrachloro-dibenzo-dioxin, TCDD）。在正常狀況下，TCDD濃度約10 ppm。

上列反應是一個容量為一萬公升的真空反應器產生，反應器外裝置水蒸氣盤管，水蒸氣的溫度為190℃，反應器內壁溫度約180℃，反應溫度則控制於135～160℃之間。根據過去的經驗，溫度超過230℃以上，反應會加速而失去控制。

三氯酚的製造過程為批式，所有的步驟在批式反應器中進行，每一反應週期所需時間為十一至十四小時，每步驟所需時間如下：

反應物進料	一小時
反應時間	四至六小時
溶媒萃取及蒸餾	三至四小時
水解	十五分鐘
其他（準備、清洗、善後）	二至三小時
合計	十一至十四小時

2.3.1.3 發生經過

1976年7月9日下午4:00開始進料，約2,000公斤的四氯苯（TCB），609公斤的苛性鹼（NaOH），1,000公斤的單氯醋酸（ClCH₂COOH），進入反應器中，7月10日上午4:45（十三小時後），反應器停止加熱，上午5:00攪拌器停機，此時反應器上殘留未完全分解的三氯酚，溫度約158℃，遠低於危險溫度（230℃）。上午6:00，電源及溫度記錄全部切斷，操作員也因反應全部完成而離開現場，反應器則置於無監視狀態之下。

7月10日上午12:37，壓力設定於533巴斯噶（4 torr）的爆破盤破裂，白色蒸氣由反應器中逸出，升至30～50公尺的高空，隨風飄散，由於當時風是由北向南吹，白色粉霧向工廠南方的住宅區擴散。

依據事後調查結果，總共約2公斤的TCDD散失在大氣之中或沉在地表面上，再經雨水帶入土壤之中，每平方公尺土壤中所含濃度最高達240微克，每平方公尺濃度超過5微克以上的面積高達25平方公里（**圖2-12**）。

2.3.1.4 原因探討

意外發生於反應完成、加熱及監視儀控系統全部停止後六小時又三十七分，反應失控而造成反應器內壓力上升，導致爆破盤破裂。由**圖2-13**可知，溫度在170～190℃之間時，即有上升的趨勢，溫度高達230℃以後，發熱溫度急速上升，由於裂解反應為放熱反應，會造成溫度的上升，溫度上升後，反應速率加速，兩者相輔相成，反應器內的壓力逐漸升高，終將超過爆破盤的設定壓力，而造成反應器內物質的排放。

然而為什麼反應物質在停機的狀況下，會升高至170～190℃之間呢？依據

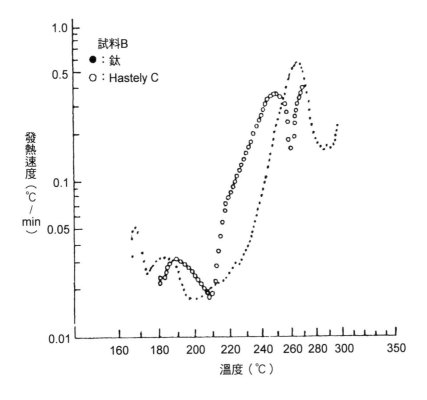

註：由於材質不同，發熱曲線亦異

圖2-13 由加速熱卡計所得的發熱溫度與溫度的關係[9]

斯范諾斯氏（T. G. Theofanous）[8]的分析，7月10日為週末，義大利法律規定工廠必須停工，蒸氣鍋爐的負載低，蒸氣壓力雖然仍控制於12巴（1,200 kpa）左右，溫度遠超過正常溫度（190℃），可能高達300℃。反應完成後，加熱蒸氣閥雖然關閉，反應器外壁溫度仍為300℃左右（**圖2-14**），十五分鐘後，攪拌器停機，反應器內液體成靜止狀態，由反應器上方殼壁傳至液體上部10公分左右的熱量，無法經由攪拌器平均分配於所有液體之中，造成上方液體溫度逐漸上升，而導致失控反應的發生。

2.3.1.5 防範對策

防範對策可分為下列兩種：

1. 蒸氣溫度反應控制於190℃以下，以免蒸氣在超熱狀態（Superheated Conditions）供應。反應器外壁的溫度也應監控[10]。
2. 爆破盤的出口不宜直接通於大氣之中，應設法以管線收集至處理系統之中。

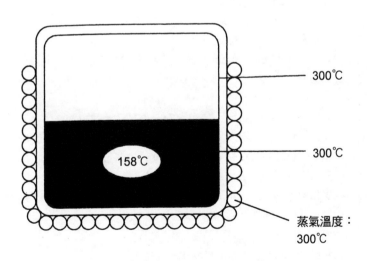

300℃

300℃

158℃

蒸氣溫度：
300℃

圖2-14　反應器溫度分布圖[10]

 2.4 有機過氧化物工廠爆炸事件

有機過氧化物（Organic Peroxides）可以起始自由基的聚合反應（Free Radical Polymerization），是化學工業不可缺少的促進劑。90～95%的有機過氧化物應用於聚合反應或聚合物的交連（Cross Linking）。主要的化合物可分為下列四種：(1)烷基過氧化物（Alkyl Peroxides）；(2)二烷基過氧化物（Dialkyl Peroxides）；(3)二基過氧化物（Diacyl Peroxides）；(4)過氧酯類（Peroxyesters）。

由於過氧化物穩定性低，易於分解、爆炸，儲運、使用時必須謹慎，**表2-1**列出商用有機過氧化物的危險分類，以供參考。

本節茲介紹發生於日本的爆炸事件，說明其發生原因及防範對策等，藉以吸引讀者的注意。

表2-1　有機過氧化物的相對危害分類[11]

1.爆震危害（Detonation Hazard）
 •過氧化二碳酸二異丙酯（Diisopropyl Peroxdicarbonate）（99%未冷凍）
2.突燃危害（Deflagration Hazard）
 •過氧化乙醯基（Acetyl Peroxide）（25%；在苯二甲酸甲酯溶液中）
 •過氧化二苯甲醯（Benzoyl Peroxide）
 •過氧化異丁酸丁酯（Butyl Peroxy Isobutyrate）（75%在苯溶液中）
 •過氧化二一第三丁基（Di-T-Butyl Peroxide）
3.火災危害
 •過氧化二苯甲醯（Benzoyl Peroxide）（50%在矽酮流體中）
 •過氧化二（2,4—二氯苯甲醯）（2,4-Dichlorobenzoyl Peroxide）（50%在矽酮流體中）
 •三級丁基過氧化氫（T-Butyl Hydroperoxide）（70%及90%）
 •過苯甲酸三級丁酯（T-Butyl Peroxybenzoate）
 •環己酮過氧化物（Cyclohexanone Peroxide）（85%，苯二甲酸二丁酯溶液）
 •過氧化丙烯（25%，碳氫化合物溶液）
4.中度火災危害
 •枯烯過氧化氫（Cumene Hydroperoxide）
 •過氧化二異丙苯（Dicumyl Peroxide）
 •過氧化月桂醯（Lauroyl Peroxide）

2.4.1 摘要

1990年5月26日上午10:41，東京市內的一個過氧化二苯甲醯（Benzoyl Peroxide, BPO）製造工廠中的分裝作業室內發生爆炸，9人死亡，17人受傷，房屋、廠房8棟（約900平方公尺）燒毀。

2.4.2 生產流程

過氧化二苯甲醯（BPO）為無臭白色結晶固體，熔點在103～105℃之間，是化學工業中常用的聚合起始劑（Polymerization Initiator）、漂白劑、乾燥劑。乾燥粉末加熱至105℃以上時會爆炸；它微溶於水，溶於一般有機溶劑，在受機械摩擦、撞擊，或與濃硫酸、硝酸接觸時會分解而爆炸。

過氧化二苯甲醯的合成反應為：

$$\text{COC1} \qquad \text{CD}-\text{O}-\text{OOOC}$$

$$\bigcirc + H_2O_2 + 2NaOH \longrightarrow \bigcirc \qquad \bigcirc + 2NaC1 + H_2O$$

產出率約75%，產品經水洗、在安息香酸甲酚中溶解、結晶後，再加甲醇後，經離心分離、乾燥後分裝。工廠布置圖顯示於**圖2-15**中，**圖2-16**顯示BPO製造流程。

2.4.3 發生過程

爆炸是由BPO分裝室開始的，由於BPO受熱或摩擦撞擊後會產生爆炸，爆炸發生後，引發出一連串的爆炸，9人當場死亡，17人受傷，8棟廠房炸毀，面積達900平方公尺（**表2-2**），工廠西鄰的高橋鑄造公司亦被炸毀。

2.4.4 發生原因

分裝室內的點火源甚多，例如電子天秤、螢光燈、換氣風扇等皆可能引爆

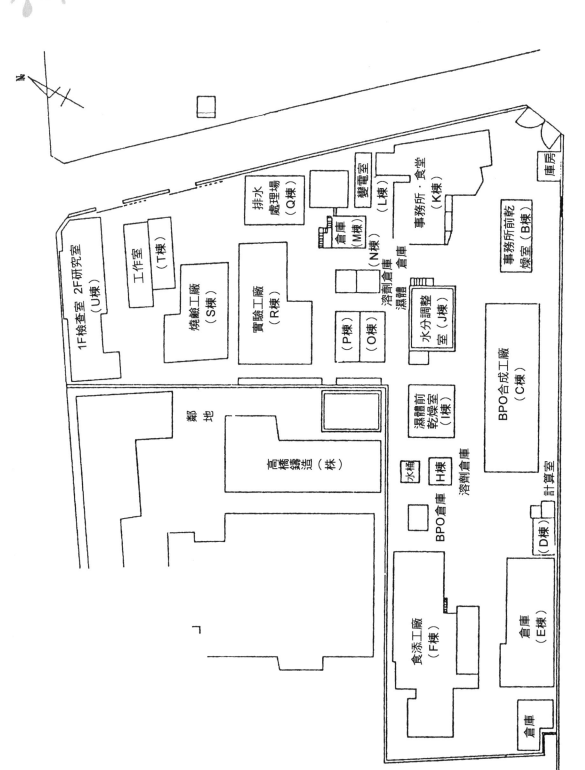

圖2-15　東京過氧化二苯甲醯（BPO）工廠平面圖[11]

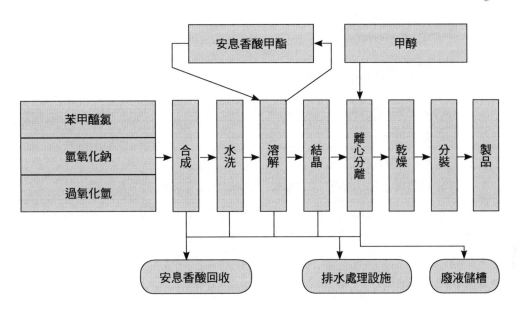

圖2-16　BPO結晶品（純度98%以上）製造過程[11]

表2-2　燒燬房屋一覽表（BPO工廠）[11]

棟記號	名稱	燒燬面積（m²）
A	庫房、倉庫	15
B	事務所前乾燥室（全燬）	59
C	BPO合成工廠（全燬）	198
I	濕體前乾燥室（全燬）	65
J	水分調整室（全燬）	152
K	事務所・食堂（全燬）	271
O、P	分裝室（全燬）	59
—	高橋鑄造公司（全燬）	98

過氧化二苯甲醯（BPO），調查人員認為造成爆炸的原因不外是下列兩點：

1. 由於前段分離、乾燥工作不甚理想，BPO固體裡面夾帶易燃性有機溶劑，分裝室內的有機溶劑氣化後與空氣形成易燃性混合氣體，遇靜電或其他點火源而引火爆炸，爆炸後又引發室內BPO粉末分解爆炸。

2. BPO在分裝室內受摩擦而分解，分解後的氣體物質充滿分裝室內，遇靜電、螢光燈等點火源而引爆。室內一座電子天秤的台車亦可能摩擦BPO，而造成其分解。

2.4.5 爆炸擴大的原因

爆炸擴大的原因不外下列幾點：

1. BPO結晶體極為細小，表面積大，引火爆炸後，燃燒速度快，現場工作人員難以逃離疏散。
2. 分裝室內BPO內儲存量高。
3. 分裝室位於工廠大門附近，爆炸發生後出口堵塞，工作人員難以逃生。
4. 爆炸發生後，火焰及設備向四方彈射，又引發出連鎖爆炸。
5. 由於場地狹小，廠房之間距離太近，難以隔離災害。

2.4.6 防範對策[11]

防範對策有以下幾項：

1. 降低BPO純度。
2. 生產設備的設計及製造宜考慮本質安全。
3. 乾燥、溶劑去除步驟必須澈底執行，加強室內通風及可燃物質的偵測，避免可燃蒸氣的積滯。
4. 加強分裝室的安全設施：
   (1) 分裝室內使用的電器設備應具防爆功能。
   (2) 保持室內樑、窗台、機械設備清潔，避免粉塵的堆積。
   (3) 確保疏散逃生路徑的暢通。
   (4) 設備表面亦裝設由特殊材質製成的軟墊，以避免撞擊、摩擦或靜電產生。
5. 加強分裝作業的安全程度：
   (1) 分裝用具宜採用軟質材料，並經常保持清潔。
   (2) 去除及降低可能產生摩擦、撞擊的作業程序。
   (3) 作業桌檯保持適當濕度，加強通風。
   (4) 工作人員應穿著特殊材質製成的衣、鞋，以避免靜電的產生。
6. 儲存的安全措施：
   (1) 倉庫宜遠離其他設施，並以防爆壁隔離。

　　(2)倉庫宜保持陰涼。

　　(3)容器、桶槽的轉倒及搬運必須謹慎，防止桶槽相撞或墜落。

　　(4)應用防爆的電器設備。

7.加強安全教育。

8.建立安全標準，並澈底執行。

 ## 2.5 粉塵爆炸實例

　　懸浮於空氣中的易燃性固體粉塵，如煤粉、殼粉、澱粉、染料、農藥／醫藥中間體、鋁、鎂等金屬粉末等，是非常危險的物質，如果其濃度超過一定限制後，遇點火源即會引發連鎖性的塵爆。吾人開始瞭解塵爆的存在已有二百年的歷史，紀錄中最早的塵爆發生於西元1785年義大利杜林（Turin, Italy）的麵粉倉庫，自此以後，塵爆不斷地發生於穀倉、煤礦坑、金屬、化學、木製品工業之中。經過多年的努力，吾人對於塵爆的發生原因、抑止方法等已有相當的瞭解，然而仍然無法完全防止它的發生。

2.5.1 原因分析

　　日本產業安全專家松田東榮氏曾分析1952年至1990年間日本所發生的248件工業粉塵爆炸事件，平均每年6.5件，三十九年間623人傷亡（94人死亡，529人受傷）。工業別中以金屬業最多共60件（24.1%），有機化學藥品次之（46件，18.5%），化學合成品業（32件，12.9%）居第三位，如將有機化學藥品、化學合成品業及無機藥品三者相併，則化學工業所占的比例最多（107件，43.1%）。其他業別分別為農產品加工（44件，17.7%）、纖維（23件，9.3%）及煤業（13件，5.2%），如**表2-3**所示。日本小型爆炸事件層出不窮，每年約300件，平均每個工作天即發生1件。由另外一個統計可知，1962年至1980年間，世界上共發生485次粉塵爆炸與715件失火事件。

　　由於一般農業或紡織加工業者對於穀類、澱粉一類食品或衣物原料的塵爆危險性瞭解不足，穀倉爆炸事件層出不窮，而且死傷人數眾多。以美國為例，1977年間發生21次穀倉爆炸事件，65人死亡，84人受傷；1987年中國東北哈爾

表2-3　日本1952～1990年間粉塵爆炸業別分析[13]

工業別	件數	百分比	死亡人數	受傷人數
煤業	13	5.2	7	48
無機藥品	29	11.7	9	28
金屬製品	60	24.3	40	145
農業加工	44	17.7	16	106
化學合成（染料、洗衣劑等）	32	12.9	5	54
有機化學藥品	46	18.5	12	64
纖維（木粉、紙等）	23	9.3	5	80
其他	1	0.4	0	4
合　計	248	100	94	529

濱市織布工廠發生的塵爆，造成58人死亡，177人受傷的可怕紀錄。

　　圖2-17a列出塵爆發生的過程分析，除原因不詳（24%）外，其中以粉碎、製粉等摩擦性活動（22%）最易引起爆炸，集塵、分離次之（21%），因為摩擦、撞擊時易產生火花，而集塵、分離時易產生靜電，兩者皆為引爆點火源。由圖2-17b即可看出摩擦、衝擊（33%）與靜電（17%）分居第一、二位。

2.5.2 塵爆案例[12]

2.5.2.1 含鈦金屬的磨光粉塵爆炸

　　印刷電路板（PCB）所使用的銅箔生產工廠中，電解用的陰極迴轉滾輪損壞，必須修護，維修人員使用磨光粉研磨迴轉滾輪時，由於磨光粉集塵器著火

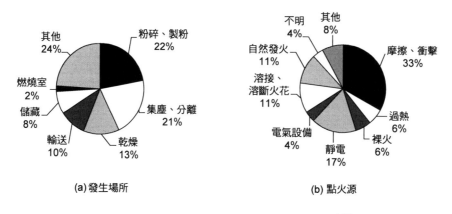

(a)發生場所　　(b)點火源

圖2-17　日本1952～1990年間粉塵爆炸分析[13]

爆炸，造成2人死亡，發火原因不詳。

2.5.2.2 聚縮醛塵爆

粒狀聚縮醛在粉碎機中研磨時，由於粉碎機內球磨與球磨之間的摩擦過熱而發生火花，點燃聚縮醛粉而爆炸，粉碎機及鄰近設備全毀，幸無人受傷。

2.5.2.3 鋁／鎂合金粉塵爆炸

鋁／鎂合金螺栓粉碎工廠中，粉碎機停機後，以電掃除器清除殘留的合金粉時，突然發生爆炸，將新建鋼架廠房炸毀，損壞建築物面積約280平方公尺。據推測，發火的原因是由於靜電所引起的。

2.5.2.4 染料中間體塵爆

染料中間體 β－羥基萘酰苯胺（β-Hydroxy Naphthoic Acid）結晶體（水分含量15%）在氣體乾燥器中乾燥時，發生爆炸，乾燥器出口管線變形，無人傷亡。火災及爆炸係由於乾燥器座的擊碎機（Hammer Mill）內的螺栓摩擦所產生的火花與中間體粉末接觸而引起的。

2.5.2.5 複寫用調色油墨塵爆

複寫用的調色劑粉在充換作業時，飛散在空中的粉塵與空氣、取暖用油所揮發的有機蒸氣混合後，遇點火源爆炸。

2.5.2.6 石油樹脂粉

石油樹脂粉末在氣動式傳送管線中，因粉末帶電，引火爆炸。

2.5.2.7 ABS樹脂粉塵爆炸

儲存ABS（丙烯腈、丁二烯、苯乙烯共聚體）樹脂金屬筒形儲槽（直徑4.8公尺，高14公尺）頂部的集塵器內，由於樹脂粉引火而爆炸，原因不詳。

2.5.2.8 聚乙烯塵爆

聚乙烯（PE）造粒工廠中，半成品由空氣輸送至儲槽時爆炸，爆炸是由於儲槽內部清掃時，內壁表面的大量粉塵剝落分離所產生靜電而引起的。

2.5.2.9 雙酚A塵爆

環氧樹脂原料雙酚A（Bisphenol A）製造工廠儲槽爆炸，由於儲槽與廠房支柱接近，廠房側壁破裂。

2.5.2.10 糖廠塵爆

2008年2月7日下午7:15左右，位於美國喬治亞州（Georgia）溫特沃斯港（Port Wentworth）之帝國糖業（Imperial Sugar Company）倉儲下鋼製輸送帶，發生糖粉塵爆炸[25, 26]。

第一次粉塵爆炸開始處，為連接在糖倉儲下鋼製輸送帶處。因輸送帶上最近安裝控制儀錶板，導致糖粉塵累積於其中，達到可爆炸之濃度，再加上來歷不明之點火源引燃糖粉塵，造成劇烈爆炸。此一粉塵爆炸傳播至其他建築物，引致更多之粉塵爆炸發生。二次粉塵爆炸之發生，為遍及在包裝室、精煉廠以及散裝糖裝料區中[26]。

粉塵爆炸之作用力由包裝室擴散至毗鄰的建築物，造成包裝室3英寸厚之混凝土地板被壓垮與捲起，托盤堆垛機室上之木製屋頂支離破碎並飛入散裝糖裝卸區。當牆壁、器械與設備被炸至到處皆是時，在包裝室內之員工們毫無任何警報通知，致使其身體完全暴露於過熱空氣中，而企圖逃脫之員工們發現周圍已煙幕瀰漫難以行進、走廊上散落碎片、一些出入口已被倒塌之牆壁與碎片堵塞。灑水滅火系統之水管亦受到爆炸而爆裂，致使其無法運作。此外，包裝室與地下倉儲上方爆發大規模之燃燒與噴發碎片（**圖2-18**）[1, 23]。

建築物之火勢在隔天被撲滅，但是倉儲持續悶燒至2月15日（7天）方得熄滅。此一事故造成12名員工與2名承包商死亡，36名員工受傷，雖然有些員工受到嚴重燙傷，但最後皆活下來，而大約有70名員工毫髮無傷[26]。由爆炸產生之壓力波則造成厚重的混凝土地板捲起、碎牆倒塌、樓梯及逃生路線阻塞。爆炸後之火災亦損毀包裝室、倉儲、托盤堆垛機室，以及嚴重破壞部分精煉廠與散裝糖裝料區[25]。

圖2-18　帝國糖製廠爆炸後情形[1, 23]

 # 2.6 油品儲運時因靜電所引發的火災與爆炸事件

　　汽車、柴油、燃料油等非極性（Non-polar）液體油品在管線中流動時，會產生靜電，如油品中含有懸浮固體或不相容的液滴，也會增加其電阻係數（Resistivity），當固體在油品中沉澱時，液體的電荷會急速上升。靜電荷放電所產生的火花是引發油品儲運火災及爆炸的主要因素。

2.6.1 靜電的產生

　　油品在下列四種狀況下，易於產生靜電：

2.6.1.1 攪拌或取樣

　　電阻係數超過10^8歐姆‧公尺（$\Omega \cdot m$）的非極性液體，如汽油（$10^{13}\Omega \cdot m$）、柴油（$10^{13}\Omega \cdot m$）、苯（$10^{13}\Omega \cdot m$）、氯苯（$10^8\Omega \cdot m$）等，於攪拌或取樣測試時，會因液體的流動、振動而產生靜電。

2.6.1.2 流動

　　油品通過管線時也會產生靜電,因此在管線中流動的速度不宜太快,直徑1.5英寸中流速不得超過7公尺/秒;24英寸(600公釐)管線中不得超過1公尺/秒。油品通過泵浦、過濾器時,也會造成靜電荷的上升。

2.6.1.3 沉澱

　　油品中所夾帶的固體、液滴沉澱時,由於電荷分離,而造成液體油品的電荷急速上升。

2.6.1.4 粉霧

　　油品由金屬管線噴出時,由於分離效應,液體霧滴會形成帶正電荷的霧雲。

2.6.2 靜電火災及爆炸實例

　　依據過去所發生的實例,造成油品靜電火災及爆炸的原因不外下列幾種[14]:(1)充填、汲取時使用絕緣軟管,由於油品在絕緣軟管中流動造成靜電;(2)接地不當或地線切斷;(3)管線中固體沉澱;(4)由儲槽取樣時,攪拌產生靜電。

　　以下六個實例為日本千代田化工建設公司安全技術主管高木伸夫所發表的實例[14],以供參考。

2.6.2.1 小型油槽船火災

　　載運汽油的小型油槽船卸載時,由於靜電所產生的火花與揮發的汽油蒸氣相遇,引起火災,事後檢討發現火災係由於下列異常事件所引起的:

1.油槽入孔蓋微開,汽油所揮發的蒸氣經微風吹至甲板,靜電附近的濃度超過爆炸下限濃度。
2.由於專用油槽車臨時調度發生問題,改用其他槽車,其泵浦的容量較專用槽車泵浦大(約1.5倍)。
3.常用的6英寸橡膠管長度不足,以4英寸橡膠管連接使用。
4.泵浦容量增加大1.5倍,輸油橡膠管徑又減少1.5倍,管內流速增至16公尺/秒,汽油帶電量激增。

5.油槽上部甲板的橫樑與油槽入孔下部接觸不良。

防範再發生的對策為：

1.入孔蓋應緊閉。
2.將可能放電部分的凸起物磨平，避免電荷由尖端放電。
3.避免油品在管線中流速增加至危險範圍之內，以6英寸管為例，每秒流速不得超過2.5公尺，4英寸管中流速不得超過3公尺／秒。
4.如果無法執行正常作業步驟時，必須審慎檢討更改作業程序後可能產生的情況。

2.6.2.2 噴射機燃料移送爆炸

日本航空自衛隊基地中的地下噴射機燃料（JP-4）儲槽（容量250公秉）中尚剩餘30公秉殘油，清洗儲槽前，工作人員將殘油以30公尺長、2英寸管徑的乙烯軟管（Vinyl Hose）與泵浦相接後泵送，泵送時由於靜電放電產生的火花引燃爆炸，造成5名工作人員傷亡，爆炸係由於殘油在軟管中流速過高（超過2.7公尺／秒），而導致電荷的增加而引起的。

2.6.2.3 油槽船卸載爆炸事件

裝載煤油（閃火點55℃）的槽船靠岸卸載時，陸上儲槽發生爆炸。卸載輸送煤油的油管直徑為20公分（8英寸），流速原本為1公尺／秒，在安全速度1.8公尺／秒之內，由於管長不足，以10公分（4英寸）管相接，流速增為4倍（至4公尺／秒），帶電量激增。油管系統中尚有殘留的水滴，輸油時，水滴流入煤油中，更造成靜電荷的增加，油管系統支管中尚有未完全除盡的汽油蒸氣。輸送開始後，岸上儲槽口附近的揮發性有機蒸氣濃度高，再加上煤油在管中流動後所帶的靜電荷大增，於管中輸至儲槽時，放電所產生的火花引燃空中的易燃氣體。

防範對策為：

1.配管以水清洗後，宜將管中水分完全去除。
2.輸油時必須保持安全流速。
3.避免揮發性物質如汽油等混入輸油管系統之中。

2.6.2.4 油槽船洗滌機出口爆炸事件

盛裝輕油的油槽船以迴轉式清洗機洗滌，當蒸氣由噴嘴噴出時，放電引火爆炸，放電原因是由於金屬製噴嘴未以導線與地相連，水蒸氣噴出時放電引火。

2.6.2.5 煉油廠儲槽取樣時爆炸

2名作業員以繩索將取樣器深入煉油工廠中的苯儲槽（10,211公秉，內直徑32公尺，高14.51公尺）取樣時，由於上下攪動而產生靜電，取樣器下端放電引燃苯蒸氣而爆炸。為了避免靜電的產生，取樣時行動必須緩和，避免過分攪動槽中的液體。

2.6.2.6 液化石油氣槽車失火事件

液化石油氣（LPG）銷售場所中工作人員，將由鐵道運輸而來的槽車（15噸）中的油氣以橡膠軟管充填至地上儲槽（20噸）時著火。著火的原因為輸送軟管使用期限過久，表面發生裂隙，LPG油氣由裂隙處外洩，當LPG由噴嘴噴出時，產生靜電，放電所生火花與外洩蒸氣接觸而引火。

2.7 半導體工廠火災與爆炸案例

半導體工業是我國近二十年來發展最快速的工業，2010年台灣半導體產業產值達1兆7,160億元，占全球市場21.2%，高居全球第一，IC設計高居第二，預計2012年，台灣地區每月產能將達300萬8吋晶圓，將超過日本，成為全球最大供應國。

近年來，太陽電池廠紛紛設立，2011年我國產值達88億美元，占全球16%，由於太陽電池製程與半導體晶片類似，因此也在本節中討論。

半導體工業雖為高科技產業，但晶圓製造過程中如化學蒸氣沉積（CVD）、蝕刻、清洗等過程使用許多化學物質，其中不乏自燃、易燃或高壓氣體與易燃性溶劑，腐蝕性、酸類與毒性物質（**表2-4**、**表2-5**），如果處理不當，即可能產生火災或爆炸意外。

表2-4　半導體工廠使用的特殊氣體[16, 17]

氣體	著火性		與空氣、水的反應性	製程
	著火範圍(%)	自燃溫度(℃)		
甲矽烷（SiH₄）	發火性（自燃）	<25	空氣：SiO_2＋H_2	氣相沉積、擴散
乙矽烷（Si₂H₆）	同上	<25	空氣：SiO_2＋H_2	
丙矽烷（Si₃H₈）	同上	<25	空氣：SiO_2＋H_2	
四氯化矽（SiCl₄）	不可燃	－	水分：HCl	
四氟化矽（SiF₄）	不可燃	－	水分：HF	
二氯甲矽烷（SiH₂Cl₂）	4.1-98.0	21.2	空氣／水：SiO_2＋HCl	擴散
三氯甲矽烷（SiHCl₃）	發火性（自燃）	<25	同上	
氯化氫（HCl）	不可燃	－	水分：HCl（發煙）	擴散、蝕刻
氟化氫（HF）	同上	－	水分：HF（發煙）	
三氟化硼（BF₃）	同上	－	水分：HF（氫氟酸）	離子移栽(植入)
三氯化硼（BCl₃）	同上	－	水分：HCl（鹽酸）	離子移栽(植入)
乙硼烷（B₂H₆）	0.9-98.0	38-52		氣相沉積
甲鍺烷（GeH₄）	不詳	－	在標準狀況下無反應	
甲砷烷（AsH₃）	0.8-98.0	－		
甲磷烷（PH₃）	0.8-98.0	<25		氣相沉積
氫化硒（H₂Se）	不詳	－	水分：H_2Se（發煙）	
硫化氫（H₂S）	4-44	260	水分：H_2S（發煙）	
三氟化氮（NF₃）	氧化劑	－	在標準狀況下無反應	
三氟溴化碳（CBrF₃）	不可燃	－	同上	
三氟甲烷（CHF₃）	同上	－	同上	
四氟化碳（CF₄）	同上	－	同上	
四氯化碳（CCl₄）	同上	－	同上	
氯氣（Cl₂）	氧化劑	－	水分：濃煙	
六氟化硫（SF₆）	惰性	－		蝕刻
六氟化鎢（WF₆）	腐蝕性	－	－	氣相沉積
氫氣（H）	4.0-75.0	400	空氣：H_2O	擴散
一氧化碳（CO）	12.5-74.0	－	空氣：CO_2	蝕刻

2.7.1 意外分類

　　1995年至2007年，台灣半導體發生59件災害，其中75%為火災／爆炸。依據美國工廠互助工程公司（FMEC）統計，美國1986年至1996年間無塵室意外共260件，其中火災與爆炸案件占60%，液體洩漏占29%，腐蝕性氣體洩漏占6%，其他僅占5%。可燃性氣體所造成的火災占35%，電火災占24%，加熱液體占24%，可燃性液體火災占6%，其他僅占11%。

　　日本半導體工業意外以特殊材料與藥品所占的比例最高（60%），機械與

表2-5　半導體工業使用的化學品（非氣體）

化學品	易燃性分類（註一）或危害	製程
丙酮	IB（註二）	清洗
顯影劑	III	黃光
異丙醇	IB（註三）	清洗、乾燥、擦拭
光阻劑	IB , IC	黃光
二氯乙烯	II	擴散
硫酸	腐蝕性	蝕刻
磷酸	同上	蝕刻、清洗
氫氟酸	腐蝕、清洗	蝕刻、清洗
鹽酸	同上	蝕刻
硝酸	腐蝕、氧化劑	蝕刻、清洗
鉻酸	同上	蝕刻、清洗
氫氧化氨	腐蝕	清洗
醋酸丁酯	麻醉	顯影

註一：依據美國職業安全衛生署（OSHA）易燃（flammable）與可燃（combustible）分類。

註二：著火範圍：2.5-13.0%，自燃溫度：538℃，閃火點：0℃。

註三：著火範圍：2.0-12.0%，自燃溫度：455℃，閃火點：12℃。

電機設備次之，占19.6%，氣體占18.7%。氣體中以甲矽烷所引起的事故最多，氫、氮與液體氮等次之，其分類及所占的比例顯示於**表2-6**中。**表2-7**中，列出1982年至2001年間日本半導體火災爆炸事故。

2.7.2 事故案例

2.7.2.1 排氣管失火

(一)超大型積體電路工廠

時間：1997年11月3日

地點：台灣新竹科學工業園區

概要：下午5:55，某家8吋晶圓廠內頂樓冒出黑煙，不久即傳出爆炸聲響，火苗隨之竄起，排風管線與抽風機毀損。

據事件後參與意外調查者判斷，失火原因係由於排風管線中易燃有機溶劑蒸氣濃度過高（超過著火下限），由於管線為塑膠材質製成，易於產生靜電，靜電放電產生火花而著火。事故發生後濃煙籠

表2-6　引起半導體工廠意外的氣體[17]

氣體名稱	件數	百分比（%）
甲矽烷	5	20
氫氣	2	8
氮氣	2	8
液態氮	2	8
三氟化硼	2	8
三氯化磷	2	8
四氯化矽	1	4
砷烷	1	4
氦氣	1	4
二氯化硼	1	4
氬氣	1	4
磷烷	1	4
三溴化硼	1	4
六氟化硒	1	4
三氯化矽	1	4
氨	1	4
合計	25	100

　　罩廠內達數十小時之久。由於晶圓工廠品質要求甚高，濃煙產生後，幾乎所有設備、半成品、成品皆受汙染，無法再度使用，損失高達120億台幣，可謂歷史上半導體工業最大工安損失事件。

(二)半導體工廠

　　時間：1996年8月

　　地點：日本富山市

　　概要：當員工打開化學氣相沉積系統排氣管尾端盲凸緣，意圖清除沉積物時，發生爆炸。究其原因為管線設計不良，導致管線尾端盲凸緣處積聚少量易燃物質。

(三)超大型積體電路工廠

　　時間：1982年10月

　　地點：日本宮崎縣

　　經過：電漿化學氣相沉積設備（PECVD）的甲矽烷流量控制設備發生警報訊號，閥門無法關閉，氣體燃燒設備排氣管附近著火，洗淨室

表2-7　1982～2001年間日本半導體廠火災爆炸事故[18]

事故	日期	地點	死亡人數	受傷人數	位置	原因
CVD系統排氣管	1982.10	宮崎縣 Miyazaki	0	5	排氣管	疏於檢視
鍺鋼瓶爆炸	1984.11	神奈川縣 Kanagawa	0	2	進口鋼瓶	鋼瓶製造瑕疵
CVD測試時爆炸	1989.06	東京	0	0	排氣管法蘭	操作失敗
鍺鋼瓶爆炸	1989.10	大阪 Osaka	0	0	鍺生產系統	不詳
矽鋼瓶櫃爆炸	1989.12	東京 Tokyo	1	3	真空幫浦閥	閥操作失誤
矽鋼瓶替換時失火	1990.03	太田市 Gunma	0	1	閥（Blind nut）	人為失誤
矽鋼瓶在工廠充填時失火	1990.06	新瀉縣 Niigata	0	1	矽鋼瓶供應系統閥	人為失誤、隔膜劣化
由國外送回的鋼瓶中殘餘氣體失火	1990.12	Kanagawa	0	1	閥	未確認鋼瓶內仍有殘餘氣體
大學實驗室矽鋼瓶爆炸	1991.10	大阪 Osaka	2	5	鋼瓶止流閥橡膠封緘	設計失誤、橡膠封緘劣化
化學氣相沉積系統排氣管失火	1991.10	富山縣 Toyama	0	0	排氣管	閥操作失誤
排氣管失火	1992.08	長崎 Nagasaki	0	0	排氣管抽風機	排氣管內危害物質積聚、未定期清除
磷化氫生產系統液體接頭失火	1993.06	福島縣 Fukushima	0	0	接頭	檢視失誤、接頭螺絲鬆動
矽氮鋼瓶充填時失火	1993.06	京都 Kyoto	0	0	閥	檢視失誤
二矽乙烷排氣管洩漏失火	1995.09	千葉縣 Chiba	0	4	排氣軟管	結構設計失誤
關閉閥門時，過分用力，螺帽破裂後失火	1996.01	埼玉縣 Saitama	0	1	閥	操作失誤
矽磷混合鋼瓶替換時失火	1996.04	三重縣 Mie	0	1	閥（開關螺帽）	閥門操作失誤
化學氣相沉積系統排氣管失火	1996.08	富山市 Toyama	1	0	排氣管	人為失誤
矽鋼瓶替換時失火	1996.12	靜岡 Shizuoka	1	0	閥（開關螺帽）	檢視失誤（止流閥洩漏）
檢視壓力計時失火	1998.07	山口縣 Yamaguchi	0	1	閥（壓力計）	人為失誤
有機金屬化學氣相沉積系統中氫氣爆炸	2000.02	埼玉縣 Saitama	0	0	手套箱	結構設計錯誤
壓縮機修復後爆炸	2001.04	山口縣 Yamaguchi	0	3	排氣閥與壓力釋放	維修後重新開機時失誤

（Cleaning Room）的天井中的排氣管也開始燃燒，火勢在消防水柱的強力撲滅後五小時熄滅，1名作業員死亡，4名受傷，3,500平方公尺廠房燒毀，財產損失達33億日元[16]。

原因：造成意外的原因為電漿化學氣相沉積設備的甲矽烷流量控制器失調，甲矽烷焚化處理設備的氧氣供應中斷，大量未燃燒的甲矽烷由排氣管排出，與空氣反應著火，由於排氣管是由聚丙烯所製造，甲矽烷著火後馬上引燃排氣管。流量控制器失調係由於甲矽烷與空氣中的氧氣作用形成的固體粉末所引起的，為避免排氣管引燃，其材質宜以不可燃的材質取代。

類似事故：1989年6月日本東京市江東區化學品輸入商社亦發生類似意外，測試由國外進口的CVD設備時，高壓側的排氣閥突然開啟，造成甲矽烷的外洩、自燃，並引發火災。

(四)電子工廠

時間：1982年8月

地點：日本長崎縣

原因：二氯甲矽烷與水作用，易形成固體氧化物（SiO_2）沉積於排氣管壁上，積聚的一氧化矽再與空氣接觸後會放出熱量，進而引燃二氯甲矽烷與可燃性塑膠排氣管。

災情：火勢延續一小時，工廠緊急停工，排氣管損壞，幸無人受傷。

防範措施：定期檢視排氣管，並清除積垢，同時改用不可燃的材質製成的排氣管。

類似事故：1971年一家生產三氯甲矽烷的工廠中的洗滌塔，由於苛性鹼溶液中所吸收的三氯甲矽烷與水形成固體物質，積聚於洗滌塔內。更新洗滌液後，再開始運轉時，洗滌塔內發生爆炸，2名工作人員受傷，洗滌塔全毀。

2.7.2.2 鋼瓶櫃內洩漏爆炸

(一)半導體工廠

時間：1989年12月

地點：日本小平市

概要：洗淨室內，作業員在更換甲矽烷鋼瓶時，由於洩漏偵測警報器發出

訊號，作業員檢查鋼瓶櫃時，控制箱內發生爆炸，1名作業員死亡，1名重傷，另外3名輕傷。

原因：鋼瓶櫃內氣體的供應為全自動方式，控制箱下部的真空泵浦將甲矽烷由甲矽烷鋼瓶中抽出，再以氮氣稀釋，配成20%的甲矽烷氣體。事故發生時，甲矽烷瓶已抽盡，必須更換。更換時，鋼瓶櫃內通風不良，少量甲矽烷洩漏，造成警報器鳴號，作業人員警急將閥關閉，造成配管內壓力變化，甲矽烷引火爆炸。

防範措施：此事件的發生係由於作業人員不熟悉緊急作業程序，當警報發生後，未能採取安全停機步驟，即將閥門關閉，以致造成配管內壓力變化，導致大量甲矽烷外洩，宜加強緊急事故發生時安全因應之訓練。

(二)某大學工學院電子實驗室

時間：1991年10月

地點：日本大阪

概要：學生使用化學氣相沉積（CVD）設備，進行實驗時，供應甲矽烷的鋼瓶爆炸，鋼瓶破裂，鋼瓶櫃損壞，同時發生大火，2名學生死亡，5名受傷。

原因：鋼瓶櫃內放置盛裝甲矽烷、六氟化硫、一氧化氮、甲矽烷／氧混合氣體（10%甲矽烷）等鋼瓶，每個鋼瓶中的氣體經過濾器、壓力調整器、球閥管線等進入CVD設備中，每個配管亦與氮氣管相連接。爆炸是由於一氧化氮供應管線與氮氣管線間的止流閥失常，一氧化氮經由氮氣共通管線進入甲矽烷管線，氣體混合後爆炸，爆炸著火的原因是由於閥的操作產生壓縮而導致溫度上升，再加上金屬材料的催化作用。

防範措施：系統設計、製造時，應確保止流閥安全裝置，以避免止流閥選用或安裝失誤，而造成回流的發生。

類似事故：1988年3月美國紐澤西州的一家化學分析實驗室的CVD設備亦發生一氧化氮混入甲矽烷鋼瓶之中，終而引火爆炸，3名作業員當場死亡，1名重傷。發生的原因也是由於止流閥失常。

(三)高壓氣體工廠

時間：1984年11月

地點：日本川崎市

概要：由美國輸入的甲矽烷鋼瓶於充填時破裂，引火爆炸，2名作業員受傷，鋼瓶碎片飛散至150～200公尺之外。

原因：甲矽烷充填時，由於內部分解而爆炸。

(四)太陽電池廠

時間：2005年11月23日

地點：台灣台南科學園區

概要：中午11:30，一家以生產晶體矽太陽能電池廠發生火警及爆炸，起火位置為存放甲矽烷及氨氣等氣體之鋼瓶室，總計造成1名廠內員工死亡，多人因嗆傷或吸入有害物質導致不適送醫。發生事故之甲矽烷鋼瓶室，內有四座鋼瓶櫃，其中兩座為甲矽烷鋼瓶櫃，另外兩座為氨氣及SF_6鋼瓶櫃。事故發生後甲矽烷舊櫃有由下而上及向右的爆轟破壞跡象，上端控制箱炸毀，櫃門及右側櫃板遭爆炸彈離，且櫃門閂顯示為開啟狀態，附近地面發現有一扳手，尺寸與裝卸鋼瓶出氣口固定旋緊螺帽相符，事故原因為勞工於鋼瓶室內進行鋼瓶置換時，因鋼瓶閥頭並未緊密固定，致使勞工在轉動開關閥頭時，閥頭隨之旋開，造成甲矽烷高速高壓洩漏，產生延遲爆炸，並釀成後續火災事故。1名工程師死亡，4名義消救火時，因吸入有毒氣體嗆傷，幸送醫後都無大礙。廢水及廢棄設施損毀，損失約四千餘萬元。

2.7.2.3 無塵室

時間：1997年11月11日

地點：台灣新竹科學園區某電子工廠

概要：上午8:05，無塵室蝕刻區發生火災，8:20園區消防隊接獲報案，立即出動消防車。火勢於10:30被控制，11:00火勢完全撲滅。損失約3億元。

2.7.2.4 矽晶電池長晶爐

(一)太陽電池廠

時間：2006年12月17日

地點：台灣桃園縣

概要：上午8:23，一家太陽能晶片廠一座長晶爐發生爆炸事故，造成2位勞工罹災死亡。數小時前該座長晶爐製程參數發生異常，之後加熱功率異常大幅跳動，以致進行多次重新加熱過程，造成坩堝強度劣化而破裂，爐內約1,350℃高溫矽熔湯於短時間內發生大量湯洩，該高溫液矽未能被爐底之氧化鋁毯完全吸附，而流至爐底之溫度感測計保護管處，並熔穿爐壁底部，致使下爐體內層之冷卻水由熔破處流入爐內，與高溫矽液接觸瞬間氣化為水蒸氣，部分水蒸氣再與爐內材料反應生成氫氣，導致水蒸氣迅速膨脹爆炸及化學性爆炸，又爐體之釋壓裝置未能將爐內壓力即時釋放，致使爐體無法承受高壓而爆裂，爐內之高溫矽熔湯及其他高溫物件隨爆裂飛濺出來之事故。究其原因，除設備方面未有足夠有效之洩壓措施、勞工緊急應變及危害意識不足外，在整個製程中，當異常訊號發出後，設備自動連鎖機制未強制實施、操作偏向生產而非安全側，亦多少反應出潛在危險。2名員工死亡。

(二)日本電波工業（Nihon Dempa Kogyo, NDK）石英廠

時間：2009年12月8日

地點：美國伊利諾州

概要：一座長晶爐發生爆炸，造成1名員工死亡。由於此次事故發生在前段的長晶爐，而非後段石英晶體與石英元件的產出，對於NDK沒有立即的影響。

(三)日本京瓷（Kyocera）太陽能廠

時間：2010年9月20日

地點：日本滋賀縣野洲市市三宅區

概要：京瓷新廠矽晶圓長晶爐爆炸，火勢在九十分鐘後被撲滅。該廠為六層樓建築，爆炸地點為位於一樓的矽晶圓長晶生產樓層。該區共設有18座長晶爐，其中12座已開始運作，年產能約100兆瓦。由於日本

太陽能市場正邁入強力拉貨期，京瓷廠房爆炸，勢必得增加對台灣廠商如中美晶、達能、昱晶、新日光等台廠的採購量，以應付日本國內市場旺盛需求。

2.7.2.5 公共設施

(一)半導體工廠火災

時間：1999年9月22日

地點：台灣新竹科學園區

概要：下午4:45，變電站中一台柴油發電機運轉過熱而發生火災，產生大量濃煙。損失約2,000萬元。

(二)半導體封裝工廠火災

時間：2005年5月1日

地點：台灣中壢工業區

概要：下午1:46，一家半導體電路封裝、測試場，發生大火，火勢從一樓鍋爐間起火燃燒，並引燃附近酸排管內物質，火勢沿著酸排管向上竄燒，使得全棟大樓遭受燃燒產物汙染，整個製程需重新維修清理；且位在三樓的化學材料室，由於儲存酸、鹼化學物質、液態氮等易燃性氣體，一度引起爆炸，緊鄰的B棟大樓也遭受波及，總計造成包括1名消防隊員在內7人受傷，財物損失高達60億元。本次事故原因為操作員啟動鍋爐時未能遵守鍋爐點火啟動、熄火停機等操作程序而釀災外，廠房設計不良也是造成巨大災害的主因，如酸排管穿過鍋爐房、易燃物質倉庫且緊鄰鍋爐排煙管等熱源，建築物防火設計不良、三樓化學材料室等易燃物質倉庫未能防火區隔等，使得局部所產生的火焰，演變成波及整棟樓房的火災。

2.7.2.6 其他

(一)火災

時間：2011年7月23日

地點：台灣新竹科學園區

概要：新竹科學園區半導體工廠在上午八點多傳出火災，火勢一發不可收拾，廠房內還堆放易燃的化學藥劑，消防隊員在前面灑水救援，工

作人員忙著在後門搬出易燃的化學物品,所幸火勢在一個小時內就得到控制。起火點疑似後方樓頂的管道間。由於火災發生,工廠暫停運轉並停止供貨。

(二)雷電

時間:2000年3月17日

地點:美國新墨西哥州

概要:上午8:00左右,雷電擊中了一條高壓電線,造成阿伯科奇市菲利浦公司半導體廠火災。火勢在十分鐘後撲滅,但是無塵室受損,至少一星期後才能恢復正常生產。由於生產停頓,無法提供足夠的晶片給諾基亞與愛立信,直接影響這兩家公司的手機出貨,損失約2億美元。

(三)洩漏

時間:2011年7月1日

地點:美國密西根州Hemlock市

概要:早上6:15,Hemlock半導體工廠可燃性氣體洩漏,引發火災,火勢在一小時半後撲滅,造成1名員工受傷。

2.8 煙火工廠意外事件

煙火及爆竹製造工廠中不僅囤積大量爆炸性物質,如火藥、硝化物、過氯酸鹽等,而且還必須將火藥、氧化劑、可燃劑及添加劑等危害性固體粉末混合、配比與固化成型,在製造或儲存過程中,如不小心,易於引起爆炸危險。

2.8.1 意外分類

表2-8列出日本與台灣所發生的煙火工廠爆炸事故統計。以日本為例,自1911年至1993年之間平均每年發生8.5件,但自1989年至1993年的五年之間僅發生12件(平均每年2.4件),已有顯著的進步。我國自1986年至2002年十六年間發生28件事故,造成50人死亡,64人受傷。依據1955年至1992年日本發生的

表2-8　日本及台灣煙火工廠爆炸意外統計[19, 20]

年代	件數	死亡人數	受傷人數
日本			
1911～1925	84	68	80
1926～1952	186	379	300
1927～1988	424	234	720
1989～1993	12	13	64
小計	706	69.4	1,164
平均（每年）	8.5	8.4	14.0
台灣			
1986～2002	28	50	64
平均（每年）	1.75	3.13	4.0

384件意外分析，依製造過程分類統計，以配比、混合時發生的意外最多，占23%，其他占20%，填藥占16%，配比、混合、填藥過程中，難免發生摩擦、撞擊，易於引火爆炸，自然發火的情況亦不少，占14%（**表2-9**）。如以氧化劑發生的170件事件分類，以氯酸鉀類最多，占69%，過氯酸鹽類次之，占16%，硝酸鉀類僅占14%（**表2-10**）。

表2-9　1955～1992年間日本煙火工廠製造過程意外分類[19, 21]

製造過程	件數	百分比（%）
配比、混合	88	23
填藥	61	16
定型	12	3
乾燥	28	7
失誤	33	9
其他製程	75	20
其他	32	8
自然發火	55	14
小計	384	100

表2-10　1964～1991年間日本煙火工廠意外中氧化劑肇事分類統計[22]

氧化劑	件數	百分比（%）
氯酸鉀類（KCl_3）	118	69
過氯酸鹽（ClO_4）	27	16
硝酸鉀類（KNO_3）	23	14
其他	2	1
小計	170	100

2.8.2 日本事故[19]

2.8.2.1 自然發火

時間：1993年5月

概要：炸藥（成分為硝酸鋇、鋁、硫化銻、硫）乾燥時，自然發火爆炸，
乾燥廠房全部燒毀。

2.8.2.2 穿孔作業失火

時間：1992年8月

概要：氯酸鉀類煙火（成分為氯酸鉀、硝酸鋇、鋁粉、硫化銻、硫）在穿
孔作業時失火，1名工作人員受輕傷。

2.8.2.3 半成品倉庫爆炸

時間：1992年9月

概要：儲存下列半成品的倉庫爆炸，3棟房屋完全毀壞，130棟損傷：
1.氯酸鉀／過氯酸鉀、鋁粉、硫。
2.過氯酸鉀、碳酸鍶、鎂／鋁粉、樹脂。
3.過氯酸鉀、硝酸鋇、氯化橡膠。
4.火藥、氯酸鉀、硝酸鉀。

2.8.2.4 漏斗儲槽爆炸

時間：1992年6月

概要：盛裝下列物質的六個漏斗形儲槽爆炸，3人死亡，58人受傷，工廠廠
房15棟全毀，民宅16棟全部燒毀，7棟完全破壞，半壞者50棟，損傷
558棟，破壞半徑達2公里。
1.氯酸鉀、鋁粉。
2.氯酸鉀、鋁粉、硫磺。
3.過氯酸鉀、硝酸鉀、碳粉、硫磺。
4.氯酸鉀、碳酸鍶、過氯酸鉀、硫、鎂／鋁粉。

2.8.3 台灣地區事故

根據行政院勞委會的統計資料，從1986年至2002年1月之間，國內爆竹煙火工廠發生的重大災害案計有67件，合計造成150人罹難，185人輕重傷。其中合法登記的爆竹煙火工廠共發生火警或爆炸案28件，罹難人數50人（勞工46人、非勞工4人），輕重傷64人（勞工54人、非勞工10人）。非法工廠則共發生重大災害案39件，罹難人數100人（勞工、非勞工各半），輕重傷121人（勞工23人、非勞工98人）。

2.8.3.1 電火花引爆

時間：1994年7月8日

地點：南投縣

概要：煙火製造工廠的電風扇所引起的火花，引燃廠內火藥，由於缺乏消防器材，無法搶救，造成一連串的爆炸，3人死亡，3人受傷，財產損失約台幣750萬元。

2.8.3.2 地下工廠爆炸

時間：1990年8月30日

地點：桃園縣

概要：某製造汽車無線電設備零件的地下工廠內儲存甲苯、硫磺及火藥等化學品，爆炸後，7棟房屋全倒，十餘戶半毀，13人死亡，41人受傷，財產損失約台幣2,000萬元。[20]

2.8.3.3 爆竹工廠爆炸

(一)爆竹製造工廠

時間：1993年11月5日

地點：苗栗縣

概要：爆竹製造工廠內所停放的二輛貨櫃車內載有六大桶調製好的火藥引爆，附近百公尺內民房玻璃及牆皆受震盪，一時硝煙四射，消防人員搶救不易，爆炸後大火一度波及附近山區林木，大火在兩小時後撲滅，2名員工死亡，8名消防人員也在救火時受傷，財產損失約台幣2,000萬元。[20]

防火與防爆

Fire and Explosion Prevention

72

(二)煙火製造公司

時間：2003年11月16日

地點：苗栗縣通霄鎮

概要：下午6:55左右發生爆炸，一百多坪廠房隨即陷入一片火海，造成6人死亡，20人受傷。由於爆炸威力強大，火焰四射，附近的虎頭山受到波及，發生了一場不小的山林火警，通霄鎮內廣泛地區停止供電數小時之久。此公司為合法登記公司，成立於1979年，主要生產沖天炮與花筒等高空煙火。成立以來，曾發生三次爆炸火警。1986年4月10日的爆炸，造成1死3傷；1989年8月21日爆炸，造成3死4傷，負責人妻子罹難。

(三)爆竹煙火公司製造廠區

時間：2004年10月11日

地點：新竹縣新豐鄉

概要：上午10:30廠區第十一配藥室之作業不慎，並因而產生連鎖爆炸。爆炸威力將廠區夷為平地，造成作業人員3死11傷。

(四)煙火公司

時間：2006年12月22日

地點：苗栗縣苑裡鎮

概要：上午9:15，第七號配藥室傳出四聲巨響，現場清理剩餘火藥的管理組長當場被炸死，爆炸威力震碎了附近不少住戶的玻璃。

(五)煙火製造公司

時間：2011年4月1日

地點：桃園縣觀音鄉

概要：上午11:20發生爆炸，占地4、500坪的廠房瞬間遭大火吞噬，廠房、倉庫幾乎全毀，並造成1人死亡1人重傷1人輕傷。

2.8.4 美國過氯酸銨工廠爆炸事件[24]

1988年5月14日美國太平洋工程公司（Pacific Engineering and Production Company, PEPCON）位於內華達州韓德遜市（Henderson, Nevada, USA）的過氯

酸銨工廠發生爆炸，造成2人死亡（生產主管及總公司會計長），350人受傷，並毀壞附近的一座麥芽糖工廠及社區，總損失達1億美元。

此工廠為美國僅有的兩個過氯酸銨（Ammonium Perchlorate）工廠之一，產量約占全國三分之一，主要的用途為太空船及飛彈的固體燃料、固體推動劑及氧化劑。爆炸的原因是由於失火所產生的熱量促使過氯酸銨的分解，由固體直接變成氣體而產生的。截至目前為止，失火的原因仍難以確定，PEPCON公司指責火災係由於西南氣體公司（Southwest Gas Company）的天然氣管線（離該公司約4公尺）洩漏而造成，地方消防隊則認為火災是由於焊工的焊槍火焰所引發的。不論任何原因，此事件說明一個事實，即安全準備不足時，一個小小的意外，即會引發出多元連鎖意外事件，以及可怕的災禍。

依據調查的結果，PEPCON工廠有下列幾個安全上的缺失：

1.缺乏適當的儲存場所。
2.反應槽的廠房的隔間及保溫材料，皆為易燃的玻璃纖維。
3.設備之間及產品儲存場所距離太近。
4.廠內未裝設火警警示訊號。
5.未具可靠的消防系統。
6.沒有可靠的無線電通訊器材，當電話中斷後，無法聯絡、指揮疏散及救災。
7.工廠及地方當局皆無有效的緊急應變計畫，附近社區未能及時疏散及救災。

2.8.5 阿根廷彈藥工廠爆炸事件[25]

根據1995年11月5日《聯合晚報》報導，阿根廷中部哥多華省距首都布宜諾斯艾利斯西北700公里的一座陸軍彈藥工廠發生爆炸，至少造成9人死亡，330人受傷，附近民宅門窗及天花板被震毀，許多未爆炸的彈藥落於附近街道、校園之內。

爆炸是由於一名工人不小心將一條雷管鉤住升降梯，而引燃雷管，隨後引起三次大爆炸及許多零星爆炸。據目擊者表示，爆炸當時好像發生大地震，工廠上空濃煙密布，該地區居民約42,000人，大多已逃往安全處所，全鎮有如荒城。

2.8.6 日本彈藥工廠爆炸事件[26]

2000年8月1日,日本愛知縣(Taketoyo, Aichi, Japan)一家炸藥製造工廠的臨時倉庫發生爆炸,火勢迅速蔓延至其他建築物。工廠內320棟建築物受損,其中29棟全毀、39棟部分半損、192棟受損、60個窗戶震碎。由於當天為假日,沒有員工受傷。廠外79人受傷,888棟房屋受損,其中12棟全毀,26棟半毀,440棟受損,364棟窗戶破碎。財物損失高達37億日圓,營業損失10億日圓。

7月31日下午3:00,36公斤無煙火藥由倉庫中移出,再移入31公斤無煙火藥,當時現場員工並無未察覺任何特殊氣味或狀況、但是8月1日下午10:09,警鈴響起後爆炸發生。倉庫完全毀壞,只剩下鐵製樑柱。

原因為倉庫中儲存7.1噸無煙火藥與0.6噸炸藥。許多火藥在倉庫內放置了數年之久,經太陽照射後逐漸發生變化。

參考文獻

1.張承明，《國外製程安全相關重大職災探討IOSH99-S502》，台北市：勞工安全衛生研究所，2011年。

2.平井純，〈德州高密度聚乙烯工廠爆炸事件〉，上原陽一、小川輝繁編修，《防火防爆對策技術》，東京：技術系統株式會社，1994年。

3.OSHA, *The Phillips 66 Company Houston Chemical Complex Explosion and Fire*, 1990.

4.FPA, The Flixborough Disaster, Case Histories of Fires, Explosions and Detonations, *Fire Protection Manual for Hydrocarbon Plants, Vol. 2*, 1981.

5.山口隆章，〈墨西哥市LPG事故〉，上原陽一、小川輝繁編修，《防火防爆對策技術》，第四章第四節，頁23-31，東京：技術系統株式會社，1994年。

6.G. R. Herzog, Union Oil Tank Fire, *Fire Protection Manual for Hydrocarbon Plants, Vol. 2*, 1981.

7.P. J. Coner, The Dispersion for Large-Scale Accidental Release Such as Seveso, Roy. Met. Soc., Mtg on Atmospheric-Surface Exchange of Pollution, London, 1977.

8.T. G. Theofanous, The Physicochemical Origins of the Seveso Accident-I, Initial Heat Up, *Chemical Eng. Sci., 38*(10), p. 1615, 1983.

9.P. Cardillo and A. Girelli, The Seveso Runaway Reaction, Inst. *Chem. Eng. Symp. Ser, 68*, 3/N, 1981.

10.T. A. Kletz, *Plant Design for Safety*, Hemisphere Publishing Corp., New York, 1991.

11.田村昌三，〈過氧化二苯甲醯（BPO）爆炸事件〉，上原陽一、小川輝繁編修，《防火防爆對策技術》，東京：技術系統株式會社，1994年。

12.上原陽一，〈薩維梭事故〉，《防火防爆對策技術》，東京：技術系統株式會社，1994年。

13.松田東榮，〈粉塵爆炸事故〉，上原陽一、小川輝繁編修，《防火防爆對策技術》，東京：技術系統株式會社，1994年。

14.高木伸夫，〈石油類靜電所引起的火災及爆炸事故〉，上原陽一、小川輝繁編修，《防火防爆對策技術》，東京：技術系統株式會社，1994年。

15.堀口貞茲，〈半導體關連事故〉，上原陽一、小川輝繁編修，《防火防爆對策技術》，東京：技術系統株式會社，1994年。

16.加藤芳久，〈半導體製造裝置〉，上原陽一、小川輝繁編修，《防火防爆對策技術》，東京：技術系統株式會社，1994年。

17.日本勞動省安全衛生部化學物質調查課，《半導體製造工程安全衛生對策指針之解說》，日本化學物質安全情報中心，1988年。

18.Toshisuke Hirano, Accidental explosions of semiconductor manufacturing gases in Japan,

Journal of Loss Prevention in the Process Industries, 17, pp. 29-34, 2004.

19. 宮原章，〈煙火製造事故主要原因解析及案例〉，上原陽一、小川輝繁編修，《防火防爆對策技術》，東京：技術系統株式會社，1994年。

20. 中鼎工程公司，「化學災害事故調查分析報告（民國79年～82年）」，行政院環保署委託計畫，1994年。

21. 日本煙火協會，《日本煙火協會三十年史》，1993年。

22. 村井一，〈氧化劑別事故發生狀態〉（1994年演講稿）。

23. CSB, Sugar Dust Explosion and Fire, Final Investigation Report, U. S. Chemical Safety and Hazard Investigation Board, 2009.

24. Jack W. Reed, Analysis of the Accidental Explosion at PEPCON, Henderson, Nevada, on May 4, 1988, Sandia National Lab., Albuquerque, New Mexico, 1988.

25. 《聯合晚報》，1995年11月5日。

26. Ogawa, Terushige, Tamura, Masamitsu. Explosion due to inadequate storage of explosives in the temporary storage house, Failure Knowledge Database, 畑村創造工學研究所. 2011, http://www.sozogaku.com/fkd/en/cfen/CC1000111.html

PART
2

基本觀念

第三章　火與爆炸

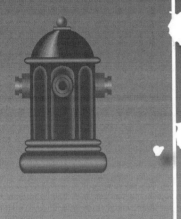

Chapter

3

火與爆炸

3.1 火的基本特徵

火或燃燒程序是物質的氧化反應，物質是否能著火燃燒，必須具備下列幾個條件：

1. 燃料（易燃、可燃性物質）、氧化劑（氧氣或提供氧的物質）、點火源（熱、明火、電弧、物理或化學源）等三個基本條件必須同時存在（圖3-1）。
2. 可燃性物質的溫度必須達到點燃溫度。
3. 由火焰回饋至裂解或蒸發的可燃性物質的熱能控制火勢的大小。
4. 燃燒在下列幾種情況下，會停止燃燒：
   (1) 燃料耗盡。
   (2) 氧的濃度低於維持燃燒的最低濃度。
   (3) 大量的熱能被傳送出去。
   (4) 火焰被化學藥劑抑止或冷卻，無法繼續反應。

3.2 可燃性物質

3.2.1 氣體

依照美國消防協會（National Fire Protection Association, NFPA）的習慣用

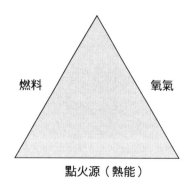

圖3-1　著火的三個因素（火三角）

語，著火性氣體係指在空氣中正常氧氣的濃度下可燃燒的氣體，例如甲烷（天然氣的主要成分）、丙烷、丁烷（液化石油氣的主要成分）等是最普遍的工業及家庭用的氣體燃料，其他低分子量的碳氫化合物如乙炔、乙烯、丙烯等石化工業原料亦屬於著火性氣體。**表3-1**列出一般著火性氣體的燃燒特性。

非著火性氣體（不可燃氣體）無法在空氣或氧氣中燃燒，可分為氧化劑及惰性氣體兩類，一氧化氮、空氣等氣體或混合物本身雖無法燃燒，但可提供燃燒所需的氧氣，為氧化劑或助燃劑；而氮氣、二氧化碳、氬、氦等本身既無法燃燒又不具助燃、氧化功能，則被視為惰性氣體。

3.2.2 液體

依照美國消防協會第321號報告（NFPA 321），著火性及可燃性液體的基本分類（Basic Classification of Flammable and Combustible Liquids），液體的定義為：「在攝氏38度（華氏100度）溫度下蒸氣壓低於275kpa（40psia）的流體。」著火性液體（Flammable Liquids）或I級液體（Class I Liquids）為閃火點低於38℃的液體，它又可分為IA、IB及IC三類。

1.IA：閃火點低於23℃，沸點低於38℃的液體。

表3-1　一般著火性氣體的燃燒特性

氣體名稱	總熱值（千焦耳／立方公尺）	著火限值（%）		比重（空氣＝1）	燃燒一立方公尺所需空氣量（立方公尺）	點燃溫度（攝氏度數）
		下限	上限			
天然氣（高熱能）	39.9-41.9	4.7	14.5	0.620-0.719	9.4	482-632
甲烷	39.6	5	15	0.55	9.52	630
煉鋼高爐氣	3.0-4.1	33.2	71.3	1.04-1.00	0.8	-
焦爐氣	21.4	4.4	34.0	0.38	4.7	-
丙烷（工業用）	93.7	2.15	9.6	1.52	24.0	492-604
丁烷（工業用）	122.9	1.9	8.5	2.0	31.0	482-538
下水道沼氣	24.9	6.0	17.0	0.79	6.5	-
乙炔	208.1	2.5	81.0	0.91	11.9	305
氫	12.1	4.0	75.0	0.07	2.4	500
氨（無水）	14.4	16.0	25.0	0.60	8.3	651
一氧化碳	11.7	12.5	74.0	0.97	2.4	609
乙烯	59.6	2.7	36.0	0.98	14.3	490

2.IB：閃火點低於23℃，沸點高於38℃的液體。

3.IC：閃火點在23℃（含）至38℃之間的液體。

可燃性液體（Combustible Liquids）為閃火點為38℃或超過38℃的液體，又可區分為下列三類：

1.II：閃火點在38℃（含）至60℃之間的液體。

2.IIIA：閃火點在60℃（含）至93℃之間的液體。

3.IIIB：閃火點在93℃（含）以上的液體。

3.2.3 固體

可燃性固體物質可分為下列三類：

1.碳氫化合物如煤、高分子聚合物（聚乙烯、聚丙烯）、石蠟、脂肪等。
2.含部分氧化物〔$-CH(OH)_n$〕的纖維物質，如棉花（$C_6H_{10}O_5$）、麻、木材等。
3.可燃性金屬如鋰、鈉、鉀、鋅、鋁、鎂或其化合物。

表3-2列出固體可燃物質的燃燒特性。

表3-2　固體可燃物質的燃燒特性

名稱	點燃溫度（℃）	燃燒溫度（℃）	燃燒熱（KJ/Kg）
白橡木	210		19000-20000
長葉松	220		22000-23000
美國西部杉木	192		18000-20000
硫磺	245		9163
炭	345		26000-29000
天然纖維（棉）	255-400	850	16400
羊毛	570-600	940	20580
人造纖維			
醋酸纖維	440-520	960	
亞克力	460-560	850	
聚丙烯	500-570	840	
玉米葉、桿			16370
森林殘渣			15000

3.3 火的分類

火依燃料（著火源）的特性，可分為下列四類：

1. A類：木材、紙、棉、麻、煤等固體燃料著火。
2. B類：液體燃料如油品、液體碳氫化合物或油浸漬的物質著火。
3. C類：帶電荷的設備著火。
4. D類：鋁、鈉、鎂等金屬著火。

火災依火勢的大小分為下列五種[1]：

1. 主要火災：需二十個以上噴射水源，才可撲滅的火災。
2. 大型火災：需十八至十九個噴射水源撲滅。
3. 中型火災：需三至十七個噴射水源撲滅。
4. 中小型火災：需一至二個噴射水源撲滅。
5. 小型火災：需一至二個手持水管或滅火器撲滅。

3.4 物質的著火特性

3.4.1 著火濃度限值

即使在著火條件之下，可燃性氣體與空氣的濃度比例必須在一定的範圍之內，才會著火燃燒，此一範圍是以氣體在空氣中的濃度的上限及下限表示。氣體濃度若低於著火濃度下限（Lower Flammability Limit, LFL）時，氣體濃度太稀薄，無法著火。如果濃度超過著火濃度上限（Upper Flammability Limit, UFL），空氣濃度稀薄，也無法著火。著火濃度上、下限亦稱為爆炸濃度上、下限（Lower Explosive Limit, LEL或Upper Explosive Limit, UEL）。著火濃度上、下限視氣體燃料與空氣分子作用的比例而定，如果缺乏數據時，碳氫化合物的著火濃度上、下限可由下列經驗式[2]求得：

$$LFL = 0.55C_{st} \hspace{3cm} (3\text{-}1)$$
$$UFL = 3.5C_{st} \hspace{3.2cm} (3\text{-}2)$$

C_{st}是氣體燃料燃燒時，在其與空氣混合物中的體積百分比，假設碳氫化合物的分子式為$C_mH_xO_y$，其與氧氣的反應式為：

$$C_mH_xO_y + ZO_2 \rightarrow MCO_2 + x/2H_2O \qquad (3\text{-}3)$$

所需氧的摩爾數（Z）為：

$$Z = m + x/4 - y/2 \qquad (3\text{-}4)$$

氣體燃料在混合物中的體積百分比（C_{st}）為：

$$C_{st} = 氣體燃料摩爾數／混合物摩爾數 \times 100$$
$$= 100/(1 - Z/0.21) \qquad (3\text{-}5)$$

公式（3-5）中，0.21為氧氣在空氣中的濃度分率。

將C_{st}代入公式（3-1）及（3-2）中，公式（3-1）及（3-2）則變為：

$$LFL = 55/4.76m + 1.19x - 2.38y + 1 \qquad (3\text{-}6)$$
$$UFL = 350/4.76m + 1.19x - 2.38y + 1 \qquad (3\text{-}7)$$

著火濃度範圍會受壓力、溫度、周圍環境重力場、火焰延伸方向的影響，由於其數值係由實驗得來的，數值精確性與實驗方法及條件有關。目前最普通的測試方法為美國礦業局所發展的，測試的主要設備為一上閉下開、5公分直徑、1.5公尺高的圓管，管中充滿了氣體與空氣的混合物，著火源則放置於管的下端。一般的測試是在常壓（一大氣壓）、常溫的條件下進行，火焰則由下向上延伸，但是也可在其他壓力、溫度、火焰方向及惰性氣體的混合條件下進行。**表3-3**列出一些常見的有機化合物的著火濃度上、下限，以及其他特性，如閃火點及自燃溫度的數據，以供參考使用。

表3-3　有機化合物著火特性[2]

化合物名稱		閃火點 （℃）	著火濃度下限 （空氣中百分比）	著火濃度上限 （空氣中百分比）	自燃溫度 （℃）
（中文）	（英文）				
環氧己烷	Dioxane	12	2.0	22	
丙酮	Acetone	0.0	2.5	13	538
丙炔	Acetylene		2.5	110	305
丙烯醛	Acrolein	-26	2.8	31	
丙烯腈	Acrylonitrile	0	3.0	17	
苯胺	Aniline	70	1.3	11	
苯	Benzene	-11	1.3	7.9	562
丁烷	Butane	-60	1.6	8.4	405
一氧化碳	Carbon Monoixide		12.5	74	
氯苯	Chlorobenzene	29	1.3	9.6	638
環己烷	Cyclohexane	-18	1.3	8	245
乙硼烷	Diborane		0.8	88	
環氧己烷	Dioxane	12	2.0	22	
乙烷	Ethane	-135	3.0	12.5	515
乙醇	Ethyl Alcohol	13	3.3	19	423
乙烯	Ethylene		2.7	36.0	490
環氧乙烯	Ethylene Oxide	-29	3.0	100	427
乙醚	Ethyl Ether	-45	1.9	36.0	82
甲醛	Formaldehyde	-	7.0	73	
汽油	Gasoline	-43	1.4	7.6	
庚烷	Heptane	-4	1.1	6.7	223
己烷	Hexane	-26	1.1	7.5	223
氫	Hydrogen		4.0	75	400
異丙醇	Isoprophy Alcohol	12	2.0	12	455
異丙醚	Isoprophy Ethe	0	1.4	7.9	443
甲烷	Methane	-188	5.0	15	538
醋酸甲脂	Methyl Acetate	-9	3.1	16	502
甲醇	Methyl Alcohol	12	6.0	36	464
氯化甲烷	Methyl Chloride	0	8.1	17.4	632
異丁酮	Methyl Ethyl Ketone	-4	1.4	11.4	516
異己酮	Methyl Isobutyl Ketone	23	1.2	8.0	460
甲基丙烯酸甲脂	Methyl Methacrylate	10	1.7	8.2	421
異戊酮	Methyl Propyl Ketone	7	1.5	8.2	505
石油腦	Naptha	-49	1.2	6.0	288
辛烷	Octane	13	1.0	6.5	220
戊烷	Pentane	-40	1.51	7.8	309

（續）表3-3　有機化合物著火特性[2]

化合物名稱		閃火點	著火濃度下限	著火濃度上限	自燃溫度
（中文）	（英文）	（℃）	（空氣中百分比）	（空氣中百分比）	（℃）
酚	Phenol	79	1.8	8.6	
丙烷	Propane		2.1	9.5	466
丙烯	Propylene	-108	2.0	11.1	497
二氯化丙烯	Propylene Dichloride	16	3.4	14.5	557
環氧丙烯	Propylene Oxide	-37	2.3	36	465
苯乙烯	Styrene	31	1.1	7.0	490
甲苯	Toluene	4	1.2	7.1	536

3.4.2 溫度與壓力的影響

由於溫度與壓力的變化直接影響物質的相態、蒸氣壓及物理特性，因此對著火濃度限值的影響很大，一個閃火點高於室溫的液體，自然無法在空氣中產生著火性的蒸氣，但是如果室溫超過閃火點後，便可形成著火性的蒸氣。液體的蒸發亦隨著環境壓力變化而改變，壓力降低時，蒸氣產生量增加，壓力增加時，蒸氣量則減少。高溫時，蒸氣壓升高，揮發度增加，溫度降低時，蒸氣壓降低，揮發量亦減少。

圖3-2及圖3-3顯示溫度與壓力對於著火濃度限值的影響[3]。使用這些曲線時必須瞭解，它們代表平衡條件。在圖3-2中的曲線左上方的條件下及圖3-3中的曲線右下方的條件下，皆無法著火；曲線與760mm水銀柱壓力交會的溫度為常壓下的閃火點。

壓力低於一大氣壓時，著火範圍會收縮，如果壓力繼續降低，上下限會不斷接近，直到上、下限重合，而無法著火燃燒為止。圖3-4顯示甲烷的著火濃度範圍的變化與壓力的關係，當壓力低至0.18大氣壓（18kpa）時，濃度上、下限交會，甲烷即無法著火；相反地，如果壓力增加，則會擴大著火濃度範圍，由圖3-5中可以看出上限增加的幅度遠較下限降低的幅度大。有些碳氫化合物的著火濃度在高壓下驟增，如果氣體濃度近於著火上限，點燃後，火焰內會產生一個冷焰區域。著火濃度上限與壓力的關係可由下列經驗公式求出[5]：

$$UFL_p = UFL + 20.6\,(\log P + 1) \qquad\qquad (3\text{-}8)$$

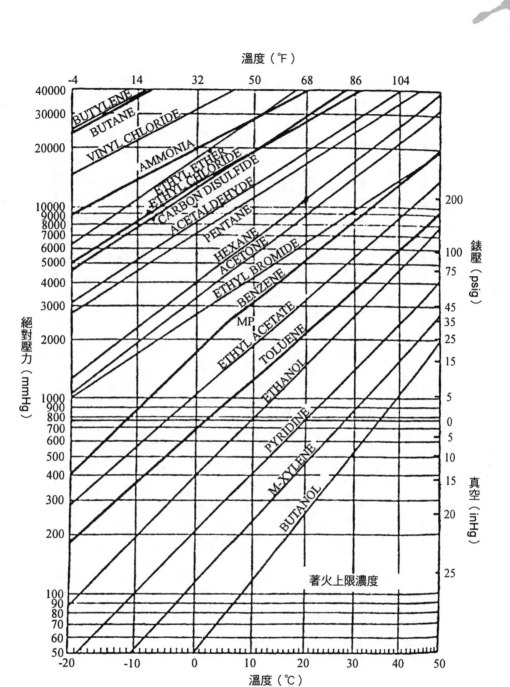

圖3-2　溫度與壓力對於著火下限的影響[3]

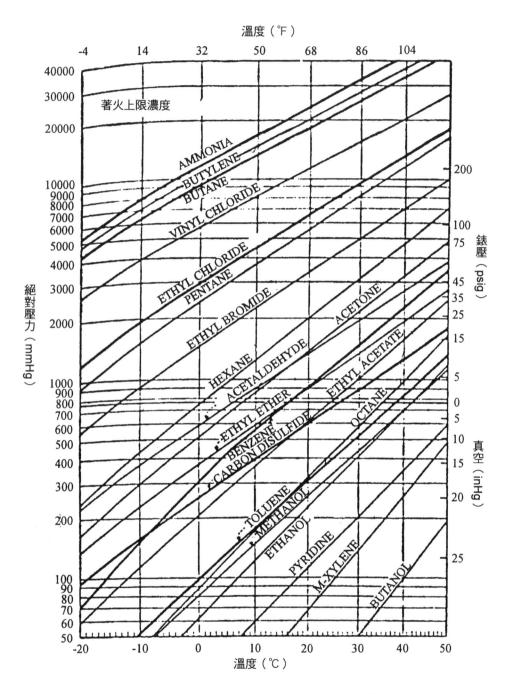

圖3-3　溫度與壓力對於著火上限的影響[3]

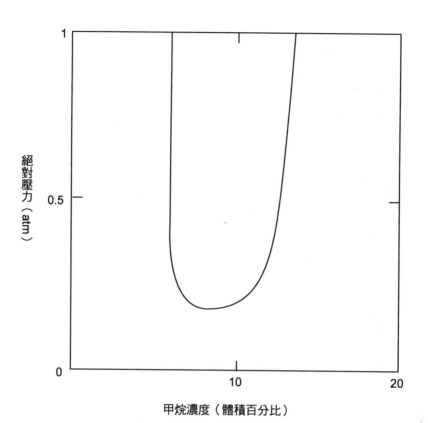

圖3-4　壓力對甲烷著火濃度範圍的影響[4]

P＝絕對壓力（mpa，即1,000kpa）

UFL＝一大氣壓下著火濃度上限（體積百分比）

升高溫度亦可擴大著火濃度範圍，**圖3-6**顯示天然氣的著火濃度範圍與溫度的關係。可燃物質的著火濃度上、下限與溫度的關係，可由下列兩個公式求得[5]：

$$LFL_T = LFL_{25} [1 - 0.75 (T - 25) / \triangle H_c] \qquad (3\text{-}9)$$

$$UFL_T = UFL_{25} [1 - 0.75 (T - 25) / \triangle H_c] \qquad (3\text{-}10)$$

$\triangle H_c$＝物質的燃燒淨熱值（kcal/mole）

T＝溫度（℃）

LFL_{25}及UFL_{25}分別為攝氏25度時，物質的著火濃度及上限

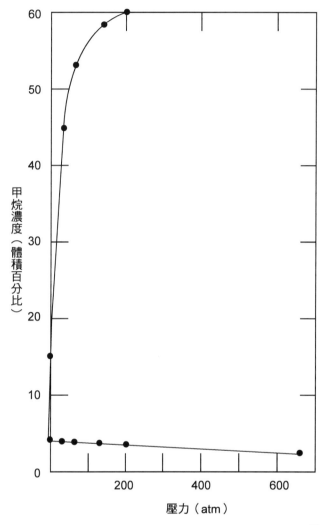

圖3-5　高壓對甲烷著火濃度範圍的影響[5]

3.4.3 氧氣中的著火濃度範圍

　　氣體燃料在氧氣中的著火濃度範圍，較在空氣中大，在氧氣中的濃度下限與在空氣中相近，但是在氧氣中的上限值遠較在空氣中的上限值高。

3.4.4 混合氣體的著火濃度

　　氣體混合物的著火濃度上、下限可以用勒沙特利爾公式（Le Chatelier

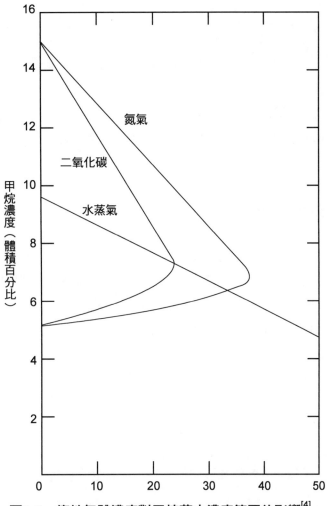

圖3-6　惰性氣體濃度對甲烷著火濃度範圍的影響[4]

Equation）求得[4]：

$$(LFL)_m = 1 / \sum_{i=1}^{n} \quad Y_i / LFL_i \qquad (3-11)$$

$(LFL)_m$＝混合氣體的著火濃度下限（體積百分比）

LFL_i＝i項氣體的著火濃度下限（體積百分比）

Y_i＝i氣體的克分子分率（摩爾分率）

n＝氣體總數

$$（UFL）_m = 1 / \sum_{i=1}^{n} = 1 \qquad Yi / UFL_i \qquad (3\text{-}12)$$

（UFL）$_m$及UFL$_i$分別為混合氣體及i項氣體的著火濃度上限

由於勒沙特利爾公式為經驗性公式，並非完全正確，其實用性及限制請參閱柯瓦（Coward）及鍾斯（G. W. Jones）兩氏所發表的報告（U. S. Bureau of Mines, Bulletin 503, p. 6, 1952）。

3.4.5 惰性氣體的影響

氣體燃料的著火濃度範圍，也會受到惰性氣體的加入而改變，由於惰性氣體的存在會降低燃料與空氣接觸及混合的程度，因而抑止燃燒反應的發生，惰性氣體的加入比例愈高，著火濃度範圍愈窄狹。**圖3-6**顯示氮氣、二氧化碳及水蒸氣等三種惰性氣體，對於甲烷著火濃度範圍的影響，當氮氣的濃度達40%或二氧化碳的濃度達30%時，著火濃度上下限交會，甲烷無法著火燃燒。**表3-4**列出抑止碳氫化合物燃燒所需的氮氣及二氧化碳的最佳濃度。

3.4.6 閃火點

液體燃料必須吸收熱能揮發成氣體後，才會著火燃燒，液體燃料的著火難

表3-4 抑止碳氫化合物在空氣中著火燃燒所需氮氣及二氧化碳的最低濃度（體積百分比）[6, 7]

碳氫化合物		氮氣	二氧化碳
中文名稱	英文名稱	（體積百分比）	（體積百分比）
甲烷	Methane	38	24
乙烷	Ethane	46	33
丙烷	Propane	43	30
正丁烷	n-Buteane	41	28
正戊烷	n-Pentane	43	29
正己烷	n-Hexane	42	29
乙烯	Ethylene	50	41
丙烯	Propylene	43	30
苯	Benzene	45	32

易度與其揮發性有關，易於揮發的汽油遠較難以揮發的重油易於著火。閃火點（Flash Point）是決定液體物質危害性之主要的物理特性，當溫度達到閃火點時，液體揮發成氣體的質量足以與空氣混合，而形成可燃混合物，此時雖然可以著火，但是揮發的質量不足以維持火勢的延續。閃火點與壓力有關，壓力增加時，閃火點會上升。**表3-1**亦列出一般碳氫化合物的閃火點。混合物的閃火點可由實驗求得。

閃火點的測試方法有開口杯式（Open Cup Test）[8]及閉口杯式（Closed Cup Test）[9]兩種，由開口杯方式所得到的閃火點略高於閉口杯方式所得的閃火點。**圖3-7**顯示液體的蒸氣壓、著火濃度上／下限、閃火點及自燃溫度的相互關係。

3.4.7 著火點

著火點（Fire Point）的定義為在開口的容器中的液體所揮發的蒸氣足以維持火焰持續的最低溫度。通常液體著火點略高於閃火點。以一般液體燃料為例，維持火焰的最低蒸發速率約為2克／立方公尺左右。

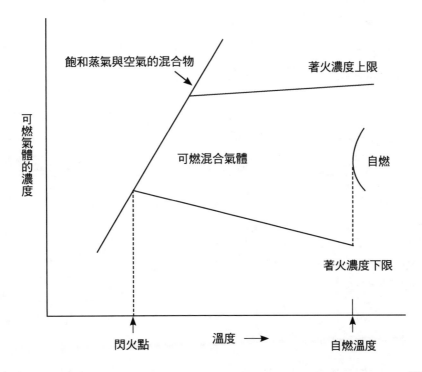

圖3-7　蒸氣壓、著火濃度上／下限、閃火點及自燃溫度的相互關係[10]

　　當著火點或可燃性液體與點火源接觸後，即使液體的溫度低於閃火點，但是由於點火源所放出的熱能足以將液體表面溫度提高至著火點以上，因此火勢會很快地蔓延至液體表面。

 **3.5 點燃與燃燒**

3.5.1 點燃能

　　點燃能（Ignition Energy）是引發物質燃燒所需的最低能量，它與物質（或混合物）的成分、濃度、壓力及溫度有密切的關係：

1. 點燃能隨著壓力增加而降低。
2. 點燃能隨惰性氣體如氮氣、二氧化碳的濃度增加而上升。
3. 可燃性塵粒的點燃能與可燃性氣體的點燃能相近。

　　表3-5列出常見可燃性氣體的點燃能，烷類的點燃能很低，僅為0.25毫焦耳（mJ），而汽車火星塞的點然能為25毫焦耳（mJ）左右，人走過地毯所產成的靜電約是22毫焦耳（mJ），如果可燃性氣體存在時，任何一個小火花或摩擦產生的靜電能足以點燃氣體，而造成火災。

表3-5　常見可燃氣體及塵粒的點燃能[5, 6]

可燃氣體及塵粒	壓力（atm）	點燃能（mJ）
甲烷（Methane）	1	0.29
乙烷（Ethane）	1	0.24
丙烷（Propane）	1	0.25
丁烷（Butane）	1	0.25
乙烯（Ethylene）	1	0.12
苯（Benzene）	1	0.22
氨（Ammonia）	1	>100
氫（Hydrogen）	1	0.019
玉米塵粉（Corn Starch Dust）		0.3
鐵粉		0.12

3.5.2 自燃

　　有些可燃性氣體、液體或固體即使不與電弧或明火等點火源接觸，亦可能自行著火燃燒，此種現象稱為自燃（Autoignition）或瞬間點燃（Spontaneous Ignition）。自燃是物質在適當的條件之下，與氧反應，由於氧化反應所產生的熱能超過系統損失的熱能，燃燒得以持續。物質開始自行燃燒的溫度稱為自燃溫度（Autoignition Temperature, AIT，或Spontaneous Ignition Temperature, SIT）。自燃溫度受系統壓力、體積、催化劑及流動條件的影響而變化，系統壓力、體積或氧氣濃度的升高會降低自燃溫度。圖3-8顯示氣體的自燃溫度與壓力的關係，壓力升高時，自燃溫度降低，發生冷焰現象，在一大氣壓下，溫度未達自燃溫度之前，燃燒速度很低，而且經過一段冷焰區。如果起始壓力高時，氣體的溫度雖低於一大氣壓下的冷焰溫度也可能自燃，由此可見，壓力對於

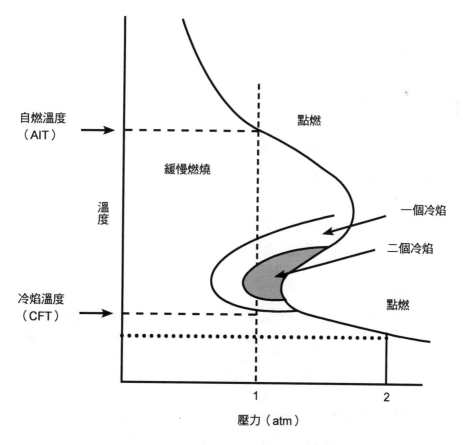

圖3-8　自燃溫度與壓力的關係[11]

自燃溫度有很大的影響。在真空蒸餾塔或其他真空系統之中,如果真空突然喪失,大量的空氣進入系統時,系統中的高溫蒸氣即可能引燃爆炸。

吸附大量可燃性液體的固體物質與空氣接觸後,會產生緩慢的氧化反應,如果周圍溫度高,散熱情況不佳,氧化反應所放出的熱量會逐漸積聚,導致溫度的上升,溫度愈高,氧化速度愈快,最後終於著火引燃。布萊頓氏(L. G. Britton)曾研究過有關保溫材料於吸附了大量有機液體後,自行引燃的意外事件[11];其他多孔物質如蛭石(Vermiculite)或過濾材,如果吸附大量油品亦可能發生自燃現象。

可燃性粉塵在高溫下足以自行點燃,其自燃溫度與顆粒直徑、形狀、溫度、氧氣濃度有關,最常見的兩種情況為粉塵自燃及粉塵層自燃(Powder Layer Ignition),兩者最大的差別,在於粉塵自燃溫度可能遠低於環境周圍的溫度,而粉塵層燃燒則是由於側邊加熱,如受燈光或高溫馬達殼壁所放出的熱量所引燃的。

3.5.3 燃燒方式

火勢的大小與燃燒方式及燃燒速率有關,燃燒反應是否順利進行視可燃性物質與氧分子是否可以充分接觸而定,如果燃燒反應產生前,可燃物分子與氧分子充分混合,則可增加燃燒速率,此時化學因素是決定燃燒速率的主要參數,混合不完全時,分子間的擴散及混合等物理程序往往成為限制反應的主要參數。

由於燃料及氧化物的物態、混合方式及程度的不同,燃燒的過程可以分為預混焰、擴散焰、單推進劑及推進劑燃燒、爆炸等幾種(**表3-6**)。預混焰及擴

表3-6 燃燒方式[12]

項次	反應前物態		燃料與反應物	
	燃料	氧化物	預先混合	未混合
I	氣體	氣體	預混焰	擴散焰
II	液體	氣體	預混焰	擴散焰
III	液體	液體	單推進劑燃燒	-
IV	固體	氣體	-	擴散焰
V	固體	固體	推進劑燃燒 爆炸	-

散焰是一般燃燒加熱及焚化系統中主要的燃燒方式，推進劑燃燒發生於火箭、導向飛彈、太空船的動力系統中，爆炸則是槍砲主要的動力程序。

　　圖3-9顯示預混焰產生過程中的主要程序，氣體燃料及氧化物的預先混合後經預熱反應、燃燒、後火焰反應等步驟。預熱反應的主要產物為碳氫化合物、醛、酮或有機酸的自由根及氫氧根，它不僅影響燃燒程序和碳氫化合物及粉塵的產生，並且調節燃料與氧化物（氧或空氣）的混合。後火焰反應是指燃燒區下游所發生的反應，例如自由根的重新組合，一氧化碳的氧化及熱解等。燃料的濃度及溫度在不同反應區域的變化顯示於圖3-9中。預混焰僅限於氣體或高揮發性液體燃料的燃燒，可燃氣體與空氣的比例必須在著火濃度限值之內。

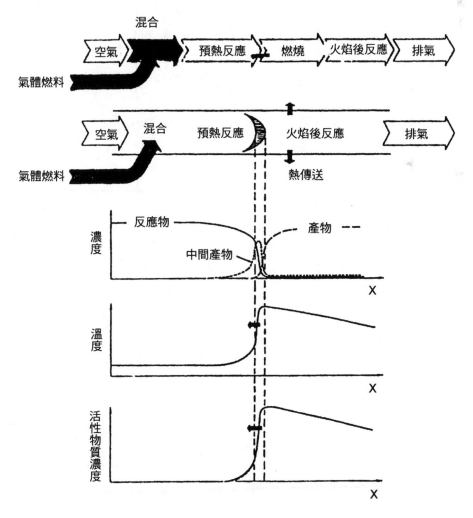

圖3-9　管中流動的預混氣體燃料燃燒[12]

　　擴散焰燃燒過程中,燃料和氧化物並不預先混合,無論溫度多高,燃料的點燃必須等到燃料與氧化物混合至一定程度後,才會發生,燃燒的情況是由燃燒系統的幾何構造及氣體亂流度而控制。如果混合程度差,燃料熱解所產生的物質無法完全氧化,不僅熱能無法完全放出,還會造成汙染,物質燃燒情況不佳時所產生的黑煙即是熱解的產物。

　　圖3-10顯示擴散焰中燃料、氧氣的溫度及溫度變化曲線,由於燃料和氧化

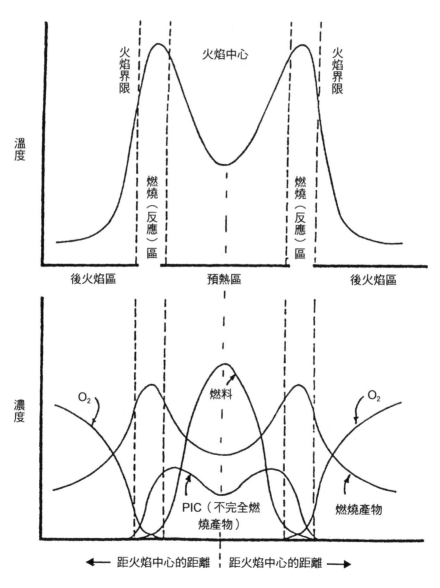

圖3-10　擴散焰的溫度及濃度曲線[12, 13]

物並未預先混合，燃燒所需的氧氣由外界供應，火焰產生於兩者接觸面上，此處的溫度很高，幾乎所有的分子都裂解為原子或反應性強的小分子自由根。火焰放出的輻射熱不僅預熱空氣而且促進向火焰流動的燃料熱解。一般火災皆為擴散焰。

　　液體燃料必須先蒸發成蒸氣，再與氧化物或空氣混合，才會著火燃燒，蒸發、混合等物理程序是限制液體燃燒的主要步驟，因此燃燒器的設計必須考慮蒸發及混合的程度。如果將一團（直徑一公分以上）的液滴直接擲入燃燒室內，它的燃燒情況如**圖3-11**所顯示，液滴表面的分子可以急速加熱蒸發擴散，再與空氣充分混合，形成預混或擴散火焰，中層的分子蒸發後無法充分與氧氣混合，經熱解後產生大量的含碳量高的固體粒子（黑煙）及一氧化碳，最內層的分子吸收輻射熱後形成沸騰液體，不斷地蒸發。液體燃料在此種燃燒情況下，不僅無法完全放出熱能，而且會產生大量的黑煙及粉塵。

　　固體燃料的成分較液體及氣體更為複雜，即使是同類的固體燃料，成分及含量也不完全相同，因此燃燒的情況更難以控制。**圖3-12**顯示固體燃料燃燒的

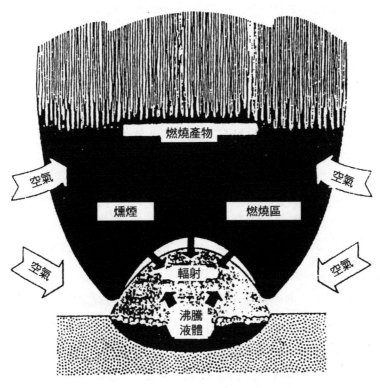

圖3-11　一團液滴的燃燒[12]

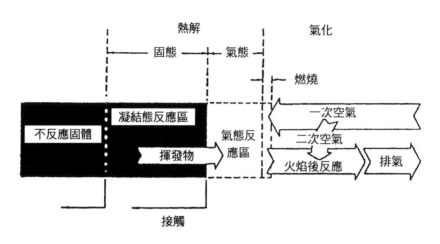

圖3-12　固體燃燒[12]

基本過程，反應可以在氣態及凝結態中產生。燃料中揮發性成分加熱後形成蒸氣，與流動的空氣混合後，產生擴散焰，在擴散焰與固體表面的空間內，氧氣含量很低，熱解是主要的反應方式。固體的表面則吸收火焰放出的輻射熱，溫度不斷地升高，一直到表面變成白熱化為止，同時蒸發更多的揮發物質。

當所有揮發性物質全部蒸發後，殘餘固體變成類似木炭的碳化物，炭的氧化與氣、液體燃料的燃燒完全不同，氧氣必須擴散至炭的表面，反應才可發生，此種炭的「燒完」的反應速率很慢，有些炭化物質需數小時之久才可完全燒盡。

3.5.4 燃燒速率

燃燒速率不僅與氧化反應速率有關，而且與燃料分子和氧氣傳至燃燒區有關，預混焰中的氧氣與燃料分子已完全混合，燃燒速率由化學反應所控制，火焰燃燒速率甚為快速，火焰傳布的速度亦快，每秒鐘可達數公尺；因此著火性蒸氣與空氣的混合，是非常危險的，只要點燃，幾乎無法阻止。

擴散焰的燃燒速率是由燃料分子與氧氣擴散至燃燒區的物理作用所控制，如果擴散速率快，燃燒速率亦快，否則不僅燃燒速率受限，燃燒也不完全。液體或固體可燃物必須先吸收熱能再經過蒸發、裂解等程序，形成蒸氣後才可進行氧化，由於蒸發、裂解等程序的速度遠低於氧化，燃燒速率係由蒸發、裂解等程序所控制。

 **3.6 爆炸**

爆炸（Explosion）是高壓氣體快速釋放至環境時所產生的後果，由於釋放速率非常快速，高壓氣體所含的能量是以震波方式散布、消失。爆炸依其產生的方式可區分為下列三種：

1. 物理爆炸：如溫度升高，密閉容器內氣體的壓力不斷上升，容器無法承受時所產生的爆炸或是充滿氣體的氣球突然被戳破所產生的爆炸。
2. 化學爆炸：可燃性氣體與空氣混合後，遇點火源，引燃後所產生的爆炸。
3. 物理／化學爆炸：失控反應產生大量氣體，壓力突然升高，容器無法承受或鍋爐爆炸。

由於周圍環境的不同，爆炸所產生的影響，亦不相同，在密閉容器或建築物中所產生的爆炸為局限爆炸，其影響僅限於容器或建築物之內或附近的區域；散布於大氣中的有機蒸氣雲，經點燃後所產生的爆炸為非局限性爆炸，其爆炸威力甚大，所有為蒸氣雲涵蓋的空間皆受嚴重的破壞。

爆炸程序非常複雜，雖然經過數十年的研究，吾人目前仍不能完全瞭解爆炸的活動狀態，為了安全起見，工程師使用爆炸影響模式或延伸實驗數據時，必須格外小心，並酌加足夠的安全係數。

3.6.1 爆震

爆震（Detonation）是由燃燒所產生的震波的波峰以聲速或高於聲速傳布的爆炸，爆震在管中的傳布，如圖3-13所顯示。爆震波是由震動壓縮與可燃物質點燃所釋放出化學能量所維持，火焰鋒與震鋒在時間與空間上互相耦合，震波與火焰鋒之前，並無顯明的壓力變化。爆震傳布的速率視氣體混合物特性、起始溫度、壓力與爆震類別而異，每秒傳布距離在1,000至3,500公尺之間。由於大量的能量在很短的時間（約1/1,000秒）內釋出，所造成的壓力上升約為大氣壓力的數十倍或百倍。

爆震產生的方式可分為下列兩種：

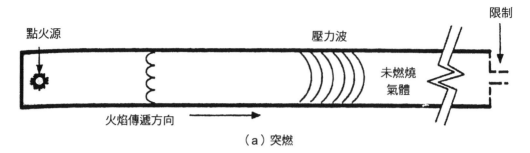

（a）突燃

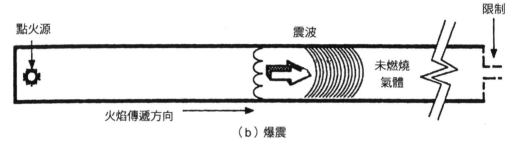

（b）爆震

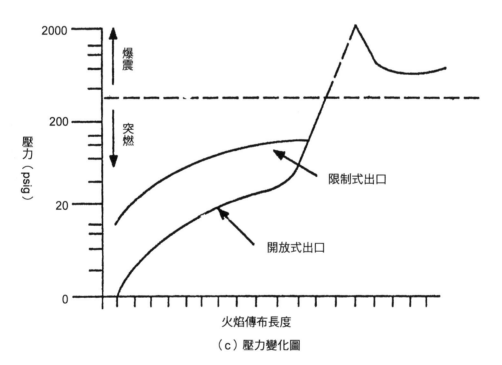

（c）壓力變化圖

圖3-13　突燃、爆震與壓力變化圖[14]

1. 熱爆震：氣體的溫度由於化學反應而上升，溫度愈高，反應速率愈快，壓力及溫度在極短的時間內急速增加。
2. 連鎖反應爆震：氣體的化學反應產生許多高反應性的自由根，自由根相互作用或與其他氣體作用，產生更多的分子及高反應物，系統壓力則在極短的時間內上升。

爆震的傳布呈現下列四種現象：

1. 跳躍式爆震：傳布時爆震量週期性的起始與中止，這種現象發生於可燃氣體的濃度在其爆炸（著火）濃度上下限值左右。
2. 過度驅使式爆震：當突燃逐漸轉變至爆震中的過程而尚未到達穩定時，會發生過度驅使式爆震，同時會在管壁產生側面壓力比（約50-100）。
3. 自轉式爆震：在管線中的傳布呈螺旋形軌跡，當氣體的成分複雜，而且爆震範圍遠大於管線直徑時，會產生自轉式爆震。
4. 穩定性爆震：爆震已經穩定，震波速率與聲速相等，以空氣中的碳氫化合物而言，此速率約為1,600～1,900公尺／秒。管壁上所受的側壓比約18-30。

表3-7列出空氣中震波的特性，如壓力、溫度上升比例、氣體速率、撞擊壓力比等。

3.6.2 突燃

突燃（Deflagration）的波鋒傳布速率低於聲速，它的傳布是以熱傳送與分子的擴散方式進行（如圖3-13），壓力增加比例在8-12之間，傳布速率在10至

表3-7　空氣中震波的特性[15, 16]

起始壓力與震波鋒壓力比	震波鋒之後的氣體速率（公尺／秒）	波鋒速率（公尺／秒）	震波溫度（絕對溫度，OK）	絕熱壓縮所可能到達的溫度（絕對溫度，OK）	震波撞擊障礙物的壓力與起始壓力的比例
2	175	452	336	330	1.63
5	452	698	482	420	11.4
10	725	978	705	515	34.9
50	1,795	2,150	2,260	794	296

100公尺／秒之間，偶爾也會發現數百公尺／秒的突燃。突燃焰的速率如果不斷地增加，由於燃燒產生的亂流與壓縮加熱的影響，突燃會經過一段突燃至爆震過渡（Deflagration-to-Detonation Transition）階段，而轉變為爆震，當轉變發生的瞬間，焰鋒前會有一團預壓縮的亂流氣體以高速及高壓爆震。過壓的大小視突燃發生時的預壓縮程度而變。突燃至爆炸的轉變通常發生於管線之中。

　　一般化學反應或火焰的進行，是依賴分子的擴散或氣體的亂流，能量釋放的速率受質量傳送的速率所限制，壓力及火焰移動的速率較為緩慢，遠低於聲速，例如，汽車汽缸中汽油與空氣的混合物的燃燒引爆為突燃，其釋放速率約1/300秒，遠低於爆震速率（1/1,000秒）。

3.6.3 局限性爆炸

　　在一個密閉的容器或建築物內所發生的爆炸為局限性爆炸（Confined Explosion），穀倉中的塵爆及化學程序設備或桶槽中所發生的爆炸皆為局限性爆炸；其特徵如爆炸、著火濃度範圍、點燃後壓力上升的速率、最高壓力等，可以使用實驗方法求得。

　　圖3-14顯示一個標準的壓力隨時間變化曲線，容器內的著火混合物經點燃後，壓力在極短的時間之內（0.02-0.04秒）由1巴（bar）增至九倍，爆炸方式為突燃，局限性爆炸特徵是以爆炸指數（K）表示，其定義可由下列公式界定：

$$K = (dP/dt)_{max} V^{\frac{1}{3}} \qquad\qquad (3\text{-}17)$$

K＝爆炸指數，單位為巴・公尺／秒（bar・m/s）

$(dP/dt)_{max}$＝最大壓力上升速率，單位為巴／秒（bar/s）

V＝容器體積，單位為立方公尺（m^3）

　　表3-8列出一些常見氣體及粉塵的爆炸指數及最高壓力範圍，氣體的爆炸指數以K_G代表，粉塵的指數以K_{st}代表，粉塵的爆炸指數公式僅在容器大於或等於20公升時，才有效。

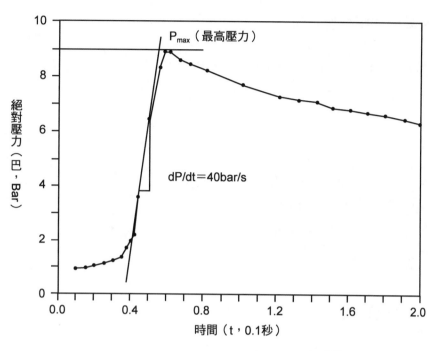

圖3-14　蒸氣爆炸後壓力與時間的關係[17]

表3-8　常見氣體及物質塵粒爆炸指數[18]

物質	最高壓力（巴）	爆炸指數（巴‧公尺／秒）
1.氣體		
甲烷	-	55
丙烷	-	75
氫	-	550
2.塵粒		
聚氯乙烯	6.7-8.5	27-98
奶粉	8.1-9.7	58-130
聚乙烯	7.4-8.8	54-131
糖	8.2-9.4	59-165
樹脂	7.8-8.9	108-174
褐煤	8.1-10.0	93-176
木屑	7.7-10.5	83-211
醋酸纖維素	8.0-9.8	56-229
鋁粉	5.4-12.9	16-750
顏色、色素	6.5-10.7	28-344

防火與防爆

Fire and Explosion Prevention

106

3.6.4 部分局限性突燃爆炸

部分局限性突燃爆炸為在一個大的結構體中一小部分的蒸氣式粉塵雲燃燒所引起的爆炸，總壓力上升與燃燒氣體的體積成正比[15, 16]：

$$V_b \diagup V_o = (P - P_o) \diagup (P_{max} - P_o) \tag{3-18}$$

$V_o =$ 結構體的體積（立方公尺）

$V_b =$ 燃燒氣體的起始體積（立方公尺）

$P_o =$ 起始壓力（巴）

$P_{max} =$ 燃燒後產生的最大壓力（巴）

3.6.5 非局限性爆炸

非局限性爆炸係由蒸氣雲或粉塵在大氣中引燃所產生的爆炸，其範圍不受塔槽或設備所限制，是化學工業中最具危險性及破壞性的爆炸。

非局限性蒸氣雲爆炸（Unconfined Vapor Cloud Explosion, UVCE）的產生過程可分為下列三個步驟：

1. 大量可燃性蒸氣由高壓設備或儲槽中逸出。
2. 蒸氣雲散布於大氣之中，與空氣接觸，空氣逐漸擴散至蒸氣雲中，形成著火性蒸氣雲。
3. 蒸氣雲與點火源接觸後，引燃爆炸。

蒸氣雲爆炸的特徵[6, 7]為：

1. 蒸氣雲點燃的機率與其大小有關，氣雲體積愈大，點燃機率愈高。
2. 蒸氣雲與點火源接觸後，不一定會引燃爆炸，依據過去統計及有限的數據產生閃火、火球的機率，遠較爆炸為高。
3. 蒸氣雲與空氣的混合程度及點火源的位置與其所產生的爆炸威力有關，亂流程度愈高，混合的情況愈差，爆炸威力亦愈強；點火源的位置與蒸氣洩漏源愈遠，威力愈大，因為蒸氣雲邊緣與空氣的混合程度良好，洩漏源附近的點火源往往不能引燃或引爆，因蒸氣濃度太高，超過著火

（爆炸）濃度上限。

4.蒸氣雲爆炸為突燃而非爆震，但是一般估算破壞威力的模式皆以爆震方式模擬。

蒸氣雲爆炸的防範必須由安全設計及管理兩方面著手，主要防範方法如下：

1.降低可能外洩的著火性、可燃性氣體及液體的數量：
　(1)降低儲存量及使用量。
　(2)盡可能降低製程的操作壓力與溫度。
　(3)使用較小口徑的管線。
　(4)安裝緊急隔離閥或止回流閥。
2.降低外洩的機率：
　(1)設法降低著火性氣體、液體輸送管線的長度。
　(2)定期檢驗管線。
　(3)估算工廠中著火性、可燃性氣體及液體的儲存量。
　(4)估算管線破裂後所洩出的可燃性氣體、液體數量及其破壞威力。
3.估算蒸氣雲外洩後爆炸威力與產生的過壓。
4.圖3-15顯示非局限性蒸氣雲爆炸區的設計限制，有關詳細內容請參閱下列論文：

T. A. Kletz, Consider Vapor Cloud Dangers, Proceedings, *AIChE Loss Prevention Symposium*, Houston, Texas, April 1-5, 1979.及*Loss Prevention, Vol. 13*, p. 147, 1980.

3.6.6 沸騰液體蒸發膨脹爆炸

高壓設備或儲槽中的液體溫度高於常壓沸點時，如果設備破裂或周圍地區失火而吸收大量熱量時，液體會迅速氣化膨脹，釋出大量能量而爆炸。如果釋放的物質具著火性，可能導致蒸氣雲爆炸，圖3-16顯示丙烯球形儲槽可能發生沸騰液體蒸發膨脹爆炸（BLEVE）的過程及其爆炸後的影響圖。

火災是造成沸騰液體氣化膨脹爆炸的最主要原因，引發步驟為：

1.盛裝液體設備及儲槽周圍地區失火。

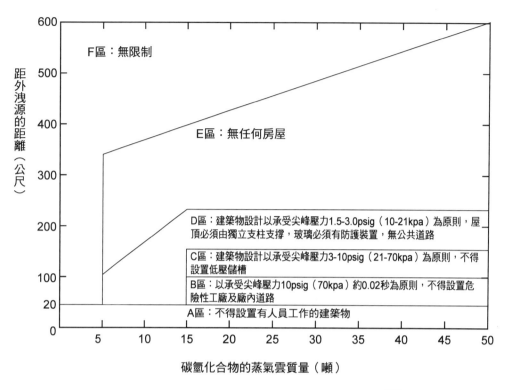

圖3-15　非局限性蒸氣雲爆炸範圍內的設計限制[19]

2.火勢蔓延至設備或儲槽外殼。

3.設備或儲槽內液體吸收熱量，溫度升高、氣化、壓力逐漸上升，最後造成殼壁破裂。

4.火焰如蔓延至設備或儲槽頂端或上方蒸氣部分，由於沒有液體吸收熱量，外殼金屬溫度迅速上升，管壁也會因金屬喪失其張力而破裂。

5.殼壁破裂後，壓力迅速降低，大量液體迅速氣化。

6.液體與火接觸後著火爆炸，將殼壁向外彈擊，彈擊出的設備組件及殼壁，亦會造成損失。

預防及降低損失的措施為：

1.安裝足夠負載的疏解裝置，謹慎設定疏解壓力。

2.加裝自動噴水設備，失火時，可自動噴水，以冷卻儲槽或設備表面的溫度。

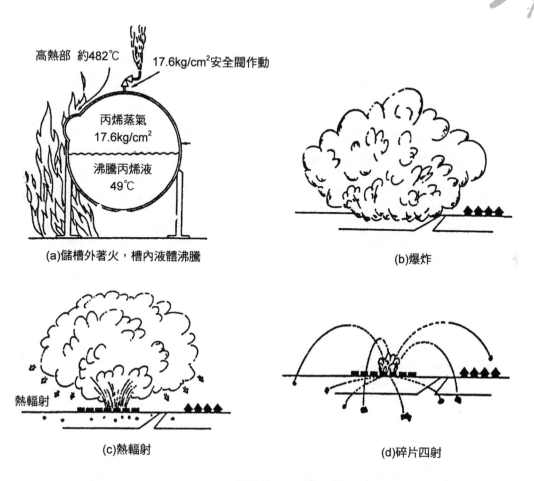

圖3-16 球形儲槽中丙烯沸騰液體蒸發膨脹爆炸過程圖[20]

3.安裝適當的保溫及絕熱材料。

4.設備或儲槽地表面使用耐火、阻燃材料。

5.地表面應略為傾斜,並裝置適當的地下排放管道,以免儲槽或設備底下或周圍積聚易燃性液體。

6.在主要建築物與著火性液體儲槽區或設備區裝置防爆壁,以降低爆炸後的撞擊損失。

3.6.7 粉塵爆炸

可燃性固體的粉塵之危害性很高,懸浮在空氣中的粉塵著火爆炸,會造成嚴重的損失。粉塵爆炸不僅與顆粒大小、濃度、雜質、氧氣濃度、點火源的強

度有關，而且經常一連串不斷地發生，通常起始的突燃規模很小，但是其強度足以造成附近粉塵的震動或損壞集塵器的配件，起始塵爆發生後，緊接著會發生一連串較大的爆炸，塵爆不僅會在同一建築物中傳布，而且還可能傳至附近其他的建築物中。

粉塵的危害程度可由美國礦業局所發展的點燃敏感度（Ignition Sensitivity, IS）與爆炸嚴重度（Explosion Severity, ES）來表示，其定義如下：

$$\text{IS（點燃敏感度）} = (T_i \cdot E_m \cdot C_m)_{\text{匹茲堡煤塵}} \big/ (T_i \cdot E_m \cdot C_m)_{\text{樣品}} \tag{3-19}$$

$$\text{ES（爆炸嚴重度）} = (P_{max} \cdot R_{max})_{\text{樣品}} \big/ (P_{max} \cdot R_{max})_{\text{匹茲堡煤塵}} \tag{3-20}$$

T_i＝塵雲點燃溫度

E_m＝塵雲最低點燃能量

C_m＝著火下限濃度

P_{max}＝最大爆炸壓力

R_{max}＝在測試設備中所測出的最大壓力上升速率

爆炸指數（Explosion Index, EI）為點燃敏感度與爆炸嚴重度的乘積：

$$EI = IS \cdot ES \tag{3-21}$$

依據爆炸指數的大小，可將可燃性粉塵分為**表3-9**所列的四類。**表3-10**列出一些可燃性粉塵的爆炸分類特徵，以供參考。

粉塵的顆粒愈小，表面積愈大，在粉塵雲中所能積聚的電荷（電容量）愈大，點燃及爆炸的機率愈高。粉塵的著火（爆炸）濃度下降（**表3-9**）與顆粒大小、氧氣濃度、亂流程度及分散性有關，著火濃度上限則由於試驗上的困難而無法量測，從實用觀點而論，著火上限並無太大的意義。**表3-9**中（即美國礦業局）所列的著火濃度下限的量測係以直徑75微米（通過200號篩網）以下的粉塵為樣品所作的結果。

圖3-17顯示聚乙烯粉末的著火下限與顆粒直徑的關係，顆粒直徑愈小，著

表3-9 粉塵的相對危害程度[21]

類別	爆炸指數（EI）	點燃敏感度（IS）	爆炸嚴重度（ES）
弱	<0.1	<0.2	<0.5
溫和	0.1-1.0	0.2-1.0	0.5-1.0
強	1.0-10	1.0-5.0	1.0-2.0
嚴重	>10	>5.0	>2.0

表3-10 不同粉塵的爆炸特徵[21, 22]

粉塵名稱	爆炸指數（EI）	點燃敏感度（IS）	爆炸嚴重度（ES）	爆炸下限（g/cm³）	點燃溫度（℃）雲層		點燃能量（焦耳）	最大爆炸壓力（kpa）
I 農產品								
1. α-纖維素	>10	2.7	4.0	4.5	410	300	0.04	807
2.玉米澱粉（商用）	9.5	2.8	3.4	4.5	400	-	0.04	731
3.石松孢子	16.4	4.0	3.9	2.5	480	310	0.04	517
4.大麥製澱粉（食用）	17.7	5.2	3.4	4.5	430	-	0.025	690
II 碳化粉塵								
5.木炭（硬木）	1.3	1.4	0.9	14	530	180	0.020	572
6.匹茲堡煤	1.0	1.0	1.0	5.5	610	170	0.060	621
III 化學品								
7.己二酸	1.9	1.7	1.1	3.5	550	-	0.060	579
8.二對酚—甲烷	>10	11.8	1.1	2.0	570	-	0.015	614
9.二甲酸酐	6.9	11.9	1.4	1.5	650	-	0.015	496
10.硬脂酸鋁	>10	21.3	1.9	1.5	420	440	0.015	600
11.硫磺	>10	20.4	1.2	3.5	190	220	0.015	538
IV 藥品								
12.阿斯匹靈	>10	2.4	4.3	5.0	660	熔融	0.025	607
13.維他命C	2.2	1.0	2.2	7.0	460	280	0.060	607
V 金屬								
14.錫	>10	7.3	10.2	4.5	610	326	0.010	876
15.鎂（B級）	>10	3.0	7.4	3.0	560	430	0.040	800
VI 合金								
16.鋁鈷合金（60/40）	0.4	0.1	3.5	18	950	570	0.010	643
VII 熱可塑樹脂								
17.丙烯醯胺塑膠	2.5	4.1	0.6	4.0	410	240	0.030	586
18.醋酸纖維	>10	8.0	16	4.0	420	-	0.015	586
19.聚碳酸酯	8.6	4.5	1.9	2.5	710	-	0.025	662
20.酚醛樹脂；製模化合物	>10	8.9	4.7	3.0	500	-	0.015	648

火下限濃度愈低。

　　圖3-18顯示氧氣濃度對著火（爆炸）濃度的影響，以日本幌內出產的煤粉為例，大氣中氧氣濃度為21%時，其下限濃度為35克／立方公尺，上限濃度約2,800克／立方公尺，氧氣含量愈低，著火（爆炸）濃度範圍愈窄。

　　由爆炸壓力及壓力上升速率隨粉塵濃度的變化曲線（**圖3-19**）可知，壓力與壓力上升速率在著火（爆炸）下限濃度時最低，然後隨濃度的增加而升高，然後經過一個最大值之後即緩慢降低，最大壓力與最大壓力上升速率並非在同一濃度值出現。由過去的經驗可知，大多數的塵爆發生於粉塵濃度略高於爆炸下限濃度，其破壞力遠低於可能發生的最大威力。點燃懸浮於空氣中的粉塵所需的能量源為電火花、明火或高溫物體的表面，粉塵的點燃能量遠高於有機蒸氣，但是仍較環境中的能量為低。

　　粉塵雲中如有著火性氣體存在時，即使其濃度遠低於著火下限，亦能加強

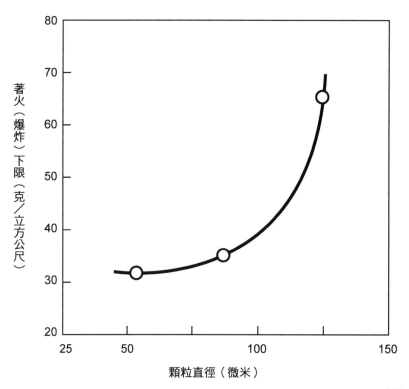

圖3-17　聚乙烯粉塵著火（爆炸）下限濃度與顆粒直徑的關係[13]

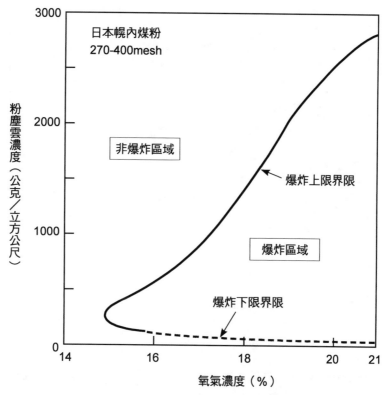

圖3-18 氧氣濃度對著火（爆炸）下限的影響（%）[23]

粉塵引爆的機率，由於此種情況普遍存在於雙相或三相化學反應槽之中，必須格外小心。

3.6.8 噴霧爆炸

一般工廠操作人員對於著火性氣體引燃爆炸深具戒心，但是對於噴霧爆炸的瞭解不多，一般人皆以為在閃火點溫度之下處理可燃性液體物質是非常安全的工作，殊不知懸浮於空氣中的可燃性液體的霧滴可在其閃火點以下的溫度爆炸。

懸浮的液體霧滴可在下列條件下產生：

1.液體經機械方式或其他流體霧化。

2.由熱液體揮發的蒸氣與冷空氣或其他氣體接觸而急速冷凝，霧滴直徑在

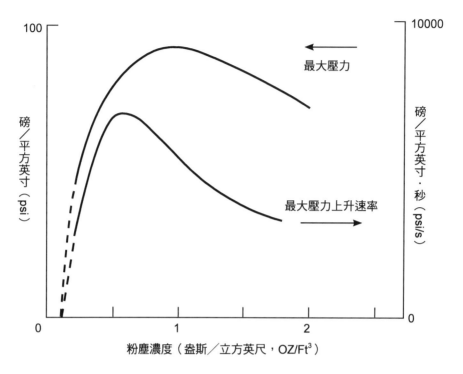

圖3-19　最大壓力與最大壓力上升速率隨粉塵濃度的變化圖[24]

0.5至10微米之間，以直徑10微米左右最多。

　　霧滴可為電火花、明火或高溫物體表面所點燃，依據美國爆炸專家路易斯（B. Lewis）與房艾柏（G. Von Elbe）二氏的理論，由反應區傳至預熱區的熱能是由點火源或燃燒所產生的熱能所供應，對於一個球形的燃燒波而論，在某些臨界波直徑以下燃燒無法自行維持，波的傳布所需的能量必須由點火源所供應[15, 25]。點燃可以在低於火焰溫度的溫度下發生，但是所需點燃的能量增加，因為不僅溫度低反應速率低，所需點燃的時間長，而且熱能必須深入著火性霧滴之中。

　　依據高德謝夫氏（G. A. E. Godsave）的實驗[26]，霧滴的燃燒速度與液體的蒸氣壓無關，僅與蒸發熱（Heat of Vaporization）有關，霧滴在燃燒之前必須經過蒸發階段，而且燃燒在沸點左右的溫度進行[25]。

　　噴霧燃燒包括預熱及發光（燃燒反應）等兩個區域，95%的蒸發所需的熱能是以對流方式傳送，在預熱區中蒸發一個直徑10微米的霧滴約需0.025秒。由

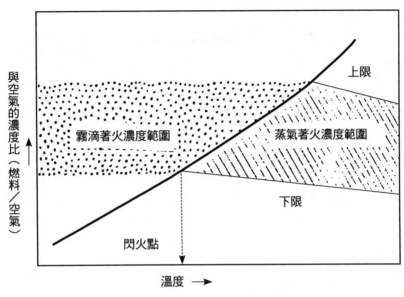

圖3-20　霧滴與蒸氣著火濃度範圍[25]

圖3-20可知，在閃火點以上時，霧滴的著火濃度範圍與其蒸氣完全相同，但是溫度低於閃火點時，霧滴仍可燃燒，而蒸氣則無法著火。霧滴的爆炸（突燃）速率略低於蒸氣，但是會隨濃度增加而上升，大型霧滴會產生不均勻的燃燒速率。

霧滴如加入惰性氣體（氮、二氧化碳、溴化甲烷）或液體添加劑，可以避免燃燒的危險，**表3-11**列出惰性氣體與添加劑的種類及濃度。

3.6.9 凝結相態的熱爆炸及反應失控

熱爆炸及反應失控最初是以均一反應開始的，然後以同樣的型態進行：熱能的累積及反應速率的加速，當系統溫度到達臨界點時，演變成一連串連續性反應，如果壓力急速上升，則產生爆炸現象。

熱失控反應速率通常是由下列兩個化學現象所加速產生的：

1. 自行催化反應：反應過程產生某些足以催化／加速起始反應。此種化學加速影響遠高於自行加熱的影響。
2. 開始時，起始反應產生一種準穩性條件（Metastable Condition），然後以兩種方式進行，一種為反應產生的高反應性物質足以進行快速放熱式分

表3-11　惰性氣體阻燃添加劑[25]

名稱	氣體百分比（%）	添加劑／燃料質量比例
Ⅰ 惰性氣體		
1.氮氣（N_2）	30	
2.二氧化碳（CO_2）	22	
3.溴化甲烷（CH_3Br）	5.2	
Ⅱ 液體添加劑		
4.四氯化碳（CCl_4）		3.9
5.氯仿（$CHCl_3$）		5.0
6.二氯乙烯（$C_2H_2Cl_2$）		11.0
7.三氯乙烯（C_2HCl_3）		6.0
8.四氯乙烯（C_2Cl_4）		4.1
9.溴化甲烷（CH_3Br）		>5.0
10.溴仿（$CHBr_3$）		1.75
11.碘化甲烷（CH_3I）		>1.6
12.水		0.5（註）

註：再加上2-3%三乙醇胺以乳化燃料油與水。

解反應，反應速率與溫度有很大的關係，另一種方式為所產生的反應性物質可與未反應的物質形成快速放熱反應，其速率與溫度有關。無論以哪一種方式進行，在反應初期，高反應性物質逐漸積聚，直到溫度到達臨界點時，突然產生一連串的反應，在極短的時間內放出大量熱能或大量氣體，最後導致爆炸。

在凝結狀態下發生的熱爆炸及失控反應遠較氣體狀態危險，因為：

1.單位體積中凝結相態（液、固體）的質量遠較氣體或懸浮於氣體中的霧滴、粉塵高。
2.所可能產生的熱能亦較氣相高。
3.所產生的壓力亦遠高於氣相，因為大量物質氣化後，產生的壓力自然高。
4.反應物與體積由於氣體、氣泡的產生與熱膨脹效應而膨脹。在許多情況下，凝結相態下的體積膨脹足以損壞桶槽，造成可燃物質外洩，可燃物質再與空氣接觸後，引燃爆炸，造成二次爆炸及火災。

圖3-21顯示，冷卻系統失常後，合成反應失控的溫度與時間的變化。當冷

卻中斷後，溫度不斷上升至合成反應的最高溫度，此時部分物質開始分解或與其他反應物進行快速放熱反應，反應開始失去控制，反物性物質包括O—O，N＝N-，C＝C-等功能基（**表3-12**）。

依據英國健康與安全局（Health and Safety Executive, UK）巴頓氏（J. A. Barton）的分析，失控反應發生的原因[27, 28]如下：

1.對化學反應瞭解不足（29%），例如：

  (1)反應生成物的分解。

  (2)對反應所放出的熱能估算錯誤，冷卻程度不足。

  (3)產生不穩定的中間體。

  (4)原料添加速度不適當。

  (5)原料中所含的雜質引起催化作用或其他反應。

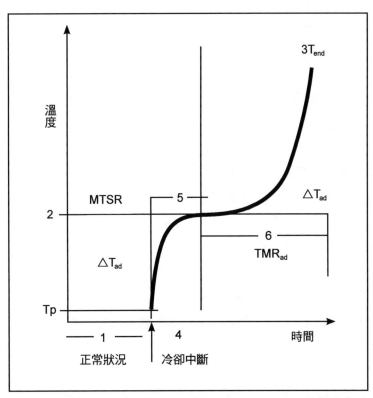

MTSR：合成反應所可能達到的最高溫度；TMR_{ad}：絕熱條件下達到最大反應速率的時間；$\triangle T_{ad}$：絕熱條件下溫度的上升；Tp：製程溫度

圖3-21　反應失控後溫度隨時間的變化

表3-12　產生熱爆炸及失控反應的功能基及化合物[28]

功能基	化合物
O-O，O-O-O	過氧化物
-OCl$_2$，-OCl$_3$	氯酸鹽，過氯酸鹽
-N＝N-，-N≡N≡N	含偶氮基化合物
-C≡C-	乙炔衍生物
-C-M	重金屬化合物
-OCN，-C≡N	異氰酸鹽，氰酸鹽
-NO$_2$，-ONO$_2$	硝酸鹽，過硝酸鹽

(6)自行催化。

2.溫度控制不良（19%）：

(1)加熱速率太快或控制不良。

(2)溫度指示計失常。

(3)反應器冷卻水系統失常。

(4)溫度計安裝位置錯誤。

3.攪拌不良（10%）：

(1)攪拌速率過低，產生過熱或混合、分配不平均現象。

(2)攪拌機失常。

(3)電力中斷。

4.原料或觸媒供應量或速率不當（21%）：

(1)原料或觸媒進料過多。

(2)供應錯誤的物質。

5.公共設施、回流或清洗（15%）：

(1)公共設施（冷卻水、蒸氣電力、壓縮空氣）失常。

(2)回流閥關閉，溶劑蒸發、凝縮。

(3)反應槽未清洗乾淨，殘餘少許引起異常反應的物質。

6.其他（6%）：

(1)反應結束前，即進行下一階段的工作。

(2)操作失誤。

(3)蒸氣不適常的供應。

預防反應失控的發生，必須全盤瞭解反應的熱效應、熱力學及動力學。由

於造成失控反應的條件，如公共設施或冷卻水中斷、攪拌不良、錯誤反應物質或觸媒的加入等，皆非操作時所欲進行的或所期望發生的條件，任何一個研發工程師在探討反應熱力學及動力學時，不太可能關注這些失常狀態下的反應特徵，而把主要人力、資源放在如何在正常狀況下得到最適化的產品品質、產出率的條件，因此吾人對於許多化學反應，僅知其在正常狀態下能發生的壓力、溫度或其他特性的變化，而對在異常或失控狀況下一無所知。如欲防止失控反應所造成的後果，宜從瞭解其在異常狀態下的特性著手。**表3-13**列出四種主要測試化學反應速率及熱能的設備，以供參考。近年來有關此類問題已逐漸受重視，讀者可參閱下列文獻：

1. F. Stoessel, What is Your Thermal Risk?, *Chem. Eng. Progress*, p. 68, October, 1993.

2. M. J. Creed and H. K. Fauske, An Easy Inexpensive Approach to The DIERS Procedure, *Chem. Eng. Progress*, p. 45, March, 1990.

3. T. Hoppe, Use Reaction Calorimetry for Safer Process Designs, *Chem. Eng. Progress*, p. 10, September, 1992.

4. R. N. Landan and R. S. Cutro, Assess Risk Due to Desired Chemistry. *Chem. Eng. Progress*, p. 66, April. 1993.

5. J. L. Cronin and P. F. Nolan and J. A. Berton, A Strategy for Thermal Hazards Assessment is Batch Chemistry Manufacturing, p. 113, in IChemE Symposium

表3-13　測試化學反應速率及熱能的儀器[30]

名稱	應用範圍
1.微分式掃描計熱器（Differential Scanning Calorimetry）／熱差式分析	測試物質分解熱
2.加速反應速率計熱器（Accelerating Rate Calorimetry, ARC）（註一）	在近於絕熱狀況下，測試失控反應的溫度／壓力隨時間的變化
3.反應系統篩選工具（Reactive System Screening Tool, RSST）（註二）	如ARC，並可測出質量流率的特徵
4.反應計熱器（Reaction Calorimetry, RCI）（註三）	測試合成反應的熱力及動力學特徵的計熱器

註一：ARC，美國Columbia Scientific Industrial Corp.的商標。

註二：RSST，美國Fauske and Associate產品商標，為美國化學工程師學會壓力疏解系統設計院（DIERS）計畫產品。

註三：RCI，美國Mettler儀器公司產品商標。

Series No. 102, 1987.

6. 經濟部工業局，《製程反應失控預防技術手冊》，工研院環安衛中心，2003。

3.6.10 凝結相態的突燃及爆震

在凝結相態下發生的突燃所產生的壓力上升遠高於氣態、粉塵或霧滴，每單位體質所釋放出的能量亦大。突燃的傳布是以質量傳遞方式（熱能與激發狀態的物質傳至未反應的物質），其速率可低至每小時不到一公分，也可高達每秒數百公尺。反應區內的溫度很高，主要的成分為氣體物質，所產生的熱量傳至周圍的桶槽或管線。在高能量、低速率的系統中，由於不斷地放熱，容器無法承受而破裂。由於突燃對於壓力的變化非常敏感，容器破裂後壓力降低，反應物急速蒸發，由反應區所產主的熱能提供蒸發熱，因此突燃可經由壓力的降低而結束。

容器中凝結狀態下發生的爆震產生相當大的壓力，在未反應物質中的反應傳布是以震波方式進行，其速率由聲速至聲速的幾倍，在進行的方向會產生很大的撞擊，每平方英寸的撞擊壓力可達數萬磅。

3.6.11 物理爆炸

物理爆炸為不經化學反應所產生的高壓氣體的揮發，但是卻可能包括液體的蒸發。大部分的物理爆炸在固定體積的容器內發生，發生的原因為：

1. 氣體經由機械壓縮。
2. 加熱而造成體積的膨脹或液體的蒸發。
3. 氣體由其他高壓進入。

當壓力超過容器最脆弱部分所能承受的壓力時，即可能產生殼壁破裂或損壞。如果容器內含有超熱液體（液體溫度超過其在一大氣壓下的沸點時），容器破裂後，大量的液體蒸發，會造成壓力的上升，此種現象為沸騰液體蒸發膨脹爆炸（BLEVE）。

另外一種物理爆炸現象發生於液體閃蒸時忽然與另一個物質接觸，其溫度遠高於液體在常壓下的沸點，例如低溫液體或低溫液化氣體由低溫儲槽外洩或

高溫金屬或礦物與閃蒸液體接觸時。此時由於液體在極短的時間內接受了大量熱能，大量液體閃蒸而產生大量的氣體，如果冷液體與熱表面的接觸面積夠大時，閃蒸的速率極快，足以產生震波，向四面散布。此種現象在工業程序中屢見不鮮，必須特別小心，**表3-14**列出液體閃蒸爆炸的案例，**圖3-22**顯示熔融鹽類與水接觸所產生的蒸氣爆炸範圍。

表3-14　低溫液體與高溫物質接觸後閃蒸爆炸實例[31]

高溫物質	低溫液體	工業別
熔融燃料	水	
鋼鐵	水	鋼鐵工業
水，海水	液化石油氣	液化氣體工業
鋁	水	鋁製品工業
熔融燃料	鈉	―
岩漿	地下水、湖水、海水	自然現象（火山爆發）

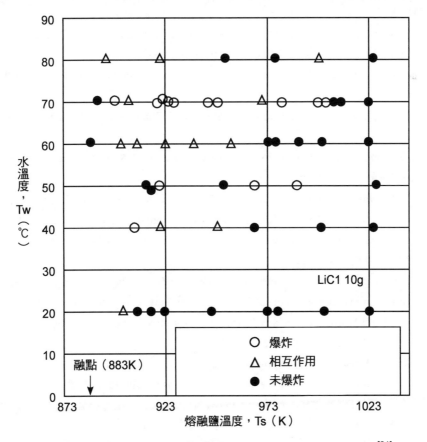

圖3-22　熔融鹽與水接觸後產生蒸氣爆炸的溫度範圍[31]

 參考文獻

1. Central Fire Brigades Advisory Council, Home Office, United Kingdon, Item 10, 1970.

2. G. W. Jones, Inflammation Limits and Their Practical Application in Hazardous Industrial Operations, *Chem. Rev., Vol. 22*, No. 1, pp. 1-26, 1938.

3. F. C. Mitchell and C. H. Vernon, Effect of Pressure on Explosion Hazards, *NFPA Quarterly, Vol. 31*, No. 4, pp. 306-313, April, 1938.

4. Coward and G. N. Jones, U. S. Burean of Mines, *Bulletin, 503,* 1952.

5. M. G. Zabetakis, Fire and Explosion Hazards at Temperature and Pressure Extremes, AIChE-Inst. Chem. Eng. Symp. Sec. 2, Chem. Eng. Extreme, Cond., Proc. Symp., pp. 99-104, 1965.

6. 張一岑，《化工製程安全管理》，第三章，新北市：揚智文化事業公司，1995年。

7. F. P. Lees, *Loss Prevention in the Process Industries, Vol. 1*, p. 408, Butterworths, London, U. K., 1980.

8. Pensky and Martens, *American Society of Testing and Measurements*, Standard Method D-93-61 and D-56-61.

9. Cleveland, *American Society of Testing and Measurements*, Standard Method D-92-57.

10. M. G. Zabetakis, U. S. Burean of Mines, *Bulletin, 627*, 1965.

11. L. G. Britton, Spontaneous Fires in *Insulation, Plant/ Operations Progress, Vol. 10*, No. 1, p. 20, 1992.

12. J. B. Edwards, *Combustion: Formation and Emission of Trace Species*, Ann Arbor Science, 1974.

13. ASME, Hazardous Waste Incineration, A Resource Document, American Society of Machanical Engineers, January, 1988.

14. CCPS, Deflagation and Detonation Arresters, Chaptar 13, in *Guidelines for Engineering Design for Process Safety*, American Institute of Chemical Engineers. New York, USA, 1993.

15. B. Lewis and G. Von Elbe, *Combustion Flames, and Explosions of Gases*, 3rd ed., Acad. Press, Orlando. FL., USA, 1987.

16. CCPS, Explosion, Protection, Chapter 17, in *Guidelines for Engineering Design for Process Safety*, American Institute of Chemical Engineers, New York, USA, 1993.

17. D. A. Crowl and F. Louvar, *Chemical Process Safety Fundamentals with Applications*, p. l75, Prentice Hill, Englewood Cliff, N. J. USA, 1990.

18. W. Bartknecht, *Explusion*, p. 27, Springer-Varlag, N.Y.C., USA, 1981.

19. T. A. Kletz, Consider Vapor Cloud Dangers, *Loss Prevention, Vol. 13*, p. 147, 1980.

20. 小木曾千秋，〈可燃液體容器加熱時之爆發〉，上原陽一、小川輝繁編修，《防火防爆對策技術》，第七章第五節，東京：技術系統株式會社，1994年。

21. R. F. Schwab, Dust, *Fire Protection Handbook*, Section 3, Chapter 12.

22. Bureau of Mines, RI5753; RI5971; RI6597; RI7132; RI7208.

23. 槙木兵治，〈粉塵爆炸〉，上原陽一、小川輝繁編修，《防火防爆對策技術》，第三章第五節，東京：技術系統株式會社，1994年。

24. W. J. Cruice, Explosions, *Fire Protection Handbook*, Section 1, Chapter 5, Edited by A. C. Cote.

25. J. Eichhorn, Mist Can Cause Explosion, *Fire Protection Manual, Vol. 1*, Gulf Publishing Co. Houston, Texas, 1973.

26. G. A. E. Godsave, *Fourth Symposium on Combustion*, p. 144, 1953, Williams and Wilkins, Baltimore, Md., USA.

27. J. A. Barton, Inst. Chem. Eng. Symp. Series, 115, 3, 1989.

28. 若食正英，〈反應性化學物質之反應暴走〉，上原陽一、小川輝繁編修，《防火防爆對策技術》，東京：技術系統株式會社，1994年。

29. F. Stoessel, What is Your Thermal Risk?, *Chem. Eng. Progress*, p. 68, October, 1993.

30. T. Hoppe, Use Reaction Calorimetry for Safer Process Design, *Chem. Eng. Progress*, p. 70, September, 1992.

31. 飯田嘉宏，〈蒸氣爆發之相平衡破綻型蒸氣爆炸〉，上原陽一、小川輝繁編修，《防火防爆對策技術》，東京：技術系統株式會社，1994年。

PART 3

火災、爆炸之防範

Chapter

4

防火防爆對策

　　燃燒是物質的氧化反應，燃料、氧化劑及點火源等三個條件必須同時存在，才會著火，如欲有效防止火災及爆炸的發生，必須避免這三個條件同時存在。本章將討論如何有效控制這三個條件，主要內容包括：

　　1.點火源的管理。
　　2.降低氧氣在系統中的濃度。
　　3.降低可燃物質的濃度。
　　4.突燃的排放疏解。
　　5.防止著火性物質的外洩。

 ## 4.1 點火源管理

　　如欲有效管理點火源，以免與著火性物質接觸，首先必須確認工廠中的點火源類別。工業製程中的點火源種類繁多，最主要的有下列幾個大類：

　　1.直接燃燒的火焰或足以引燃的高溫物體。
　　2.物理點火源。
　　3.化學點火源。
　　4.電點火源。

　　美國工廠互助工程公司（FMEC）曾分析過25,000個以上工業火災發生的原因，其中以火焰源所占的比例最高（44%），電點火源次之（25%），但是如果除去人為縱火及吸菸所造成的火災，則火焰源與電點火源所造成的火災比例相當。上原陽一與吉田史朗二氏曾分析過1968至1978年間日本發生的628個化學工廠火災的點火源，發現亦以火焰源最多，化學點火源次之。如果以單項點火源而論，則以自然發火的案例最多，占119件；靜電次之，占75件；高溫物體表面與裸火，各占74件及70件。

4.1.1 火焰源

　　火焰源包括下列幾類：

1.火炬、燃燒塔等開放式火焰。

2.鍋爐、加熱爐、工業窯爐的燃燒器（密閉式火焰）。

3.高溫物體（工業窯爐、鍋爐、加熱爐）的表面。

4.香菸。

5.設備或煙囪排放的高溫油煙。

6.悶燒所產生的濃煙。

7.車輛或設備的內燃機。

8.人為縱火。

9.焊接或切割用火焰。

　　鍋爐、加熱爐、窯爐、焚化爐或燃燒的製程設備，是化學程序必需的設備，無法去除，只能加強安全防範設施，避免直接燃燒的火焰散布至燃燒室之外，或降低火焰與可燃性的排放氣體接觸。焚化廢氣或排放氣體的火炬及燃燒塔的火焰，大多直接暴露於大氣之中，火焰及燃燒塔的位置，宜遠離製程設備、生產工廠，或直接排至大氣的疏解閥，以避免開放火焰與可燃性物質接觸。

　　香菸也是造成火災的主要原因，占工業火災原因的18%，菸頭並不足以點燃可燃性氣體，但是打火機或火柴的火煙卻是有效的點火源，化工廠內必須全面禁菸，以防意外。

　　高溫設備的外表應加適當保溫材料，以防止高溫外表直接暴露於大氣之中，有些設備例如工業窯爐，由於內部燃燒室耐火磚材質的限制，加裝保溫材料會造成內部耐火磚的高溫時，則可設法隔離，或遠離可燃性氣體，或以冷水噴淋外表，以降低其溫度。

　　設備或煙囪排放的高溫油煙，應設法禁止或在排放前冷卻，並且避免無煙燃燒的悶煙產生，在易於產生悶燒的場所，安裝煙偵測器，以便工作人員及時發現處理。

　　焊接、切割是修護及製造金屬設備不可缺少的工作，無法完全避免或降低其工作頻率，僅能設法加強工作時的安全防護。如果焊接、切割的工作必須在設備現場執行時，必須事前取得「熱工作許可」（Hot Work Permit），並與線上操作人員充分合作，工作前必須全面檢視設備中是否仍殘留著著火性物質，除設法清除其中盛裝的物質外，並通以惰性氣體，並防止工作現場附近著火性

物質的洩漏。處理或處置閒置設備時，亦應設法清除其中殘留的物質，以避免意外的發生。在空間窄小的場所，使用燃料——氧氣切割設備時，宜先評估富氧狀況的危害性，避免可燃物質如衣物、木屑，木材與氧氣接觸。

內燃機中的點火源包括電的傳送系統、廢氣排放及吸氣系統。著火性氣體或有機蒸氣可能進入廢氣排放或吸氣管線中，造成失火現象。安裝固定的驅動柴油發電機、泵浦的內燃機時，宜妥善考慮空氣吸入裝置及廢氣排放管線的位置，以避免可燃氣體由管線進入內燃機內，點火引爆。

車輛或製程設備中的內燃機也可能造成火災，工廠內應儘量降低汽、卡車的活動，車輛必須行駛在固定的道路及停在指定的安全地點，摩托車則不准駛入工廠之內。

真空槽車的點火源很多，例如高溫表面、內燃機、操作時所產生的機械及電火花等。大部分的真空槽車是以吸取及運輸廢水或汙泥而設計的，其軟管多不具導電性，但其所吸取運輸的液體為導電性高的汙水或汙泥。如果使用此類真空槽車吸取非導電性而又不溶於水的著火性或可燃性有機液體時，必須特別小心，以避免靜電的累積，靜電造成真空槽車失火的案例，偶有所聞[3]。

真空槽車失火案例中，以引擎（內燃機）所造成的火災最多，主要原因是由於槽車停置的位置不當，與所欲吸取的潑灑的著火性液體過分接近，著火性有機蒸氣與高溫引擎接觸而點火；有機蒸氣由排氣管或吸氣管進入引擎中而點火引爆的事件也偶有發生，而操作時產生的火花也曾引起過火災。至少有兩件意外事件是由於真空泵浦的排氣所引起的。萊富氏（F. K. Lightfoot）建議使用接合管線將排氣引至裝置於卡車上方的安全文氏排放管（Safety Venturi），則可以避免火災的發生[4]。他建議下列改善措施：

1. 以卡車引擎驅動真空系統，避免使用另一個引擎；引擎的排放管線垂直，而且不宜裝置於車底，不宜安裝觸媒轉化器或可能產生高溫排氣的排氣循環系統，以避免高溫排氣與潑灑於地面上的有機易燃物質接觸。
2. 有機蒸氣宜通過卡車上方6公尺高的安全文氏管後排放。文氏管可將蒸氣濃度淡化，使其降至著火下限之下。
3. 以重力作用或一般泵浦排放著火性液體，避免使用空氣壓力驅動液體的流動。
4. 安裝可燃性氣體偵測儀。

5.定期檢視安全閥。

6.當充填或排放著火性液體時，以電纜線將卡車與地面連接。

7.吸取用軟管長度至少10公尺以上，以保持卡車與潑灑於地面上的有機液體之間的適當距離。

8.將卡車停置於潑灑源的上風方向。

　　約3%的工業火災是由人為縱火造成的，只有加強安全管理及警衛設施，以避免閒雜人等進入工廠區內。

4.1.2 物理點火源

　　主要的物理點火源為：(1)壓縮熱；(2)機械摩擦、撞擊及火花；(3)物理吸附等。

　　可燃氣體、液滴與空氣的混合物，經壓縮後，溫度如果超過自燃溫度，即會點火。當汽車引擎的溫度過高或汽缸中的汽油濃度過低時，壓縮點燃即可能會發生，此時即使將開關關閉（熄火）後，引擎仍會繼續運轉。另外一個例子為乙烯壓縮點燃時，如果低壓乙烯管線中的空氣，未被完全清除或空氣自其他設備中洩入時，當乙烯／空氣混合物進入壓縮機後，由於空氣的定壓比熱對定容比熱的比例值高於乙烯，壓縮後的氣體溫度高於無空氣存在時的乙烯溫度，此時如果溫度超過乙烯的自燃溫度時，自燃現象就會發生。可燃性氣體，如進入空氣壓縮機吸氣管中，經壓縮後，亦會產生自燃現象。一些大型災變即由此類壓縮點燃而造成的[5]。

　　如果氧氣瓶連接管線及閥的材質為含錳的鋼材或不鏽鋼時，充壓時會產生粒塵，粒塵撞擊也會產生火災。

　　運輸硝化甲烷槽車的火車，在導入邊道時，曾發生液體爆炸意外事件，據推測，爆炸是由於沿著表面移動的高能量液體波動，突然壓縮空氣所造成的[6]。

　　由於機械摩擦產生的火花而造成工業火災約為總數的10%，為最主要的物理點火源。機械器具的應用經常會產生火花，應設法降低，或避免在儲存易燃性物質的場所，進行機械性的工作，如研磨、擊碎等。

　　撞擊會產生機械火花，撞擊時，造成的設備或管線的破裂及延伸，也會產

生火花，如果產生的火花與可燃性氣、液體接觸，即可能造成火災。清洗儲槽時，清洗設備與儲槽外殼撞擊所產生的火花，亦可能會引燃槽中殘餘的可燃液體或其蒸氣。

具伸縮性的高分子聚合物，受到外界強制性的振動時，會造成內能的積聚，積聚的內能有時也會造成自燃，例如壓縮空氣自橡膠封緘的裂隙中溢出時，即可能造成橡膠封緘的自行燃燒。另外一個特殊的例子為冷水經過由棉及橡膠複合材料所製成的消防水管噴出時，也會造成橡膠振動及內能的積聚，進而引燃橡膠水管[6]。

物質被活性碳、矽膠、分子篩（Molecular Sieves）等吸附所產生的物理吸附（Physisorption）是放熱的程序，如果所吸附的物質易燃，而且吸附物已含氧化劑或化學吸收的氧時，即可能點燃。吸附物表面有時也會促進分子的聚合反應，物理吸附所放出的熱量會加速反應，而造成反應失控。以活性碳吸附乙炔或酮類時，都可能造成點燃的危險[6]。

4.1.3 化學點火源

化學點火源為化學能、催化劑、強氧化劑，鋁熱還原反應（Thermite Reaction）、不穩定的過氧化物、乙炔衍生物及硝化物等。

表面塗有鋁、鎂等金屬的鋼製設備或鋼板受重物撞擊後，會產生強烈的火花，此類火花的產生，一半由於機械撞擊，一半由於化學（鋁、鎂）原因造成的，因此在具著火危險或可燃性物質多的地區，應避免使用表面塗有含鋁、鎂等金屬塗料的設備。原油中所含的硫化氫會與鋼製設備或桶槽作用產生硫化鐵，硫化鐵在乾燥、溫暖的條件下，呈紅熱發光狀，而且具發火性，必須設法沾濕，然後由設備表面去除，切勿在乾燥條件下，以利器刮除。

反應性化學系統中的雜質，所接觸的設備材料，也可能具催化作用，加速或引發化學反應而造成反應失控、化合物裂碎，進而造成火災。乙炔、乙烯及環氧乙烯，會被粉狀鐵銹、矽膠、焦炭、氧化鋁或其他金屬氧化物催化而裂解。乙烯與氫氣在純化床中，經床內物質催化裂解，及受鐵鏽催化而造成裂解反應皆為已知的事實[5, 7]，至少有一次的環氧乙烯蒸餾塔的爆炸是由於在沸器內的環氧乙烯蒸氣，受鐵鏽粉催化而造成的反應失控所引起的。

氧化劑濃度的增加也會引起火災，常溫下，微量的固體氧化劑如高錳酸

鉀、硝化物皆可能引燃燃料。幾個常見的例子為：

1.高錳酸鉀與甘油醇（Glycerol）混合後，經過一段時間，會引燃甘油醇。
2.微量含有硝酸鹽的熱傳鹽類與液態二氯矽烷（Dichlorosilane）接觸後，馬上會發生爆炸。
3.惰性氣體中微量的氧與可燃物質接觸後也可能引火。

因此，強氧化劑的處理、儲存應特別小心，避免與可燃性物質接觸，有關氧化劑的儲存及處理，請參閱美國消防協會出版的第43號報告（NFPA 43）。

鋁粉、鋁製物品與含有氯氟的碳氫化合物冷凍劑、溶劑及潤滑劑接觸會造成爆炸事件[8]。其他金屬如鋇、鋰、鎂、鈹、鈦等也可能引發鹵化碳化合物的爆炸。不過鐵氟龍（Teflon）比較安全，不會被上列金屬所引爆。

有機過氧化物、炸藥等不穩定的物質在空氣中受到撞擊、振動或加熱後，會引發火災或爆炸，處理此類物質時，必須遵守安全步驟，同時儘量避免此類物質在系統中累積，以免日後發生意外事件。

馬達德氏（L. A. Medard）曾討論不穩定物質在製程中可能造成的危險[6]，茲將幾個最常見的系統列出，以供參考：

1.在含氨或氮氧化物的系統中，會產生不同形式的不穩定的氮化物（Nitrides）、醯胺（Amides）、亞醯胺（Imides）或硝化合物。
2.乙炔或其他炔類系統中，炔類會與銅、銀等金屬形成不穩定的金屬炔化鹽。
3.氨及含氨基物質會與氯、次氯酸鹽（Hypochlorites）或其他氯化物形成敏感爆炸性的三氯化氮（Nitrogen Trichloride）。
4.在超低溫的系統中，氮氧化物與含有共軛雙鍵（Conjugated Double Bonds）的烯類反應，形成不穩定的膠狀物質。

美國消防協會出版的NFPA 491M報告及布瑞澤瑞氏（L. Bretherick）所撰寫的《反應性化學危害手冊》（*Handbook of Reactive Chemical Hazards*, 4th Edition, Butterworth, Boston, USA, 1990），包含許多可能形成危險性的不穩定物質的系統及反應，可供參考。

4.1.4 電點火源

電點火源包括下列四類：(1)靜電；(2)電機設備；(3)雷電；(4)雜散電流。

任何一種電源放電時所產生的火花足以引燃著火性空氣及燃料氣體的混合物；**圖4-1**顯示點燃不同的氣體燃料與空氣的混合物所需的點燃能量範圍。

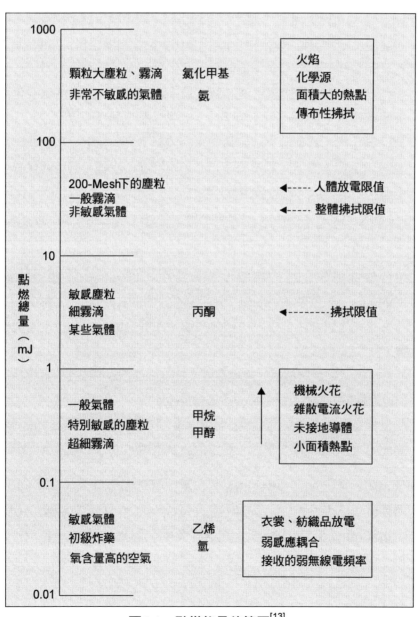

圖4-1　點燃能量的範圍[13]

4.1.4.1 靜電

靜電是造成化工廠火災中的點火源之一,許多工業爆炸事件皆由靜電所引起的。靜電基本上是由兩種不同的物質接觸後,所產生的表面效應,以絨布摩擦玻璃棒或人走過地氈時,皮鞋與地摩擦皆會產生靜電。如果兩個物體為良導電體,電荷可以自由移動,分離時,正負電荷會抵消,兩個物體皆會恢復為原狀(未具電荷)。如果其中之一為絕緣體,不具導電性,電荷無法自由移動,物體分離後,仍各自保持電荷,一為正電荷,另一物體則帶負電荷。靜電壓可低至一伏特,也可高至一千伏特。

許多化學程序中皆包含不同物體的表面接觸,相互移動及分離,例如氣/固體、氣/液體、固/固體物質的作用及分離(**表4-1**),設計時應設法避免其危害,並降低靜電的產生。**圖4-2**顯示各種可能產生靜電的活動。

(一)液體的處理

著火性液體的處理及製造過程中所產生的靜電是化學工業中最危險,也是最令人頭痛的問題,液體在下列的活動中,皆可能帶電:

1.液體流動於管線之中。
2.離心式泵浦葉片或混合槽的攪拌器所產生的攪動。
3.由儲槽上端噴灑而下的充填。

表4-1　化工程序中可能產生靜電效應的系統[9]

相態／相態	系統
氣／液體	・濕蒸氣的清洗 ・水的噴淋 ・濕蒸氣的洩漏
氣／固體	・以壓縮空氣輸送顆粒狀固體 ・流體化床
液／液體	・兩種不相溶液體物質的混合 ・液滴在另一液體物質中沉落
液／固體	・液體在管線中流動 ・液體過濾 ・充填容器時液體的飛濺
固／固體	・固體物質在輸送帶上的輸送 ・紙或塑膠的捲動 ・人體的行走

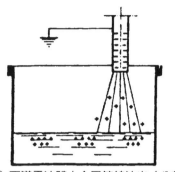

（a）不導電液體由金屬管線流出（分離效應）

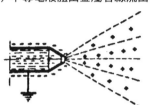

（b）液體由金屬管線噴出（分離效應）

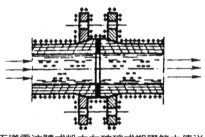

（c）不導電液體或粉末在玻璃或塑膠管中傳送

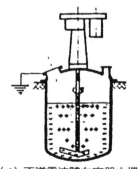

（d）不導電液體在容器中攪拌

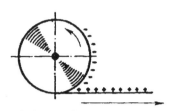

（e）塑膠或捲紙（分離效應）

（f）穿著絕緣鞋走過尼龍地氈或塑膠地板

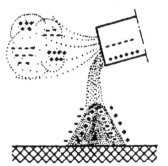

（g）粉末由塑膠袋倒出（分離效應）

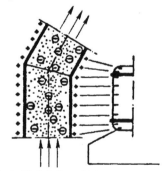

（h）粉末在塑膠管中輸出，不僅會產生靜電，
而且會造成附近金屬感應帶電

圖4-2　產生靜電的物理程序[9, 10]

4.儲槽先經水沖洗，再以油為充填後，水滴在油品中的沉澱過程。

5.油品或液體的過濾。

6.快速蒸發。

　　非極性液體在管線中的流動，會產生靜電而帶電荷，當電阻係數超過10^8歐姆‧公尺（$\Omega\cdot m$）以上，即具危險性。**表4-2**列出一些有機化合物的電阻係數，一般非極性碳氫化合物的電阻係數高達10^{13}歐姆‧公尺以上；長碳鏈有機樹

表4-2　液體有機化合物的電阻係數[10]

液體化合物		電阻係數
中文名稱	英文名稱	歐姆‧公尺($\Omega\cdot m$)
1.非極性有機化合物		
（電阻係數＞$10^8\Omega\cdot m$）		
二硫化碳	Carbon Disulfide	10^{16}
四氯化碳	Carbon Tetrachloride	10^{15}
柴油	Diesel Oils	10^{13}
汽油	Gasoline	10^{13}
環己烷、苯、甲苯、二甲苯	Cyclohexane, Benzene, Toluene, Xylene	10^{13}
乙醚	Diethyl Ether	10^{13}
1,4環氧己烷	1,4Dioxane	10^{12}
茴香酸	Anisole	10^{11}
硬脂酸丁基酯	Dibutyl Stearicate	10^{10}
溴苯、氯苯	Bromobenzene, Chlorobenzene	10^8
氯仿	Chloroform	10^8
丙酸	Propionic Acid	10^8
2.極性有機化合物		
（電阻係數＜$10^8\Omega\cdot m$）		
二氯乙烷 (1,2)	1,2-Dichloroethane	10^7
苯酸乙基酯	Benzoic Acid Ethyl Ester	10^6
甲醇、乙醇、丙醇、丁醇	Methanol, Ethanol, Propanol, Butanol	10^6
醋酸乙基、醋酸	Ethyl Acetate, Acetic Acid	10^5
丙烯腈、丁烯腈	Acetonitrile, Propionitvite	10^5
丙酮、丁酮、環己酮	Acetone, Butanone, Cyclchexanone	10^5
異丙醇、異丁醇	Isopropanol, t-butanol	10^4
甲酸乙基酯	Ethyl Formiate	10^4
硝化苯	Nitrobenzene	10^4
乙二酸	Glycol	10^3
乙醛	Acetaldehyde	10^3
甲酸	Formic Acid	10^2

脂約10^{11}歐姆・公尺左右;略具極性的氯化有機物如氯苯、溴苯、氯仿或有機酸的10^8歐姆・公尺;低碳醇類如甲醇、乙醇約10^6歐姆・公尺;強極性的丙烯腈、乙二酸約10^3歐姆・公尺;甲酸的電阻係數最低,僅10^2歐姆・公尺。

重油(燃料油)雖然易於產生靜電,但由於蒸氣壓低,揮發性差,重油的充填及傳送,不致於發生危險,但是如果將重油充填至曾經盛裝汽油的槽車時,槽中所殘留的汽油蒸氣,即可能會被重油所帶的電荷放電而點燃。此種交換充填(Switch Loading)的情況必須儘量避免,如果不得不如此做時,必須先以惰性氣體通過槽車,將殘餘的汽油或揮發性較高的油品蒸氣完全驅除。

溫度高於$-1°C$以上的時候,汽油蒸氣的濃度超過著火上限(7.6%),因此即使汽油的流動或充填會產生靜電,爆炸的機率依然很低,JP-4噴射燃料在$-23\sim38°C$之間,與空氣混合,會產生著火性蒸氣。由於JP-4是一個良好的靜電產生物質,處理時必須小心,而且宜以浮頂儲槽儲存,因為浮頂儲槽的頂蓋直接與液體表面接觸,可以避免靜電火花的產生。

液體的過濾也會增加液體的靜電電荷,因此過濾之後在進入儲槽之前,必須經過一段電荷緩和時間(約三十秒)。

當帶靜電荷的液體進入儲槽之後,會產生下列兩種現象[11]:

第一種現象為假設油品帶正電荷,而儲槽與地面絕緣,儲槽的內殼則帶負電荷,儲槽外殼帶正電荷。如果儲槽接地,則儲槽外殼的電荷即會消失。**圖4-3**即顯示此一現象,這也是著名的法拉第冰桶實驗。因此槽車或其他任何桶槽必須接地,以避免充填時放電,點燃著火性蒸氣。

第二種現象為充填時,油品表面會產生靜電荷。**圖4-4**顯示當帶正電的油品注入一個與地面絕緣的儲槽時,儲槽內液體表面及外殼皆帶有正電,與地面放電,產生火花。如果儲槽接地,外殼雖不帶電,但內部液體表面仍帶正電荷,由於儲槽內殼則帶負電,儲槽內放電仍然無法避免(**圖4-5**)。由於儲槽內的有機蒸氣濃度很高,遠超過著火上限,爆炸的事件很少發生。

第一種現象可以將儲槽或槽車在充填時接地,即可避免,第二種卻無有效方法避免,可酌加添加劑,以降低電阻係數。

圖4-6顯示由儲槽將液體燃料泵送至槽車的過程時,液體燃料所帶的電荷變化[12]。當液體經由管線以常速泵送時,液體燃料的靜電勢必會平衡在一個固定值,此時靜電的產生量與靜電的消失量相等,如果管徑縮小時,液體流速的增加,會造成靜電荷的產生率的增加。如果管線中裝置過濾器時,靜電荷會增加

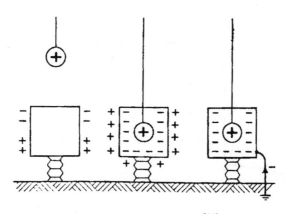

圖4-3　法拉第冰桶實驗[11]

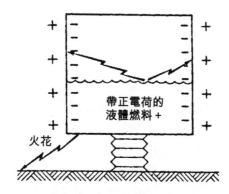

圖4-4　與地面絕緣的儲槽，充填後儲槽外殼與地面之間，以及槽內會發生放電
現象[11]

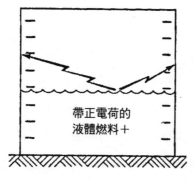

圖4-5　與地面接觸的儲槽，內部仍會放電[11]

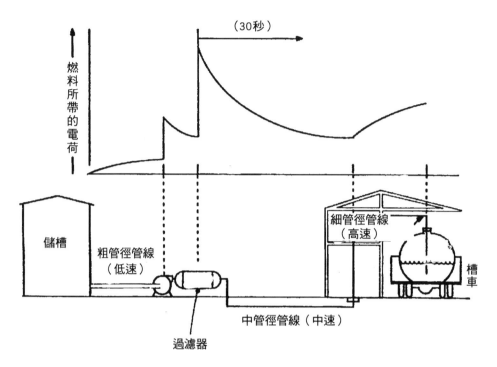

圖4-6　槽車充填時液體所帶的靜電電荷變化[12]

10～200倍，因為過濾器內部的表面積大、微孔徑小，液體與過濾器的接觸情況良好。當液體繼續在管中流動時，所帶的電荷會逐漸降低，通常需要約三十秒鐘的時間（電荷緩和時間），所帶的電荷才會低至安全範圍之內，因此，過濾器與槽車之間的距離必須以此時間為基準而設計，增加管徑，以降低流速，或安裝一個緩和槽，以增長時間，亦可達到同樣的目的[13]。

　　液體由噴嘴以噴霧方式噴出時，也會產生靜電（**圖4-2b**），由於電荷會累積至一定程度後而放電，如遇著火性蒸氣，即可能引火或爆炸。霧滴的直徑低於0.01公釐時，它的著火下限與蒸氣相同。換句話說，如果霧滴的濃度超過著火下限時，遇點火源也會引燃。這就是為什麼在低溫下，即使液體揮發性極低，如果霧滴濃度超過著火下限時，也會產生爆炸的原因。由機械作用所產生的霧滴直徑在0.01～0.2公釐之間時，著火下限會隨著直徑的增加而降低。當霧滴的直徑在0.6～1.5公釐之間時，火焰的傳播不可能發生，但是，此時如果有直徑微小的霧滴或亂流存在，足以粉碎或破壞大型霧滴時，很可能造成危害的條件。

　　為了避免靜電產生後，所可能帶來的危險，不具導電性的著火性液體絕對

不可使用噴霧方式，充填儲槽，必須經由伸入液面之下的導管（**圖4-7**）。

圖4-8顯示液體槽車的接地及充填管線的連線，以避免槽車圓頂與充填管線之間放電。

僅須加入少量的強極性添加劑或溶劑，即可有效降低非極性液體的電阻係數，添加劑必須溶於流體之中，否則不僅不會降低電阻係數，反而會造成係數的增加。以汽油為例，則其電阻係數為10^{13}歐姆‧公尺，如果每公秉加入1～2公克的添加劑（Teepol 530或Lissapol N），則其電阻係數即降至10^8歐姆‧公尺。

液體中所含的懸浮固體雜質或不相溶的液滴，也會增加其電阻係數，當固體物質在非極性或非導性的液體中沉澱時，液體的電荷急速上升，因此在可燃性液體溶劑中沉澱過程必須在惰性氣體環境中進行，以免靜電荷放電所產生的火花點燃液體上方所揮發的蒸氣與空氣的混合物。

為了降低靜電所造成的失火危險，宜採取下列防範措施：

1.可燃性流體輸送管線內，必須全部充滿液體，以免爆炸性或可燃性的氣

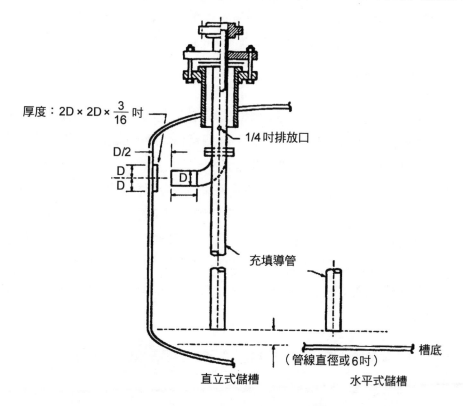

圖4-7　通過伸入液面下的導管液體儲槽的充填方式[13]

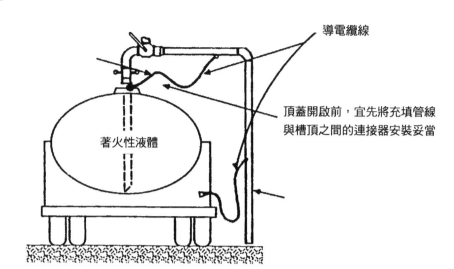

導電纜線

頂蓋開啟前，宜先將充填管線
與槽頂之間的連接器安裝妥當

著火性液體

圖4-8　槽車充填時的接地、槽車圓頂與管線之連接[14]

體在管中產生；如果管線無法充滿時，必須防止空氣的進入；充填或排
放至桶、槽的速度不可太快，酯類的流速每秒不宜超過10公尺，汽油、
柴油或長碳鏈碳氫化合物則視管徑大小而異（**表4-3**），40公釐的直徑的
管內流速不宜超過7公尺／秒，管徑增至600公釐時，其速度不宜超過1公
尺／秒。

2. 每秒流速超過1公尺時，必須選擇具導電性或具內襯的金屬彈性管線，彈
性金屬管線間的凸緣或耦合之間，必須互相接觸或以金屬管線相連，不
宜使用絕緣材料如橡膠製成的彈性管線。

3. 由非導體材料製成的瓶、罐來將液體傾倒至金屬桶、槽時，充填管線、
漏斗必須伸至桶、槽底部，以避免液體飛濺或產生漩渦、氣泡；導電
材料製成的器具如桶、槽、噴嘴、漏斗、管線等必須互連，並以地線接
地；含有兩種或兩種以上互不相溶的液體混合物時，必須儲存於導電性
或金屬桶、槽之中，不宜將此類混合物傾倒至絕緣性塑膠製成的器皿或
桶、槽之中。

表4-3　汽油、柴油等非極性碳氫化合物由管線排至桶、槽的最高速度[9]

管線直徑（公釐）	40	50	80	100	200	400	600
速度（公尺／秒）	7.0	6.0	3.6	3.0	1.8	1.3	1.0
流量（公升／分）	600	800	1100	1600	3500	10000	17000

4.流體在兩個桶（槽）之間的連接管線中流動，或經過泵浦輸送而產生亂流時，會造成液體及管線帶電荷，當金屬製的連接管線、泵浦與桶、槽接觸或分離時，即可能放電，因此必須將泵浦及桶、槽之間以導線相連，並以地線接地。金屬管線與桶、槽之間的導線連接處，宜遠離管線或桶／槽的出入口，以避免與可燃蒸氣接觸（**圖4-9a、b**）。

5.由裝置在卡車或火車廂上的液體儲槽，將液體傳送至固定儲槽時，儲槽及車輛之間必須以電導線相連，並以地線接地，同時使用具導電性的傳送管線，司機及工作人員必須穿著導電性鞋靴。

6.以塑膠器皿由儲槽吸取液體時，塑膠器皿的容量必須低於5公升，以免累積的靜電荷產生火花。

7.反應槽中帶電荷的液體，與金屬製取樣器或測試工具接觸後，即會放電，為了避免失火的危險，取樣及測試工作宜以閉路方式進行，並且以惰性氣體充填槽中空間，以避免槽中之液體與外界空氣接觸（**圖4-10**）。

(二)固體粉粒的傳送

固體粉粒的傳送、研磨、混合、篩選、充填桶槽或在空氣中飛濺時，分離過程不斷的產生，因此不論所接觸的物體是否具有導電性，每一個固體粉粒皆會帶電荷，同時會將所接觸的物體充電。由於一般粉粒的傳送或拂拭，所產生的放電能量低，不足以點火；然而，大型儲槽內固體粉粒拂拭效應的累積所造

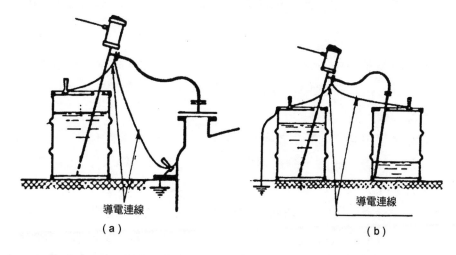

導電連線

（a）

導電連線

（b）

圖4-9　流體在桶、槽之間輸送時，管線、桶、槽之間必須以導線相連，並接地線[9]

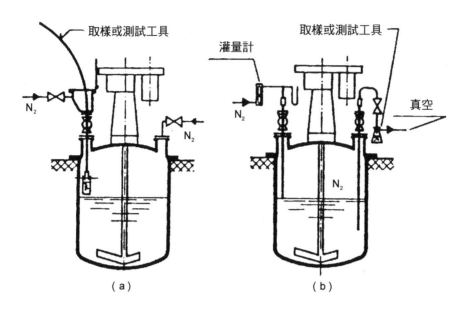

圖4-10 反應槽中取樣或測試裝置的安全設計[9]

成的放電能量，可能高達百分之一焦點（10mJ），此放電能量值雖低於一般粉粒的點燃能量（約25mJ），但是足以引燃點燃能量低的粉粒。

即使粉粒及可燃氣體的濃度低於著火濃度下限，懸浮在空氣及可燃氣體中的可燃固體粉粒，仍會著火爆炸，此種爆炸最常發生於盛裝有機樹脂的儲槽中，如果樹脂表面的有機溶劑未被完全驅除，而且儲槽中又有空氣存在時。

傳送或處理固體粉粒時，應注意下列事項，以避免靜電引起失火的危險[9]：

1. 如果周圍環境中不含可燃性氣體或蒸氣時，僅須將導電材料製成的管線、桶、槽以導線連接，以地線接地即可；也可使用非導電材料製成的管線、桶、槽及工具。

2. 如果環境中含有可燃性氣體或蒸氣時，宜在惰性氣體（如氮氣）下進行充填、儲存、研磨、篩選等程序，避免空氣或氧氣滲入系統之中（圖4-11a、b）。

3. 由非導性材料製成或具塑膠內襯的桶、槽將表面受溶劑沾濕的固體粉粒移轉至導電材料製成的桶、槽時，宜使用木製圓鍬，或接地線的鐵鏟。

4. 使用導電材料製成的桶、槽盛裝表面受溶劑沾濕的固體粉粒不宜裝入塑

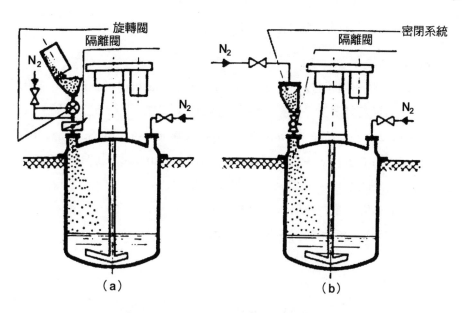

圖4-11 可燃性氣體存在時，將固體粉粒充填桶、槽的安全設計[9]

膠袋中，桶、槽亦不宜安裝含有塑膠或非導體材料製成的內襯。

5. 將導電荷的固體產品充填由導電材料製成的桶、槽時，如果桶、槽不接地線，桶、槽會被充電，應使用具導電性車輪的槽車裝載可能具高電荷的固體，同時保持車輪清潔，工作人員應穿著導電性鞋靴。

6. 大型固體粉粒儲槽內壁不塗以絕緣性的塗料，直徑超過3公尺的儲槽，其電場強度不得超過500kv/m，以免遭電擊放電。

7. 使用金屬或導電材料製成的通風及吸氣管線，管線內壁不宜使用絕緣性塗料。

8. 使用導電材料製成的輸送帶、滑輪、驅動帶、圓柱形滾輪，同時測試轉動物體對地線的電阻，以確定是否接地。

(三)人體接地

　　工作人員宜穿著具導電性鞋底的鞋靴，如皮底鞋靴；不宜穿著鞋底由塑膠硬紙板或纖維材料製成的鞋靴，以免與接地物體接觸時放電產生火花，鞋底漏電電阻應低於10^8歐姆。如果鞋底不具導電性，則可使用連接鞋底與膝部的導電帶，導電帶的最低電阻須高於10^6歐姆，以免電震危險。脫除人纖材料製成的衣裳時，也會產生高電荷及放電現象，在具爆炸危險場所不得脫除含人纖材料的

衣物，以免放電造成爆炸的危險。

(四)靜電防範及安全準則

1. 英國標準局標準第5958號（BS 5958, British Standards Institution, 1991）。
2. 瑞士化學工業安全專家委員會所出版的《靜電：工廠安全規定》（*Static Electricity: Rules for Plant Safety*, Expert Commission for Safety in the Swiss Chemical Industry (ESCIS), SUVA, Fluhmattstrasse 1, CH 6002, Lucerne, Switzerland, 1988）。
3. 美國消防協會第77號報告（NFPA 77）。
4. 美國石油協會第2003號報告（API RP2003）。

4.1.4.2 雷電

儲槽的避雷及通地設施設計或安裝不良時，即可能遭雷擊而失火，有關預防雷電的設計準則請看下列資料：

1. 美國消防協會第78號報告（NFPA 78）。
2. 美國石油協會第2003號報告（API RP2003）。
3. 電擊防範研究院標準作業規定第175號（Lightning Protection Institute, LPI-175）。
4. M. G. Frydenlund, Understanding Lightning Protection, *Plant Engineering*, Dec.13, 1990。

浮頂式儲槽（Floating Roof Tanks）的接地（Grounding）及避雷連線（Bonding）設施的安裝，必須遵照一定的安全準則，以免雷擊失火；油氣輸送管線之間的電流傳送可經過接連凸緣的螺栓，不致於造成阻礙。如果螺栓表面塗有絕緣塗料，如鐵氟龍時，可在凸緣之間使用星形墊圈，以加強金屬凸緣之間的接觸；管線上的「三明治」式閥，旋轉接頭或任何可能造成電流阻礙的接合處宜安裝跨接電線，以利電流通過，其主要目的在於電擊時，降低電流傳送至地面的電阻。

地面的接觸情況會影響地緣的效果，地面宜含適當水分，便於電流散布，接地表面過分乾燥時，電流難以散布，接地效果不佳。

4.1.4.3 電機設備

化工廠中的轉動設備，如泵浦、壓縮機、攪拌器、絞碎機、電熱、輸送設備等，大多由電力驅動；設計及安裝時，如不嚴格控制，很容易會因線路短路或設備失誤而造成失火及爆炸事件。最可能造成火花的設備及元件為下列七類：

1.電源開關。
2.電路斷電器。
3.馬達啟動器。
4.按鈕站。
5.電源插頭。
6.電墊或照明設備。
7.馬達。

為了確保安全起見，電路及電機設備的設計及安裝前，必須界定地區的危害性，然後依據地區危害性分類，應用合適及安全的設計及安裝準則。有關電路及電機設備的設計準則，不在本書範圍之內，讀者可參閱下列組織出版的規則及準則：

1.美國電機製造業協會（National Electrical Manufacturers Association, NEMA）。
2.美國電機電子工程師協會（Institute of Electrical and Electronic Engineers, IEEE）。
3.美國國家標準協會（American National Standards Institute, ANSI）。
4.美國國家電工法規（National Electrical Code, NEC）。
5.美國石油協會出版的煉油工廠電機設備檢視準則（API Guide for Inspection of Refinery Equipment）。
6.英國卜內門公司電機設備安裝規定（ICI Electrical Installations Code）。

4.1.4.4 雜散電流

雜散電流（Stray Current）並非蓄意設計或提供的電流，它是經由電流或電機設備的感應，或相互影響而產生的閉雜電流。它可能是連續性或間歇性、

單向性或交替式。主要的雜散電流源,為無線電頻率傳送器(Radio Frequency Transmitters)、高壓電輸送線、陰極防腐保護系統及電化學作用。

(一)無線電頻率所造成的雜散電流

金屬結構如起重機、怪手、加油管線會受附近高能量無線電或雷達輸送器的影響,成為偶發性天線,在金屬結構的尖端不連續處放電,產生火花[15]。檀香山的貨櫃轉運站及德國漢堡港口的起重機皆曾發生人員灼傷事件,其電壓強達一千伏特,漢堡港的意外事件是由7公里以外的一個三百瓦強度的廣播站所引起的[15]。

無線電輸送站所造成的天線效應及輻射頻率與金屬結構的大小、形狀有關,頻率低於30MHZ以下時,對回路結構如起重機、儲槽充填/排放回路,及管線、支柱所組成的回路最為有效。

由於鐵鏽會加強此類天線效應所引起放電強度,而且點火能量下限(Power Threshold for Ignition)與金屬結構的電阻有關,不宜應用清潔表面的點火能源下限(300V)來判斷是否安全。必須假設在最壞可能發生的天線效應下,在無線電發射站周圍20公里內,實際進行無線電頻率場的分析,以決定是否安全。

(二)高壓電線

高壓電線下的地表面的電場約5千伏/公尺(kv/m),人、物與地線接觸時可能會產生火花,放電能量與人/物體及地面之間的電容量、高壓線電壓有關。由實驗證明可以得知,在一般人及車輛的電容量下,尖端電壓必須超過4千伏(4kv)以上,才可點燃碳氫化合物或有機醇類的蒸氣,由於一般高壓線所感應的電壓低於此數值,因此只有在極高的電場下或周圍充滿了特殊易於點燃的有機蒸氣與空氣的混合物時,才會發生火災。

(三)陰極防腐保護系統

儲槽的陰極防腐保護系統也會造成裝載液體化學品或油品的船舶與儲槽之間的電動勢,在油品卸載時,兩者電路相通即會產生強烈的電流,而成為點火源。為了避免火花或電弧的產生,可以使用絕緣性凸緣,但切勿使用不具導電性的橡膠管,因為橡膠管內液體的流動可能會產生靜電。

(四)化學電流

兩種不同金屬物體的接觸及分離時,也會產生化學電流,也可能點燃周圍

的可燃氣體。

　　利用金屬器具由盛裝酸、鹼及鹽類等電解質的儲槽中取樣及進行測試工作時，也會產生此類化學電流。馬達德氏曾討論下列兩個事件[6]：

1. 鋁棒與鑄鐵製的硝化槽側維修用的開口接觸後，即會產生火花，其電壓約1.5伏特，電流為1.6安培，幸而電流感應低，僅0.01mH，所釋放的能量僅0.013mJ，未能引火。
2. 一個以不鏽鋼線連接的取樣瓶，伸入盛裝酸類的輪船的儲槽中時，由於化學電流產生的火花，造成氫與空氣混合氣體的爆炸。

　　為了防範化學電流的產生，宜使用與儲槽材質相同的金屬器具，以進行取樣、測試工作。

 ## 4.2 降低氧化物的濃度

4.2.1 惰性氣體的通入

　　將系統中氧氣或氧化物的濃度降至維持火焰燃燒的最低限度之下，即可防止火災或爆炸的發生。最有效的降低氧化物或氧氣的方法為以惰性氣體通過系統之中，以取代或驅除系統之中的空氣；例如在液體儲槽的維修之前，將儲槽內的液體物質取出，然後再以氮氣或二氧化碳等惰性氣體通入，以免槽內殘餘的有機蒸氣與空氣形成著火性混合氣體；其他設備如研磨機、粉碎機、混合槽、傳送系統、篩選器、粒塵收集器等都可使用類似方法，以預防火災或爆炸的發生。其他的應用範圍包括：

1. 在連續性製程中通入惰性氣體，可避免空氣進入系統，造成危害。
2. 如果製程溫度超過原料的著火溫度時，必須在充滿惰性氣體的條件下操作，否則空氣會進入系統之中，引火爆炸。
3. 抑止產品在儲存時的瞬間發熱或自行發火。
4. 抑止爆炸的發生。

使用惰性氣體，以抑止或預防火焰或爆炸時，必須考慮下列因素：

1.系統的可靠性。

2.惰性氣體供應系統應避免遭受水分或其他雜質的汙染，以免使用後，影響產品的品質。

3.供應量是否充足，足以因應尖峰需求。

4.儀控系統的穩定性。

5.所欲通入的設備或系統是否具有壓力疏解裝置，以免過壓情況發生，設備無法承受惰性氣體通入後所增加的壓力。

由於常用惰性氣體如氮氣、二氧化碳無毒無害，工作人員往往在使用後，未曾考慮穿戴適當安全設備，如自閉性呼吸器、氧氣筒等，即進入充滿惰性氣體的設備或桶、槽之內，而造成呼吸困難，甚至窒息而死的悲劇後果。某些使用於特殊狀況下的惰性氣體，本身亦具反應性，並對人體有害，工作人員在使用之前，宜瞭解其特性及防護方法，以免發生意外。

4.2.2 惰性氣體系統的安裝考慮

美國消防協會出版的「第69號報告：爆炸預防系統」（NFPA 69, Explosion Prevention Systems）中，詳載惰性氣體系統的使用方法、安裝以及設計準則。使用或設計惰性氣體系統之前，應考慮下列幾個主要因素：

4.2.2.1 危害評估

首先評估所有系統中的危害，列出必須使用惰性氣體的對象，估算尖峰時所需氣體的流量，然後才可決定惰性氣體供應系統的設計基礎。

4.2.2.2 惰性氣體的種類

最常用的惰性氣體為氮氣及二氧化氮，其他氣體如鹵化碳氧化合物（海龍）、水蒸氣、氦、氬、氣體燃料等，則適用於特殊場合。

選擇惰性氣體時，必須考慮下列幾個因素：

1.反應性：與所接觸的物質不具化學反應性。

2.腐蝕性：對設備材質不具腐蝕性。

3.供應穩定及充足。

4.惰性氣體不含水分或對產品有害的雜質。

4.2.2.3 需求量

惰性氣體的需求量視下列幾項因素而定：

1.系統中氧氣的濃度。
2.安全邊際。
3.供應系統及製程設備的洩漏／損失速率。
4.操作條件。
5.所欲防護的設備大小及形狀。
6.使用方法。

表4-4、**表4-5**、**表4-6**列出在氮氣及二氧化碳環境下，最高許可的氧氣濃度。

4.2.3 應用方法

通入惰性氣體，以降低密閉系統中氧氣濃度的方法有固定體積式及連續式等兩種方式。

4.2.3.1 固定體積式

當一個設備或桶、槽中充滿了著火性蒸氣時，往往使用固定體積方式淡化或驅除，此時先將設備或桶、槽頂端的排放閥開啟，將內部盛裝的有機蒸氣經排放管線導入安全場所或處置系統中，然後通入惰性氣體。使用此種方法可能必須經過好幾次的增壓／減壓循環，才可將內部的氧氣含量降至安全標準之下，在真空條件下，操作的設備停機時通常是應用此種方法，將惰性氣體注入。

4.2.3.2 連續式

(一)固定流率式

固定流率式操作簡單，而且不需任何附加機械元件如流速調節器，或以馬達驅動的閥等，主要的缺點為必須使用大量惰性氣體，費用較高，由於注入的

表4-4 以氮氣及二氧化碳為隋性氣體，以防止著火性氣體及蒸氣燃燒時，最高
氧氣濃度[16]

	氮氣—空氣		二氧化碳—空氣	
	著火所需最低氧氣濃度（%）	最高安全氧氣濃度（%）	著火所需最低氧氣濃度（%）	最高安全氧氣濃度（%）
丙酮	13.5	11	15.5	12.5
苯	11	9	14	11
丁二烯	10	8	13	10.5
丁烷	12	9.5	14.5	11
1-丁烯	11.5	9	14	11
二硫化碳	5	4	8	6.5
一氧化碳	5.5	4.5	6	5
環丙烷	11.5	9	14	11
二甲基丁烷	12	9.5	14.5	11.5
乙烷	11	9	13.5	11.0
甲醚	—	—	13	10.5
乙醚	10.5	8.5	13	10.5
乙醇	10.5	8.5	13	10.5
乙烯	10	8	11.5	9
汽油	11.5	9	14	11
汽油				
辛烷值73-100	12	9.5	15	12
100-130	12	9.5	15	12
115-145	12	9.5	14.5	11.5
己烷	12	9.5	14.5	11.5
氫	5	4	6	5
硫化氫	7.5	6	11.5	9
異丁烷	12	9.5	15	12
異戊烷	12	9.5	14.5	11.5
噴射機燃料				
JP-1	10.5	8.5	14	11
JP-3	12	9.5	14	11
JP-4	11.5	9	14	11
煤油	11	9	14	11
甲烷	12	9.5	14.5	11.5
甲醇	10	8	13.5	11
天然氣	12	9.5	14	11
異戊烷	12.5	10	15	12
己庚烷	11.5	9	14	11
戊烷	11.5	9	14.5	11.5
丙烷	11.5	9	14	11
丙烯	11.5	9	14	11

表4-5　以氮氣及二氧化碳為惰性氣體，以防止可燃性金屬塵粒著火時，系統中最高許可氧氣濃度[16, 17]

	最高許可氧氣濃度（%）	
	二氧化碳一空氣	氮氣一空氣
鋁粉	2	7
銻	16	—
道金屬（Dowmetal）	0	—
矽鐵化合物	16	17
鈦鐵化合物	13	—
羰基鐵	10	—
鐵（氫化還原處理）	11	—
鎂	0	2
鎂－鋁	0	5
錳	14	—
矽	12	11
釷	0	2
氫化釷	6	5
錫	15	—
鈦	0	4
氫化鈦	13	10
鈾	0	1
氫化鈾	0	2
釩	13	—
鋅	9	9
鋯	0	0
氫化鋯	8	8

速率固定，惰性氣體通過容器的蒸氣空間時，會產生吹襲作用，造成蒸氣的損失。另外一個缺點為易被鐵鏽、積垢或控制惰性氣體流動的閥門上因驟冷所結的冰粒堵塞。

(二)變動流率式

　　惰性氣體的流率隨需求而改變，惰性氣體的損失少，是比較經濟的方法。惰性氣體可由兩個閥進入系統中，其中一個閥門以連續或低流速通入系統之中，另一個閥為控制閥，閥門的開啟與調整則視系統的壓力而變。

表4-6 以二氧化碳為惰性氣體，以防止可燃性塵粒著火時，最高許可的氧氣濃度（%）[16, 17]

塵粒	最高許可的氧氣濃度（%）	塵粒	最高許可的氧氣濃度（%）
1.農業		6.塑膠原料	
苜蓿	15	壬二酸	14
咖啡	17	二對一酚甲烷（Bisphenol A）	12
玉米粉	11	凝乳酶酪蛋白	17
糊精	14	己二胺	14
玉柏類孢子	13	異酸	14
黃豆粉	15	三聚乙醛	12
澱粉	12	異戊四醇	14
蔗糖	14	酞酐	14
2.化學品		對酞酸	15
乙二胺四乙酸	13	7.塑膠：樹脂及模具材料	
甲硫胺酸	15	番豆酮－茚樹脂（Coumarone-Indene Rcsia）	14
啡噻吖（Phenothiazine）	17	木質素	17
五硫化磷	12	氯化酚	16
柳酸（Salicyclic Acid）	17	松木殘渣	13
硬脂酸及硬脂酸鹽	13	松香	14
3.含碳物質		硬橡膠	15
木炭	17	蟲膠	14
煙煤	17	樹脂酸鈉	14
亞煙煤	15	8.塑膠：熱可塑樹脂	
泥煤	15	縮醛樹脂	11
4.金屬		丙烯腈塑膠	13
鋁	2	丁二烯－苯乙烯	13
銻	16	羧甲基纖維	16
鉻	14	醋酸纖維	11
鐵	10	三醋酸纖維	12
鎂	0	醋酸丁酸纖維	14
錳	14	乙基纖維	11
矽	12	甲基纖維	13
釷	0	甲基丙烯酸甲酯	11
鈦	0	尼龍	13
鈾	0	聚碳酸酯	15
釩	14	聚乙烯	12
鋅	10	聚苯乙烯	14
鋯	0	聚乙烯醇	17
5.其他		聚乙烯丁醛	14
纖維素	13	9.塑膠：熱	
紙	13	烯丙蒸醇	13
瀝青	11	異酞酸二甲基酯	13
下水道汙泥	14	對酞酸二甲基酯	13
硫磺	12	環氧樹脂	12
木粉	16	密胺－甲醛	12
		聚對酞酸乙二烯	13

4.2.4 惰性氣體的供應源

商用氮氣或二氧化碳鋼瓶可應用於小型實驗設備或儀器，氣體公司可提供壓力槽車或液態氮槽（含蒸氣設備），以供暫時性需求。大型工廠必須設置固定式裝置，如液態氮槽、二氧化碳氣體儲槽。

如果需求量增加，而又無法及時提供足夠氣源時，亦可燃燒碳氫化合物，如燃料油、天然氣，以產生含二氧化碳（9～12%）、氮氣（85%）及氧氣（1%：使用天然氣；8～12%：燃料油）的混合氣體，作為惰性氣體之用，一般製造燃燒系統的廠商皆可提供此類設備。

 ## 4.3 降低可燃物質的濃度

降低可燃物質的濃度最佳方法為限制可燃物質的活動範圍，避免它們在危害性（易燃或易爆）的環境下出現，換句話說，也就是將任何具有失火及爆炸危害的物質局限於安全的桶、槽容器，管線及封閉的場所之內，並且加強設備的維修，避免其洩漏。

加強空氣的循環及換氣，以降低著火性有機蒸氣的濃度，避免空氣中著火性的蒸氣積聚，是倉庫、密閉或半密閉式溶劑、揮發性物質處理及生產場所常用的方法。近年來，由於環保意識高漲，空氣品質要求增高，許多半密閉式及僅有頂棚式的生產場所，為了降低揮發性有機物質的外洩及潑灑，紛紛將生產設施或桶、槽，移入密閉的室內操作，此舉雖然可以降低室外揮發性有機物質的濃度，提升工廠露天廠區的空氣品質，但是如果不加強通風，揮發性有機物質在密閉的環境內易於積聚於通風不良或設備擁擠的角落，如遇點火源如火花、高溫設備，易於發生失火或爆炸的危險。因此，任何處理或儲存著火性物質的室內場所必須加強通風，以定量清潔空氣替換室內污染空氣，並且將排氣收集後，經過適當處理，將有害物質去除後，才可排放至大氣之中。有關排氣淨化及處理請參閱一般空氣污染防治書籍。**表4-7**列出通風設計數據。

設置於高危害地區〔例如美國國家電工法規（NEC）所列的一級場所（Class I）〕中的電器設備之封蓋，必須以空氣或惰性氣體通入，使封蓋內保持正壓，以避免著火性蒸氣進入封蓋之內：

1. 石油煉製工廠。

2. 盛裝著火性或可燃性液體的浸槽。

3. 有機塗裝材料製造工廠。

4. 噴漆場所。

5. 溶劑萃取工廠。

6. 硝化纖維或其他發火性塑膠原料的製造及使用工廠。

7. 氣體工場（含液化石油氣儲運站）。

8. 石化工廠（乙烯、苯、二甲苯、聚乙烯、聚丙烯、聚氯乙烯、甲醇、氨
   工廠）。

請參閱美國消防協會出版的「第496號報告：電機設備的通氣及加壓封蓋」
（NFPA 496, Purged and Pressurized Enclosures for Electrical Equipment）中的詳
細討論。

化學工廠中許多電機設備通常放置於充壓的控制室中，由於控制室的壓力
略高於室外壓力，室外的有機蒸氣無法進入室內。

4.4 壓力的包容

在一個壓力為一大氣壓的密閉容器中發生突燃時，系統壓力急速上升至
700～1,000kpa（100～150psi），壓力的升高約7～10倍。如果容器的設計壓力
超過突燃最高壓力時，即不必擔心容器的破裂及物質的外洩。由於一般壓力容
器的設計壓力約為最大操作壓力的4倍，無法承受突燃發生所產生的壓力。

如欲加強容器的材料張力，以包容突燃產生的過壓時，必須確實瞭解突燃
最高壓力，否則後果不堪設想。如果容器、設備的張力足以承受燃燒最高壓力
時，可減少其他安全疏解裝置，如壓力移送系統、排氣處理處置系統的投資及
維護費用。

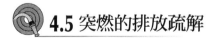

4.5 突燃的排放疏解

突燃排放是在突燃發生後，系統的壓力急速上升時，系統的殼壁產生一

個開口，及時將內部的物質排出，以疏解系統的壓力，可以防止壓力的繼續上升，以保護系統或設備的安全。美國消防協會出版的「第68號報告：突燃的排放」（NFPA 68, Venting of Deflagration）詳載安裝及設計準則，謹將主要內容摘錄於下[16]：

1. 首先必須瞭解設備、系統內盛裝的物質的燃燒特性，如果多種物質皆可能在此設備或系統中存在時，選擇最壞情況的物質特性為設計基準。物質發生突燃時的基本數據如最高突燃壓力（P_{max}）、最高增壓常數（K_{st}）等必須取得。
2. 排放口的慣性足以影響排放口的開啟，必須將慣性（力）降至最低。
3. 突燃發生時，排放口開啟，雖可將系統內的壓力疏解，但是內部突燃物質、火球、未燃燒的物質皆會由排放口排出，並且可能在排放物之前，造成一個壓力鋒，會擾動外界可燃物質，產生二次點燃情況。
4. 裝置排放口的設備應置於室外，並且遠離設備密集的地區，排放口應面對空曠無人地區。
5. 室內設備如果必須安裝排放口時，排放口應與導管接連，排放時可將排放物質導於室外安全地區。

圖4-12顯示一個密閉系統中，突燃排放與未排放的壓力／時間變化圖。
圖4-13、圖4-14顯示了未局限性的排放對於溫和及強烈塵爆的影響。

4.5.1 低強度密閉系統的排放設計

低強度密閉系統內部的壓力超過周圍壓力10kpa（1.5psi）時，即無法承受。設計此類系統時，必須考慮所有的結構成分，例如牆壁、屋頂、門、窗等，設計公式為：

$$A_v = CA_s/(P_{red})^{\frac{1}{2}} \qquad (4-1)$$

A_v＝排放面積（平方公尺，m^2）
C＝突燃常數（**表4-8**）
A_s＝內部表面積（含牆壁、屋頂、地板等）（平方公尺，m^2）
P_{red}＝結構成分中最弱部分所能承受的最高過壓（千帕斯卡，kpa）

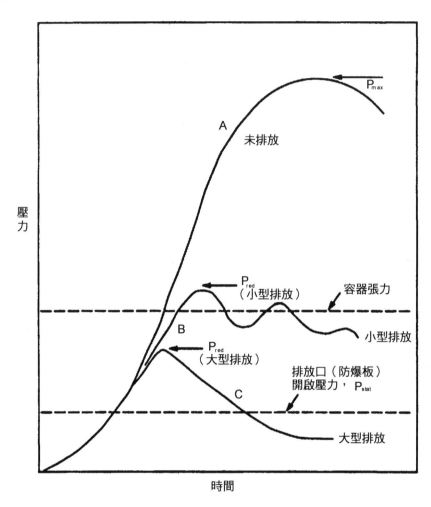

圖4-12　密閉系統突燃發生後，具排放口及未具排放口的壓力─時間曲線[21, 22]

表4-8　突燃常數（公式4-1）

可燃物質	C (kpa$^{1/2}$)	C (psi$^{1/2}$)
氨（無水）	0.05	0.13
甲烷	0.14	0.37
氣體（Su＜0.6 m/s）	0.17	0.45
St-1塵粒	0.10	0.26
St-2塵粒	0.12	0.30
St-3塵粒	0.20	0.51

註：Su：基本燃燒速率

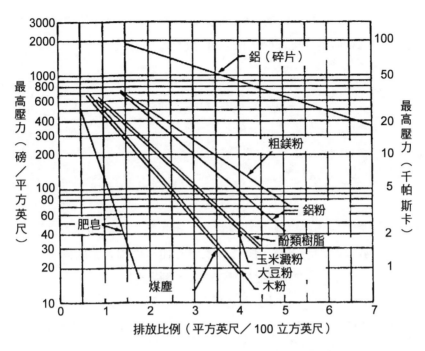

圖4-13　非局限性排放對於溫和性塵爆所產生的壓力影響[15]

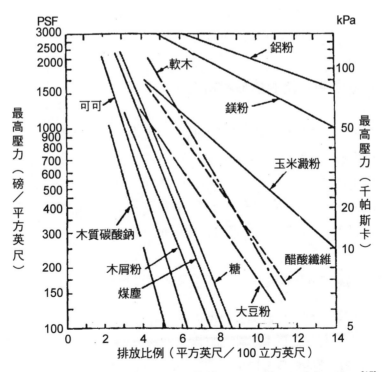

圖4-14　非局限性排放對於強烈性塵爆所產生的壓力影響[15]

單一排放口宜設置於長寬度之中較長的一邊的中心，有些設備例如直立型儲槽，排放口必須設置於尾部時，必須確保符合下列條件：

$$L_3 < 12A/P \qquad\qquad (4\text{-}2)$$

$L_3 =$ 長、寬度之中，較長的一邊長度（公尺）

$A =$ 截面積（平方公尺）

$P =$ 截面積周長（公尺）

如果上列條件公式（4-2）無法符合時，請參考下節有關細長型密閉系統的設計。如果排放口超過一個時，所有排放口的面積總和等於所需排放面積，每一排放口之間距離相等，並且裝置於較長的一邊牆壁上。

公式（4-1）中的P_{red}不應超過易於延展性密閉系統的最大強度的66%，或超過易碎系統的最大強度的25%，而且系統的強至少應較P_{red}高出2.4kpa（0.35psi）。

排放口上裝置的防爆板不宜過重，以免影響到其開啟，平均重量不得超過12.2公斤／平方公尺（2.5磅／平方英尺），壓差在0.96～1.4kpa（0.14～0.21psi）之間時，防爆板即被震開。

4.5.2 高強度密閉系統的排放設計

結構強度足以承受內部過壓超過10kpa（1.5psi）的結構稱為高強度密閉系統，所需突燃排放面積可由圖4-15至圖4-23中求出，圖中P_{red}為在排放時產生的最高壓力，P_{stat}為排放口（防爆板）開啟時的壓力。使用時首先在右圖上找出容器或結構的體積，然後由體積值向上劃一直線與適當的參數相接，再向左劃一水平直線至左圖中適當參數值，最後再向下垂直劃線至左圖水平軸的正確排放面積為止。

圖4-12至圖4-20是依據許多數據而發展的實用圖表，適用於下列條件：

1.未發生突燃之前，氣體處於靜止狀態。

2.系統內部無任何足以引起亂流的裝置。

3.物質點燃所需能量低於10焦耳。

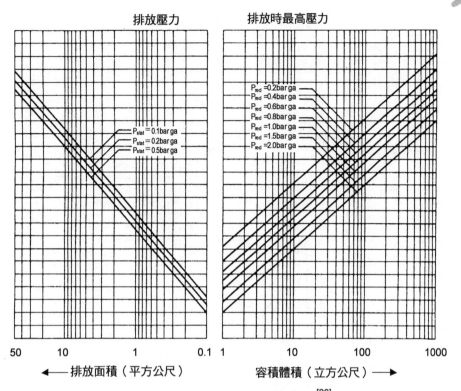

圖4-15　甲烷排放面積估算圖表[20]

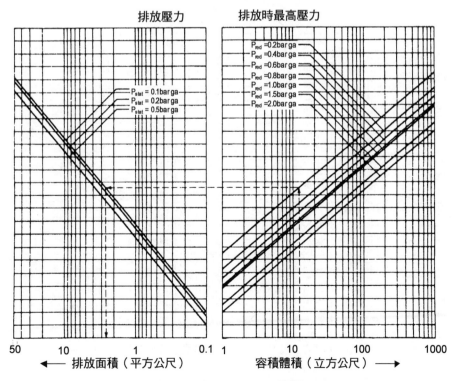

圖4-16　丙烷排放面積估算圖表[20]

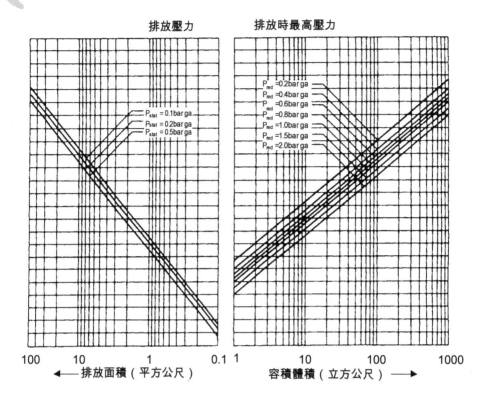

圖4-17　氫氣排放面積估算圖表[20]

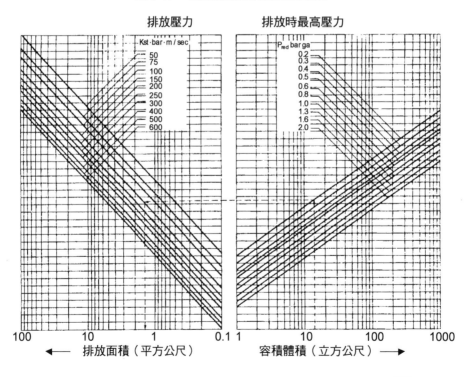

圖4-18　塵粒排放面積估算圖表，$P_{stat}=0.1bar$（錶壓）[20]

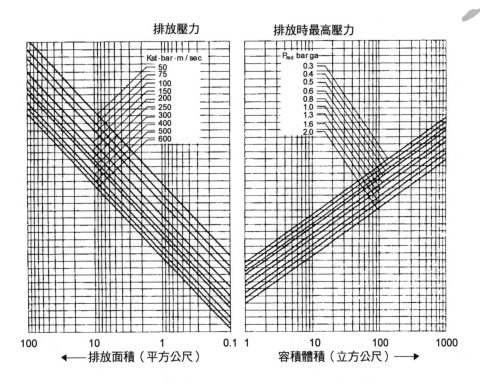

圖4-19　塵粒排放面積估算圖表，P$_{stat}$＝0.2bar（錶壓）[20]

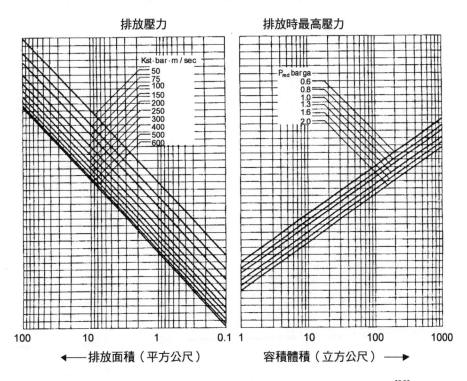

圖4-20　塵粒排放面積估算圖表，P$_{stat}$＝0.5bar（錶壓）[20]

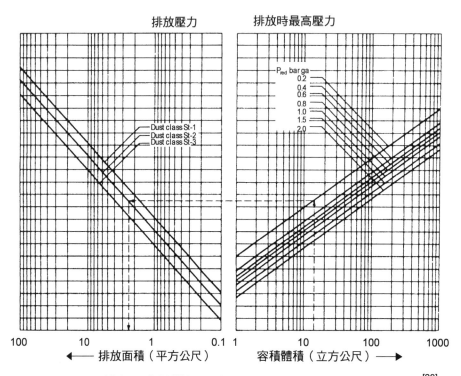

圖4-21　不同等級的塵粒排放面積估算圖表，P_{stat}＝0.1bar（錶壓）[20]

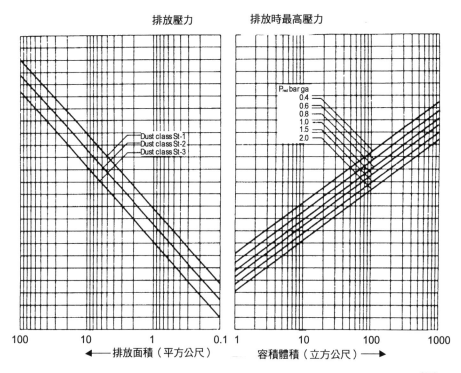

圖4-22　不同等級的塵粒排放面積估算圖表，P_{stat}＝0.2bar（錶壓）[20]

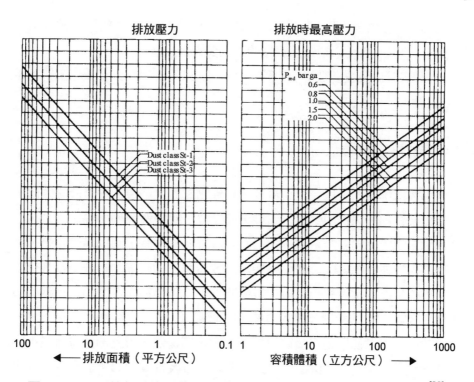

圖4-23　不同等級的塵粒排放面積估算圖表，P_{stat}＝0.5bar（錶壓）[20]

4.起始壓力為1大氣壓。

5.長度對直徑比例（L/D）＜5。

6.1＜V（體積）＜1,000立方公尺。

7.20＜P_{red}＜200kpa（錶壓）。

8.10＜P_{stat}＜50kpa（錶壓）。

4.5.3 狹長結構的設計

　　由於牽引作用及邊界層（Boundary Layer）影響，在狹長形（管長與直徑的比例超過5時）導管或結構中發生的突燃速度，會在短時間內快速加速，至目前為止，吾人尚未完全瞭解如何疏解此類結構的突燃，謹提出下列準則，以供設計者參考：

1.每一個排放位置的排放面積不得小於導管或狹長結構的截面積。

2.排放口應安裝在最可能成為點火源的附近。

3. 導管內如有障礙物（肘、T形結構、閥或其他超過5%的導管截面積的結構或物體）時，必須在障礙物的兩側裝置排放口。

4. 在長導管中設置多數排放口時，宜參考NFPA 68中準則，妥善安排其相對位置。

4.5.4 排放導管及覆蓋

由排放口排出的火球、壓力波及危害性物質如果不導入安全設施內時，不僅會引起系統外部物質的點燃、引爆，而且會直接損壞設備、傷亡人畜，因此裝置排放口的設備宜置於室外，如果必須設置於室內時，應以導管相連，將排放物體導入室外安全場所。**圖4-24**顯示設置於室內的設備的排放口及其排放導管，導管的長度宜儘量縮短，而且避免轉折，以防止突燃速度加速。**圖4-25**顯示導管長度對於P_{red}的影響，導管愈長，P_{red}值愈高。

排放口外可以使用平板（防爆板）、窗、門覆蓋，覆蓋的單位重量不宜超過12.2公斤／平方公尺，覆蓋與設備殼壁之間可裝置具吸震器的繫鍊，以避免爆破後覆蓋飛射。

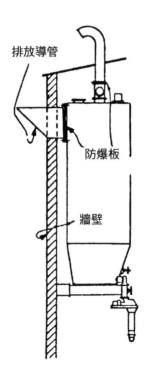

排放導管

防爆板

牆壁

圖4-24　塵粒排放口通至室外的導管[16]

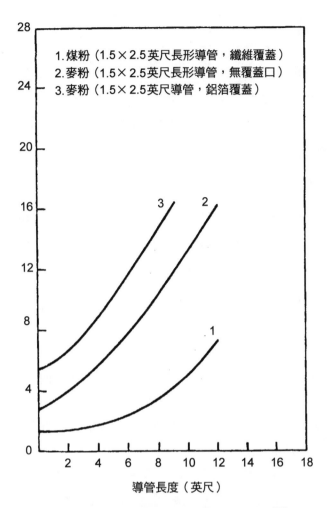

圖4-25　導管長度對於突燃壓力的影響[23]

 4.6 防止著火性物質的外洩

　　著火性物質一旦由設備、桶、槽或管線中洩漏後，如與點火源即可能引燃及爆炸，世界上主要化學災變大都是由於著火性有機物質洩漏所引起的，例如1984年巴西聖保羅市（Sao Paulo, Brazil）的2公尺直徑的汽油輸送管破裂，造成700噸汽油外洩，508人死亡；1974年英國傅立克斯鎮尼龍工廠中的兩個反應槽間的伸縮管線破裂，造成28人死亡，36人受傷，損壞1,821幢房屋及167間工廠、商品，財產損失達4億美元。

4.6.1 管線洩漏

管線是任何化學工廠中數量最多的設施，管線如同人體中的血管，負責物質的傳送，管線的設計或維護不良，是外洩的最主要原因，易於產生外洩的因素有下列幾種：(1)死角或封閉管線；(2)支撐不良；(3)伸縮管（Bellows）；(4)水鎚；(5)其他。

4.6.1.1 死角或封閉管線

死角區域易於積聚液體中所懸浮或夾帶的雜質、水分或腐蝕性物質，易造成腐蝕、磨損現象，如有水分積聚，如遇冬天溫度下降時，會結冰而膨脹，使管線破裂，以下為幾個過去發生的例子：

1.一個操作壓力為3,800kpa（550psi）的天然氣輸送管線上一段3公尺長，12英寸直徑的支線死角，因腐蝕而破裂，天然氣外洩後引燃爆炸，造成3人死亡及數百萬美金的損失。
2.蒸氣通往加熱爐的管線，在正常操作條件下關閉（閥門未開），日久而積聚水分，天氣驟冷後，內部結冰膨脹而導致破裂（**圖4-26a**）。
3.水分積聚在主要管線的儀器支撐處，逐漸腐蝕支撐柱與管線接觸處，而造成洩漏（**圖4-26b**）。
4.積聚在熱油桶槽死角的水分蒸發，當溫度超過100℃時，水分氣化為水蒸氣，壓力上升而損壞桶槽，造成大量油品外洩（**圖4-26c**）。

4.6.1.2 支撐不良

管線設計時，除考慮內部液體物性、壓力及流速外，還必須進行管線的張力分析並加強支撐，以免管線熱脹冷縮或支撐不良而造成破裂，許多管線的損壞是由於下列三種原因：

1.支撐不足。
2.管線易於振動。
3.支撐過於剛硬，無法自由膨脹。

圖4-27中的管線支撐掛鉤因腐蝕而斷裂，管線幾乎掉至地上，由於缺乏足夠的支撐，易於受風吹動而擺動，或因重力作用下垂。

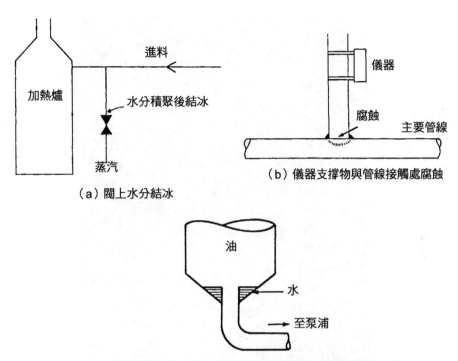

（a）閥上水分結冰

（b）儀器支撐物與管線接觸處腐蝕

（c）積聚於死角的水分受熱油加熱蒸發，而造成壓力上升

圖4-26 死角或封閉線段的危害[24]

4.6.1.3 伸縮管

伸縮管經常裝置於管線與設備之間，以增加管線的彈性，如果設計或安裝不良，易因振動而脫落或破裂，1974年英國傅立克斯鎮發生的爆炸事件即由於反應器與管線之間的伸縮管安裝不良而引起的。任何危害性流體應避免使用伸縮管。

4.6.1.4 水鎚

在下列兩種情況下會產生水鎚現象（Water Hammer）：

1.在管線中流動的液體突然停止時（例如閥門突然關閉）。
2.在氣體管線中的液體為氣體帶動而造成撞擊力。

如果液體的流速高時，一旦發生水鎚現象時，即可能損壞管線或管線的支撐掛鉤。依據以往的經驗，為了避免水鎚發生，管線內液體速度不宜超過下列準則：

圖4-27　管線掛鉤因腐蝕而斷裂，管線下垂[24]

1. 直徑在3英寸以上的管線中，液體流速以不超過4+d/2英尺／秒為原則，d為管線直徑（單位為英寸）。
2. 直徑在3英寸以下的管線中，液體流速不宜超過5英尺／秒。
3. 即使在大管徑的管線（16英寸以上）中，其流速也不應超過14～17英尺／秒。

5 其他

1. 水注入油品的管線設計不良時，水管與油管接觸處，易產生腐蝕情況（**圖4-28a**）；如果將水管伸入油品管線中（**圖4-28b**）則可減少腐蝕的發生，在此必須注意的是水管注入的方向必須與油品的流動方向相同。

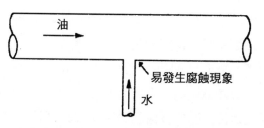

（a）直接接連式：水、油管接觸處易發生腐蝕情況

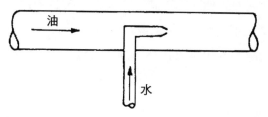

（b）改良式設計：插入設計，水注入方向與管內油品流向相同

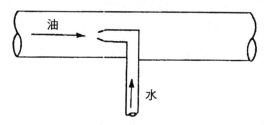

（c）插入式：水注入方向與油品方向相反，反而易於產生腐蝕

圖4-28　水注入油管的設計

2.管線老舊，而且缺乏定期檢視，管線逐漸腐蝕、穿孔。

3.管線材質選擇錯誤。

4.管線內部或外部附件因腐蝕、磨損而穿孔。

4.6.2 閥、排放孔、軟管等

4.6.2.1 排放閥、孔

　　設備或桶、槽底部的液體排放閥或頂端的氣體排放孔往往由於工作人員疏忽，於排放動作完全後，未能完全關閉，而造成大量物質的外洩。以1972年在巴西里約熱內盧市煉油廠內發生的爆炸事件為例，發生的原因為工作人員為了

排除儲槽底部積聚的水，而將底部排放閥開啟後，即自行離去，任由大量液化石油氣排出，形成蒸氣雲爆炸，損失達1億4,000萬美元。

為了避免排放閥開啟後忘記關閉的危險，應使用彈簧負載的球閥（Spring-Loaded Ball Valves），此類球閥的開關由彈簧控制，工作人員必須施力才可開啟，如果所施的力量放鬆後，閥門會自動關閉，因此可避免工作人員疏忽而忘記關閉閥門。盡可能使用小型排放閥，其直徑最大不宜超過0.75英寸。如果必須定時由儲槽中排除底部的積聚物質時，而又未能裝置彈簧負載球閥時，則必須在排放管線上安裝一只遙控的緊急隔離閥。

設備或桶、槽頂端的氣體排放孔應與排放管線接連，將由設備、桶、槽中排放的廢氣導引至安全場所，並避免與點火源接觸。

4.6.2.2 開口的容器

絕對不可使用水桶或開口的容器盛裝或收集著火性、腐蝕性或毒性液體，1973年日本煉油廠內的操作員誤將丙烷及丁烷送至一個開口的反應槽中，造成大量丙烷、丁烷外洩而爆炸，財產損失達1,900萬美元（1990年幣值）。

4.6.2.3 液位鏡及視鏡

盛裝著火性液體的設備或桶槽不宜使用液位鏡（Level Glasses），作為偵測內部液位之用，也不應裝置視鏡（Sight Glasses），以觀測內部液體流動的狀況，以避免液體由鏡緣滲出或於鏡面受到撞擊破裂後外洩。

4.6.2.4 栓、塞

壓力測試時所安裝的栓、塞應直接焊接於設備或管線上，避免使用螺旋栓、塞將設備的孔、洞填塞，因為如果螺紋腐蝕後，難以承受內部的壓力。

4.6.2.5 軟管

軟管經常洩漏，其主要原因為：

1.材質使用不當。
2.接頭設計或安裝不良，氣密墊使用不當。
3.設備或管線的壓力未完全疏解前，即將軟管接頭鬆開，而造成物質外洩。

4.連接蒸氣或氮氣的軟管，前端閥門在製程閥門未關閉之前，即已關閉，造成製程物質進入軟管之中。

4.6.3 洩漏的控制

控制洩漏的方法為：

1.安裝遙控式緊急隔離閥。
2.油槽洩漏時，可將高壓水注入槽內，由於水的比重較高，會沉積在槽底，可逐漸取代油而漏出。
3.降低系統的壓力，可緩和外洩的速度。
4.將管線急速冷凍。
5.以特殊封填液體注入洩漏的凸緣或閥中，以封填洩漏之處。
6.以水霧、蒸氣或其他惰性氣體限制潑灑物質的散布。
7.以泡沫噴灑於液池之上，以限制蒸發表面積。
8.以低揮發性液體加至潑灑的液體中，以降低其揮發性，例如以輕油（Gas Oil）加入外洩的液化石油氣中，可將液化石油氣吸收，因而降低其揮發後爆炸的機率。

4.6.4 儲槽的防漏

盛裝大量著火性液體的儲槽一旦破裂或泛溢時，大量液體外洩或於短期內蒸發形成蒸氣雲。1960年至2003年間所發生的242次儲槽意外事件中，以雷擊最多，共80件，維修所造成的意外（32件）次之，再次為操作失誤（29件）、設備失效（19件）、人為蓄意破壞（18件）、破裂（17件）、管線破裂或洩漏（15件）等；靜電造成12次意外，明火、天災與失控反應分別為8、7與5次，總損失高達20億美元（2002年幣值）。

預防天災所造成的損害，必須由選擇場地、設計及加裝避雷設備著手，請參閱第五章中的討論，本節謹討論一般操作上的缺失及改善。一般儲槽外洩或破裂不外下列四種原因：(1)儲槽內部液體溢流；(2)內部壓力過高，殼壁無法承受；(3)內部產生真空狀態，殼壁內縮；(4)空氣進入儲槽內部，與液面上的有機蒸氣，形成可燃氣體，遇著火源爆炸。

4.6.4.1 儲槽溢流

儲槽液位低時,必須充填,以增高其液面,充填時,如果工作人員疏視液位的所在,則難以有效控制所須充填的數量,難免會造成溢流現象的發生。為了避免溢流的發生,必須安裝液位指示計及高液位警示器。多功能用儲槽(即可能儲存不同比重或特性的液體儲槽),應避免使用以測試液體重量的原理而設計的液位指示計或高液位警示計,因為如果將比重較輕的液體注入儲槽時,由於重量較輕,所測得的液位低於實際液位,易產生溢流,必須使用偵測體積的指示計。

4.6.4.2 過壓

一般常壓儲槽壓力不得超過200公釐水柱(2kpa),壓力超過此值的3倍時,殼壁即會破裂。為了避免充填時產生過壓,儲槽頂端應安裝排放孔、管或溢流導引管,其高度至少應超過殼壁頂端20公分。如果儲槽內可能有氫氣產生時,由於氫氣較任何氣體輕,易積聚於儲槽頂部,排放口及溢流管宜裝置於儲槽頂蓋的最高點,以便於氫氣的排出。

以惰性氣體或空氣驅除儲槽內的有機蒸氣或維持儲槽壓力時,應保持氣體排放管線暢通。惰性氣體或壓縮空氣源的壓力約100psi(700kpa),如果排放管線不幸堵塞,即可能產生過壓,殼壁難以承受。

4.6.4.3 殼壁內縮

常壓儲槽的真空設計壓力值為63.5公釐水柱(0.6kpa),如果槽內壓力較槽外大氣壓低於此值時,殼壁即可能無法承受,向內緊縮而破裂。在下列操作條件下易於產生真空狀態:

1.儲槽排放時,如果頂端氣體排放口堵塞時,由於液位下降,外界空氣或惰性氣體無法由排放孔口進入,以維持壓力的平衡,內部氣體體積增加,壓力下降,造成真空狀態。

2.天氣炎熱時,清洗儲槽,必須避免將排氣孔口堵塞,如果孔口堵塞,空氣無法出入,一陣驟雨將儲槽及內部空氣冷卻後,內部壓力下降,而造成真空。

3.以高壓蒸氣通入儲槽後,如遇驟雨時,如果外界空氣無法及時進入,亦

會產生真空，因此如欲以蒸氣清洗或通入儲槽前，應先將入孔打開，以便利空氣的出入。**圖4-29**顯示一個石油焦儲槽殼壁內縮破裂的相片，其與另一個儲槽之間的管線連接圖如**圖4-30**所顯示。當A儲槽以蒸氣清洗時，A與B之間的管線上閥未曾關閉，部分蒸氣進入B儲槽內。蒸氣冷凝成水充滿了B槽及管線，當A槽停止通入蒸氣後，B槽內的水由兩槽之間的蒸氣排放口排出，由於B槽上的孔口關閉，B槽內壓力逐漸降低而成真空狀態，殼壁無法承受而破裂。

4.溫度低的液體通入盛裝高溫液體儲槽時，會造成儲槽及槽內液面上氣體溫度的降低，因而產生真空狀態。

5.壓力／真空閥腐蝕，無法作用，儲槽熱脹冷縮、充填排放時，空氣或惰

圖4-29　石油焦儲槽內形成真空狀態而內縮破裂[24]

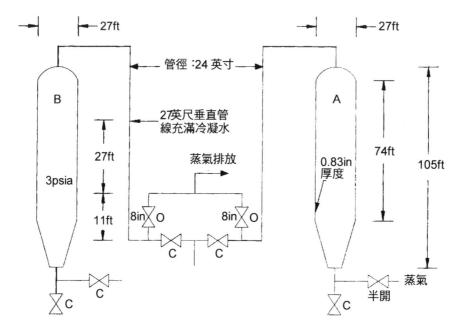

圖中C為關閉，O為開啟

圖4-30　石油槽儲槽B破裂時，A槽與B槽之間管線圖[24]

性氣體無法出入。

6.儲槽排放速率太快。

7.儲槽的溢流管通至地表面上，如果儲槽無排氣孔口，溢流後，由於虹吸作用，槽內液體仍會不斷由槽內流出，造成槽內真空。**圖4-31**顯示一個酸槽由於溢流管的虹吸作用而造成殼壁內縮破裂的圖形。**圖4-32**則顯示酸槽及充填槽車之間的管線圖。真空狀態是由於充填時，酸槽溢流，由溢流管流至洗滌器，槽車操作人員發現溢流後，急速將充填管上的閥關閉，然而由於溢流管的虹吸作用，酸槽內形成真空狀態，槽壁不堪承受而內縮[24]。

8.儲槽內盛裝的液體蒸發的有機蒸氣，如受雜質、鐵鏽催化形成聚合物後，將排氣口堵塞。

9.儲槽中含有氨水時，水的注入速率不宜太快，如果速率太快，槽內的氨氣溶於水中的數量太快或太多時，槽內壓力驟減，亦會產生真空。

圖4-31　酸槽於充填時溢流，由於溢流管的虹吸作用，造成槽內真空而破裂[24]

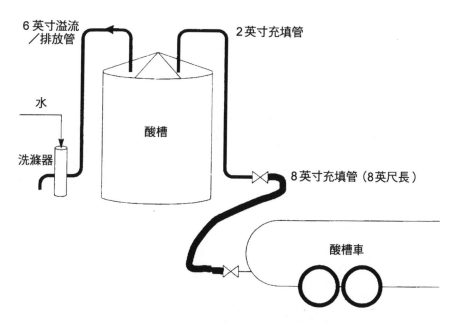

圖4-32　酸槽與酸充填槽車間的管線圖[24]

4.6.4.4 爆炸預防

盛裝著火性液體的儲槽內部的空間,充滿由於液體揮發而形成著火性蒸氣,必須慎防空氣進入,以免形成易燃的混合氣體,由排放孔口溢出的著火性蒸氣宜導至安全場所排放,避免與點火源接觸。預防爆炸的措施為:

1. 以氮氣或其他適當的惰性氣體通入儲槽,以避免空氣進入,或使用浮頂式儲槽盛裝碳氫化合物;氮性或惰性氣體管線應安裝於槽頂,避免碳氫化合物蒸氣冷凝後形成的液體堵塞管線。
2. 加添抗靜電添加劑,以增加液體的導電係數。
3. 液體排放泵浦速率不宜過高,泵送純液體時,不得超過3公尺/秒,如果液體中含有水分,則不得超過1公尺/秒,以減少靜電的產生。

 參考文獻

1.NSC, *Accident Prevention Manual for Industrial Operations*, National Safety Council, Chicago, IL, USA, 1984.

2.上田陽一，吉田史朗，《災害之研究》，13，239，1982年。

3.T. H. Pratt, Possible Electrostatic Hazards in Material Handling Systems, *1992 Process Plant Safety Symposium*, pp. 1114-1124, Houston, Texas, Feb. 19, 1992, AIChE, South Texas Section.

4.F. K. Lightfoot et al., Safety is Vacuum Truck Operation, National Safety Council Petroleum Newsletter, May, 1978.

5.L. G. Brition, D. A. Taylor and D. C. Webster, Thermal Stability of Ethylene at Elevated Pressure. *Plant/Operations Progress, Vol. 5*, No. 4, pp. 238-251, October, 1986.

6.L. A. Medard, *Accidental Explosions, Vol. 2*, John Wiley & Sons, New York, USA, 1989.

7.R. T. Halle and M. O. Vadekar, Rust Catalyzed Ethylene Hydrogenation Temperature Runaway, 3rd Annual Ethylene Producers Conference, AIChE Spring Meeting, Houston, Texas, April 9, 1991.

8.R. F. Schwab, Chlorofluorohydrocarbon Reaction with Aluminum Rotor, *Loss Prevention, Vol. 5*, 1971.

9.張一岑，《化工製程安全管理》，新北市：揚智文化，1995年。

10.Static Electricity: Rules for Plant Safety, *Plant/Operation Progress, Vol. 7*, No. 1, p. 1, 1988.

11.J. C. Howard, The Hazards of Static Electricity, *Fire Protection Manual*, Chapter 5, pp. 228-240, Gulf Publishing Company, Houston, Texas, USA , 1973.

12.API, RP 2003, Protection Against Ignition Arising Out of Static, Lighting and Stray Currents, American Petroleum Institute, Washington, D. C., USA, 1982.

13.AIChE, Electrical Systems Hazards, *Guidelines for Engineering Design for Process Safety*, Chapter12, CCPS, American Institute of Chemical Engineers, New York, USA, 1933.

14.NFPA 77, Recommended Practice on Static Electricity, National Fire Protection Association, 2007.

15.S. M. Richardson and L. J. Rosefield, Radio Frequency Transmission Hazards in Exploration and Production Operations, *European Newsletter*, Edition 4, April, 1987.

16.J. A. Senecal, Explosion Prevention and Protection, *Fire Protection Handbook*, Section 6, Chapter 18, NFPA, Quincy, MA, USA, 1991.

17.RI 6543, U.S. Bureau of Mines.

18.OSHA, Dust and Fume Control, OSHA Bulletin No. 1910.106, U. S. Occupational Safety and Health Administration.

19. D. A. Crowl and J. F. Louvar, *Chemical Process Safety: Fundamentals with Applications*, 3rd Edition, PTR Prentice Hall, New Jersey, USA, 2011.

20. NFPA 68, Guide for Venting of Deflagrations, National Fire Protection Association, Quincy, MA, USA, 2007.

21. AIChE, Explosion Protection, *Guidelines for Engineering Design for Process Safety*, Chapter17, CCPS, American Institute of Chemical Engineers, New York, USA, 1993.

22. G. A. Lunn, Guide to Dust Explosion Prevention and Protection, Part 3, *Venting of Weak Explosion and the Effects of Vent Ducts,* The Institute of Chemical Engineers, Rugby, Warwickshire, U. K., 1988.

23. J. Nagy and H. Verakis, *Development and Control of Dust Explosions*, Marcel and Dekker, Inc., New York, USA, 1983.

24. R. Sanders, *Management of Change in Chemical Plants*, Butterworth-Heinemann, London, U. K., 1993.

Chapter
5

防火防爆設計

造成工業災變如火災、爆炸或毒性物質外洩的主要原因不外是機械設施失常（設計或維修）或人為失誤（操作失誤或蓄意破壞）。人為失誤可經由安全教育及管理上著手，而機械設備失常或製程失控的預防，則必須經由基本設計著手，將製程中可能造成失火與爆炸的因素去除。換句話說，就是設計出一般電腦界所常用的「對於使用者友善」（User Friendly）的製程。一個友善的工業製程自然易於控制，可能發生失誤或失常的機率低，即使偶爾發生失誤，其所引發的破壞也在控制之中，不致造成可怕的後果。

本章首先將介紹安全設計的基本概念、設計步驟，然後分別討論場地選擇、廠區的布置、設備設計、安全電力系統等，由於本書的重點在於火災與爆炸的預防，因此將不討論安全設計的方法及準則，讀者如對製程安全設計有興趣，可參考下列書籍：

1. T. A. Kletz, *Plant Design for Safety*, Hemisphere Publishing Corp., New York USA, 1991.
2. F. Lees, *Loss Prevention for Process Industy*.
3. *Guidelines for Engineering Design for Process Safety*, American Institute of Chemical Engineers, New York, 1993.
4. 張一岑，徐啟銘，《化工製程安全設計》，揚智文化事業有限公司，1995年。

5.1 安全設計的目的及基本概念

5.1.1 目的

安全設計的目的在於設計出「對於使用者（操作者）友善」的工廠，何謂「友善」的工廠呢？一個工廠或工業製程是否友善，可以用下列幾個基本項目來衡量：

1. 危害（毒性、著火性、可燃性、反應性）物質的使用量以及儲存量。
2. 製程技術可靠性及複雜性。
3. 設備、材質是否適當。

4.操作條件（壓力、溫度）的溫和程度。

5.位置及設備布置。

6.安全（防火、防爆、安全距離）防範設施。

　　表5-1列出友善與不友善的實例，以供參考，凡是危害物質使用量低、反應速度緩和、處理步驟簡單、設備及材質足以承受因應意外事件發生後所產生的條件，同時又具備足夠的防火、防爆設施，其友善程度自然較高，而且也比較安全。

5.1.2 基本概念

　　安全設計可以分為內在及外在兩種層次的設計，內在安全設計為改善程序本質中的缺陷，直接去除程序中的危害及可能引發的危險，外在安全設計為防範或緩和危害造成的後果設計。

表5-1　友善（安全）及不友善工廠的比較[1]

項目	友善工廠	不友善工廠
危害性物質的使用	少	多
危害性物質的儲存	降至最低量	多
製程複雜性	簡單	複雜
製程可靠度	高	低
商業化運轉經驗	多	少
地點選擇	遠離地震、颱風等天災地區 遠離人煙稠密地區	可能會遭受天災的威脅 在都市或住宅區附近
設備間距離	考慮安全距離	未考慮相互影響關係
設計標準	嚴格標準	標準不一
運轉條件	溫和	高溫，高壓
化學反應速率	溫和	快，劇烈
設備、管線設計	可以承受反應失控或設備失常的溫度、壓力條件	依賴安全疏解系統釋放壓力
反應器型式	連續式	批式
流體驅動方式	重力	泵浦
易燃物質處理區	露天	密閉
儲槽接縫強度	弱	強
壓縮機閥	無法相互替換	可相互替換
控制應變反應	平緩	快速、劇烈
溫度變化影響	溫度升高會造成反應停頓	溫度升高會加速反應（大多數的化學反應）
安全防範設施	足夠	過多或缺乏

　　理想的設計觀念，是直接去除或降低程序中危害的因素，以增加程序本質的安全性，避免應用軟體（行政控制及管理）或硬體（防護或保護設施）方式，以緩和危害因素所造成的危險程度及後果，其方法為積極性的改善製程中的缺陷，調整操作運轉條件，降低危害性物質的應用及儲存，除非不得已時，才應用安全防護設備或嚴格的管理手段，因為複雜的行政或工程的管制措施及過多的安全防護設備，僅能緩和失誤發生後所造成的後果，但是無法解決根本的問題，而且複雜的製程及措施往往會增加失誤發生的機率，降低製程的可靠度。

　　在企劃及設計階段，改進內在（本質）安全的機會很高。但是到了營建及運轉時，由於現有環境及設計上的限制，改善機會較低，只有加強外在安全設計。圖5-1顯示不同階段內在及外在安全的機會。

5.1.3 基本步驟

　　增加製程的安全程度的四個基本步驟（圖5-2）為：(1)危害辨識；(2)避免／去除危害；(3)改善設計或條件，以控制危害；(4)緩和（圍堵及處理）危害產生的後果，例如加強安全防護設施。

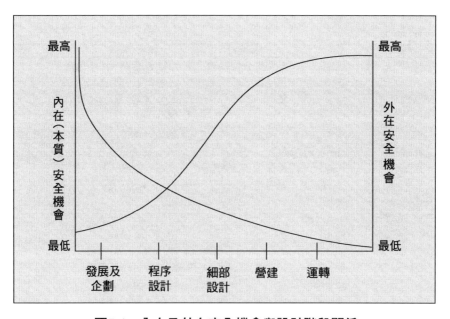

圖5-1　內在及外在安全機會與設計階段關係

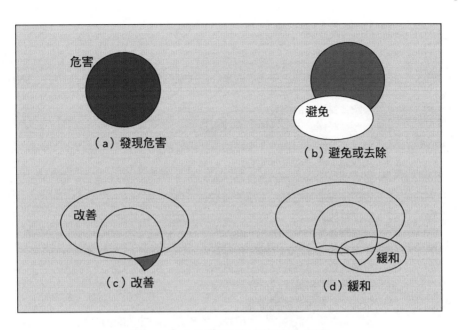

圖5-2　安全設計的四個基本步驟

5.1.3.1 危害辨識

　　危害辨識的目的在於確認、評估與控制工業製程中的危害因素，危害因素則可被界定為系統、程序或工廠中任何可能導致意外事故發生的特性。由於工業製程由研究發展，小型試驗工廠運轉，商業化工廠設計、營建，一直到操作為止，必須進行不斷地改善及提升，因此危害辨識是每一階段必須執行的工作。**表5-2**列出不同階段的危害辨識的目標。

5.1.3.2 避免／去除危害

1.消除或避免危害。

2.如果無法消除或避免，首先宜設法降低危害。

3.以危害性低的物質取代。

4.減少危害物質的使用量及儲存量。

5.加強設計條件，以避免使用防爆盤、膨脹接頭、凸緣、彈性管及機械封緘等。

6.調整操作條件（溫度、壓力、濃度），以降低危險性。

7.避免空氣與易燃性物質在設計中同時存在。

表5-2　不同階段的危害辨識目標[3]

階段	目標
研究發展	·確認化學反應的特性及可能造成失控的因素 ·確認所需的安全數據
構想設計	·確認本質安全的機會 ·比較不同場所、位置的危害程度及安全性
試驗工廠	·辨識著火性、可燃性、毒性物質洩漏的途徑 ·確認減少有害廢棄物的方法 ·辨識如何消除廢棄的觸媒的活性 ·確認操作員可能發生失誤的因素
細部設計	·找出在設備或桶、槽中產生著火性氣體混合物的原因及條件 ·確認潑灑發生的原因 ·找出可能造成反應失控的控制條件 ·辨識降低危害物質儲存量的方法 ·列出必須經常維護的必要安全設備
營建及試俥	·找出可能發生失誤的步驟 ·確保過去所有危害辨識中所提出的危害因素皆已滿意解決 ·確認營建現場對於工作人員可能產生的危害 ·找出設計圖與營建中的硬體不同之處
正常操作	·找出操作步驟中可能對於操作人員產生的危害 ·確認可能造成過壓的原因 ·確認停俥的設備可能發生的危害
修改及擴廠	·辨識製程、原料的改變是否會產生新的危害 ·辨識新製程、設備可能帶來的危害

5.1.3.3 控制危害

1. 儘量使用工程控制，以取代行政控制（以儀控設備取代人為或行政指令控制）。
2. 加速程序的主要參數及危害因素的監視。
3. 儘量使用被動式控制取代主動式控制設施，例如以加強保溫／絕熱取代噴淋系統。
4. 公共設施（水、電等）損壞時，控制系統是否「失誤安全」（Fail-Safe）？
5. 主要參數的監視及控制，至少應具有雙重系統。
6. 加強儀控設施，以降低安全疏解裝置開啟的機會。
7. 發現人為失誤的可能發生的情況，研擬改善及控制方法。

8.加強危害物質的取樣及分析。

表5-3 中列出各種不同的避免及控制危害方法。

5.1.3.4 圍堵危害

1.加強設備設計條件，將危害局限於設備之內。

2.材料選擇的時候應考慮失控或失常狀況下的條件（溫度、壓力、濃度）。

3.提高最高允許操作壓力，以圍堵危害。

表5-3　各種不同避免／去除及控制危害的方法[1, 4]

方法	例證
1.取代 　使用危害性較低的原料及設備	・以機械泵浦封緘取代填料 ・管件間連接以焊接取代凸緣 ・使用毒性較低的溶劑 ・以機械式壓力計取代水銀柱壓力計 ・使用高閃火點，高沸點及危害性低的化學物質 ・以水取代熱媒油作為熱傳媒體
2.減少／降低 　降低化學製程條件的危害度	・在真空下操作以降低沸點（真空蒸餾） ・降低製程溫度及壓力 ・在冷凍狀態下儲存 ・將危害性高的物質溶解於安全溶劑中 ・在溫和狀態下操作，以避免反應失控
3.隔離 　隔離設備或危害源	・將控制室遠離生產設備 ・將泵浦機房與其他設備分離 ・噪音防治 ・控制室與儲槽之間加裝阻礙物
4.強化 　降低化學品的使用量及儲存量	・以小型連續式反應槽取代大型批式反應槽 ・降低原料儲存量 ・改善控制，以降低危害性中間產品的儲存量 ・降低製程設備及容器內的存量
5.覆蓋 　將設備或工場覆蓋，並且保持負壓，以免危害物質外洩	・將危害性高的設施或操作（例如取樣點）裝入密閉系統中 ・將廠房、通風、排放系統密封 ・安裝分析儀、偵測儀以偵測密封的設備狀況 ・將高溫設備前裝置防護牆 ・塵粒狀物質以氣動方式輸送
6.局部通風 　局限與排放危害性物質	・使用設計良好的通風罩 ・在取樣點安裝局部排放系統 ・排放系統保持負壓

4.整個系統是否可承受程序失常下最高及最低的壓力、溫度。

5.儘量減少管線之間的接頭,以防止洩漏。

6.安裝急冷或控制系統以停止反應的失控。

5.1.3.5 處理危害物質

1.危害物質排放前應設法去除或降低其危害性及濃度。

2.安裝洗滌器、吸收器、燃燒塔,以緩和危險程序。

5.2 製程設計

5.2.1 安全考慮

為了防止重大災害的發生,在研擬製程設計策略時,應考慮下列事項[3]:

1.解決或處理任何有關安全的問題時,必須使用嚴謹可行方法,除了辨識可能發生的危害因素與它們之間的相互關係外,還必須將危害程度及影響列出。

2.由於工廠基本設施與安全系統受外界因素的影響,設計者無法將所有的危害防範局限於某一單一設備或設備的某一部分。

3.提供操作人員足夠的程序設計及機械設計圖與資訊,以便於操作者因應意外事件發生。如果操作者具備足夠的資訊及知識,可以正確地做出合理的判斷,可將危機化解或轉化為契機。

4.風險程度高的狀況處理宜以電腦化自動控制系統負責,因為在緊急狀況中,電腦化系統可以依據需要在瞬間做出適當合理的判斷,並且啟動相關控制步驟。

5.2.2 設計規範及相關法規

設計者必須深入瞭解相關法規,例如環保、工安、建築安全等,以免違規而無法取得政府主管機關的執照或許可,設計主管必須慎選適當設計規範及準則,確保設計的一貫性、安全性及品質,以降低錯誤的機會。各大跨國性公司

如德國巴斯夫（BASF）、拜耳（Bayer）、赫斯特（Hoechst）、美國的杜邦
（Du Pont）、英國卜內門（ICI）等，皆自訂設計標準及準則，中小型公司限於
人力及財力，無法進行全面性的工作，可參考各國國家標準、同業公會或工程
師協會的標準。美國機械工程師學會（ASME）、化學工程師學會（AIChE）、
消防協會（NFPA）、石油協會（API）等皆出版與其專業有關的設計準則及標
準，可供參考利用。

5.2.3 原物料的特性

為了確保原物料在儲存及處理過程中的安全，首先必須瞭解製程中所需的
原料及物料的特性，例如物理性質、反應性、著火性、毒性、穩定性等，**表5-4**
列出不同性質的重要特徵。

一般物理性質如沸點、蒸氣壓、冷凝點、分子量等是處理任何物質必備
的資訊，可在一般物性手冊中如《CRC化學與物理手冊》（*CRC Handbook of
Chemistry and Physics*）、《Perry化學工程手冊》（*Perry's Chemical Engineers'
Handbook*）查到，原物料供應廠商亦提供此類資訊。

物質的反應性不僅影響製程條件，而且還在意外發生時會造成重大的危
害，例如放熱反應會放出熱能，造成溫度的上升，因而加速反應效率或蒸發
率。在開放系統中，溫度的上升可能會引起燃燒或爆炸，在密閉系統中，由於
壓力上升而造成設備的破裂。有些物質與水或空氣的濕氣反應劇烈，因此不僅
在系統的設計時，必須避免與水接觸，而且失火時避免使用水作為滅火劑。氧
化劑反應後會放出氧、熱能或著火性、具有毒性氣體；還原劑與許多物質反應
後，產生氫氣、熱能及有害的氣體，因此儲存及處理氧化劑與還原劑時，必須
特別謹慎，並且要求供應廠商提供足夠的資訊及安全措施。其他反應特性，如
聚合、熱及機械震動等與製程條件及處理方式有密切的關係，也必須收集。由
於物質的化學反應特性非常複雜，具有危害性的物質應個案處理，有關化學品
反應數據請參閱下列參考書籍：

1.NFPA 49, Hazardous Chemical Data, National Fire Protection Association,
　Quincy, Massachusetts, 1994.

2.NFPA 491A, Fire Protection Guide on Hazardous Materials, National Fire
　Protection Association, Quincy, Massachusetts, 1986.

表5-4 物質的基本特性[3]

性質	特徵
1.一般物理性質	·沸點 ·蒸氣壓 ·冰點（冷凝點） ·分子量 ·臨界壓力及溫度 ·導電係數 ·流體密度及黏度 ·熱焓、比熱、混合熱等
2.反應性	·與水、空氣的反應性 ·突發性劇烈反應的可能 ·對於機械或熱震動的敏感度 ·聚合 ·與結構材料與原料的相容性
3.著火性	·閃火點 ·自燃溫度 ·著火限值 ·自行發熱條件 ·最低點燃溫度
4.毒性	·恕限性 ·緊急暴露限值 ·50%致命機率濃度（LC_{50}） ·50%致命機率劑量（LD_{50}） ·暴露影響
5.穩定性	·熱穩定性 ·化學穩定性 ·庫存安全時間 ·分裂產物

3.L. Bretherick, *Handbook of Reactive Chemical Hazards*, 4th Ed., Butterworths, London, U. K., 1990.

4.EPA, A Method for Determining the Compatibility of Hazardous Wastes, EPA Report No. EPA-600/2-80-076, Municipal Environmental Research Laboratory, Environmental Research Laboratory, Environmental Protection Agency, Cincinnati, Ohio, USA, 1980.

在製程設計初期必須注意的另外一種主要的物理特性為物質的著火性質，例如閃火點、著火（爆炸）下限（LEL）、著火（爆炸）上限（UEL）、自燃

溫度、最低點燃的溫度及自行發熱的條件等，著火性數據可由上列危害性物質特性手冊及物質安全資料表（MSDS）中取得。閃火點可由下列書籍中得到：

1.NFPA 325M, Fire Hazard Properties of Flammable Liquids, Gases, and Volatile Solids, National Fire Protection Association, Quincy, MA, USA, 1991.

2.R. M. Stephenson, *Flash Points of Organic and Organometallic Compounds*, Elsevier Science Publishers, New York, USA, 1987.

著火限值（LEL及UEL）與壓力、溫度、火焰傳布方向及周圍環境有關，壓力及溫度上升時會造成大部分的物質的著火限值範圍的延伸；壓力或溫度降低時，著火限值的範圍縮小，換句話說，就是著火下限升高，而上限降低。由於文獻中所引用的限值多在常壓（1大氣壓）及常溫（20℃）測得，而一般製程條件卻在不同的溫度及壓力之下，因此引用著火限值時，必須謹慎小心。

毒性物質的排放會造成附近地區人畜傷亡，及無法挽救的生態和環境的破壞，其影響有時較火災或爆炸還要嚴重，因此在選用原物料時，必須考慮其毒性，避免使用毒性較高的原料，並且審慎評估意外時可能造成的後果、對工廠中的空氣品質及工作環境的影響。有關人體暴露的限值很多，不同的機構曾公布過許多相關但不盡相同的限值，使用時必須瞭解其定義及適用範圍。**表5-5**列出不同限值的名稱、發表機構及範圍，以供參考。其他特性如穩定性（熱、震動、化學）、分解後的產物、雜質，與雜質可能造成的影響等，也在考慮之內。

5.2.4 操作條件

製程系統的操作溫度、壓力等條件如果控制不當，也會造成嚴重的危害，高溫及高壓對於材料所造成的張力，必須在設計時考量、解決，否則設備材質無法承受而破裂。一般低壓系統比較安全，但是在真空狀態下，處理著火性物質時，必須慎防外界的空氣進入，以免在系統中形成著火性的混合氣體，導致失火或爆炸。設計低溫系統時，則必須考慮當低溫液體在意外情況下流入由一般材質製成的設備及管線時，所可能造成的影響、熱張力、冷凍劑及冷卻劑系統的可靠性等。

製程條件的訂定除了考慮反應速率、產出率之外，還必須考慮製程中物質的物理及化學特性，如穩定性、著火性、反應性，以免為了加速反應，而提高

表5-5　物質的毒性暴露限值表[2, 3]

暴露限值	適用範圍	發布機構
1.恕限值（TLV）		美國政府工業衛生師協會（ACGIH）
・時間平均恕限值（TLV-TWA）	每星期5天，每天工作8小時（40時／週）情況下，員工平均暴露的限值	
・短期暴露恕限值（TLV-STEL）	員工在15分鐘內連續接觸，而不至於造成刺激、不可逆的變化而無法自救的最高恕限值	
・濃度最高上限值（TLV-C）	即使在瞬間接觸下，不可超過的最高上限值	
2.許可接觸（暴露）限值（PEL）	與TLV-TWA類似	美國職業安全健康署（US OSHA）
3.立即危險值（IDLH）	30分鐘內，人類可以安全逃離現場，而不至於妨礙逃生或產生不可逆的健康危害的最高限值	美國國家職業安全與健康研究院（AIOSH）
4.緊急應變計畫準值（ERPGs）	供緊急應變計畫之用	美國工業衛生學會（AIHA）
5.劇烈毒性濃度（ATC）	1小時接觸時間內，受劇烈性健康影響的風險低於5％以下的濃度	美國紐澤西州環保局
6.短期公共緊急應變準值（SPEGL）		美國國家科學院／國家研究委員會（NAS／NRC）

風險。設計者必須全盤考量，在不犧牲安全程度下，作最經濟的選擇。一般而論，溫度每升高10℃，反應速率會增加1倍，溫度升高，固然會增加產量，但是風險大為提高。以酚的合成為例，一般酚合成工廠的異丙基苯（Cumene）氧化溫度較反應失控溫度之差約10℃左右，任何小的失誤，即可能引起反應失控，其風險性甚高，如果能降低操作溫度，危險性即大為降低。為了補償反應速度降低後的損失，可增大反應槽的容量。

　　許多新的技術，例如甲醇及醛類的合成、聚乙烯及丙烯的生產，皆可在較溫和的條件（較低的壓力）下進行，可以大幅降低風險，因此在選擇製程時，操作條件的溫和性亦是主要的考慮項目。

5.2.5 儲存量

　　降低原料、半成品及產品的儲存量，除了減少流動資金的需求及利息開支

外，還可降低工廠的危害性。以1974年英國傅立克斯鎮發生的尼龍工廠爆炸為例，該工廠內儲存了過多的原料，因此失火後，原料不斷地引爆，造成可怕的後果，如果儲存量低，所產生的後果亦低。**表5-6**列出限制儲存量的方法，以供參考。

如果無法降低危害物質的儲存量時，可以設法在較溫和的條件下儲存或處理，例如將易燃性有機物質如乙烯、丙烯、丁烯、氯乙烯等在低溫冷凍槽中，以液態方式儲存，氨氣及劇毒性氯氣也是在常壓下以液態方式儲存。

染料或著火性固體粉粒易形成爆炸性塵粒，可以將其製作成糊狀或顆粒狀，以避免運輸時發生意外，乙炔氣體如溶解於丙酮之中儲存及運輸，可增加其安全性。不穩定的有機過氧化物通常以稀釋溶液方式儲存及運輸。

5.2.6 簡化流程

程序愈複雜，人為與機械設備的失誤機會即愈大，處理步驟愈簡單，失誤的機會愈低，這個道理有如武俠小說中的高手所謂「無招勝有招」，如果沒有招式或出手不拘招式，自然沒有破綻可言。事實上，不論化學品的製造或高手對招，無招是不可能的。如欲降低失誤的機會，最好是減少不必要的步驟，往往簡單而可靠的程序及設備，是最安全的。

根據英國化工安全專家克萊茲教授（T. A. Kletz）的分析，許多化工程序之所以過分複雜的原因不外下列四點[1]：

表5-6　限制化學物質儲存量的方法[3]

1.改善混合條件及反應動力學，以降低反應槽的容量。
2.整合製程，以降低暫時性儲槽的數量。
3.使用連續反應槽，以取代批式反應槽。
4.蒸餾塔內使用低存量的內部配件，例以以填料取代盤板。
5.儘量使用熱虹吸式再沸器（Thermosiphon Reboilers），以取代壺式再沸器（Kettle Reboilers）。
6.重組設備的位置，以降低管線需求及管線內物質的存量。
7.改善反應槽的效能、產出率，以降低副產品的數量，可以減少下游的分離、分餾等步驟的設置容量。
8.製程中所需的劇毒性物質（如光氣），盡可能在同一生產區內現製現用，以避免儲存。
9.盡可能將附屬設備整合，例如將中小型蒸餾塔所需的再沸器，裝置於塔內，而將冷凝塔置於塔底，或將冷凝、蒸餾、再沸三個步驟整合在一個塔中進行。

1. 設計者未能及早進行危害辨識，或於設計時未能設法去除或降低危害因素。

2. 設計進行中途，企圖改變基本設計觀念及處理方式。

3. 拘泥於傳統而不合時宜的觀念、技術、規格、規範或經驗的限制。

4. 無法確實掌握原料供應、產品規格及產量設計的彈性需求高。

謹將一些設計上的考慮列出，以協助設計者簡化設計：

1. 加強本質安全設計。

2. 加強設備結構，以降低疏解需求。

3. 避免人為失誤機會。

4. 避免加裝不必要的桶槽或設備。

5. 避免修改設計時所產生的連鎖效應。

6. 降低製程的彈性與變化性。

5.3 廠址選擇及評估

5.3.1 廠址選擇

一個工廠廠址的選擇取決於下列幾個項目：

1. 原料來源所在。

2. 產品市場。

3. 交通（水、陸、火、汽車運輸）。

4. 土地的供應及價格。

5. 人口密度。

6. 勞工水準。

7. 天災（地震、洪水、颱風）的發生頻率。

8. 水、電等公用設施。

9. 與其他相關工業的關係。

10. 政府政策、獎勵措施、環保、工安規定。

11. 附近居民的態度。

　　安全因素往往不是先決條件，然而從以往的經驗可以得知，工廠廠址的安全條件往往是影響建廠工程進度及操作運轉最主要的因素之一，如果廠址預定地的天災發生的頻率高，不僅設計的安全係數必須提高，而且還可能受到地方民眾的反對，一個單純的建廠計畫可能會演變成為複雜的地方上政治問題。因此安全考慮必須列為主要的考慮因素。**表5-7**列出一些主要的安全考慮項目，以供參考。

　　廠址的選擇應儘量避免人煙稠密的地區，同時必須遠離附近社區及居民活動頻繁地區。然而事實上，由於交通運輸是廠址選擇的主要因素，交通便利、原物料供應方便的地區，往往也是人口稠密的所在，因此必須考量各方面的條件。如果無法遠離人口密度大的地區，則必須設法與社區或商業區保持足夠的安全距離。以印度博帕市聯碳公司的農業工廠為例，設廠時，周圍2.5公里之內，全無住宅及商店，然而，由於管制不嚴，廠區附近逐漸開發而形成小型村鎮。1984年由於儲槽進水，大量劇毒的異氰酸甲酯外洩，造成3,894人死亡。

　　與附近其他危害性場所保持安全距離，是非常重要的，以免員工、設備受到鄰近危害性高的工廠發生意外而受損。儘量避免與有害廢棄物處理場所或高汙染工業為鄰，除了避免直接受到它們的危害外，還可避免無謂的糾紛，例如汙染源排放的責任歸屬及法律責任。

　　當評估原料的輸入及產品的輸出方式及工具時，也應將安全因素列為主要考慮項目，儘量選擇交通或運輸事故發生時對社會大眾影響最低的地區作為廠址預定地。運輸路徑應避免經過人口稠密的地區，並且盡可能選擇最安全的運輸方式，例如以管線（pipeline）方式運輸油、氣或化學品，遠較以槽車運輸安全。

表5-7　廠址選擇的主要安全考慮[3]

1.廠址必須與附近社區、住宅及公共設施保持足夠的距離及空間。
2.附近其他危害性場所的影響。
3.意外發生時，地方上緊急應變及支援（消防、警力）是否充分。
4.消防水是否充足。
5.電力供應品質。
6.氣候。
7.水路、公路及鐵路運輸。
8.人口密度。
9.廢棄物處置設施是否完備。

充足的醫療設施、地區消防支援、消防水源可以有效控制意外發生後所造成的後果，也應列入考慮之中。此外，如天災及氣候因素也必須評估，以美國德州及路州沿著墨西哥灣的海岸線，是美國石油及石化中心，以原料的供應、產品的市場及勞工的素質而論，任何地區皆無法相比，然而每年6月至11月為颱風旺季，如在此區域內設廠，必須加強防颱、防風及防洪設施及設計安全因子。

5.3.2 廠址評估

廠址的風險評估中最主要的項目為對於社會大眾的風險，主要評估因素為：

1. 可能發生的最壞情況。
2. 氣候條件及最惡劣的氣候資料。
3. 人口密度及可能影響的人數。
4. 地區的一般發展規劃。
5. 緊急狀況發生時，人員疏解方式及路徑。

圖5-3顯示社會風險計算步驟，**圖5-4**及**圖5-5**列出一個社會風險頻率及個人風險的等值圖，以供參考。

有關風險評估請參閱下列書籍：

1. *Guidelines for Chemical Process Quantitative Risk Analysis*, American Institute of Chemical Engineers, 2nd Edition, Chapter 3, New York, USA, 2000.

5.4 廠內布置及規劃

5.4.1 布置規劃考慮

工廠內生產單元工場與建築物的規劃及布置，與安全及經濟具有密切的關係，廠內生產設備的布置除了考慮操作及維護方便之外，還必須將安全因素（**表5-8**）包括在內，最好能在三者之間取得最適化的平衡。一個布置良好的工廠具有下列的優點：

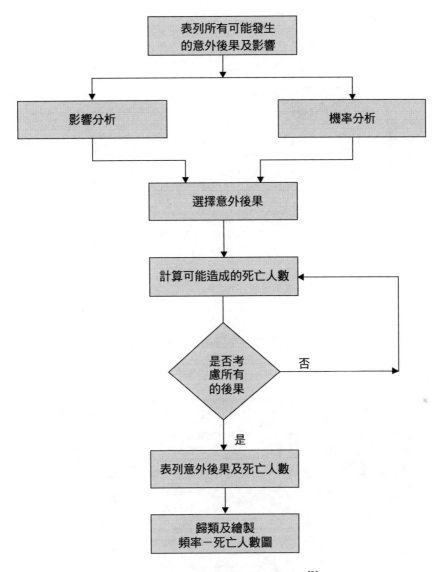

圖5-3 社會風險的計算步驟[2]

1.意外發生時,財產及設備損失低。

2.爆炸影響低。

3.熱輻射危害低。

4.緊急事故發生時,消防及救災人員易於進入現場施救。

5.易於設備的檢修及更新。

6.有效及安全營建施工。

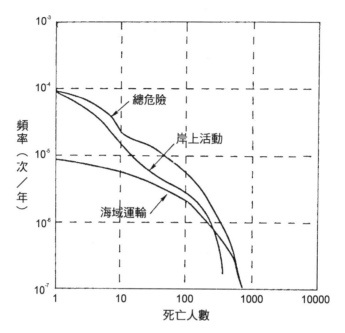

圖5-4　社會風險的頻率─死亡人數圖[2]

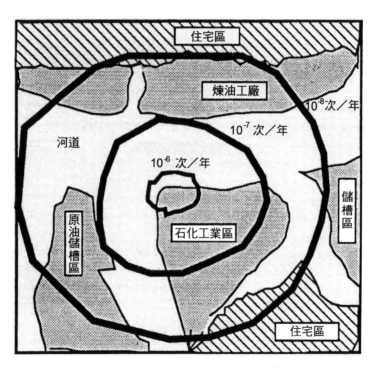

圖5-5　個人風險等值線圖[2]

表5-8 工廠內部布置的主要安全因素[3]

1.意外事故的圍堵。
2.高危害性操作及製程。
3.不同風險程度的生產場所的區分及隔離。
4.爆炸所產生的過壓影響。
5.熱幅射的影響。
6.管線受損的程度。
7.排水及地表面的傾斜度。
8.風向。
9.未來的發展（擴廠及新製程設備的增加）。

　　由於廠區內設備的布置與經濟有關，設備或生產單元之間的距離增加，會造成投資（土地需求、管線、電線等）及操作費用的上升，因此在規劃時必須多方考慮，在安全、經濟之間取得一個合理的平衡點。如果計畫中在短期內擴充生產設備時，也必須預留空間，並且將擴廠後可能發生的問題一併考慮。

5.4.2 廠區內布置

　　廠區內生產單元的相互位置是依據生產流程圖為基礎而安排的，以便利於物質的傳送，其目的在於降低物質傳送所可能造成的困擾，此舉不僅合乎經濟原則，而且也比較安全，可以將所排放的物質局限於其產生的源頭。

　　一個複雜的工廠可以依其生產設備或單元工場區分為下列不同的獨立單元，每一個單元之間，則以管線、輸送帶等傳送媒體相連，這些獨立的單元工場之間，至少應保持適當安全距離：

1.處理或生產工場。

2.儲槽區。

3.室外桶、槽儲存區。

4.卸載及裝載站。

5.熱媒油爐、加熱爐。

6.燃燒塔。

7.鍋爐房及發電機組（汽電共生裝置）。

8.電力控制室及儀器室。

9.公共設施（天然氣計量控制站、變電所、氮氣工廠、氧氣工場、冷卻水

塔）。

10.控制室。

11.倉庫。

12.固定消防設施（消防水泵機房、水池、灑水站、消防站）。

13.其他支援設施（廢水處理、廢棄物處理、維修工場、行政大樓、實驗室等）。

　　圖5-6顯示一個標準煉油廠的布置，每一個生產單元工場之間的距離是依據過去的經驗所發展出的安全距離標準而調整。有關安全距離的資訊，請參閱下列書籍[1]：

1.NFPA 30, Flammable and Combustible Liquids Code, 2008.

2.NFPA 59A, Standard for the Production, Storage, and Handling of Liquefied Natural Gas, 2009.

3.*Guidelines for Safe Storage and Handling of High Toxic Hazard Materials*, CCPS, AIChE, 1988.

4.IRI Information Manual 2.5.2, *Plant Layout and Space for Oil and Chemical Plants*, 1992, Industrial Risk Insurers, Hartford, Connectitet, USA.

5.J. C. Mecklenburgh, *Process Plant Layout*, John Wiley & Sons, New York, N.Y., USA, 1985.

　　表5-9列出煉油及一般化學工廠生產單元之間的安全距離，以供參考。

　　每一個單元工場區的長寬度不宜超過92公尺×183公尺，單元工場之間應具備消防、救火所需的空間。每一塊單元至少應可由兩個方向進入，以便於緊急逃生、維護之用。整個工廠必須有兩個或兩個以上的出入口，以便於緊急救護車輛出入。工廠內路旁的管線架、消防栓及管路必須具備足夠的垂直與水平空間，以避免大型車輛、起重機、卡車的衝撞而受損。廠區內道路宜筆直，同時保持暢通，不可為了遷就地形的限制而轉折彎曲或堵塞，道路宜略高於單元生產工場的地表面，以免積水或水患時無法暢通，主要的公共設施管線（如油、氣、水管）應設置於廠內最主要及次要的道路邊。

　　擬定廠內設備之間的最低安全距離的方法有兩種。第一種方法為使用**表5-9**及5-10中所推薦的距離，這些標準距離僅適用於一般性設備布置及規劃，但無法取代危害評估或高危害性設備的需求。第二種方法是依據設備失火後所放出

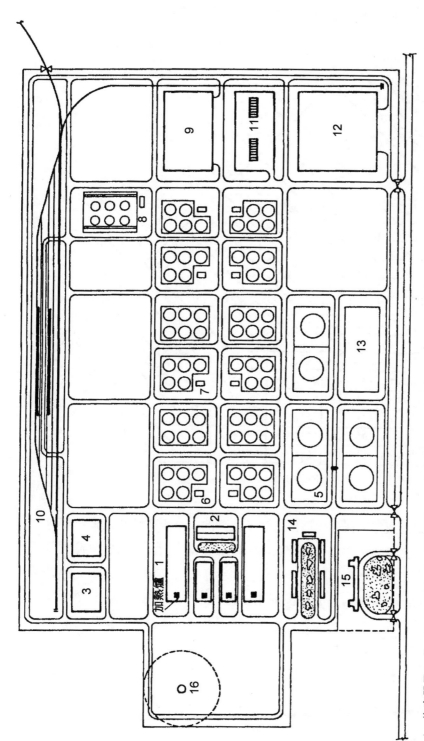

圖5-6 標準煉油廠的布置圖[5]

1：生產單元工廠 2：控制室 3：發電廠 4：公共設施 5：原油儲槽 6：中間體儲槽 7：產品儲槽 8：球形儲槽 9：LPG 裝罐設施 10：產品裝載用（鐵路）高架起重機 11：產品裝載用（公路）高架起重機 12：柏油處理 13：廢水處理 14：產品展示室、實驗室 15：產品裝載、商店等 16：燃燒塔

表5-9 不同生產工場（含儲槽、公共設施）之間的安全距離[3]

設施	支援服務建築物	馬達控制中心與電力站	公共設施區	冷卻水塔	控制室	壓縮機房	大型泵浦機房	生產工場（輕危險性）	生產工場（中危險性）	生產工場（高危險性）	壓力儲槽	冷凍儲槽（串圓頂式）	壓力儲槽	燃燒塔	卸載及裝載架	消防水泵	消防站
支援服務建築物	/																
馬達控制中心與電力站	/	/															
公共設施區	15	15	/														
冷卻水塔	15	15	30	15													
控制室	/	/	30	30	/												
壓縮機房	30	30	30	30	30	9											
大型泵浦機房	30	30	30	30	30	9	9										
生產工場（輕危險性）	30	30	30	30	30	9	9	15									
生產工場（中危險性）	60	30	30	30	60	15	15	30	30								
生產工場（高危險性）	120	60	60	60	30	30	60	60	60								
壓力儲槽	75	75	75	75	75	75	75	75	90	105	·						
冷凍儲槽（串圓頂式）	105	105	105	105	105	105	105	105	105	105	·	·					
壓力儲槽	105	105	105	105	105	105	105	105	105	105	·	·	·				
燃燒塔	90	90	90	90	90	90	90	90	90	90	90	120	120	/			
卸載及裝載架	60	60	60	60	60	60	60	60	60	60	75	105	105	90	15		
消防水泵	15	15	15	15	15	60	60	60	60	90	105	105	105	90	60	/	
消防站	15	15	15	15	15	60	60	60	90	90	105	105	105	90	60	/	/

單位：公尺；/ 代表無；· 代表參閱表5-11

的熱能計算結果而擬定，雖然由這個方法所得到的安全距離較為正確及實用，但是由於計算方法複雜，必須由具經驗的工程師負責。對此方法有興趣的讀者可參閱美國防火工程師學會出版的《防火工程手冊》（*SFPE Handbook of Fire Protection Engineers,* Society of Fire Protection Engineers, Bethesda, MD, 2008）

除了熱輻射之外，其他的因素如地形、地勢、風向、液體的排放渠道、消防設施的位置，也必須考慮在內。

主要的支援服務性設施，如鍋爐、冷卻水塔、發電站等的設置要點如下：

1. 主要支援及服務設施不可因火災、爆炸或洪水的影響而停機。
2. 不應成為造成意外事故發生的點火源。
3. 冷卻水塔的位置應遠離一般設備及管線，以避免水霧隨風飄流而造成腐

蝕。

4.燃燒塔的火焰筆直向上，以避免點燃意外發生時所外洩的蒸氣雲，煙塔的高度應以熱輻射及噪音影響估算為依據而設定。

5.4.3 生產單元工場的布置

　　每一個生產單元工場皆包括塔、槽、泵浦、熱交換器、機械加工、攪拌桶、混合槽等設備，布置單元工場時自然也先以物質的流向為基準，將所需設備排入預定的場區之內，然後再分別考慮每一個設備的特性，以及設備之間的相互關係及距離。**表5-10**列出不同設備之間的最低安全距離，以供參考。安排設備的位置時，宜作下列的考量[3, 5]：

表5-10　煉油及化學工廠生產設備之間的安全距離[3, 6]

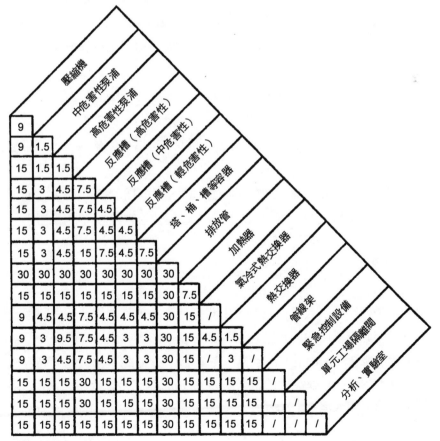

	壓縮機	中危害性泵浦	高危害性泵浦	反應槽（高危害性）	反應槽（中危害性）	反應槽（輕危害性）	塔、桶、槽等容器	排放管	加熱器	氣冷式熱交換器	熱交換器	管線架	緊急控制設備	單元工場隔離閥
中危害性泵浦	9													
高危害性泵浦	9	1.5												
反應槽（高危害性）	15	1.5	1.5											
反應槽（中危害性）	15	3	4.5	7.5										
反應槽（輕危害性）	15	3	4.5	7.5	4.5									
塔、桶、槽等容器	15	3	4.5	7.5	4.5	4.5								
排放管	15	3	4.5	15	7.5	4.5	7.5							
加熱器	30	30	30	30	30	30	30	30						
氣冷式熱交換器	15	15	15	15	15	15	15	30	7.5					
熱交換器	9	4.5	4.5	7.5	4.5	4.5	4.5	30	15	/				
管線架	9	3	9.5	7.5	4.5	3	30	15	4.5	1.5				
緊急控制設備	9	3	4.5	7.5	4.5	3	30	15	/	3	/			
單元工場隔離閥	15	15	15	30	15	15	30	15	15	15	15	/		
分析、實驗室	15	15	15	30	15	15	30	15	15	15	15	/	/	

單位：公尺；/ 代表無

1. 以直接燃燒為加熱方式的加熱爐，宜遠離可能外洩著火性物質的設備。

2. 將可能會發生爆炸的設備（如化學反應器）與其他設備隔離，必要時可安裝防爆牆。

3. 決定輸送著火性物質的泵浦及壓縮機的位置時，應特別慎重，由於這些設備是最可能的洩漏源，不宜集中在同一區域，同時避免安裝於桶槽、氣冷式熱交換器或管線架之下。

4. 大型或重量大的設備的基礎所占的面積很大，工程師在決定這些設備時，必須考慮基礎所占的面積，大型轉動機械設備（泵浦、壓縮機等）的基礎不應受到干擾。

5. 單元工場內的管線以通過工場的中心為原則，因此宜將設備分成兩個或兩個以上的群區，主管線架宜儘量與設備保持距離。

6. 對於製程操作最重要的管路，如加熱爐的進出管線、冷凝器的出入管線，應設法標示，並且與其他設備管線之間保持足夠的安全空間。

7. 壓縮機應裝置於下風方向，並且遠離加熱爐及點火源。

8. 氣冷式熱交換器應裝置於地表面上，如果必須裝置於管線架上時，不可將泵浦或壓縮機裝置於其下面。

9. 加熱器應位於工場邊角的上風方向，以減少其接觸面，距離其他設備至少在15公尺以上，與其他加熱器距離8公尺以上。

10. 盛裝大量液體的桶槽應裝置於地表面或每一層樓的樓板上，不可懸於半空中。

11. 廢液、廢水排放及輸送管渠的布置應與設備的布置互相配合，地下溝渠的主管線應設置於主管線架的兩邊，以便於管線洩漏時收集之用。

5.4.4 儲槽區

由於儲槽內充滿了大量的原料、中間體及產品，其數量遠超過製程設備內的總數量，因此儲槽區內的布置是否妥當亦直接影響整個工廠的安全程度。美國化學工程師學會（AIChE）化學製程安全中心（CCPS）出版的《高毒性、危害性物質的安全處理及儲存》（*Safe Handling and Starage of High Toxic Hazard Materials*）詳細討論儲槽的安全設計、製造及操作，其中有關儲槽的布置要點如[7]：

1. 儲槽應以其所儲存的物質分類，然後將同類儲槽集中布置，同類儲槽可使用共同的排放溝渠及銷消失設施。
2. 儲槽區宜設置於工廠的下風方向，以減少儲槽外洩時，外洩物質與廠內點火源接觸機率。
3. 儲槽區宜遠離生產工場。
4. 儲槽區的排放溝渠宜遵照美國消防協會出版的「第30號報告：著火性及可燃性液體規碼」（NFPA 30, Flammable and Combustible Liquids Code, 2008）中的規定。
5. 在設定儲槽之間的距離時，宜估算附近儲槽失火時熱輻射的影響。

表5-11列出不同地上儲槽之間的最低安全距離，**表5-12**則列出液化石油氣儲槽的安全距離。

1. 儲槽周圍宜設置短堤，短堤的高度以容納區內最大儲槽的容量為基準而

表5-11　煉油及化學工廠內儲槽之間的安全距離[3, 6]

浮頂或錐狀儲槽 <3000桶	浮頂或錐狀儲槽 3000桶≤；<10000桶	浮頂儲槽 10000桶≤；<500000桶	超大浮頂儲槽 <500000桶	錐頂儲槽（I、II類油品）10000桶≤；<300000桶	錐頂儲槽（惰性I類油品）10000桶≤；<150000桶	壓力儲槽（球形或球體狀）	壓力儲槽（圓桶形或彈形）	冷凍半球狀儲槽
0.5D								
0.5D	0.5D							
1XD	1XD	1XD						
1XD	1XD	1XD	1XD					
0.5D	0.5D	1XD	1XD	0.5D				
1XD	1XD	1XD	1XD	1XD	1XD			
1.5D	1.5D 30≥	1.5D 30≥	2XD	1.5D 30≥	1.5D 30≥	1XD 15≥		
1.5D	1.5D 30≥	1.5D 30min	2XD	1.5D 30≥	1.5D 30≥	1XD 30≥	1XD	
2XD	2XD 60≥	2XD 60≥	2XD	2XD 60≥	2XD 60≥	1XD 30≥	1XD 30≥	1XD 30≥

單位：公尺；D：儲槽直徑；1桶＝42加侖＝159公升

表5-12 液化石油氣儲槽的安全距離[5, 8, 9]

體積 立方公尺	加侖	最低安全距離	
		距辦公室、建築物 公尺	儲槽之間 公尺
<0.45	<100	—	—
0.45-2.3	101-500	3	1
2.3-9.1	501-2000	7.5	1
>9.1	>2000	15	1.5
7.5-113	2001-30000	15	1.5
114-265	30000-70000	23	附近儲槽直徑總和之四分之一
266-473	70000-12500	42	同上
474-756	125001-200000	61	同上
757-3785	1000000	91.5	同上
>3786	>1000000	122	同上

設定，但是以不超過2公尺為原則，以免影響緊急消防或救災活動。堤區內宜裝置60公分高的防火牆，以隔離不同儲槽的洩漏。

2. 儲槽區內的地勢略為傾斜，不僅便於雨水的排放，而且也便於儲槽外洩時所潑灑的液體的排放。儲槽排水系統與油性廢水排放系統之間宜相互接連，而且安裝一個閥門，可將排水導入廢水處理系統之中。

3. 泵浦站宜設置於儲槽區外的路傍，不僅可以減少泵浦驅動馬達（點火源）與可燃性液體或蒸氣接觸的機率，而且在儲槽失火或意外發生時，仍能發揮其泵送功能，將儲槽內的液體迅速排出。

4. 液化石油氣儲槽區的底部地平面應鋪設無法滲透的墊底，而且盡可能傾斜，萬一儲槽外洩時，外洩液體可流至坑中積聚，以免聚集在儲槽之下。收集坑的泵浦與儲槽保持足夠的距離，即使收集坑或泵浦失火，也不致影響儲槽。收集坑的容量約為儲槽容量的5～10%。儲槽外宜安置高約30公分的短堤，以圍堵外洩的液體。

5. 液化石油氣的裝罐站宜設置於工廠下風方向、安全及車輛出少稀少的地區，並保持良好的通風及空氣的流動，以避免液化石油氣的積聚。

6. 水平子彈形的儲槽的主軸不應指向生產工場或主要的建築物，以免一爆炸時，儲槽破片飛射至生產工場或辦公區域。

7. 儲槽及附屬管線的設計必須考慮地震的風險，如果支撐或固定不良時，儲槽難免會因傾斜或滑動，而導致管線的破裂，造成毒性或著火性液體

的外洩。管線與儲槽的連接處應具有足夠的彈性，當地震發生時，管線可獨立移動。

5.4.5 產品的運輸

產品的運輸方式及成本直接影響售價，使用大型汽車或火車拖洩的槽車、中長程管路雖然可以大幅降低運輸成本，但是由於數量大，外洩及意外風險亦高，因此產品運輸前的裝載區設置位置的選擇，亦非常重要。

產品的裝載應設置於一獨立塊區之中，避免與任何生產單元混合設置，以免生產工場發生意外時，遭到池魚之殃。鐵路槽車裝載站宜設置於廠區的邊緣，並且儘量避免鐵路穿越廠區。兩條平行的鐵路之間必須有足夠的空間。公路槽車裝載站儘量遠離儲槽及主要的建築物，槽車避免進入裝載站與主要公路之間的主要生產工場或建築物。每一個裝載站不宜過大，裝載槽車的數量以八個為限制，如果運輸量超過八個槽車同時進出時，則可在15公尺以外，另外設置一裝載站。

裝載區地面必須鋪以水泥，四周圍以短堤，並且具備良好的排水及液體排放設施。

5.4.6 一般建築物

維護工場、倉庫、車房等宜集中於同一塊區之內，修護工場及倉庫的位置安排以便利生產設備的修護為原則，修護工場及倉庫四周應預留足夠空間，以免設備擁擠時，造成出入的困難。

以桶槽盛裝的液體或固體化學品或觸媒宜置於倉庫之中，使用數量大的酸鹼溶劑或液體原料則儲存於中、大型儲槽內。倉庫應設置於公路或鐵路槽車裝載區附近，以便於運輸。生產工場內不宜存放有害化學物品，反應性強烈的化學品與可燃性物質不應存放在同一區域。

辦公室、餐廳、醫護室等場所應集中於工廠之外，消防站亦應遠離生產工場，以免消防人員及設備受到突發性火災或爆炸的傷害。消防站與生產之間的道路應為筆直、平坦而且暢通無阻。

5.4.7 控制室

控制室是生產工廠的神經中心,其設計及位置必須經過審慎的分析,控制室必須具備足夠防爆、防火、防震性,以確保內部工作人員的安全。早期的習慣是將控制室設置於儀電大樓之內,與分析室、實驗室、儀器修護中心及電力控制室相鄰,以便於相互支援。此種作法的缺點為操作控制難免暴露於其他的危害因素。近年來已有相當的改變,大部分的控制室分散廠內,與所控制的生產設備或單元工場相鄰。為了免於直接受到火災或爆炸的影響,控制室宜設置於適當安全距離之外,同時其結構必須加強,足以抗拒可能發生的爆炸過壓。有關控制室的設計及安全設施,請參閱美國工廠互助工程公司(FMEC)發表的報告:受外界爆炸損壞影響的程序控制室及其他建築物損失預防數據No.7-45S(Process Control House and Other Structures Subject to External Explosion Damage, Loss Prevention Data Sheet No. 7-45S, Factory Mutual Engineering Corporation, Norwood, Massachussetts, USA, 1980)。

5.5 土木、建築及結構設計

工廠的安全程度與廠房建築、結構及其他土木設計有很大的關係,基礎的破裂、牆壁或支撐結構的損壞也會造成管線及設備的破裂,而導致火災、爆炸或毒性物質的外洩。有關土木、結構及建築的安全設計請參閱下列書籍:

1. C. Sundararajan, *Guide to Reliability Engineering: Data, Analysis, Applications, Implementation and Management*, Van Nostrand Reinhold, New York, USA, 1991.
2. R. E. Melchers, Structural Reliability Analysis and Prediction, Halsted Press, John Wiley & Sons, New York, USA, 1987.
3. UBC, *Uniform Building Code*, International Conference of Building Officials, Whittier, California, USA, 1991.
4. ANSI, A58.1, *Minimum Design Loads for Building and Other Structures*, American National Standards Institute, New York, USA, 1982.

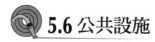 **5.6 公共設施**

公共設施如電力、水、蒸氣、冷卻水、燃料（天然氣、燃料油、煤等）、儀器用空氣及惰性氣體等系統失常的時候，直接影響設備的操作（**表5-13**），設計時必須考慮緊急因應措施及補救之道。

5.6.1 電力系統

電是工廠驅動設備及轉動機械（泵浦、壓縮機、鼓風機）、製程加熱儀器及控制系統操作所需的能源，電力一旦中斷，不僅原物料無法輸送，冷卻及

表5-13　公共設施失常時所影響的生產設備表[3, 10]

公共設施	受影響的設備
電	・冷卻水、鍋爐進水、回流液等泵浦 ・吹風機（氣冷式熱交換器、冷卻水塔、加熱爐等） ・壓縮機（製程氣體、儀器用空氣、真空、冷凍系統） ・馬達驅動閥 ・攪拌器
冷卻水	・製程或公共設施用的冷凝器 ・製程液體、潤滑油、封緘油的冷卻器 ・轉動或排量式設備的冷卻包覆 ・急冷用水
儀器用空氣	・控制器及傳訊器 ・控制閥 ・警示及停機系統 ・泵浦
蒸氣	・以蒸氣驅動的渦輪（泵、壓縮機、鼓風機、發電機） ・再沸器 ・排量式泵浦 ・將蒸氣直接注入的設備 ・真空系統的導引器 ・熄焰器
燃料油，天然氣等	・鍋爐 ・再熱器、再沸器 ・以直接燃燒方式產生動力的泵浦、發電機、壓縮機及渦輪
惰性氣體	・封緘 ・觸媒反應器 ・設備及儀器清洗

加熱系統失常，生產及操作無法繼續進行，還可能造成製程壓力的上升，可燃性氣體積聚及反應的失控，進而發生可怕的失火、爆炸或有害物質的洩漏等後果。電力中斷後，最主要的直接危害為：

1.一般公共設施的停機（冷卻水、空氣循環、通風系統的停頓）。
2.泵浦、壓縮機、馬達的停機。
3.主要儀控、控制系統、緊急照明、潤滑油系統失常。

上列系統失常後，可能引發嚴重的後果，為了確保安全，必須裝置緊急或獨立備用供電系統，一般工廠所使用的緊急或備用電力供應系統有兩種：(1)緊急／備用發電機；(2)非中斷式電力供應系統（Uninterruptible Power Supply, UPS）。

5.6.1.1 緊急／備用發電機

柴油發電機是最常見的緊急發電機，在電力中斷時，可提供安全停機或緊急因應工作所需的電力，柴油發電機除了定期維修、檢驗，以確保其正常外，每星期必須至少發動一次，每次運轉半小時以上，以測試系統的穩定性及可靠性。有關柴油發電機的應用及設計，請參閱美國電力及電子工程師學會出版的標準IEEE-477-1980（俗稱橙書，Orange Book）、工商業應用的緊急及備用發電系統（Emergency and Standby Power Systems for Industrial and Commercial Applications），其中有詳盡的說明。

5.6.1.2 非中斷式電力供應系統

非中斷式電力供應系統提供製程主要的儀控系統或其他關鍵性設備所需的電力，它與備用供電系統的功能不同，備用供電系統僅於正常電力供應中斷時，才啟動供電，而它卻不受電力中斷的影響，因此它的電力供應是不會中斷的。

非中斷式的電力供應系統的種類有下列三種：

1.具迂迴線路單一機組（**圖5-7a**）。
2.整流管輸入式（**圖5-7b**）。
3.平行重複式（**圖5-7c**）。

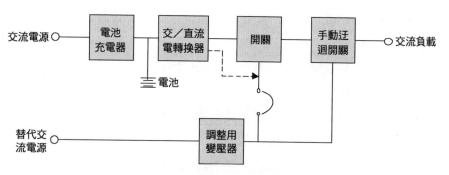

（a）具迂迴線路單一機組

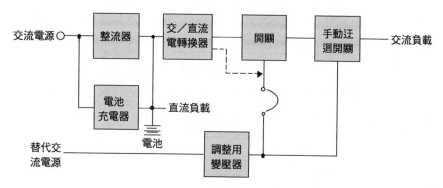

（b）整流管輸入式

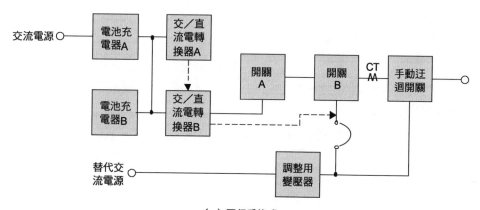

（c）平行重複式

圖5-7　非中斷式電力供應系統[3]

單一機組的價格較為低廉，操作及組合簡單，是最普遍使用的型式，此系統與交流電力系統連接，將直流電池充電，然後再轉換為交流電供應至關鍵性設備及系統。如果交流電中斷，直流電池仍可繼續供電十五至三十分鐘，供電時間視設計情況而異。

整流管輸入式系統中的整流器與迂迴單一機組系統中的充電器功能類似，不過此系統無法限制其電流強度及選擇輸出電壓。此系統的可靠性較高。當電池的容量足以供應交／直流轉換器所需的容量，但是充電器卻無法供應時，通常使用此類系統。

平行重複式系統具有兩套平行的充電器及交／直流轉換器組合，每一個組合皆足以供應所需的電力，其可靠度更高，但價格亦高。如果負載頻率與商業供電系統的頻率不同，則適於使用此類可靠度高的系統。

非中斷式電力供應系統的容量取決於所選擇的關鍵性儀控系統及設備的多寡，因此選擇關鍵性系統及設備時，必須審慎，主要設備與系統如下：

1. 分配式控制系統（DCS）及其周邊設備。
2. 套裝製程單元的電腦系統。
3. 緊急停機系統的控制系統。
4. 與安全有關的儀器如氣體分析儀等。
5. 關鍵性控制及互鎖裝置。
6. 火災警示及偵測器。
7. 大型轉動機械的控制盤。
8. 特殊電熱熔融爐。
9. 危害物質與反應器或儲槽的冷凍或冷卻水循環泵。

5.6.2 蒸氣系統

蒸氣是工廠中最遍使用的熱源及驅動大型轉動機械（發電機、壓縮機、泵浦渦輪）的動力源，蒸氣中斷後，會產生下列問題：

1. 吸熱反應器所需的熱源中斷，反應無法進行。
2. 儲槽或管線保溫用的熱源。
3. 蒸氣驅動泵浦或真空系統停機。

4.煙囪中的混合蒸氣源。

因此在設計及企劃蒸氣系統時，必須研擬妥善、安全的緊急因應之道。

5.6.3 冷卻水循環系統

冷卻水系統中斷後，會產生下列影響：

1.放熱反應所放出的熱，無法有效去除，溫度會不斷上升，反應會失去控制，造成壓力急速上升及反應物裂解。
2.蒸餾塔的冷凝器失效，由塔頂流出的氣體無法冷凝，造成蒸餾塔壓力上升。
3.轉動或排量式機械的溫度無法控制，易因過熱而損壞。
4.製程設備的冷卻能力喪失，造成設備損壞或內部物質溫度上升。

因此關鍵性的冷卻水泵浦宜以非中斷式電力供應系統供應，而且在企劃階段，研擬出冷卻水系統中斷時的因應措施及評估可能產生的後果及風險。

冷卻水循環系統中必須添加腐蝕抑制劑、去氧劑或酸鹼性調節中和劑，以避免管線的腐蝕。

5.6.4 燃料

燃料供應的中斷影響下列加熱或動力設備的操作：

1.鍋爐。
2.再熱器。
3.引擎驅動器。
4.壓縮機。
5.燃氣渦輪。
6.直接加熱式再沸器。

為了防止燃料供應系統的中斷，設計時也必須考慮如何因應緊急狀況及防範中斷後所帶來的後果。此外，燃料的儲存及運輸時應以維護安全為首要目標。

5.6.5 惰性氣體

惰性氣體如氮氣、二氧化碳是化學工廠中用於預防爆炸、抑制著火性混合氣體的產生及驅除設備與桶槽內危害性物質時最主要的物質,為了確保惰性氣體供應系統的操作正常,氧氣的含量必須長期監測,如果氧氣含量超過安全濃度時,則自動啟動停機開關。惰性氣體系統的安全設計要項[1]為:

1. 設備的壓力指示器必須以惰性氣體充填。
2. 在供應管線上安裝止流閥,以避免製程氣體回流。
3. 在供應管線上,安裝流量計,以確保足夠的流量供應至製程設備之中。
4. 定期檢驗設備及系統。
5. 在通往真空源的管線上安裝隔離閥及氮氣真空輸入裝置。
6. 加熱爐的清洗氣體系統的定時器宜以每小時轉換爐內體積四至六次為原則而設定。
7. 定期檢驗系統的能力。

5.6.6 儀控用空氣

儀器及控制系統必須仰賴高品質的儀控空氣,以確保其正常運轉,儀控空氣中的濕度極低,以防止腐蝕及冰凍的問題發生。空壓系統要求亦高,不得有油類滲入。為了防止儀控空氣系統中斷而影響儀控系統的操作,通常係以氮氣系統作為備用系統,如果儀控空氣無法發揮功能,氮氣系統即可自動取代,繼續維持儀控系統的操作。從儀控系統的操作及系統安全觀點而論,以氮氣暫時取代,並不會造成任何問題,然而如果從控制室的空氣品質而論,氮氣系統所取代的時間愈長,密閉的控制室內的空氣中氮氣含量愈高。如果空氣中的氧氣低至16%以下時,工作人員會產生呼吸困難的問題,因此在設計時,必須考量此點。

 ## 5.7 單元設備

製程單元設備包括儲槽、反應釜、塔(蒸餾、吸收、萃取、吸附塔等)、

熱交換器、加熱爐、過濾器、一般用途的桶槽、乾燥設備、固體處理設備（碾碎機、篩選器、分類、混合、輸送等設備）、轉動機械（泵浦、壓縮機）、活性碳吸附系統等，是任何工廠中進行反應、分離、萃取、加熱、運輸等步驟必備的設備，本節僅表5-14列出不同設備破裂的原因，以供參考。如果在設計、製造時，工程人員瞭解可能造成破裂及外洩的原因，及時發現問題所在，並設法補救，可以減少日後使用時所可能造成的外洩意外的發生。

5.7.1 危害區域分類

國際電工委員會（International Electrotechnical Commission, IEC）以1972年發表的危害地區分類（IEC Publication 79.10, Classification of Hazardous Areas）可以協助設計者加裝安全設施及係數，其分類如下[11]：

0區：爆炸性的空氣與易燃蒸氣混合物持續存在或存在很長的一段時間。
1區：在正常操作條件下很可能產生爆炸性空氣與易燃蒸氣的混合物。
2區：爆炸性混合氣體不太可能存在，即使產生，也只在短時間內存在。

依據上列的分類，工廠中最可能產生危害的設備為：

1.開放式儲槽或容器。
2.不具惰性氣體混合或充填的排放式儲槽。
3.直接排至大氣中的安全閥、疏解閥或排氣孔口。
4.泵浦、壓縮機等轉動機械的封函蓋。
5.直接排放至大氣中的樣品或閥的出口。

國際電工委員會（IEC）的危害區域分類與英國作業標準規碼CP1003[14]，美國國家電工法規及德國標準TRbF 103相符。

5.7.2 儲槽

工廠中的儲存區內存有大量的易燃及可燃物質，為了避免儲槽外洩所造成的火災及爆炸的發生，設計時必須設法降低洩漏的可能性、控制洩漏的數量及火勢。

表5-14 造成不同製程設備破裂及外洩的主要原因[3]

原因	塔	熱交換器	加熱爐	鍋爐	過濾器	離合器	壓力容器分離器	乾燥器	碾碎器	篩選器	混合器	泵浦、壓縮機	真空設備
1.過壓所造成的管殼破裂													
a.由於下列因素導致壓力無法及時疏解：	a	a	a	a	a	a	a	a	a	a	a	a	a
——缺乏壓力疏解裝置													
——壓力疏解裝置尺寸及壓力設定錯誤													
——壓力疏解裝置安裝不良													
——壓力疏解裝置材質選擇錯誤													
——人為失誤													
——背壓過高													
——壓力疏解裝置或管線堵塞													
b.沸騰液體膨脹氣化爆炸（BLEVE）	b		b	b			b						
2.由於殼壁脆化而破裂													
a.材質選用錯誤	a	a	a	a	a	a	a	a	a	a	a	a	a
b.槽體設計時未考慮急速降壓所造成的低溫	b	b	b	b	b	b	b	b	b	b	b	b	b
3.凸緣／氣墊／封綳／栓塞洩漏													
a.使用錯誤的裝置	a	a	a	a	a	a	a	a	a	a	a	a	a
b.安裝不良	b	b	b	b	b	b	b	b	b	b	b	b	b
c.未裝氣密墊圈	c	c	c	c	c	c	c	c	c	c	c	c	c

（續）表5-14 造成不同製程設備破裂及外洩的主要原因[3]

原因	塔	熱交換器	加熱爐	鍋爐	過濾器	離合器	壓力容器 分離器	乾燥器	碾碎器	篩選器	混合器	泵浦、 壓縮機	真空 設備
4.焊接／鑄造不良													
a.步驟錯誤	a	a	a	a	a	a	a	a	a	a	a	a	a
b.規格不符	b	b	b	b	b	b	b	b	b	b	b	b	b
c.在壓力下疏解失誤	c	c	c	c	c	c	c	c	c	c	c	c	c
d.測試及檢視失誤	d	d	d	d	d	d	d	d	d	d	d	d	d
5.殼壁張力過高													
a.規格不符	a	a	a	a	a	a	a	a	a	a	a	a	a
b.排鉤及支撐不良	b	b	b	b	b	b	b	b	b	b	b	b	b
c.張力分析錯誤	c	c	c	c	c	c	c	c	c	c	c	c	c
d.忽略測試	d	d	d	d	d	d	d	d	d	d	d	d	d
6.振動													
a.支撐不良	a	a	a	a	a	a	a	a	a	a	a	a	a
b.與所連接的轉動機械定位不良	b	b	b	b	b	b	b	b	b	b	b	b	b
c.轉動機械啟動前未曾測試	c	c	c	c	c	c	c	c	c	c	c	c	c
d.熱交換器設計時未考慮交換管的振動		d					d						
e.當振動程度超過安全限度時來得及停機	e	e	e	e	e	e	e	e	e	e	e	e	e

（續）表5-14 造成不同製程設備破裂及外洩的主要原因[3]

原因	塔	熱交換器	加熱爐	鍋爐	過濾器	離合器	壓力容器／分離器	乾燥器	碾碎器	篩選器	混合器	泵浦、壓縮機	真空設備
7. 腐蝕／磨損													
a. 由於製程條件失常造成的腐蝕	a	a	a	a	a	a	a	a	a	a	a	a	a
b. 外界環境造成的腐蝕	b	b	b	b	b	b	b	b	b	b	b	b	b
c. 高速、粉塵、廢物、液滴所造成的磨損	c	c	c	c	c	c	c	c	c	c	c	c	c
d. 未定期檢視及維修	d	d	d	d	d	d	d	d	d	d	d	d	d
e. 由於內部裂縫或形成袋狀結構所造成的局部濃度變化	e	e	e	e	e	e	e	e	e	e	e	e	e
8. 負載／撞擊													
a. 基礎設計錯誤	a	a	a	a	a	a	a	a	a	a	a	a	a
b. 基礎崩潰	b	b	b	b	b	b	b	b	b	b	b	b	b
c. 地震或地面、樓層移動	c	c	c	c	c	c	c	c	c	c	c	c	c
d. 風扇／馬達損壞、脫落		d											
e. 維修時不當撞擊	e	e	e			e	e	e	e	e	e	e	
f. 真空（設計時未考慮真空狀態的發生）	f	f		f		f		f	f	f	f	f	
9. 內部爆炸													
a. 未將內部空氣完全去除，以致空氣與易燃蒸氣形成易燃混合氣體	a	a			a	a	a	a	a	a	a	a	a
b. 維修時未將設備隔離	b	b				b	b	b	b	b	b	b	b
c. 外界易燃物質進入 　—與點火源同時進入設備之中 　—進入燃燒室內	c	c				c		c	c	c	c	c	c
d. 人為失誤			d	d				d					
e. 液滴夾帶至氣體燃燒器中			e	e				e					

5.7.2.1 設計標準及規碼

儲槽設計、製造及非破壞式檢驗方法及規範普遍存在於各種手冊、設計標準中，最常用的設計規範為：

1. API STD 650：焊接鋼製油品儲槽（Welded Steel Tanks for Oil Storage）。
2. API STD 620：大型、焊接、低壓儲槽的設計及製造規格（Recommended Rules for Design and Construction of Large, Welded, Low-Pressure Storage Tanks）。
3. API STD 2000：排放式大氣壓及低壓儲槽（Venting Atmopheric and Low Pressure Storage Tanks）。
4. ASME鍋爐及壓力容器規碼第8節（Boiler and Pressure Vessel Code, Section VIII）。
5. API STD 2510：液化石油器裝置的設計及建造（Design and Construction of Liquified Petroleum Gas Installations）。
6. 美國機械工程師學會壓力管線B31.3規碼，化學工廠及煉油廠管線（ASME Code for Pressure Piping B31.3, Chemical Plant and Petroleum Refinery Piping）。
7. UL 58：儲存著火性及可燃性液體的地下鋼製儲槽（Steel Underground Tanks for Flammable and Combustible Liquids）。
8. UL 142：儲存著火性及可燃性液體的地上鋼製儲槽（Steel Above ground Tanks for Flammable and Combustible Liquids）。
9. 美國消防協會準則（Miscellaneous NFPA Guidelines）。
10. 美國工業保險業者〔工廠互助工程公司（FMEC）及工業風險保險公司（IRI）〕設計準則及推薦作業法則。
11. 美國保險商實驗室出版的標準（Underwriters Laboratories, UL Standards）。
12. BS-1500及BS-5500英國標準局熔合焊接壓力容器規碼（Fusion Welded Pressure Vessel BS 1500 and BS 5500, British Standards Institution）。
13. 德國UVV（Unfallverhütungsvorschrift Druckbehälter）。
14. 法國氣體壓力容器規定AOAVE（Relemention des Appareils Pression de Gag）。

15.義大利ANCC壓力容器規碼（ANCC Pressure Vessel Code）。

16.比利時NBN121：壓力容器的建造規碼（Code de Bonne Pratique Pourta Construction des Appareils Soumis á Pression）。

5.7.2.2 儲槽形狀與種類

儲槽的形狀與所儲存的液體的蒸氣壓力有關，**表5-15**列出不同形狀儲槽與壓力的關係，在常壓下儲存液體的大型儲槽（50,000加侖以上）為垂直、焊接、鋼製、平底儲槽，頂部為固定錐形、平頂、半圓形頂式或浮頂式（**圖5-8**），無論是固定頂式或浮頂式儲槽，皆可用於危害性液體的儲存，不過固定頂式較為安全，因為固定頂式儲槽較易於收集其所排放的氣體，可以減少失火、爆炸或化學反應的發生機率。常壓儲槽型式的選擇往往視環保規定及所儲存的液體蒸氣壓而定，蒸氣壓在10.5kpa（1.5psi）以下時，多使用固定頂式，蒸氣壓在10～77kpa（1.5～11psi）之間，而所儲存的液體所揮發的蒸氣無害，也可使用浮頂式儲槽，壓力超過77kpa（11psi）以上時，必須設法回收或處置所排放的氣體，以免造成空氣汙染，通常多使用水平或垂直狀筒型儲槽。壓力超過140kpa（20psi）時（如氨或丁烷液體），使用球形或水平筒形槽。

5.7.2.3 安全設計的考慮

安全設計的考慮項目如下：

1.壓力／真空疏解閥。

2.火的疏解及防範（包括火偵測器、噴淋系統、泡沫及火焰抑止器等）。

表5-15 儲槽形狀與壓力的關係

儲存壓力		儲槽形狀
kpa	psig	
7	1	・標準API儲槽、排放及固定頂式 ・為了避免空氣進入，可使用浮頂或固定頂式，然後以惰性氣體充填儲槽內液表面上的空間
7-140	1-20	・垂直或水平形狀具碟形端的儲槽 ・有時可使用球形儲槽
140-700	20-100	・球形 ・水平長筒形
>700	>100	・小型高壓鋼筒或一組高壓鋼筒

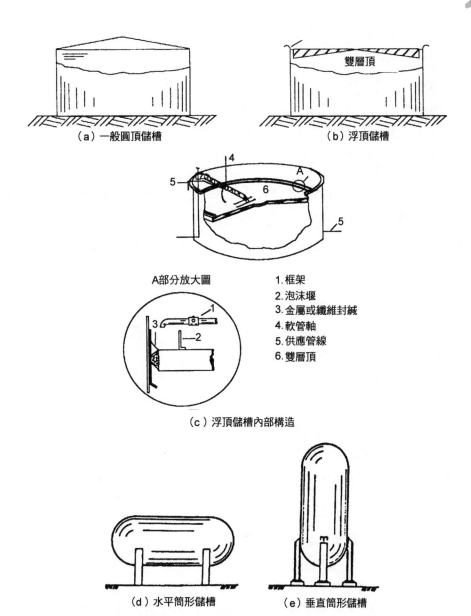

（a）一般圓頂儲槽　　　　　（b）浮頂儲槽

雙層頂

A部分放大圖

1. 框架
2. 泡沫堰
3. 金屬或纖維封緘
4. 軟管軸
5. 供應管線
6. 雙層頂

（c）浮頂儲槽內部構造

（d）水平筒形儲槽　　　　　（e）垂直筒形儲槽

（f）球形儲槽　　　　　（g）橢圓形儲槽

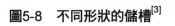

圖5-8　不同形狀的儲槽[3]

3.基礎、建造及固定技術。

4.材質選擇及腐蝕防範。

5.連接管線及配件。

6.附屬的泵浦、壓縮機、蒸發氣化器等。

7.操作（啟動、停俥、安裝、清洗等）步驟。

8.偵測及控制系統。

有關上列項目的詳細規格及需求，可參閱前面所列的設計標準及規碼，不在此討論。**圖5-9**顯示三種不同形狀儲槽的危害區域分類，在設計及設備排列時，如果將所需的安全設施加入，則可降低發生意外的機會，茲將主要防範考慮簡述於後。

(一)加裝抑焰器或採用抑焰、防火閥、附件

在0區與外界大氣接觸的排氣開口處安裝抑焰器，以避免外界失火時，火焰蔓延至0區（高危害、易產生易爆混合氣體的區域）之內，有關抑焰器的構造及詳細說明，請參閱第六章。

閥及儀錶（如壓力計）必須具備防火處理及特殊抑焰裝置。**圖5-10a**顯示一個常壓儲槽壓力計的內部構造，其軸套以不鏽鋼所製造，轉動桿與儲槽0區之間，有一段安全距離（即火焰途徑）。**圖5-10b**則顯示高壓儲槽壓力計，其測試鼓的振動由磁偶（Magnetic Coupling）傳遞，因此儲槽的蒸氣空間與外界空氣隔離。

(二)避免靜電荷的積聚及火花的產生

在0區域之內宜避免靜電荷的積聚，以免放電引燃著火性蒸氣／空氣混合氣體，儘量避免使用電阻超過10^9歐姆以上的非導體材料，如果不得已而必須使用時，其質量必須限制於一定範圍之內，儲槽中任何金屬物體必須選擇與儲槽殼壁材料的電動勢相同的金屬製成，其電阻不得超過10^6歐姆。**圖5-10a**、b中壓力計的鼓部分必須以銅條與槽頂相連，不鏽鋼製的調換器、測試線及鼓則以不鏽鋼或聚四氟乙烯（PTFE）軸承與鼓殼相連，軸承電阻不得超過10^6歐姆，軸承內碳的含量愈高，愈可降低軸承電阻。

儲槽內所有金屬配件不得產生火花，**圖5-10a**、b中的鼓套係以鋁金屬製成，外部塗以防撞塗料或油品，與其他金屬相撞，亦不致產生火花，塗料厚度

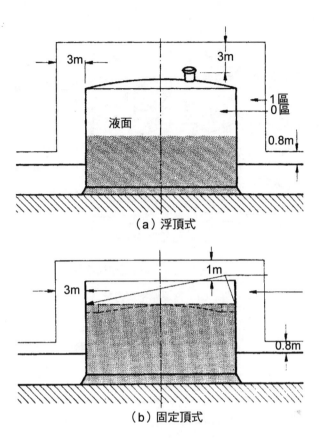

（a）浮頂式

（b）固定頂式

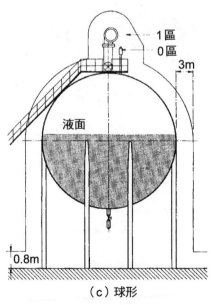

（c）球形

圖5-9 不同形狀儲槽內的危害區分類[12, 13]

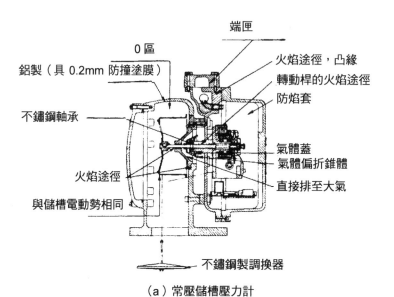

（a）常壓儲槽壓力計

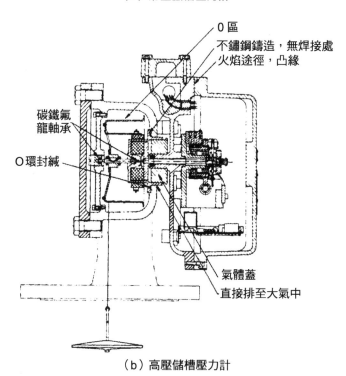

（b）高壓儲槽壓力計

圖5-10　儲槽壓力計的內部構造[13]

不得超過0.2公釐，以限制靜電的積聚。任何可能鬆動的配件掉入儲槽時，其所產生的衝撞能量必須低於材質的安全範圍之內，以不鏽鋼為例，最高重量不宜超過20公斤，其衝撞能量低於200焦耳[13]，**圖5-10a**中壓力計的鼓重約223公克，由30公尺高度掉至儲槽底部所產生的衝撞能量，僅為安全限度的三分之一。

(三)電機安全

除非具特殊本質安全設計的設備外，任何電機設備皆不可安置於0區域（例如儲槽液面上方空間），即使防焰式電機設備也無法保證絕對的安全。防焰設備（Flameproof Equipment）應用於0區之外時，必須避免設備殼蓋與0區域之間氣體的接觸，設備殼蓋內的氣體必須直接排至大氣之中，並且具備足夠的火焰途徑，或將殼蓋以厚度3公釐的不鏽鋼板製成。一般封緘用的O形環（O Ring）或彈性隔膜無法保證安全隔離。

圖5-11顯示儲槽液面偵測器的安全設計及其限制。

(四)潑灑預防措施

造成儲槽內部液體外洩潑灑的主要原因為：

1.由於操造人員失誤或高液位警示儀失效，導致溢流。
2.將儲槽底部沉積的水排出時，由於操作人員疏忽，而造成外洩。
3.由於儲槽支撐損壞而造成槽頂崩潰。
4.由於槽頂積聚大量的水、雪或冰等，造成槽頂損壞。
5.浮頂傾斜而卡住，槽內液體排放後，槽頂未隨液面下降而懸空，槽底支撐不良而破裂；如儲槽液面上升（充填），由於槽底傾斜，液體流至槽底上造成槽頂損壞。

為了避免及降低液體由儲槽中溢流而潑灑至外界的機會，可採用下列策略：

1.使用獨立的高液位及高流量警示儀，避免與液面指示儀及流量計相併。
2.溢流管及排放口宜連接至處置場所或適當儲槽、坑等。
3.儲存不同液體的儲槽宜避免使用以壓差作為偵測液位的液位指示儀，以免儲槽內液體比重改變時，液位指示產生錯誤。
4.儲槽區外圍應圍以短堤，以免外洩液體散布，短堤之內至少必須容納區內最大儲槽所盛裝的液體與暴風雨所帶來的雨量（以二十五至一百年雨

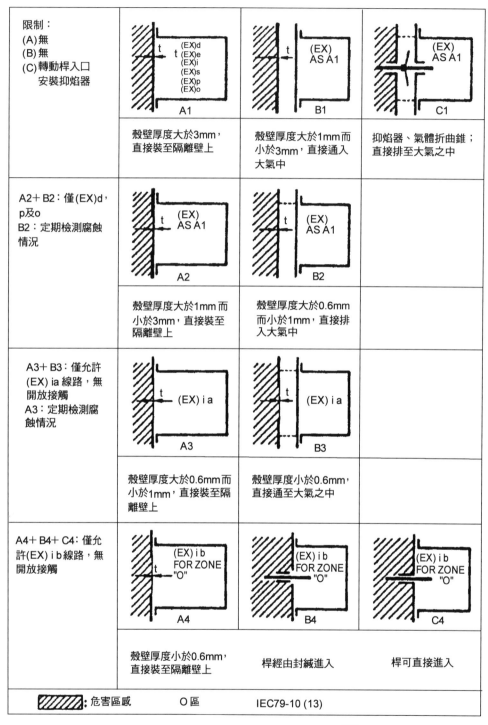

限制： (A)無 (B)無 (C)轉動桿入口安裝抑焰器	A1 (EX)d (EX)e (EX)i (EX)s (EX)p (EX)o	B1 (EX)AS A1	C1 (EX)AS A1
	殼壁厚度大於3mm，直接裝至隔離壁上	殼壁厚度大於1mm而小於3mm，直接通入大氣中	抑焰器、氣體折曲錐；直接排至大氣之中
A2+B2：僅(EX)d，p及o B2：定期檢測腐蝕情況	A2 (EX)AS A1	B2 (EX)AS A1	
	殼壁厚度大於1mm而小於3mm，直接裝至隔離壁上	殼壁厚度大於0.6mm而小於1mm，直接排入大氣中	
A3+B3：僅允許(EX)ia線路，無開放接觸 A3：定期檢測腐蝕情況	A3 (EX)i a	B3 (EX)i a	
	殼壁厚度大於0.6mm而小於1mm，直接裝至隔離壁上	殼壁厚度小於0.6mm，直接通至大氣之中	
A4+B4+C4：僅允許(EX)ib線路，無開放接觸	A4 (EX)i b FOR ZONE "O"	B4 (EX)i b FOR ZONE "O"	C4 (EX)i b FOR ZONE "O"
	殼壁厚度小於0.6mm，直接裝至隔離壁上	桿經由封緘進入	桿可直接進入
▨：危害區感	O 區	IEC79-10 (13)	

圖5-11　防爆殼壁的安全設計及限制[13]

量估算）的總和，最好也將救火所需的水量估算在內。**圖5-12**顯示兩種短堤圍堵設計，**圖5-12a**為傳統式設計，僅考慮外洩液體的圍堵，未將外洩液體導引至安全所在，萬一外洩液體失火時，短堤形成火池，儲槽也會被燒毀。在**圖5-12b**的設計中，地表面略為傾斜，外洩液體可流至液坑中積聚，液坑與儲槽之間設置防火牆，液坑失火時可防止火勢蔓延至儲槽。

5.溢流管應足以宣洩所有溢流的液體，其直徑至少應大於下列公式所計算的數值[15]：

$$D = 3.98Q^{0.4} \tag{5-1}$$

D為管徑，單位為公釐（mm）
Q為體積流率，單位為公秉（m³）

為了安全起見，溢流管的直徑較充填入流管管徑大一號。寒冷地區的溢流管應有加熱裝置。

6.使用安全方法，以排出積聚在盛裝有機液體的儲槽底部及頂蓋上的水。

(五)儲槽破裂預防措施

儲槽破裂會造成大量液體外洩，以1988年1月在美國賓州匹茲堡附近的佛羅瑞夫港發生柴油儲槽破裂事件為例，由於破裂後，約92,400桶柴油衝出儲槽，槽外短堤無法圍堵，造成嚴重的河川汙染。儲槽破裂的主要原因為：

1.溢流。

2.內部物質產生化學反應，導致蒸氣壓的升高。

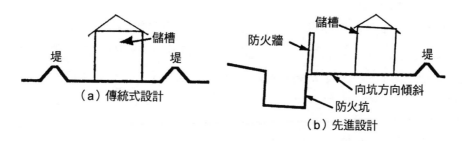

（a）傳統式設計　　　（b）先進設計

圖5-12　儲槽外圍的短堤[14]

3.過熱造成的體積膨脹。

4.與火焰接觸。

5.殼壁腐蝕焊接不良。

如果在設計上加強下列防範措施，則可降低殼壁破裂發生的機率：

1.使用適當的溢流、壓力疏解裝置。

2.安裝高流量警示計及警急流量開關，以防止溢流的發生。

3.加裝水噴淋設備，可在失火時避免殼壁過熱。

4.選擇適當儲槽殼壁材質及厚度。

5.高壓儲槽應安裝快速降壓閥，以防止沸騰液體蒸發膨脹爆炸（BLEVE）的發生。

6.建造完成後，確實檢驗及測試焊接工作是否確實符合規定。

(六)沸騰預防

儲槽內的溫度超過儲槽內水的沸點的時候，水會沸騰，進而產生水蒸氣及有機泡沫，如果泡沫的產生劇烈，很可能會造成火災，泡沫產生的原因為：

1.將水誤導至盛裝熱油的儲槽之中，引發蒸氣爆炸。

2.上游設備失常，導致水進入產品之中。

3.將冷的低分子量碳氫化合物送入溫度高的高分子量碳氫化合物中，或將高溫液體送入低溫儲槽之內。

4.儲槽區失火，槽內底部的水蒸發、沸騰。

為了避免儲槽內部物質產生沸騰現象，儲槽溫度必須低於儲槽內水沸點溫度 7℃以上。

(七)惰性氣體充填

安裝惰性氣體充填系統除了可以免於固定頂式儲槽內部產生易燃氣體混合物，還可以減少揮發性有機物的汙染排放，氮氣及二氧化碳是最常用的惰性氣體，惰性氣體的流量必須足夠，可於儲槽液體排放時，提供足夠的流量，以免儲槽壓力降低，產生真空。

(八)氣體的排放設計

低壓儲槽的氣體排放的設計對儲槽的影響很大，排放設計不良，很容易

造成過壓或真空，導致殼壁的破裂。由排放孔口逸出氣體宜收集至適當場所處理。

美國陶氏化學公司（Dow Chemical Company）安全及損失防範專家薛佛勒氏（Norman Scheffler）所提供的檢驗表[16]可協助設計者檢驗設計工作是否妥當：

1.為了確保排放孔口達到設計目的，設計時應先界定可能發生的最壞狀況及所需疏解排放速率。
2.如果可能發生真空狀態時，宜安裝真空安全閥。
3.排放管線宜筆直，不得有易於固、液體積聚的管件。
4.惰性氣體管線必須筆直，而且不應有易於固、液體沉積的管件存在。
5.任何可能堵塞排放管線的物質，如冰、固體粉塵、高分子聚合物、昆蟲、鳥類、塗料，都必須設法避免，以保持管線暢通。
6.定期檢視、維護排氣及疏解裝置。
7.在排放管孔口（直接排至大氣者）上，安裝護罩，以避免雨水、固體、粉塵進入。
8.設計排放孔口及管線時，宜參閱環保法規，並避免排放的氣體造成空氣汙染。
9.設計儲槽時，盡可能提高其承受壓力，以常壓儲槽為例，以103.4kpa（15psi）錶壓為設計壓力，以利於排放及疏解系統的設計。
10.避免儲槽內液位升至槽頂圓錐部分。
11.氣體排放及疏解裝置應安裝於儲槽頂部最高點。

5.8 電路及電機設備

電路及電機設備的設計或使用不良，會產生火花或電弧，如遇著火性氣體時，會引發火災或爆炸。工程師在設計工廠的電力系統及選擇電機設備時，除了必須深入瞭解其安全性及可靠度，還必須具備靜電的危害、接地與避雷的方法等知識。由於靜電的危害、產生及防範已在第四章討論過，將不再重複。

5.8.1 危害區域分類

選擇電機設備及覆蓋時，必須依據所欲設置的區域危害分類，危害區域依據NFPA 70美國國家電工法規（NEC）第500條中的危害區域分類中所界定的[17]：

5.8.1.1 第I類

A群：含有乙炔的環境。

B群：含氫氣、含30%（體積百分比）以上氫氣的燃料或可燃性氣體、其他危害性相當的氣體，如丁二烯、環氧乙烯、環氧丙烯及丙烯醛等。

C群：含乙醚、乙烯或危害性相當的氣體或蒸氣的環境。

D群：含丙酮、氨、苯、正丁烷、環丙烷、乙醇、汽油、正己烷、甲醇、甲烷、天然氣、石油腦、丙烷，或其他危害性相當的氣體或蒸氣。

5.8.1.2 第II類

E群：含可燃性金屬粉末，如鋁、鎂及其合金或其他顆粒、研磨性、導電性相當的環境。

F群：含有可燃性碳粉，如碳煙、焦炭、煤或煤焦、石油焦等具爆炸性危害的粉末。

G群：含其他（除E、F群外）可燃性粉末，如麵粉、殼粉、木屑、塑膠或其他化學品的粉末的環境。

表5-16列出一些代表性生產場所的分類，以供參考。

5.8.2 電機元件及設備的覆蓋

在危害性高的環境中所使用的電機元件與設備之外，必須以特殊的覆蓋，以確保安全。依據美國國家電工法規，在危害地區必須使用第7至第10型覆蓋：

第7型：適用於室內第I類，A、B、C或D群區域（NEMA Standrad 7-15-1991）。

表5-16　代表性生產場所的危害分類[17]

第I類
- 煉油廠
- 含可燃及著火性液體的槽
- 有機塗料生產工廠
- 噴漆場所
- 溶劑萃取工廠
- 以硝化纖維或其他危害性相當的塑膠為原料的生產工廠
- 氣體燃料工廠、液化石油氣儲運站
- 石化工廠如烯、甲苯、苯、二甲苯、聚丙烯、聚氯乙烯、甲醇、氨及其他相關產品工廠

第II類
- 鋁、鎂粉生產工廠
- 聚乙烯粉粒製造及儲藏場所
- 澱粉生產工廠
- 糖粒與可可包裝及處理場所
- 煤及煤焦儲運、處理場所
- 果醬蜜餞生產工廠
- 生產或使用固體或固體粉末場所

第III類
- 紡織廠
- 軋棉及棉子工廠

第8型：適用於室內或室外第I類，A、B、C或D群區域（NEMA Standard 7-15-1991）。

第9型：適用於室內第II類，E、F及G群區域（NEMA Standard 7-15-1991）。

第10型：合乎礦場安全及健康署的使用需求的覆蓋（NEMA Standard 1-10-1979）。

　　第7及第8型覆蓋即一般俗稱的防爆型覆蓋。依據美國國家電工法規，防爆型設備係指設備裝置於一個防爆的匣盒之內，不但可以容納發生於其中的氣體或蒸氣爆炸，而且可防止匣盒外的氣體或蒸氣受火花、閃火或內部氣體爆炸的影響而引燃。應用於第I類危害區內的產生電弧設備必須使用此型覆蓋。此型覆蓋必須通過相當4倍於內部爆炸所產生的壓力的水靜力測試。

　　NEMA第9型覆蓋為「防塵燃」型覆蓋，可以防止內部產生或外洩的火花、電弧或熱能引燃外面積聚或懸浮的固體粉塵。第II類危害區域如鋁、鎂粉末製造場所、澱粉、糖粒，或可燃性固體粉粒等處理、生產工廠等皆須使用防塵燃

型電器設備。除防爆及防塵燃型外,美國電器製造商協會(National Electrical Manufacturers Association, NEMA)尚規定其餘十三種適用於非危害區域的覆蓋型式。

如欲在危害區域內使用一般覆蓋時,必須以乾燥空氣或氮氣加壓或通過,將覆蓋之內的環境變成較安全的環境。NFPA 496中介紹有關氣體通過裝置,NFPA 70第500類中則規定正壓通風的要求。以一個設置於危害區域的壓縮機為例,其控制盤上具備許多電機元件如開關、繼電器、按鈕等,這許多元件難以裝置於一個合乎防爆規定鑄鐵匣盒之內,變通的方法為設計一個由鐵板製成的匣盒(第4或12型),內部以空氣或氮氣加壓,則可將匣盒內部環境轉變為非危害區。

一個通風的覆蓋或匣盒必須具備下列三個條件:

1.清潔的乾燥空氣或惰性氣體(氮氣)供應源。

2.一個壓縮機或機械通風系統,以維持內部的壓力。

3.與電力開關互鎖,充壓或通風之前,電源無法通入,減壓時,電源立即中斷。由於通風系統難以維護,因此除非不得已,不宜使用通風替代防爆或防塵燃型覆蓋。加壓系統通常應用於體積大的場所,例如控制室、電源開關室等。

5.8.3 本質安全的設備

本質安全的設備及電路係指設備或電路本身在危害性環境下無法產生足夠點燃易燃物質的能量,僅有少數能量需求低的程序控制設備合乎本質安全的要求。由美國保險商實驗室(UL)及工廠互助工程公司(FMEC)出版的型錄中,可查出商品類型及其製造廠家。麥吉遜氏(E. C. Magison)所著的《危害場所的電機儀器》(*Electrical Instruments in Hazardous Locations,* Instrument Society of America, Research Triangle Park, N.C., USA,1984)中詳述安全設備及系統的設計、安裝及維修。

電機設備的本質安全的觀念創始於二十世紀初期的歐洲,當時的目的是為了保護礦工,避免受到煤粉塵爆的危險,此技術的初期僅局限於照明設備,因為只有燈光才易被隔離,並由低電流及低電壓的電池供應電力,目前已可應用於所有的控制設備。本質安全的系統,要求每一個元件或設備的能量需求皆低

於一定標準之下。如果妥善安裝，其安全程度甚高，但是如果設備或元件之間的接頭不良，或部分元件難以達到本質安全標準時，即可能發生認證問題；而且如果一個系統被主管機關認證之後，其設計及元件除非經過認證，亦不得更換或修改，經常造成執行不便的困擾，例如使用一個非本質安全的電表或示波計測試系統時，即違反了認證規定。

另外一個創始於英國的觀念為障礙式本質安全（Barrier Intrinsic Safety），即在危害及安全區域之間應用電障，以限制可能引燃或引爆著火性氣體的電流或電壓。此觀念逐漸為美國工業界接受，許多美國的組織及儀器製造廠商大力推動此觀念。

由於危害區與安全區之間已有電障隔離，因此在安全區域使用的設備或元件僅須達到下列三項要求即可：

1.電源供應線的最大電動勢必須低於電障保險絲的額定電壓（250伏特）。
2.所有的設備必須與由雙繞變壓器供電的電線隔離。
3.儀器箱的地線必須與電障地線分離。

任何裝置於危害區內的設備則必須達到下列要求：

1.每一個線路必須有其單獨的電障。
2.在現場安裝的元件必須通過本質安全安裝的認證。
3.電線電纜的導電及電感係數必須低於一定的標準。
4.必須依照規定的接線及接地程序。

障礙式本質安全系統的許可必須在系統完全安裝完畢後進行，但是安全區域的設備則不必經過檢視及許可手續。

本質安全系統的設計測試及評估列於美國國家標準協會／保險商實驗室第913號文件中（ANSI/UL 913, UL Standard for Safety of Intrinsically Safe Apparatus and Associated Apparatus for use in Class I, II, & III, Division I , Hazardous (Classified) Locations., American National Standards Institute, New York/ Underwriters Laboratories, North Brook, IIinois, USA, 1988）。有關安裝的規定則列入美國國家電工法規第504條（Article 504, NEC, 1990）中。

5.9 雷電防護

　　雷電是由於帶電的雲相互放電或與地面放電而產生的，其電流在2,000～200,0000安培之間，偶爾會高至300,000安培左右。為了防止雷電損壞建築物或生產場所，必須安裝避雷設備。

　　避雷設備的基本理論為提供一個由天空中至地面放電的途徑。在一個區域之中，最高的建築物是最易遭雷擊的目標，它可決定其他較低的建築物的保護程度。以一個石化工廠而論，瘦高形的提濃塔、蒸餾塔可掩護較低的結構如反應槽或小型儲槽。

　　一個設計良好的避雷設備除了保護建築物或結構，以避免直接雷擊外，還可避免感應電壓的打擊。直接連接至地面或與地線連接的避雷針可以避免雷電直接打擊，通常裝置於建築物、冷卻水塔、煙囪、瘦高的塔槽頂端。感應雷電壓的抑制可在適當場所裝置雷抑制器及激增電容器，以避免懸空的電力輸送線受雷電感應，**圖5-13**顯示一個單桅及多桅式避雷裝置所能保護的區域，放電電弧範圍約30公尺。**圖5-13b**中的四個桅桿之間以懸空電線相連。

　　由鋼鐵製成的桶槽、塔等，如果其厚度超過4.76公釐（3/16英寸）不會被雷電損壞，但是仍然必須接地，以免基礎及附近設備受到雷擊。接地良好的儲槽亦不須安裝特殊避雷裝置，但是頂蓋由非金屬材料製成的常壓儲槽必須安裝避雷針。其他在保護區之外由非金屬材料製成的建築物、塔槽、冷卻水塔、煙囪

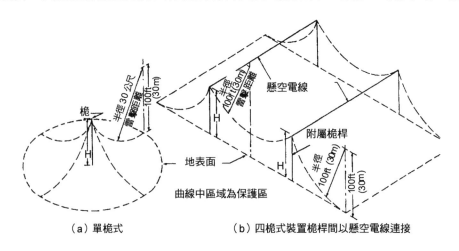

（a）單桅式　　　　　　　　（b）四桅式裝置桅桿間以懸空電線連接

圖5-13　區域避雷裝置[18]

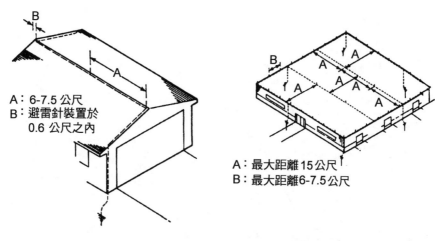

A：6-7.5 公尺
B：避雷針裝置於
　　0.6 公尺之內

A：最大距離15公尺
B：最大距離6-7.5公尺

圖5-14　安裝避雷針的建築物避雷系統[18]

等也必須安裝避雷針。**圖5-14**顯示建築物頂上避雷針的裝置，**圖5-15**顯示標準避雷裝置的配件。

　　室外泵浦站或其他公共設施站中裝置許多關鍵性電機設備必須安裝避雷設備，包括：

1. 桅桿或鋼架的延伸，以提供站內設備的保護。
2. 在電力輸入線上安裝懸空靜電線，以保護電容器，懸空靜電線必須與桅桿或鋼架延伸相連。
3. 懸空的電線電纜宜在適當距離加裝與地線連接的纜線。
4. 金屬製電線電纜的導管或護套在端點必須接地並與其他金屬物件接合。

　　雷電抑制器（Lightning Arresters）可將空中放電時所產生的激增高電壓傳至地面，因此任何與可能暴露於雷擊的分配系統相連接的電機設備應安裝雷電抑制器，其應用詳列於美國電機電子工程師協會（IEEE）出版的第242號標準（IEEE STD 242, Recommended Practice for Protection and Coordination of Industrial and Commerical Power Systems, 2001）中。其安裝的地點為：

1. 可能被雷電擊中的高壓絕緣管或變壓器低壓絕緣管。
2. 與懸空電線連接的乾式變壓器的端點。
3. 在懸空的分配電線與電纜的接合處。
4. 電源由懸空電線供應或經由與懸空電線相連的變壓器供應，馬力為1500HP以上的馬達端點，通常與激增電容器同時使用。

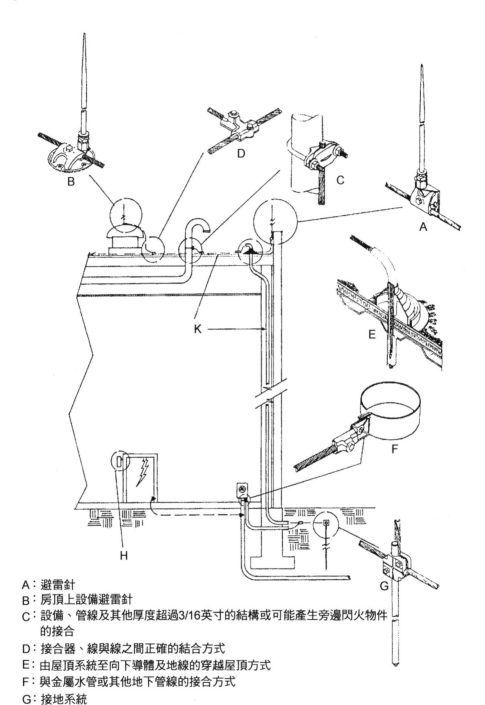

A：避雷針
B：房頂上設備避雷針
C：設備、管線及其他厚度超過3/16英寸的結構或可能產生旁邊閃火物件
　　的接合
D：接合器、線與線之間正確的結合方式
E：由屋頂系統至向下導體及地線的穿越屋頂方式
F：與金屬水管或其他地下管線的接合方式
G：接地系統
H：激增抑制器（主電線及電話線）
K：連接所有的避雷針、屋頂上設備接合的 I 級及 II 級主導電體

圖5-15　標準避雷裝置[19]

參考文獻

1. T. Kletz, *Plant Design for Safety*, Hemisphere Publishing Corp., New York, USA, 1991.

2. 張一岑，《製程安全管理》，新北市：揚智文化，2012年。

3. CCPS, *Guidelines for Engineering Design for Process Safety*, Chapter 3, Plant Design Institute of Chemical Engineers, New York, USA, 1993.

4. D. A. Crowl and J. F. Louvar, *Chemical Process Safety: Fundamentals with Applications*, 3rd Ed., PTR Prentice Hall, Englewood Cliffs, N. J., USA, 2011.

5. M. L. Kaura, Plot Plans Must Include Safety, *Fire Protection Manual for Hydrocarbon Processing Plants, Vol. 2*, Chapter 2, Edited by C. H. Vervalin, Gulf Publishing Co., Houston, Texas, USA, 1987.

6. IRI, IM 2.5.2, Plant Layout and Spacing for Oil and Chemical Plants, Industrial Risk Insurers, Hartford, Connecticut, USA, 1992.

7. CCPS, *Safe Handling and Storage of High Toxic Hazard Materials*, CCPS, American Institute of Chemical Engineers, New York, USA, 1988.

8. LPGITA, Code of Practice, *Installation of Bulk LPG Storage at Consumer's Premises*, US Liquefied Petroleum Gas Industry Technical Committee, 1978.

9. NFPA, NFPA 59: Standard for the Storage and Handling of Liquefied Petroleum Gases at Utility Gas Plants, National Fire Protection Association, Quincy, MA, USA, 2009.

10. API, RP 521, *Guide for Pressure-Relief and Depressing Systems*, 3rd. Edition, American Petroleum Institute, Washington, D. C., USA, 1990.

11. IEC, Electrical Apparatus for Explosive Gas Mixtures, Publication 79-10 (1972), Classification of Hazardous Area, International Electrotechnical Commission, 1, Rue de Varembe, Geneva, Switzerland.

12. TRbF 20, Technische Regeln fur Brennbare Flüssigkeiten, Deutscher Fachschriftenvarlag, Wiesbaden-Dotzheim, B. R. D, 2001.

13. H. R. Wafelman and H. Buhrmann, Maintain Safer Tank Storage, *Fire Protection Manual for Hydrocarbon Processing Plants, Vol. 2*, Chapter 6, Edited by C. H. Vervalin, Gulf Publishing Co., Houston, Texas, USA, 1987.

14. S. M. Englund, The Design and Operation of Inherently Safer Chemical Plants, *Adv. in Chem. Eng., 15*, pp. 73-135, 1990.

15. L. L. Simpson and M. L. Weirick, *Chemical Engineering , Vol. 85*, No. 8 (April 3), 1978.

16. S. M. Englund, Inherently Safer Plants: Practical Applications, *Process Safety Progress, Vol. 14*, No. 1, pp. 63-70, 1995.

17. NFPA, NFPA 70: National Electrical Code, National Fire Protection Association, Quincy,

MA, USA, 2011.

18. NFPA, NFPA 780: Lightning Protection Code, National Fire Protection Association, Quincy, MA, USA, 2008.

19. M. Perkowski, Protect Plants From Lightning, *Chem. Eng. Progress*, p. 59, July, 1995.

Chapter

6

防火防爆設備

物質著火或引爆初期，如果能及時偵測、預警、抑止、隔離、壓力疏解，或將可燃物質移送至安全場所或處理設備中，則可避免火勢的蔓延，降低破壞威力。此類預防性、抑止性或疏解性設備為：

1.偵測儀器。
2.抑焰器。
3.爆炸抑止系統。
4.管路燃燒隔離裝置。
5.壓力疏解裝置。
6.緊急移送系統。

它們通常裝置於設備或製程之中，與消防、滅火設備不同，一般工業安全師較少接觸它們的用途及構造，謹在此特別提出討論。

6.1 偵測儀器

防火偵測儀器分為可燃氣體偵測儀與火災偵測儀兩種。製造工廠中、製程設備、儲槽區附近多裝置可燃氣體偵測儀，期以在可燃氣體產生後，而濃度尚未達著火下限時，即可偵測出來，並發出警示訊號，屬於預防性的設施。火災偵測儀必須在火災發生後，才可發出警示訊號，或啟動消防滅火設備，屬於補救性的設施。

6.1.1 可燃氣體偵測儀

可燃性氣體或有機蒸氣在空氣中的濃度超過其著火下限（LEL）後，與點火源接觸，即會著火，如果在其濃度遠低於著火下限時，即可偵測出其存在，立即發出警報，設法驅散或淡化可燃氣體，即可防止火災或爆炸的發生。

適用於防火預警的可燃氣體偵測儀與適用於工業衛生的不同，它可偵測的濃度範圍取決於著火下限左右，通常當氣體濃度達到著火下限的10～30%時，即會發生預警訊號，當濃度繼續增加至30～50%時，會發生緊急警示訊號，以及其他因應措施，例如停止製程設備的操作，或啟動消防措施（噴水、水幕、

緊急排氣系統）。工業衛生所適用的偵測儀裝置的目的在於防止有毒／有害氣體對工作人員造成健康上的損害，其濃度範圍多設定在百萬分之一（ppm）左右，設置地點僅限於操作人員集中的場所或特殊有害物質處理／儲存場所。

可燃性氣體偵測儀設置場所為：

1.特殊易燃性氣／液體轉運站、幫浦、壓縮機附近。

2.易燃性氣／液體槽車、裝卸場所。

3.位於可能洩漏大量易燃性氣體場所中的電力供應中心或控制室。

4.高危險地區或易於發生大量易燃氣體洩漏場所中的排氣及加壓系統的空氣進口。

5.氣膠（Aerosol）濃度較高的場所。

6.坑、坑道、濠溝、濠以及任何比重較高的可燃有機蒸氣可能聚積的地方。

可燃氣體偵測儀裝置必須視可燃性氣體的比重、性質、偵測儀的敏感度、著火源及洩漏源位置而定，並沒有一定的標準，裝置時，宜遵照製造者的建議，同時加強修護、保養。

可燃氣體偵測儀依其感測器設計屬性可分為下列六類：(1)觸媒氧化式；(2)半導體式；(3)氣體熱傳導式；(4)電化學式；(5)導電性微粒子式；(6)紅外線式。茲將它們的構造簡介如後：

6.1.1.1 觸媒氧化式

觸媒氧化式感測器的構造如圖6-1a所顯示，感測器內包括觸媒與白金螺線，當感測器前端觸媒與可燃性氣體接觸後，即產生氧化反應而發熱，白金螺線的溫度上升，導致電阻增加及電壓變化，再經過電壓／濃度關係轉換，即可顯示氣體濃度（圖6-1b及圖6-1c）。觸媒易受環境中矽膠、鉛、硫及其他物質汙染，而降低活性。

6.1.1.2 半導體式

半導體式感測器含有還原性金屬氧化物如二氧化錫（SnO_2），與可燃氣體接觸後，電阻會大幅降低，特徵為壽命長，敏感度高，可測出較低濃度（低至1/100 LEL）。半導體式感測器的型式分為燒結體型、熱線型及薄膜型等三種，

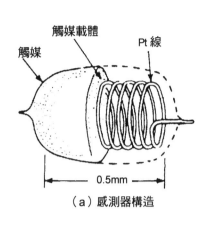

（a）感測器構造

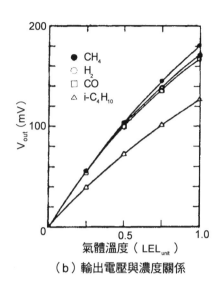

（b）輸出電壓與濃度關係

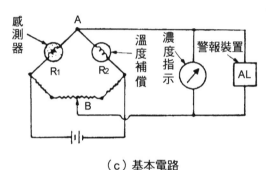

（c）基本電路

圖6-1　觸媒氧化式可燃氣體偵測儀[4]

熱線型的體積小，省電，選擇性佳。**圖6-2**中顯示燒結體型與熱線型兩種的構造、電壓變化與濃度關係及電路設計。

6.1.1.3 氣體熱傳導式

氣體熱傳導式感測器針對可燃氣體與空氣的熱傳導係數的不同，可測知不同氣體的濃度，其構造、氣體濃度與輸出訊號關係及電路顯示於**圖6-3**中。

6.1.1.4 電化學式

電化學式感測器係利用電解分析方法，測出其濃度，以一氧化碳（CO）為例，它經電解氧化之後，產生氫離子與電子，造成電位差（**圖6-4**）：

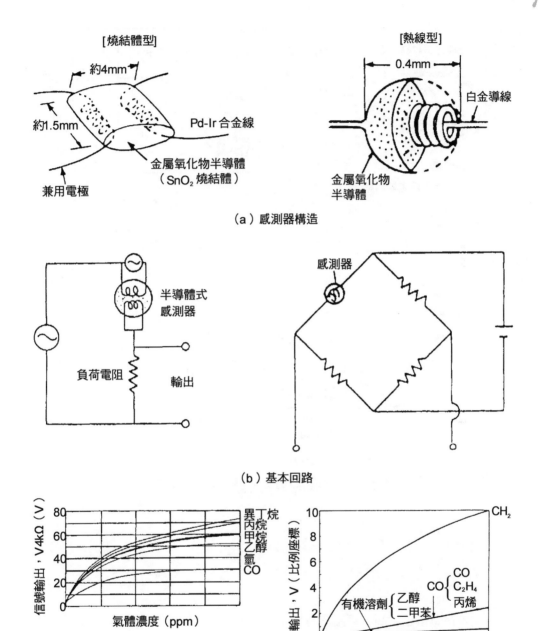

圖6-2 半導體式可燃氣體偵測儀

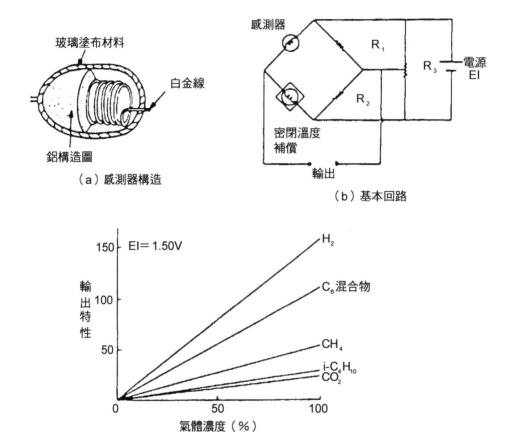

（a）感測器構造

（b）基本回路

（c）輸出特性

圖6-3　氣體熱傳導式可燃氣體偵測儀[4]

$$CO+H_2O \rightarrow CO_2+2H^++2e^-$$
$$1/2O_2+2H^++2e^- \rightarrow H_2O$$

　　其特徵為敏感度高，適用於易於產生一氧化碳、硫化氫（H_2S）的場所，如半導體製造工廠。

6.1.1.5 導電性微粒子式

　　感測器中由含有高分子導電性微粒子的薄膜組成，與有機溶劑蒸氣接觸後，由於高分子內部膨脹，造成導電性微粒子之間的電阻增加，圖6-5顯示出不同溶劑及油品與電阻的關係。

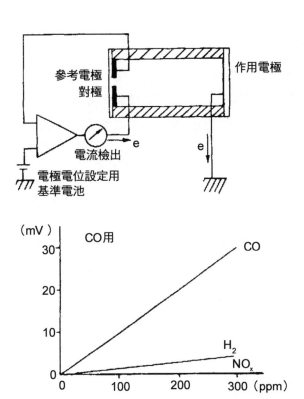

圖6-4 電化學式可燃氣體偵測儀[4]

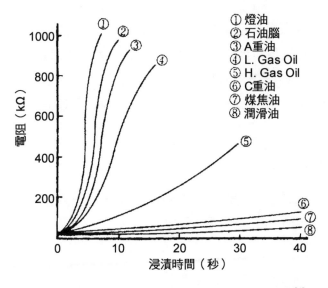

① 燈油
② 石油腦
③ A重油
④ L. Gas Oil
⑤ H. Gas Oil
⑥ C重油
⑦ 煤焦油
⑧ 潤滑油

圖6-5 導電性微粒子式可燃氣體偵測儀[4]

6.1.1.6 紅外線式

不同可燃性氣體的構造不同，其紅外線吸收性質亦不同，此類感測器與上列五種不同，感測器本身並不與可燃氣體直接接觸。由於不同氣體的吸收頻率不同，僅適於少數特殊氣體的偵測，如果氣體成分很多時，濃度測定並不準確。

6.1.2 火災偵測器

物質著火後，會放出熱能、光及濃煙，因此只要在環境中偵測出這些影響環境的因子時，即可判斷火災的發生。主要偵測器可分為三類：(1)熱偵測器；(2)煙偵測器；(3)輻射式偵測器。

美國消防協會（NFPA）手冊中詳載各類火災偵測器細節，讀者可自行參考。

6.1.2.1 熱偵測器

物質著火後，會放出熱能，造成周圍溫度的升高，熱偵測器即利用溫度升高的原理感測火災的發生，其基本構造僅為溫度的感測器，當溫度達到定點後，即發出警示訊號。熱偵測器裝置於建築物內時，必須依照NFPA 72E規定及保險商實驗室（UL）或工廠互助工程公司（FMEC）的要求。裝置於室外的熱偵測器，必須考慮保護及包覆設施，以免受天候、冰、雪的影響，而喪失功能。熱偵測器通常裝置於可燃性液體儲存場所中，當附近地區火災發生時，可以立即啟動因應措施，以隔離可燃液體與著火點，例如儲槽管線或通往儲槽設備失火時，熱偵測器的溫度上升至定點後，可直接關閉隔離閥，以免可燃液體繼續流出。

6.1.2.2 煙偵測器

煙偵測器利用電離化、光電效應等原理，偵測出大氣中空浮煙霧粒子，它通常裝置於室內，例如：

1.控制室。
2.電腦室。

3.儀器室。

4.辦公室。

5.電氣設備室。

煙偵測器易受濕度、骯髒空氣、氯、二氧化硫、氯化氫、光氣等氣體影響，而喪失功能，或放出錯誤訊號，較不適於裝置於露天的化學工廠中。

6.1.2.3 輻射式偵測器

輻射式偵測器的感測器可感測出輻射能的變化，紫外線（UV）及紅外線（IR）感測器是使用最廣的感測器，優點為反應時間快，但是可靠度差，通常將UV及IR兩者共同使用，以降低工場內因電焊火花、日光反射、熱物體表面、閃光燈的影響，而發出錯誤的預警訊號。

6.2 抑焰器

抑焰器是一種可以允許氣體穿透，而防止火焰穿透的裝置，它可以急速冷卻火焰及可燃物的溫度，因此可燃性氣體在抑焰器的出口無法重新點燃。1816年英國工程師有鑑於煤礦坑中的照明設備造成多次火災及爆炸事件，乃將照明燈外以金屬網罩住，可以防止網中的火焰與網外的可燃氣體點燃，即是最早使用的抑焰器。此後，各種不同型式及用途的抑焰器被發展出來，通常裝置於儲槽的通氣口，可燃氣／液體輸送管線、溶劑回收設備、揮發性有機物回收／處理等設備與點火源之間，以抑止火災蔓延及爆炸的擴大。

雖然抑焰器的發展及使用已將近兩百年，但是因設計及使用錯誤而導致意外發生，仍然時有所聞。使用者往往僅憑個人或公司的經驗而選擇或設計，並未實際瞭解火焰進行（Flame Propagation）的模式，例如工程師經常以防止火焰傳遞至系統中的線端突燃（End-of-line Deflagration）防止器裝入系統之中，殊不知在系統之中必須使用線中爆震（In-line Detonation）防止器[5]，因為只有爆震式火焰防止器能有效抑止突燃、爆震或突燃轉變成爆震。設計時工程師不宜僅憑原理，必須依據過去類似情況下的測試結果，否則無法達到預期的效果。

6.2.1 基本構造

　　任何型式的抑焰器都具備一個可供氣體穿透的阻礙物，可以有效去除焰鋒的熱能及游離根，急速冷卻火焰，並且防止所穿透的熱氣體重新點燃（**圖6-6**）。這個阻礙物通常是由一層或數層金屬網所構成，有些則視用途而異，由金屬填料（Metal Packings）、金屬細管束、平行排列的金屬板或液體封緘所組成，阻礙物的間隙或抑焰徑（金屬網的直徑、細管束的管徑、填料空隙等）與火焰速度有關。由**表6-1**抑焰徑與火焰速度的關係可知，燃燒速度愈大，防焰徑愈小。

　　摺疊帶式（Crimped Ribbon Type）抑焰器的厚度（L）可由下列公式求出[5]：

$$L = (S_t D_h^2) / 100V \qquad\qquad (6\text{-}1)$$

S_t＝火焰速度（公分／秒，cm/s）

V＝動力黏度（公分²／秒，cm²/s）

D_h＝水壓徑（Hydraulic Diameter）

　＝4×截面積／周長（公釐，mm）

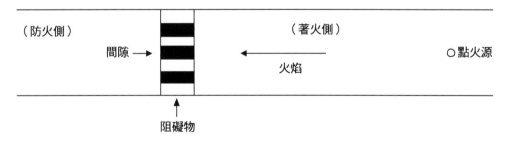

圖6-6　抑焰器的基本構造

表6-1　抑焰徑與燃燒速度的關係[6, 7]

混合焰	燃燒速度（公分／秒，cm/s）	抑焰徑（公釐，mm）
丙烷—空氣	45.7	2.7
二甲苯—空氣	39.6	3.0
乙烯—空氣	70.1	1.9
乙炔—空氣	176.8	0.79
氫—空氣	335.3	0.86

由公式（6-1）可知，抑焰器中的阻礙物的厚度與火焰燃燒速度（S_r）成正比，火焰速度愈快，所需抑焰物的厚度愈大；而水壓徑的平方與火焰速度成正比。由於火焰速度難以僅憑原理或可燃（爆）物質的成分及外界條件計算得知，最顯明的例子為管線發生突燃時，火焰速度遠高於火焰本身的基本燃燒速度（Fundamental Burning Velocity），因為可燃氣體會受熱膨脹，而且焰鋒在管線中也會因亂流而加速，因此火焰速度必須由實驗中取得。在實際應用時，吾人不可能重複每一個實驗，以取得設計數據，必須依據類似狀況下的模擬測試所得的資訊決定所需的管徑（或間隙）、厚度（或層數）等。

6.2.2 型式

抑焰器依其用途及所安裝的位置可分為下列兩種：(1)線端抑焰器（End-of-Line Flame Arresters）；(2)線中抑焰器（In-Line Flame Arresters）。茲分述如下：

6.2.2.1 線端抑焰器

線端抑焰器裝置於管線或設備與外界大氣接觸的端點，其目的在於防止外界突燃式火焰蔓延至系統之中，又稱為突燃焰抑焰器（Deflagration Flame Arrester），通常應用於常壓儲槽的排氣口、排氣管線或排氣閥端（**圖6-7**）。由於它裝置於管線的出口附近，與外界距離很短，即使突燃焰由開口進入，即與抑焰器接觸，而被抑止，不可能在管線中轉變為爆震。

端線／突燃焰抑焰器只有在爆震不可能發生的情況下，才可裝置於系統或管線之中，例如100%的環氧乙烯的分解焰或環氧乙烯與氮氣等惰性氣體混合流體系統之中。

線端抑焰器的一端可直接通入大氣之中，也可與一個排氣閥、通風帽或一段管線相接後，通入大氣中，如果系統中含有飽和碳氫化合物時，管線不得超過5～12公尺，實際長度則視管徑與抑焰器型式而異，必須依照製造廠家的規範而定。如果管線過長，突燃焰在接觸抑焰器之前，已轉變為爆震焰，此類抑焰器則無法發揮其功能，此外，管線上任何可能加強亂流現場的裝置，例如閥、肘、T型管路設計或管線中阻止流動的裝置，皆須避免，以免火焰速度改變，而轉變成爆震焰。

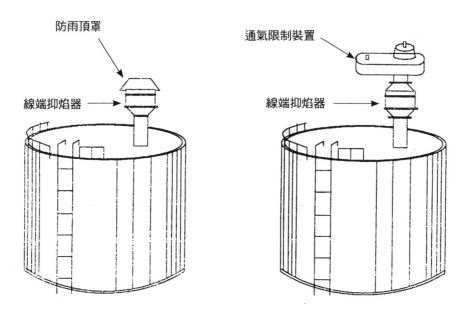

圖6-7 裝置於儲槽通氣口上的線端（突燃焰）抑焰器

　　線端抑焰器種類如下（**圖6-8**、**圖6-9**）[8]：(1)摺疊帶（Crimped Ribbon）；(2)平行板（Parallel Plate）；(3)金屬轉軸（Expanded Metal Cartridge）；(4)液態封緘（Liquid Seal）；(5)填料床（Packed Bed）；(6)金屬網（Wire Gauge）；(7)穿孔盤（Perforated Plate）；(8)燒結金屬（Sintered Metal）。

　　摺疊帶及平行板兩種型式為裝置於通氣口最多的型式，液態封緘適用於火炬（燃燒塔）或腐蝕情況下。

(一)摺疊帶式抑焰器

　　摺疊帶式抑焰器是摺疊形的金屬帶所組成，火焰經過細小三角形間隙時，溫度因熱能很快地被周圍的金屬片傳出而降低，因此無法維持燃燒，它的安裝費用低，但是易於在安裝或傳送時損壞，而且由於間隙孔小，易被粉塵或固體物質堵塞。

(二)平行板式抑焰器

　　平行板式抑焰器是由許多平行金屬平板或圓筒形板所構成，價格低廉，而且易於清潔，其缺點為重量大而且對於氣體流動的阻力大。

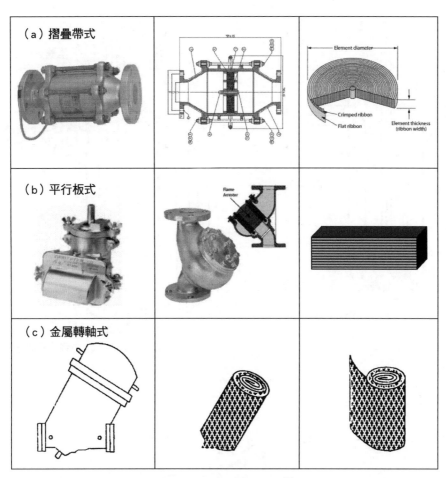

（a）摺疊帶式

（b）平行板式

（c）金屬轉軸式

圖6-8　抑焰器的型式[8]

(三)金屬轉軸式抑焰器

它是由一張具有許多孔口的金屬平板圍捲而成，平板上的孔口呈六角形，孔口隨意排列，氣體無法直接透過孔口穿透層板，可防止懸浮固體物與堵塞，液滴及粉塵通常掉至包覆有捲軸外面的套筒中，適用於含反應性單體的製程式系統中。它的缺點為必須裝置於管徑及厚度較大的管線。

(四)液態封緘抑焰器

液態封緘抑焰器內充滿了惰性液體，水是最常用的封緘液體，氣體通過此類封緘抑焰器時，會形成不連續的氣泡，外界火焰與可燃性氣體接觸前，即被急速熄滅。此類抑焰器通常裝在製程設備與燃燒塔、焚化爐之間，以避免焚化

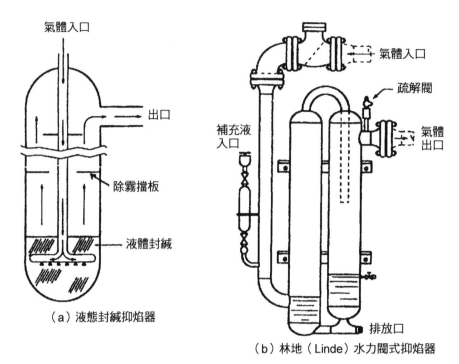

（a）液態封緘抑焰器

（b）林地（Linde）水力閥式抑焰器

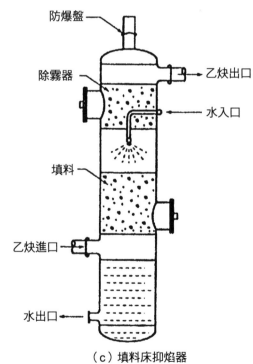

（c）填料床抑焰器

圖6-9　三種不同的抑焰器[9]

系統的火焰進入製程或管線之中。

(五)填料床抑焰器

填料床的構造複雜，價格高，僅適於易爆性、穩定度低的氣體，如乙炔、環氧乙烯製程之中。

(六)金屬網抑焰器

它是由多層金屬網所構成，價格低廉，易於安裝，缺點為無法有效抑止高速火焰，而且由於網隙小，氣體流動阻力大。

(七)穿孔盤

它是由穿孔的金屬盤板製成，較金屬網堅固，而且不易發生過熱現象，但對流體阻力較大。

(八)燒結金屬

燒結金屬可有效抑止火焰，但是對氣體流動阻力大，適用於氣體流速低的狀況之下，例如氣體偵測器的感測器或焊接工具上。

6.2.2.2 線中抑焰器

裝置在管線、設備、系統之中的抑焰器稱為線中抑焰器，由火焰進入管線或系統之後，有足夠的距離，可以由突燃轉變為爆震，此類抑焰器必須能夠抑止爆震及突燃性火焰，因此又稱為爆震焰抑焰器。**圖6-10**顯示它裝置於有機蒸氣回收處理系統的位置。

爆震焰抑焰器除了冷卻、抑止火焰外，還必須能支撐爆震震波所產生的機械效應：

1.由突燃轉變為爆震時所產生的短期性高壓負載。
2.穩定爆震所產生的長期性較低壓力的負載。

由於火焰速度每秒超過2,500公尺，抑焰器難以有效抑止爆震式火焰，但是必須具備抑止突燃式火焰的蔓延。摺疊帶式與金屬轉軸式是最主要的線中抑焰器。

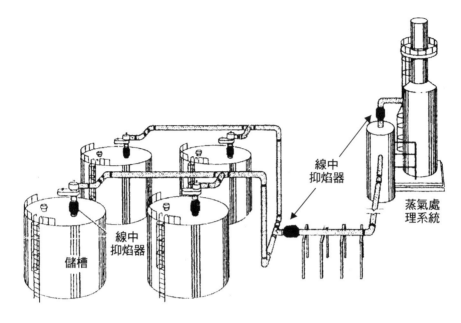

圖6-10　線中（爆震焰）抑焰器安裝位置

(一)摺疊帶式抑焰器

摺疊帶式爆震焰抑焰器與前面所提的適用於突燃焰的摺疊帶式抑焰器的功能相似，火焰進入摺疊帶中時，熱能會被周遭金屬迅速傳去，因而熄滅火焰。由於爆震式火焰的傳遞速度遠高於突燃焰，摺疊帶的孔隙必須減小，以降低熱能，其厚度必須增長，以提供足夠的冷卻時間；爆震焰的衝力大，抑焰器的構造及機械張力必須加強，因此對氣體流動所造成的阻力也將增加。

(二)金屬轉軸式抑焰器

構造如前面所述適用於突燃焰的抑焰器相同，只不過間隙減小，厚度加長，支撐及機械張力加強而已。

6.2.3 規範、測試及鑑定

抑焰器必須通過合格測試中心或機構如保險商實驗室（UL）或工廠互助工程公司（FMEC）所執行的標準測試，如美國UL 525標準（應用於石油油品及汽油儲槽排氣口的抑焰器標準）或美國工廠互助工程公司第6061號標準（Class No. 6061：儲槽排氣管抑焰器標準）。UL 525第六版中，亦包括爆震焰抑焰器

的測試標準。

英國標準協會（British Standards Institution, BSI）已公布了一項「一般用途抑焰器規範」草案，但尚未正式實施，國際海事組織（International Maritime Organization, IMO）也發表過有關爆震焰抑焰器的測試標準：防止火焰進入油輪儲槽抑焰器設計測試及安裝位置的修正標準。美國海岸防衛隊（USCG）也出版一本有關爆震焰抑焰器的標準規範（Standard Specifications for Detonation Flame Arresters）。**表6-2**及**表6-3**分別列出測試標準，以供參考。

表6-2　突燃焰抑焰器測試標準[10,11,12]

測試項目	美國海岸防衛隊（USCG）	UL 525	英國標準協會（BSI）
突燃：限制式	無	無	無
突燃：無限制	3項	3項	9項
燃燒時間	2小時	1小時	30分
流量	有	未確定	有
抗腐蝕性	有	未確定	有
水靜力測試	有	未確定	有
氣動測試	有	未確定	有

表6-3　爆震焰抑焰器測試標準[10,11,12,13]

測試項目	USCG	CSA（註）	UL 525	IMO	BSI
突燃（限制性）	10	15	10	無	無
突燃（未限制）	10	15	10	無	1
過驅爆震	5	5	5	3	11
穩定爆震	5	5	5	無	1
長期穩定爆震	無	無	無	無	無
延續燃燒時間	2小時（第一類）15分（第二類）	3小時	2小時	2小時	30分
流量	有	有	未確定	有	有
抗腐蝕性	有	有	同上	有	有
水靜力測試	有	有	同上	有	有
氣動測試	有	無	同上	有	有

註：加拿大標準協會（Canadian Standards Association, CSA）

 6.3 突燃焰爆炸抑止系統

此系統在突燃現象發生初期，即可偵測出來，及時加入適當的抑制劑，可防止突燃焰的蔓延及破壞，突燃焰抑焰程序與突燃焰加速燃燒過程相互競爭，它必須在因突燃所造成的壓力快速上升之前，發生抑制作用。容器愈大，所允許因應時間愈長，相反的，燃燒速度愈大時，因應時間愈短。**圖6-11**顯示一個體積為1.9立方公尺的圓球形容器中粉塵爆炸的壓力曲線圖，爆炸抑制系統的因應時間僅0.1秒，如果在0.1秒時間內，無法有效撲滅火焰，則壓力急速上升，在0.1秒之間，壓力由1.0bar增加至9.0bar；而在一個體積為25立方公尺的容器內，因應時間可增至0.25秒。壓力上升速率與體積的三次方根成反比：

$$(dP/dt)_{max} \cdot V^{\frac{1}{3}} = K \text{（爆炸威力指數）} \tag{6-2}$$

$(dP/dt)_{max}$為最大壓力上升速率，單位為巴／秒（bar/s）

V為體積（立方公尺，m^3）

K為爆炸威力指數，與物質特性有關，為常數

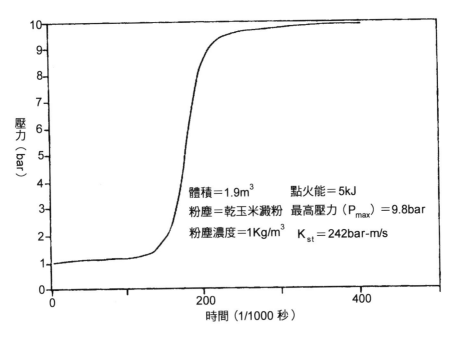

圖6-11　球形容器內粉塵爆炸壓力曲線[14]

6.3.1 爆炸抑制過程

突燃焰爆炸抑制過程，包括感測及抑制兩部分，**圖6-12a**顯示一個未抑制的爆炸壓力曲線，**圖6-12b**則為抑制過程及抑制後壓力曲線，爆炸發生後，壓力上升，感測器偵測出壓力變化後，即發出訊號，抑制劑大量釋出，將火焰撲滅。

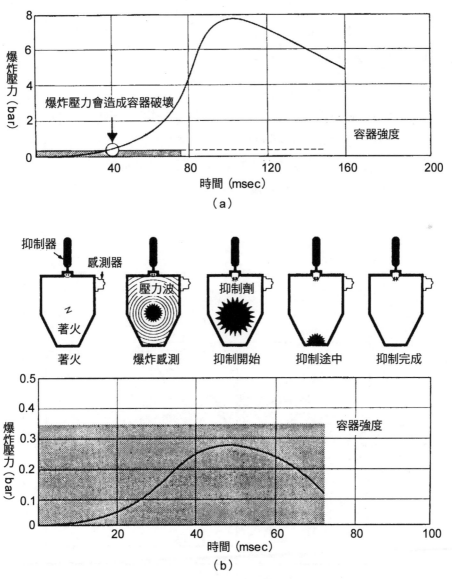

圖6-12　未抑制與抑制後爆炸壓力比較[15]

6.3.2 爆炸抑制系統構造

爆炸抑制系統由感測器、抑制系統及控制器所組成（**圖**6-13）。

6.3.2.1 爆炸的感測

突燃焰產生後，會造成周圍溫度、壓力的上升並放出光（輻射），因此由溫度、壓力及光的變化，即可偵測出爆炸是否發生。常用感測器有下列幾種：

1.壓力感測器（**圖**6-14a）。
2.壓力速率感測器。
3.輻射（光）感測器。

由於氣體的導熱係數低，溫度感測器難以在極短的時間（0.1秒以內）反應，較少用於爆炸的感測。在空闊的空間中，例如溶劑儲存，幫浦、氣膠濃度高的房間內，多使用輻射式感測器（紫外線或紅外線感測器）。在封閉的桶、槽中或粉塵瀰漫的空間裡，則使用壓力感測器；壓力速率感測器僅應用於高壓或真空系統之中。

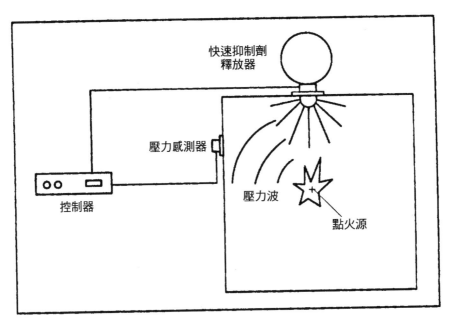

圖6-13　爆炸抑制系統圖—[14]

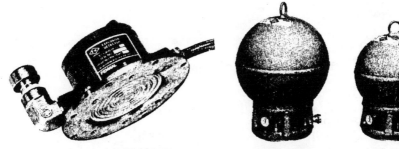

（a）壓力感測器　　　　（b）快速抑制劑釋放器（HRD）

（c）控制器

圖6-14　爆炸抑制系統圖二[15]

6.3.2.2 爆炸的抑制

　　抑制系統是由一個或數個快速抑制劑釋放器（HRD）（**圖6-14b**）所組成，釋放閥可在1/1000秒之間，將抑制劑快速放出。常用的抑制劑為：

1.水。

2.乾式粉末化學藥劑，如成分以碳酸氫鈉（$NaHCO_3$）或磷酸二氫銨（$NH_4H_2PO_4$）為主的滅火劑。

3.鹵系滅火劑，如海龍（Halon）——1011、1301、2402、1211系列；氟化碳氫化合物，含氫氟酸根的碳氫化合物。

　　抑制劑具有冷卻及化學抑制作用，不僅可急速將熱能由火焰傳出，並且可切斷燃燒的連鎖反應。

　　水會迅速將火焰溫度降至著火點之下，使燃燒不能繼續進行，鹵素系列碳氫化合物燃點高，難以燃燒，也可將燃燒反應切斷。海龍系列最適於爆炸抑制用途，但是由於會破壞大氣中臭氧層，將於數年內禁止使用。

6.3.2.3 控制器

控制器（**圖6-14c**）負責訊號傳遞、壓力的設定及系統的監控，為了避免停電而無法發揮功能，通常亦接至由電池組成的獨立供電系統。

6.3.3 爆炸抑制系統的設計

爆炸抑制系統設計之前，必須瞭解系統中可燃物質的特性如：

1.化學成分。
2.著火點及臨界溫度（Critical Temperature）。
3.著火（爆炸）下限。
4.爆炸指數（K_{st}）。
5.最高壓力。

然後依據所欲防護的系統（容器、空間、桶槽等）的形狀及容積，求出所能允許的反應時間，而選擇適當抑制劑、感測器等。抑制效果的評估可參閱國際標準組織（International Organization for Standardization, ISO）發表的ISO 6184/4-1985（E）方法：

Explosion Protection Systems-Part 4: Determination of Efficacy of Explosion Suppression Systems (1985).

 6.4 管路中燃燒隔離裝置

製程設備之間物質的輸送多經由管線系統，任何一個設備著火後，火焰不僅會經由管線系統傳遞至其他設備，而且還可能在管路中轉變成破壞威力更大的爆震焰，因此管路燃燒隔離系統是保護製程設備的主要裝置。

常用的隔離裝置有下列四種：(1)抑焰器；(2)回流中斷器；(3)隔離系統；(4)抑爆系統。

其中抑焰器已在前文介紹過，將不重複討論。

6.4.1 回流中斷器

回流中斷器（Backflash Interrupters）如**圖6-15a**所顯示，火焰發生後，頂蓋迅速開啟，可將著火物質及時排至大氣之中，火焰無法繼續沿著管線蔓延。目前尚無任何設計標準或法則可供參考，設計時宜依據過去實驗數據或經驗。

6.4.2 隔離系統

隔離系統是由感測器、控制器與緊急隔離閥所組成（**圖6-15b**），管線中物質著火後，感測器會迅速發出訊號，控制器則啟動隔離閥，將閥門緊閉，可以防止火焰的蔓延。設計時，必須考慮：

1.感測器的性能。
2.感測器位置及與隔離閥的距離。
3.閥的型式及關閉速度。刀型門閥（Knife Gate Valves）是隔離爆震焰最有效的閥型。

6.4.3 抑爆系統

管線中的抑爆系統（**圖6-15c**）與前文所提的容器抑爆系統類似，由感測器、抑制劑釋放閥及控制器組成。化學滅火器（抑制劑）如碳酸氫鈉、磷酸二氫銨，或是低沸點的鹵系碳氫化合物為有效抑制藥劑。鹵素碳氫化合物燃燒後，會產生腐蝕性高的鹵化氫（如HF、HCl），不僅會腐蝕管線，還可能傷及人體，選用時宜特別謹慎。

6.5 壓力疏解裝置

任何一個化學製程都可能會因設備的損壞、控制元件失誤、反應失控或人為的錯誤而造成系統壓力的上升，為了防止設備因壓力過高而損壞，設備或系統中裝置壓力疏解裝置（Pressure Relief Devices），及時排放系統中的流體，以疏解壓力，設置壓力疏解裝置的主要目的為：

延伸管領

纜線

頂蓋

20英寸

製程設備

23英寸

（a）回流中斷器

控制器

感測器

緊急隔離閥

點火源

焰鋒

（b）隔離系統

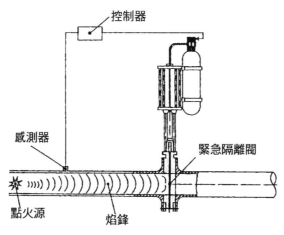

爆震感測器

隔離閥

壓力感測器

壓力感測器

快速抑制劑釋放器

爆震感測器

（c）抑爆系統

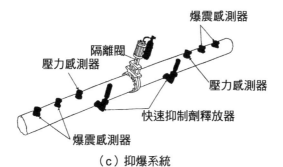

圖6-15　管路中燃燒隔離裝置[14,15]

1.保護設備、桶、槽及管線的完整。

2.降低因壓力過高，造成反應失控、下游設備的損壞。

3.減少設備、桶、槽或管線因過壓的影響，破裂後所造成的災害。

4.遵循政府安全法規中的規定。

5.減少財產保險費用。

　　壓力疏解裝置泛指由輸入流體的靜壓所開啟，以避免在緊急狀況或製程失控下，液體壓力超過安全壓力的疏解裝置，主要壓力疏解裝置為：(1)壓力疏解閥；(2)防爆盤；(3)防爆針；(4)防爆板等四種。

6.5.1 壓力疏解閥

　　壓力疏解閥依其開啟方式為直接作用式與導閥操控式（Pilot Operated）兩種。直接作用式是利用重量、彈簧或兩者組合，以緊閉閥墊，重量負載閥應用於低壓（103kpa或15psi）情況，彈簧負載閥應用最廣，絕大多數的疏解閥屬於此類。導閥操控式則包括一個主閥及一操作主閥開關的導閥（Pilot Valve），適用於操作壓力與設備的最高許可操作壓力（MAWP）相近的系統。**圖6-16**顯示系統壓力、壓力疏解閥設定壓力與疏解壓力的關係。

6.5.1.1 重量負載閥

　　重量負載閥又稱重量托板閥或通氣孔，構造簡單（**圖6-17a**），價格低廉，是利用座版或托板的重量將閥緊閉，當閥內壓力超過重量負載時，則會開啟。重量負載閥適用於大型低壓儲槽頂端，便於儲槽進料通氣時的壓力疏解。系統設計壓力不得超過103kpa（15psi）。

　　閥門入口壓力超過負載後，即會開啟，其開啟程度與壓力有關，壓力必須超過設定壓力1倍（100%）以上，才會完全開啟（**圖6-17b**）。

6.5.1.2 彈簧負載閥

　　它是以彈簧的力量緊閉閥門，依其用途可分為下列三種：

(一)疏解閥（Relief Valves）

　　由上游靜壓所開啟的疏解閥，壓力愈高，啟動盤開啟的程度愈高，流量愈

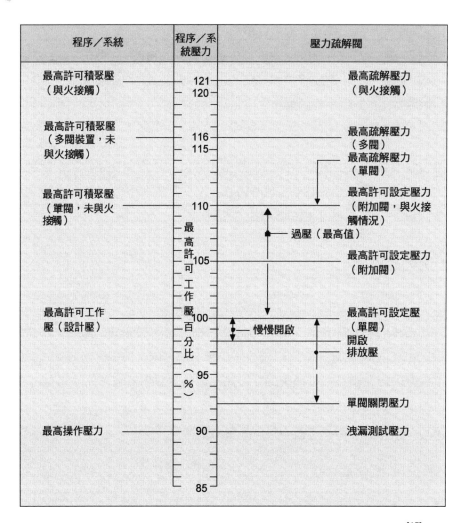

程序／系統	程序／系統壓力	壓力疏解閥
最高許可積聚壓（與火接觸）	121 120	最高疏解壓力（與火接觸）
最高許可積聚壓（多閥裝置，未與火接觸）	116 115	最高疏解壓力（多閥） 最高疏解壓力（單閥）
最高許可積聚壓（單閥，未與火接觸）	110	最高許可設定壓力（附加閥，與火接觸情況） 過壓（最高值） 最高許可設定壓力（附加閥）
	最高許可工作壓百分比（%）105	
最高許可工作壓（設計壓）	100	慢慢開啟　最高許可設定壓（單閥） 開啟 排放壓
	95	單閥關閉壓力
最高操作壓力	90	洩漏測試壓力
	85	

圖6-16　程序／系統壓力疏解閥設定壓力與疏解壓力的關係[15]

大，適用於液體的疏解。

(二)安全閥（Safety Valves）

閥門僅需少許過壓，即會快速開啟，適用於工業氣體、空氣、蒸氣的疏解。

(三)安全疏解閥（Safety Relief Valves）

兼具安全閥與疏解閥的功效，是最常用的壓力疏解裝置。安全疏解閥依其構造及功能，又可分為傳統式及平衡式兩種：

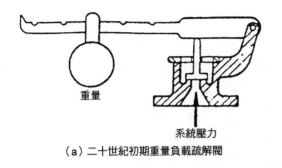

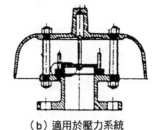

（a）二十世紀初期重量負載疏解閥

（b）適用於壓力系統

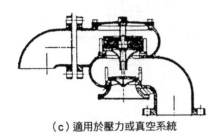

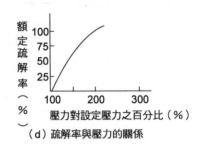

（c）適用於壓力或真空系統

（d）疏解率與壓力的關係

圖6-17　重量負載疏解閥[16]

1.傳統式安全疏解閥

　　傳統式安全疏解閥（Conventional Safety Relief Valves）的構造如圖6-18a所顯示，閥門的開啟受系統壓力、彈簧力及背壓影響而定，圖6-18b顯示兩種不同護套內的空氣排放設計，如果空氣直接排入大氣之中，背壓作用於閥門的方向與系統壓力相同，背壓含抵消部分彈簧力，系統壓力不需升至設定壓，即會開啟閥門。如果空氣通入閥排氣口，背壓作用的方向與系統壓力相反，系統壓力必須升至設定壓與背壓之和時，閥門才會開啟。無論哪一種設計，背壓不得超過設定壓力的10%，否則無法達到設計效果。由圖6-19可知，背壓超過10%以上，疏解率會大幅降低。

2.平衡式安全疏解閥

　　平衡式安全疏解閥（Balanced Safety Relief Valves）可以有效抵消背壓，只要背壓低於設定壓的50%，閥門開啟不受影響，主要型式有活塞式（Piston Type）及伸縮管式（Bellows Type）兩種（圖6-20）。

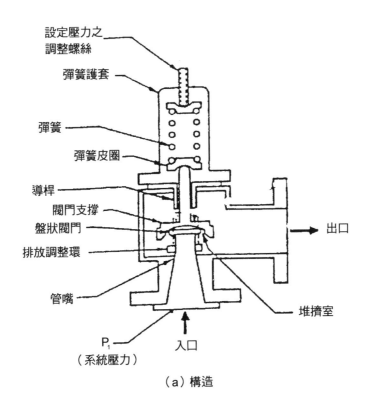

（a）構造

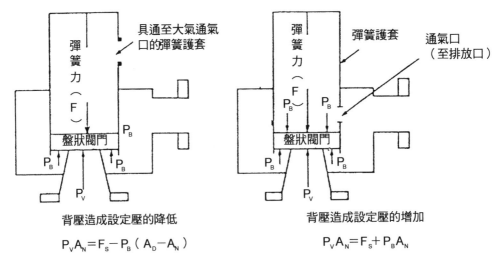

彈簧護套與大氣相通　　　　　　　彈簧護套與排放口相通

背壓造成設定壓的降低　　　　　　背壓造成設定壓的增加

$$P_V A_N = F_S - P_B (A_D - A_N)$$ 　　　　　$$P_V A_N = F_S + P_B A_N$$

A_D＝盤座面積；A_N＝噴嘴出口面積
F_S＝彈簧力；P_V＝容器壓力；P_B＝背壓

（b）背壓對閥門（盤座）開啟壓力的影響

圖6-18　傳統式安全疏解閥[15]

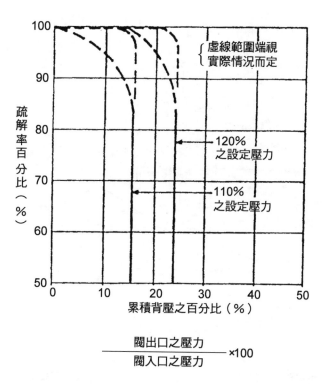

圖6-19　**傳統安全疏解閥之背壓與疏解閥的關係**[15]

6.5.1.3 導閥操控式壓力疏解閥

此類疏解閥是利用導閥控制主閥的開關，導閥可分為活塞式（Piston Type）（**圖6-21a**）及隔膜式（Diaphragm Type）兩種，兩者工作原理相同，一種以活塞的上下移動，另一種則以隔膜的脹縮，控制主閥的開關。主閥的開關方式依需要可設計為快速開關式及調節式兩類，當系統壓力達到設定壓力時，快速開關式的主閥全面開啟，而調節式的主閥可視壓力高低，調節疏解流量，壓力愈大，閥門開啟程度愈高，疏解流量愈大。

導閥操控式疏解閥的背壓，即使高至設定壓力的**60%**，亦不至影響其疏解率（**圖6-21b**），如果背壓超過系統壓力，活塞或隔膜底部所承受的壓力高過頂部壓力，也會迫使活塞式隔膜上移，開啟閥門，而造成逆流現象，為了防止背壓過高而逆流，可安裝逆流防止器（Backflow Preventer）。

導閥操控式疏解閥適用於乾淨的氣體或液體的疏解，不宜應用於含有腐蝕性、磨損性物質或在常溫下可能會冷凍的流體，切勿應用於聚合反應的製程中。

設定壓之
調整螺絲

護套通氣口

彈簧護套

彈簧

彈簧皮圈

轉軸

導桿

伸縮管

P_2

閥門支撐

盤狀閥門

排放調整環

出口

管嘴

堆擠室

P_1 （系統壓力）

入口

（a）構造

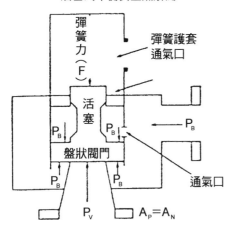

活塞式平衡安全疏解閥

彈簧力 （F）

彈簧護套
通氣口

活塞

P_B

P_B

P_B

盤狀閥門

P_B

P_B

通氣口

P_V

$A_P = A_N$

背壓造成設定壓的降低

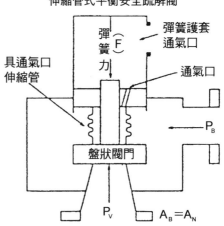

伸縮管式平衡安全疏解閥

彈簧力 （F）

彈簧護套
通氣口

具通氣口
伸縮管

通氣口

P_B

盤狀閥門

P_V

$A_B = A_N$

背壓造成設定壓的增加

A_B＝彈簧管有效面積；F_s＝彈簧力；P_s＝設定壓
A_D＝閥口面積；P_V＝容器壓力
A_P＝活塞面積；P_B＝背壓

$$P_V = P_S (P_V)(A_N) = F_S \qquad\qquad P_S = F_S / A_N$$

（b）背壓對設定壓力的影響

圖6-20　平衡式安全疏解閥[15]

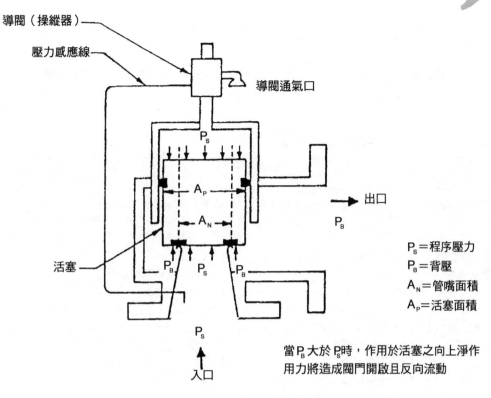

導閥（操縱器）

壓力感應線

導閥通氣口

P_S

A_P

A_N

出口

P_B

活塞

P_B P_S P_B

P_S

入口

P_S＝程序壓力
P_B＝背壓
A_N＝管嘴面積
A_P＝活塞面積

當 P_B 大於 P_S 時，作用於活塞之向上淨作
用力將造成閥門開啟且反向流動

（a）活塞式構造

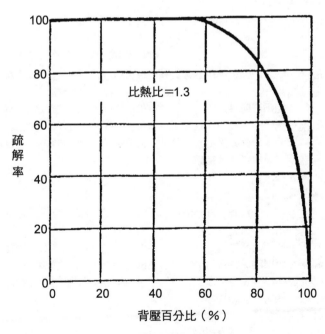

比熱比＝1.3

疏解率

背壓百分比（％）

（b）背壓與疏解率的關係

圖6-21　導閥操控式疏解閥[15]

6.5.1.4 壓力疏解閥的比較

表6-4列出各種不同類型壓力疏解閥的優缺點，表6-5則列出不同類型的特徵及適用範圍。

表6-4　各種壓力疏解閥的優缺點比較[16]

型式	優點	缺點
1.重量負載掣板式壓力疏解閥	(1)成本低 (2)設定壓可低至0.2kpa (0.5盎斯／平方英寸)	(1)設定壓不易調整 (2)閥門開啟及關閉時間長 (3)過壓需高至100%，閥門才可完全開啟 (4)盤座在低溫下容易凍結
2.傳統鐵座式安全疏解閥	(1)成本最低 (2)化學相容性廣 (3)溫度範圍大	(1)盤座易漏 (2)受輸入管內壓降影響大 (3)受背壓影響大 (4)閥門關閉及恢復原狀所需的時間長
3.傳統軟座式安全疏解閥	(1)疏解前座盤緊密性高 (2)疏解後關閉情況良好 (3)使用壽命長 (4)維修費用低	(1)溫度範圍受彈性軟座材質限制 (2)化學物應用受彈性軟座材質限制 (3)受輸入管內壓降影響大 (4)受背壓影響大
4.平衡彈簧管、鐵座式安全疏解閥	(1)設定壓不受背壓影響 (2)背壓低於設定壓之50%以下，不致影響疏解速率 (3)化學及溫度應用範圍廣	(1)座盤易漏 (2)閥門關閉所需時間較長 (3)彈簧管壽命短 (4)價格較傳統式高 (5)維修費用高 (6)受輸入管內壓降影響大
5.活塞／軟座／導閥操控式壓力疏解閥	(1)精巧、輕盈，適於高壓或高疏解速率需求 (2)疏解前閥門緊密性高 (3)疏解後閥門關閉及恢復性良好 (4)設定壓及排放壓易於調整 (5)可在現場直接測試與維修 (6)不受背壓影響 (7)具快速關閉或調組功能	(1)不宜應用於高分子聚合反應系統、腐蝕性、磨損性高的流體 (2)適用範圍（溫度及化學物）受軟座材質限制 (3)設定壓不可低於103kpa（15psig） (4)應用於液體疏解時，操控設備複雜
6.隔膜／軟座／導閥操控式壓力疏解閥	(1)可在低壓（0.5kpa，50mm水柱）使用 (2)疏解前閥門緊密性高 (3)疏解後閥門關閉性良好 (4)設定壓與排放壓易於調整 (5)具快速關閉或調組功能 (6)不受背壓影響 (7)可於現場直接測試及維修 (8)在極低溫狀況下，不會受流體冷凝影響	(1)不宜應用於高分子聚合反應系統、腐蝕性的流體 (2)適用範圍（溫度及化學物）受軟座材質限制 (3)設定壓不可超過347kpa（50psig） (4)應用於液體疏解時，操控設備複雜

表6-5　壓力疏解閥操作特性比較[16]

特性	安全疏解閥		重量負載式 通氣閥	導閥操 控式閥	疏解閥
	傳統式	平衡式			
操作穩定性					
壓力達95％設定壓	差	差	差	優	差
壓力達90％設定壓	優	優	差	優	差
壓力達80％設定壓	優	優	差	優	優
建議操作壓力（％設定壓）	90	90	70	93	95
適用性					
氣體	優	優	差	優	差
液體	差	平	差	差	優
背壓限制	10％	40％	註一	50-80％	註二
壓力範圍（kpa）	>69	>69	0.2-93	>172	>69
（psi）	>10	>10	0.03-13.5	>25	>10
輸入管徑（公釐）	25-200	38-200	50-610	25-305	13-25
（英寸）	1-8	1.5-8	2-24	1-12	0.5-1
真空疏解	否	可	可	否	否
材料	金屬	金屬	金屬或聚氯乙烯	金屬	金屬
開始漏氣的最高操作壓力 （開啟壓力％）	85-90	85-90	60-75	98	註二

註一：避免在有背壓情況下使用
註二：請教製造廠家

6.5.1.5 壓力疏解閥定徑

表6-6列出傳統壓力疏解閥定徑公式，以供參考。

6.5.2 防爆盤

防爆盤（Rupture Disk）是由系統內部壓力推動而爆破的裝置，防爆盤片破裂後無法繼續使用，必須更換。盤片是由金屬、石墨、塑膠等物質製成，厚度、形狀、直徑決定爆破所需設定壓力，盤片由兩個圓環夾住，再以標準凸緣固定。

6.5.2.1 型式

防爆盤的型式共有下列幾類：(1)傳統式；(2)截痕張力負載式；(3)複合式；(4)凹面反作用式；(5)石墨式。茲分述如下。

圖6-22顯示系統／程序壓力與防爆盤爆破壓力與疏解壓力的關係。

表6-6 傳統壓力疏解閥定徑

1.氣體

$$A = \frac{W}{CKK_bP}\left(\frac{TZ}{M}\right)^{\frac{1}{2}}$$

A＝疏解面積（平方英寸；in^2）   K＝閥排放係數（＝0.975）

W＝質量流率（磅／時；lb/h） K_b＝背壓係數（＝1，如果背壓小於55％）

T＝溫度（°R）   P＝Ps（設定壓力）＋Pov（過壓）

Z＝壓縮因子   ＝1.1 Ps 一般設備

M＝分子量   ＝1.2 Ps 火災中的一般設備

    ＝1.3 Ps 管線

$$C = 520\sqrt{k\left(\frac{2}{k+1}\right)^{\frac{k+1}{k+1}}}$$

$$k = \frac{C_P}{C_V} = \frac{定壓比熱}{定容比熱}$$

2.液體

$$A = \frac{V_L}{24.3Ka\left[(\triangle P)/(SG)^{1/2}\right]}$$

K_a＝部分開啟閥的有效面積因子

V_L＝液體體積流量（加侖／分；GPM）

SG＝液體比重（$SG_水$＝1）

(一)傳統式防爆盤

傳統式防爆盤（**圖6-23a**）是一個凸出金屬圓片，當凹面的壓力超過設定值時，盤片即會破裂。正常操作壓力低於設定壓力的70％，溫度、壓力週期變化小的情況下，傳統平面或角狀座式的設計的壽命很長，只要壓力不超過設定值，即不需更換。如果系統會產生真空或出口管線的背壓高時，盤片必須加裝支撐物，以防止盤片凹入或向內破裂。

(二)截痕張力負載式防爆盤

此類防爆盤片上刻劃著截痕，壓力超過設定壓時，盤片會沿著截痕而破裂，破裂後盤片不會破碎（**圖6-23b**），適用於操作壓力與設定壓力比值相近（約55％）的情況下使用。截痕張力負載式盤片較傳統式厚，可承受較高的機械式損害，不需任何支撐物，亦不受真空的影響。

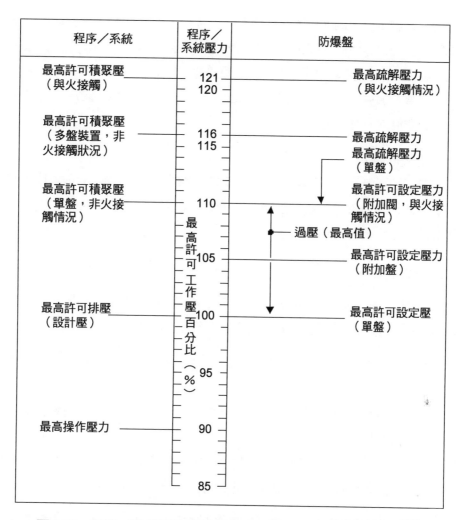

圖6-22 程序／系統壓力與防爆盤設定壓力及疏解壓力的關係[15]

(三)複合式防爆盤

複合式防爆盤片包括防爆金屬盤片（壓力盤片），非金屬封緘薄膜及真空支撐三部分（**圖6-23c**），盤片可製成凸面或平面兩種，凸面盤片較平面盤片耐用，可以允許操作壓力偶然高達設定壓力約80%，而不致受損，它的設定壓力較傳統式凸面盤片的設定壓力低，由於具備封緘薄膜，抗腐蝕性高，壽命比較長。平面複合盤片適用於操作壓力僅及設定爆破壓力的一半的低壓系統或排放管線上。

(四)凹面反作用式防爆盤

凹面反作用式防爆盤片呈凹狀（**圖6-23d**），中心向下低陷，適用於正常操

作壓力高達設定壓力的90%情況下使用，盤片較其他型式厚，不需防範真空的支撐物，抗蝕性亦較高，在溫度、壓力變化大的情況下，使用年限亦比較長。當系統壓力達到設定爆破壓力時，盤片受剪力作用而破裂，有些盤片上裝置刀刃組件，當盤片中心受壓力而向上凸起時，即為刀刃割破，盤片亦可刻化截痕，可因截痕受力而破裂。

(五)石墨式防爆盤

石墨式防爆盤是由石墨與黏結材料製成（**圖6-23e**），盤片受剪力或扭曲力而破裂。操作壓力不可超過設定壓力的70%。設定壓力低於103kpa（15psi）或背壓高時，必須裝置支撐物。

6.5.2.2 防爆盤的應用

防爆盤可以作為主要疏解裝置，也可作為次要的輔助疏解裝置。防爆盤的價格低，對於壓力的反應速率快，可以作為下列系統的主要疏解裝置：

1. 低壓系統：由於壓力低，防爆盤破裂後，系統內物質隨爆破而排放的質量低。
2. 不含危害性物質的系統：防爆盤破裂後，系統內部分物質雖會飛逸，因為無危害性，不會造成危害。
3. 高分子聚合反應槽：聚合反應失控時，壓力會急速上升，一般壓力疏解閥的反應時間較長，難以及時開啟，防爆盤則無此缺點。

防爆盤可與壓力疏解閥同時以並聯或串聯方式使用。最普通的並聯例子為以壓力疏解閥作為主要疏解裝置，將其設定壓調節於防爆盤設定壓之下，小幅度的壓力增加由壓力疏解閥處理，當壓力急速上升時，防爆盤可及時爆破，以避免設備的損壞。防爆盤可裝置在壓力疏解閥的上游管線，以防止壓力疏解閥受腐蝕性物質的侵蝕、固體粒塵的堵塞。由於壓力疏解閥難免會洩漏出少量氣泡，為了避免氣泡放逸至大氣之中，可將防爆盤裝置於壓力疏解閥的下游排放管上。

防爆盤的優點為：

1. 可在瞬間爆破，以全開方式達到壓力之疏解。
2. 構造簡單，安裝失誤機率很低，可靠度高。
3. 價格便宜，維護成本亦低。

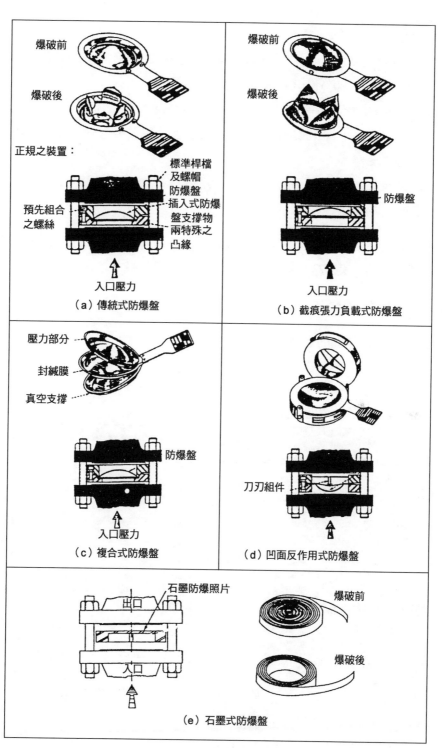

圖6-23　不同型式防爆盤[15]

防爆盤的缺點為：

1. 爆破後即喪失作用，必須更換，高壓力疏解閥俟壓力恢復正常後，內部組件亦恢復原狀，仍可繼續使用而不須更換。

2. 爆破後，必須及時停工整修，修復完成前，系統無法繼續操作。

3. 防爆盤的彈性極限與爆裂點的差距大，盤片易於發生彈性疲乏及前向彎曲的現象。

4. 缺乏線上檢測方法，使用者必須定期開啟管線，目視檢驗。

5. 易於過早爆破。

基於以上的體認，防爆盤不宜應用於壓力超過345kpa（50psi）的系統上，且必須定期檢驗，**表6-7**列出各種類型防爆盤的特性比較。

6.5.2.3 防爆盤的定徑

表6-8列出防爆盤的定徑公式。

表6-7　不同類型的防爆盤比較[16]

特性	傳統式	截痕張力負載式	複合式	凹面反作用式	石墨式
1.操作穩定性					
90%爆破設定壓	否	差	否	優	否
80%爆破設定壓	差	優	可	優	差
70%爆破設定壓	優	優	優	優	優
2.週期性壓力變化影響	嚴重	輕	輕	輕微	嚴重
3.週期性溫度變化影響	嚴重	輕	輕	嚴重	嚴重
4.盤片破碎	一般	無	無	無	嚴重
5.液壓疏解	優	優	優	不宜使用	優
6.可否應用於壓力疏解閥上游管線	否	可	可	否	否
7.爆破壓力範圍（kpa）	>14	>14	>14	>152	35-2068
（psi）	>2	>2	>2	>22	5-300
8.盤片直徑（公釐）	13-914	25-610	25-610	25-610	25-406
（英寸）	0.5-36	1-24	1-24	1-24	1-16
9.背壓影響	嚴重，須加支持物	輕	輕	輕	嚴重，須加支持物
10.真空影響	嚴重，須加支持物	輕	輕	輕	嚴重，須加支持物

表6-8　防爆盤的定徑

1.氣體

$$A（疏解面積）= \frac{W}{(0.81)CP}\left(\frac{ZT}{M}\right)^{\frac{1}{2}} \quad （註）$$

2.液體

$$A（疏解面積）= \frac{144W'}{C(2gh)^{\frac{1}{2}}} \quad （in^2）$$

W'＝液體體積流量（立方英尺／秒）
C ＝0.61　　　　N_{Re}（雷諾數）＞200
　＝0.50　　　　200＞N_{Re}＞100
　＝0.40　　　　100＞N_{Re}＞50
h ＝設定壓力（英尺液柱）

註：公式中A、W、P、Z、T、M與表6-6相同

6.5.3 防爆針

防爆針（Rupture Pin）是針對防爆盤的缺點改良而設計的壓力疏解裝置，其開啟點相當準確，誤差低於設定值的5%，由於控制開關的針桿不與系統內的操作流體直接接觸，不受流體的溫度、腐蝕性的影響，材質也不會發生彈性疲乏的問題。

防爆針壓力疏解裝置的主要組件為活塞開關及控制活塞的針桿，針桿可以精確感應作用於活塞上的軸向力量，當軸向力量達到臨界值（即設定值）時，針桿彎曲，活塞即瞬間上移至全開位置（**圖6-24**），防爆針裝置可依實際需要，製成不同形狀，爆破後僅須更換針桿即可，其餘組件仍可繼續使用。

6.5.4 防爆板

防爆板適用於低壓或常壓乾燥設備、粉末儲存槽、建築物及脫臭設備，可在極短的時間內破裂，以疏解系統中的壓力。**圖6-25**顯示防爆板的效果，防爆板可在著火後0.1秒反應，破裂所需時間僅3/1000秒，對於壓力變化的敏感度高，標準誤差僅350公釐（mm）水柱。**圖6-26**顯示防爆板的構造、角型防爆板及設置實例圖。

表6-9列出防爆板的定徑公式，以供參考。

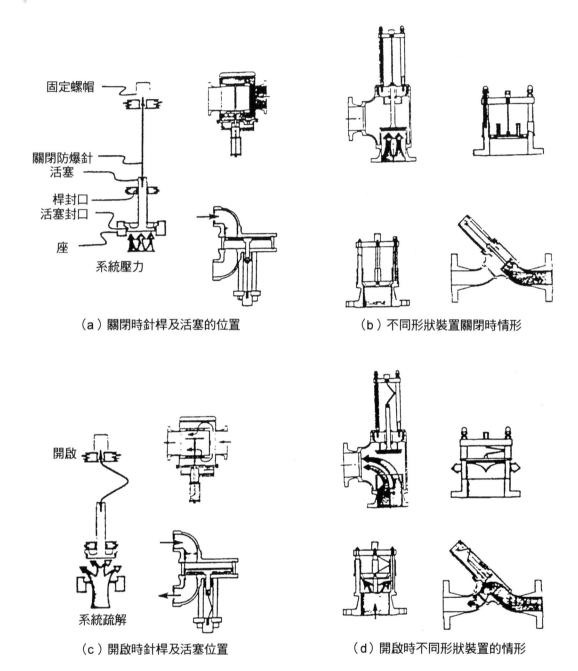

固定螺帽

關閉防爆針
活塞

桿封口
活塞封口

座

系統壓力

（a）關閉時針桿及活塞的位置

（b）不同形狀裝置關閉時情形

開啟

系統疏解

（c）開啟時針桿及活塞位置

（d）開啟時不同形狀裝置的情形

圖6-24　防爆針針桿及不同形狀防爆針裝置[16]

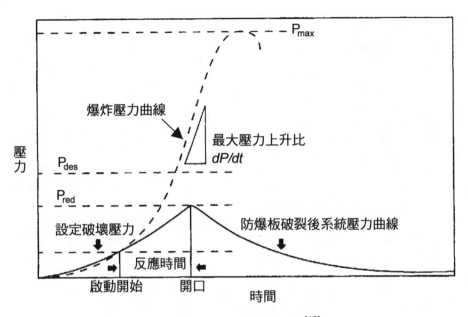

圖6-25 防爆板的功效[18]

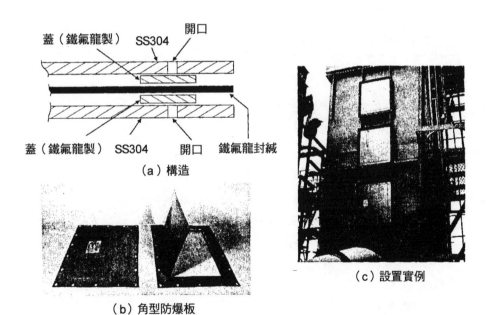

（a）構造

（b）角型防爆板

（c）設置實例

圖6-26 防爆板的構造、外型及設置實例[17]

表6-9 防爆板定徑方法[18]

1.系統承受壓力低於0.1bar的建築物[17]

$$Av（疏解面積）= \frac{C \cdot As}{\sqrt{P_{red}}}$$

Av＝防爆板面積（平方公尺；m^2）
As＝設備內表面積（平方公尺；m^2）
P_{red}＝防爆板破裂壓力（kpa）
C＝常數＝0.37
　　　　＝0.45
　　　　＝0.26 （爆炸等級St-1類粉塵）

2.氣體
$Av = a(V)^b \, e^{c(P_{stat})} (P_{red})^d$
V＝設備容積（立方公尺；m^3）
e＝自然對數常數＝2.718
氫氣：a＝0.279；b＝0.680；c＝0.755；d＝0.393
桶裝瓦斯：a＝0.148；b＝0.703；c＝0.942；d＝0.671

3.粉塵
$Av = a(V)^{2/3} (K_{st})^b (P_{red})^c$
$a = 0.000571 \, e^{2P_{stat}}$
$b = 0.978 \, e^{-0.105P_{stat}}$
$c = -0.687 \, e^{0.226P_{stat}}$
K_{st}＝爆炸指數

 6.6 緊急移送及處理系統

　　製程設備失常，化學反應失控，可燃性、危害性物質洩漏，或是意外（火災、爆炸、天災、人禍）發生時，製程中的物質必須移送至適當的儲存、處理、處置場所，以免事故擴大，此類設備與管線的組合，稱為緊急移送及處理系統。

　　緊急移送及處理系統包括下列三個部分：

1.排放裝置。
2.排放物質收集管線。
3.處理、處置、暫時儲存設備。

　　排放裝置為壓力疏解閥、爆破盤、緊急排放閥、通氣孔、通氣口等，壓力疏解裝置已於前面介紹過。排放閥可分為間歇性、連續性、緊急自動或手動控

制閥，其裝置目的與壓力疏解裝置類似，在於調節壓力系統內物質的質量或壓力，通氣閥、口裝置於低壓或常壓儲槽或設備之中，所使用的閥、孔、口與一般閥、孔類似，不在此贅述。

收集管線的設計必須考慮排放物質相態、物理／化學特性、溫度、壓力、相容性、相互之間的反應，避免將氣體與液體收集在同一主管線之中，互不相容或混合後會產生化學反應的物質，也不宜收集在同一管線系統中。

處理／處置設備為：

1. 氣體處理／處置設備：火炬（燃燒塔）、焚化爐、冷凝塔、吸收塔、物質吸附設施。
2. 液體處理／處置設備：急冷槽、氣水分離槽、焚化爐、油水分離設備。

6.6.1 氣體移送處理及處置系統

由排放／疏解裝置釋出的氣體物質，先由適當的管線收集，然後依其特性，送至適當處理／處置設備中，將其危害特性去除後，排放至大氣之中，有時也可回流至其他製程中，或送至回收設備，予以回收利用。

6.6.1.1 收集管線

設計時，應考慮下列幾個基本準則：

1. 宜將特性、溫度、壓力相似及來源位置相近的氣體，匯總於一個系統之中。
2. 特殊酸性、腐蝕性或危害性氣體分別以不同管線收集。
3. 管線宜成筆直形，避免中低凹或是可能產生袋囊的部分，以免氣體中所含的蒸氣或水分冷凝後積聚，造成腐蝕或管線內流體的滯流。
4. 為了避免大量液體意外進入主收集管線，而造成管線破裂或傾倒，設計時宜考慮其支撐力及張力是否能支撐管線半滿的狀態。
5. 進行張力分析（Stress Analysis）。
6. 避免由一生產單元工場穿過其他生產單元，以免維修時影響其他生產單位的操作。邊緣延伸與既有的管線架並排。
7. 管線的布置及安排，宜沿著生產單元工場。

8. 避免管線形成U形狀，換句話說，管線宜由下向上或向平面方向延伸，由上向下延伸的管線至一定高度後，可以水平方向延伸，但是避免再向上延伸。

9. 試俥時不可將著火性或可燃性有機蒸氣的疏解排放管線作為疏解空氣或水蒸氣之用。

10. 管線中宜通入少量氮氣，並避免空氣進入，以免疏解閥開啟時，管線中形成可燃蒸氣與空氣的混合物。

11. 如果燃燒塔或其他處理／處置設備與生產工場距離很遠時，考慮在兩者之間設置一氣／液分離槽。

12. 考慮加長保溫材料，以避免溫度較低的部分疏解氣體在管中冷凝或固化。

13. 選擇適當材質，以避免腐蝕或因張力不足而破裂。

收集管線依其材質，可分為下列幾種：

1. 冷管：以奧斯汀不鏽鋼（Austenitic Stainless Steel）製成，使用於乙烷或沸點在一大氣壓下低於$-45°C$的低分子量的碳氫化合物的傳送。

2. 中溫管：以退火的碳鋼製成，適於$0°C$至$-45°C$之間乾冷的有機蒸氣的傳送。

3. 熱管：以碳鋼製成，適於收集溫度在$0°C$以上的蒸氣，大部分的疏解氣體以此類管線收集。

4. 酸氣管：由不鏽鋼管製成，適於收集及傳送含有二氧化硫或氯化氫等酸氣。

管徑大小的決定，必須考慮整體系統可能發生的最壞狀況，以及流量最大的狀況，所產的壓力分配，避免管線中壓力過高，而影響疏解裝置的開啟及釋放率。如果某些疏解裝置的設定壓力較大多數連接在同一管線系統的裝置過高或過低時，宜考慮將設定壓力範圍不同的疏解裝置分離，而由另一獨立的主管線或支管線收集。

6.6.1.2 處理／處置設備

主要氣體處理／處置系統為燃燒塔、焚化爐、冷凝塔、吸收塔、吸附設備等。茲將其基本構造及功能簡介於後，讀者可參閱下列參考書籍：

1.*Handbook: Control Technologies for Hazardous Air Pollutants*, EPA/625/6-91/014, June, 1991, USEPA.

2.J. F. Straitz III and R. J. Altube, *Flares: Design and Operation*, National Air Oil Burner Company Publications, Philadephia, PA., USA, 1980.

3.API 521, *Guide for Pressure-Relieving and Depressuring Systems*, 2nd Edition, American Petroleum Institute, Washington, D. C., USA, 1982.

4.張一岑，《有害廢棄物焚化技術》，聯經出版事業公司，1991年。

5.張一岑、徐啟銘著，《化工製程安全設計》，揚智文化事業股份有限公司，1995年。

圖6-27顯示各種不同有機氣體處置方式的適用範圍及效率。

(一)燃燒塔

燃燒塔是煉油、石化及一般化學工廠最常用的氣體處置設施，它的翻折比（Turndown Ratio）高，可處理大量製程排氣，其銷毀及去除效率（Destruction and Removal Efficiency）約98%。火炬依其燃燒現象分為：

1.非無煙式（Non-Smokeless）：適於處置甲烷、氫氣、一氧化碳、氨氣或煉鋼高爐排氣，燃燒時不產生黑煙，適用於油／氣生產平台、液化石油氣及天然氣轉運站、煉鋼廠、廢水厭氣消化系統等場所。

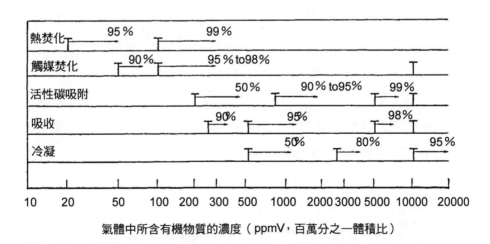

圖6-27　不同有機氣體處理方式的適用範圍及效率[16]

2. 無煙式（Smokeless）：適於處置分子量較甲烷高的飽和或非飽和烴類及芳香族碳氫化合物，為了避免燃燒不完全而產生黑煙，必須使用蒸氣、高壓燃氣、空氣或產生漩渦流動裝置，以促進氣體與空氣的混合及亂流。用途甚廣，適用於煉油、石化、一般化學品、地下儲槽、氣體工廠等場所。

3. 吸熱式（Endothermic）：由於氣體熱焓低，必須使用燃料助燃，以確保火焰的持續。適用於處置含硫或酸氣的製程排氣、氨氣儲槽排氣、焦碳爐排氣等。

燃燒塔依其空間限制或用途要求，可建成下列四種不同形狀：

1. 直立式：即常見的燃燒塔，燃燒器裝置於煙囪頂端，**圖6-28**列出各種不同的設計。
2. 水平（坑）式：適於雙相排放流體的處置，包括一組裝置於凹坑上的管線及引火燃燒器（**圖6-29**）。
3. 地面燃燒塔：燃燒器裝於地上，四周圍以耐火磚以阻擋輻射、照明及噪音（**圖6-30**）。
4. 外海平台吊桿式：適於外海油氣生產平台之用（**圖6-31**）。

圖6-32顯示一個直立式燃燒塔的系統圖，包括：

1. 氣／液分離槽：分離氣體中所夾帶的液體。
2. 封緘槽：內部充滿液體，排放氣體流入液面之下，以防止空氣進入排氣管線至燃燒塔之間的管線，以免發生爆炸、著火的危險。
3. 煙囪：排放燃燒後氣體；煙囪之中裝置分子封緘裝置，防止氣體逆流。
4. 導焰系統：維持火焰的持續。

燃燒塔的設計請參閱筆者所著《化工製程安全設計》及美國石油協會出版的API 521報告（Guide for Pressure-Relieving and Depressuring Systems），故不在此討論。

(二)焚化設備

焚化爐與燃燒塔類似，也是以燃燒方式銷毀排氣中的可燃有機物質。主要的氣體焚化方式有兩種，一種為熱焚化，另一種為觸媒焚化。熱焚化爐最適於

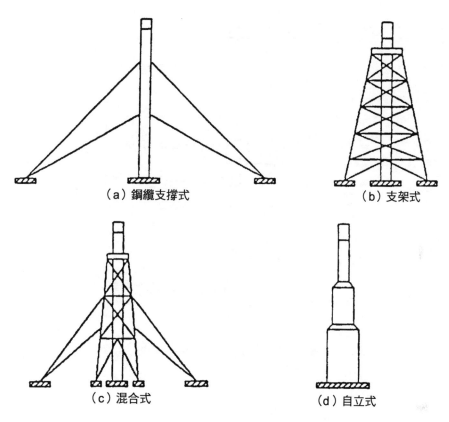

（a）鋼纜支撐式　　　　　（b）支架式

（c）混合式　　　　　（d）自立式

圖6-28　直立式燃燒塔[16]

處置流量穩定、含少量揮發性有機物質的排氣，設計良好的焚化爐焚化效率可達99%以上。

　　至於觸媒焚化則是利用觸媒（催化劑），以降低氧化溫度及增加反應速率的焚化方式，由於氧化溫度較低，約320～500℃之間，可以節省燃料費用。觸媒焚化多半使用於烤漆、油漆、塗裝工廠連續性排氣處理。排氣中的有機物質含量不宜太高，否則很容易造成觸媒的過熱及活性的喪失，而且也不適用於成分及流量變化大的排氣，銷毀效率約為95～96%。

(三)冷凝

　　將溫度降至沸點之下，以冷凝排氣中部分特定的物質，排氣中揮發性有機物質的濃度超過5,000ppm時，才適於使用冷凝方式。排氣流量不宜太高，流量超過55標準立方公尺／分以上時，冷凝器熱交換面積需求太大，不具經濟價值。

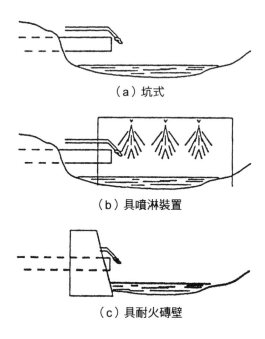

（a）坑式

（b）具噴淋裝置

（c）具耐火磚壁

圖6-29　水平（坑）式燃燒塔

(四)液體吸收

吸收是利用液體溶劑或反應劑與排氣接觸，以物理（吸收、溶解）或化學（反應）方式去除排氣某些特定物質。適用於回收排氣中某些物質或去除腐蝕性、酸性或有機物質。

(五)固體吸附

應用活性碳、樹脂、分子篩、矽膠、礬土等多孔、表面活性高的固體物質，將排氣中危害性、汙染性的物質，吸附於固體表面。排氣中揮發性有機物質的濃度可高達10,000ppm，濃度下限不拘，設計良好的系統可低至10～20ppm。

6.6.2 液體移送／處置系統

液體移送／處置系統即一般所謂液體排送系統（Liquid Blowdown Systems）包括：

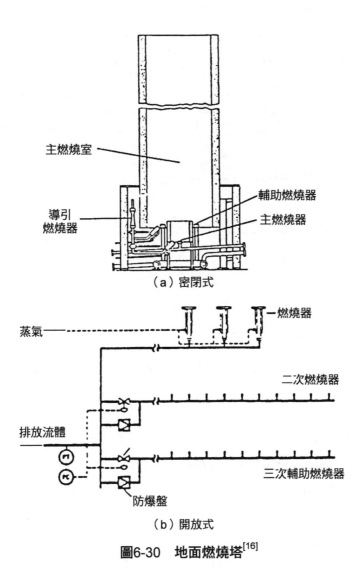

主燃燒室

輔助燃燒器

導引
燃燒器

主燃燒器

（a）密閉式

蒸氣

燃燒器

二次燃燒器

排放流體

三次輔助燃燒器

防爆盤

（b）開放式

圖6-30　地面燃燒塔[16]

1.傳送管線／溝渠：密閉式著火性、可燃性或危害性液體收集及傳送管
　線；含汙油的下水道；化學下水道等。

2.分離／冷卻設備：氣液分離槽；急冷槽；排放槽；油水分離設備。

3.處理／處置設備：焚化爐；特殊液體廢棄物處理設備；廢水處理設備。

　　一般液體廢棄物處理／處置設備請參閱相關一般廢水／廢液處理專書，危
害性液體的處理及處置可參閱下列書籍，而不在此討論：

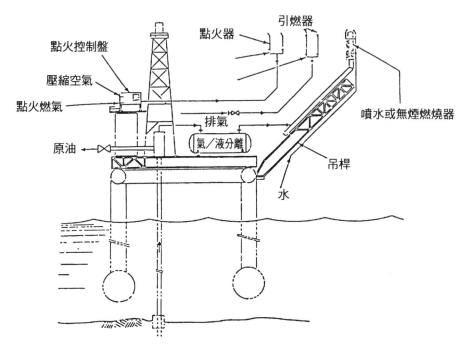

圖6-31　外海平台吊桿式燃燒塔[16]

1.張一岑，《有害廢棄物焚化技術》，聯經出版事業公司，1991年。

2.H. M. Freeman, Standard Handbook of Hazardous Waste Treatment and Disposal, McGraw-Hill, 1989.

6.6.2.1 液體的排放

　　緊急事故發生必須將設備中的液體物質排放。排放系統的設計宜考慮其物理／化學特性、危害性、可燃性，選擇適當收集管線、溝渠傳送至適當處理／處置設施。排放大量液體時，宜依照下列原則[18]：

1.低沸點液體宜排放至密閉的排放管線之中。

2.溫度高於其閃火點的液體，宜以密閉收集管線收集／傳送。

3.高沸點液體，如果其溫度低於閃火點，可排放至適當地下溝渠之中，再傳送至處理系統中。

4.含有低沸點有機液體的水溶液，先經氣／水分離槽，再送至適當處理／處置設施；由於此類液體當壓力降低後，可能會形成水合物（Hydrate）

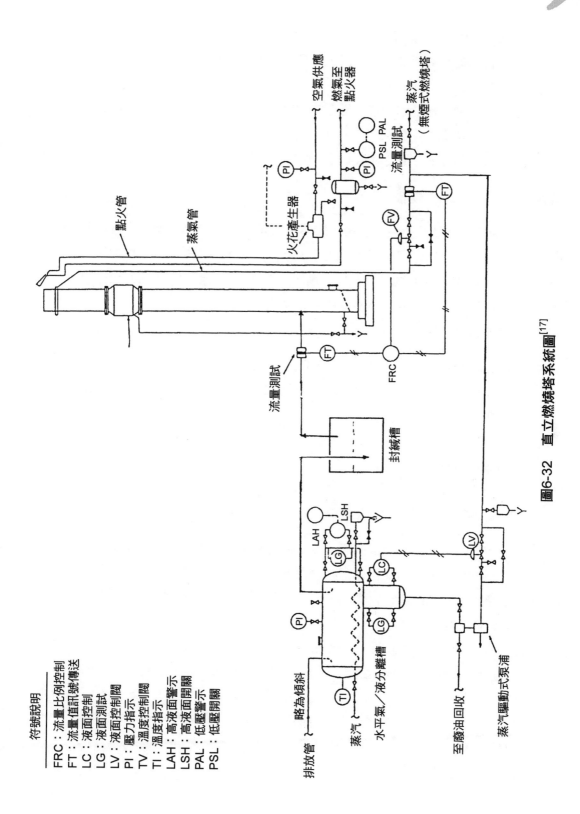

圖6-32　直立燃燒系統圖[17]

符號說明
FRC：流量比例控制
FT：流量值訊號傳送
LC：液面控制
LG：液面測試
LV：液面控制閥
PI：壓力指示
TV：溫度控制閥
TI：溫度指示
LAH：高液面警示
LSH：高液面開關
PAL：低壓警示
PSL：低壓開關

或冷凝為固體，造成管線的堵塞。

5. 含有高沸點有機液體的水溶液，可經由管線傳送至含油汙的下水道的通氣排放部分。

6. 混有廢鹼液的酸性水溶液宜送至常壓儲槽中，暫時停留，此儲槽之上必須裝置酸氣處理裝置。

7. 未被汙染的冷卻水及冷凝水，可排放至一般或油性水下水道。

6.6.2.2 分離／急冷設備

混合液體由高壓設備中排放後，驟然失去壓力，部分沸點低的物質會揮發為蒸氣，必須經過氣／液分離槽（**圖6-33**）。氣／液分離槽的操作壓力為一大氣壓，蒸氣可經頂部排氣口排放至氣體收集管線中，液體則向下流動至槽底部，暫時儲存，或經管線送至適當處理／處置場所。

分離槽的設計準則[18]為：

1. 液體入口管線的大小，宜以最大液體流率為基準計算。

2. 氣體／蒸氣出口管線，宜以最大流率狀況下，所揮發的氣體／蒸氣流量為基準。

3. 分離槽的操作壓力為一大氣壓或略高於一大氣壓，設計壓力至少為350kpa（50psi）。

4. 槽中安裝高液位警示器。

5. 槽的液體停留時間，以有機液體／水的分離時間為主要考慮因素。

急冷槽係以水或其他冷卻液體，冷卻或冷凝由疏解裝置排放的氣體／蒸氣，以降低燃燒塔或其他氣體處理／處置系統的容量。冷凝的液體經由幫浦送至適當處置場所或回流至生產系統之中。無法冷凝的氣體／蒸氣則送至燃燒塔、洗滌塔等設施。

急冷槽必須使用大量液體，因此槽的體積大，而且必須處置大量的汙染液體。如果排放流體中含有與水互溶、低沸點的有機物，或流體溫度低於0℃以下時，不宜使用急冷槽。

圖6-34顯示一個標準的急冷槽，內部具有冷卻水噴淋裝置，可將流體中的揮發性有機物或水蒸氣冷凝為液體。

急冷槽的設計準則[18]為：

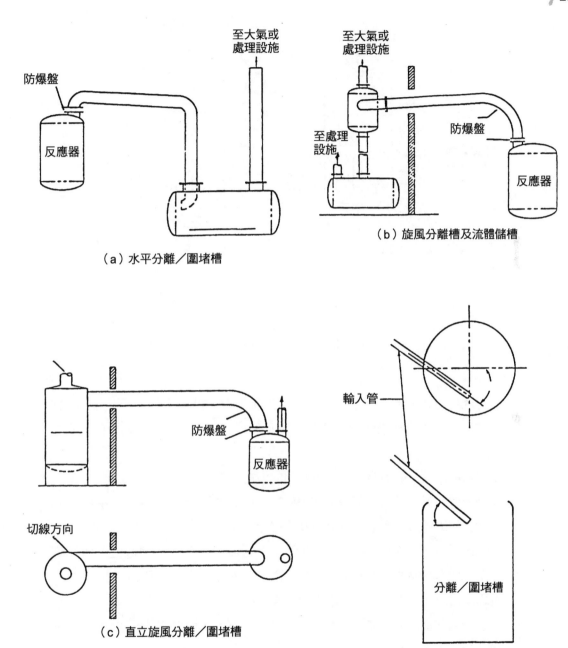

圖6-33　分離／圍堵槽[17]

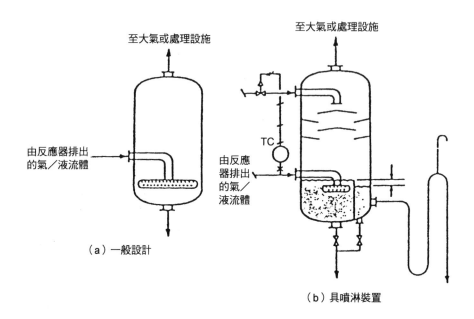

至大氣或處理設施

至大氣或處理設施

由反應器排出
的氣／液流體

TC

由反應
器排出
的氣／
液流體

（a）一般設計

（b）具噴淋裝置

圖6-34　急冷／分離槽[16]

1. 可以使用相同的急冷槽以急冷不同生產工場的排放流體，不過必須考慮來源不同的流體之間的相容性，以及急冷槽維修或失常時的緊急因應之道。

2. 選擇與排放流體不會產生化學作用的液體，作為冷卻液體。

3. 急冷槽的溫度（液體部分）亦維持於排放流體的冷凝點5～10℃左右。

4. 材質的選擇必須考慮排放流體及冷凝液的腐蝕特性。

5. 急冷槽底部宜安裝加熱管，以避免冷卻液（水）、其他液體、水與低溫、低沸點物質（如乙烯、乙烷、丙烷、丙烯）接觸後固化或結冰。

6. 急冷槽內必須安裝溫度、壓力及液面控制裝置。

7. 槽的操作壓力略高於一大氣壓（101.3kpa），設計壓力至少為345kpa（50psi）。

8. 急冷槽內液體容量宜以冷卻液、冷凝後液體及由排放流體中所夾帶的液體總和最大值估算。

9. 急冷槽的處理流量宜以可能發生的最壞情況下產生的流體進量（流率）估算。

參考文獻

1. AIChE, Fire Protection, *Guidelines for Engineering Design for Process Safety*, Chapter 16, pp. 489-250, CCPS, American Institute for Chemical Engineers, New York, 1993.

2. L. D., Greenawalt, Gas Detector Utilization within the Petroleum Industry, COSFPS Paper #20, API Safety and Fire Pretection Committee (SFPS).

3. 《工廠消防系統規劃設計》，經濟部工業局，中國技術服務社工業汙染防治技術服務團編，1987年。

4. 北口久雄，〈可燃性氣體／液體檢知器〉，上原陽一、小川輝繁編修，《防火防爆對策技術》，第三章第一節，頁153-159，東京：技術系統株式會社，1994年。

5. N. Roussakis and K. Lapp, A Comprehensive Test Method for Inline Flame Arresters. *Plant/Operations Progress, Vol. 10*, No. 2, April, 1991.

6. HSE, *Flame Arresters and Explosion Reliefs*, Health and Safety Executive (HSE), London, U. K., 1980.

7. 林年宏譯，《產業安全技術協會安全資料》，No. 26，1982年。

8. AIChE, *Guidelines for Engineering Design for Process Safety*, CCPS, American Institute of Chemical Engineers, New York, USA, 1993.

9. W. B. Howard, Interpretation of a Building Explosion Accident. *Loss Prevention Manual, Vol. 6*, pp. 68-72, American Institute of Chemical Engineers, New York, USA, 1972.

10. United States Coast Guards (USCG). Standard (33 CFR Part 154, Appendix A).

11. Underwriters Laboratories, UL 525, *Flame Arresters for Use on Vents of Storage Tanks for Petroleum Oil and Gasoline*, 2008.

12. British Standards Institute (BSI), BS7244 Specification for Flame Arresters for General Use, 1990.

13. International Maritime Organization (IMO), MSC/circ. 373/Rev. 1, Revised Standards for the Design, Testing and Locating of Devices to Prevent the Passage of Flame into Cargo Tanks in Tankers, 1993.

14. AIChE, Explosion Protection, *Guidelines for Engineering Design for Process Safety*, Chapter 17, CCPS, American Institute of Chemical Engineers, New York, USA, 1993.

15. 那須貴司，〈爆發抑制設置〉，上原陽一、小川輝繁編修，《防火防爆對策技術》，第三章第六節，頁185-192，東京：技術系統株式會社，1994年。

16. API, API 520, *Recommended Practice for the Design and Installation of Pressure-Relieving System in Refineries*, 2nd Edited, pp. 81-83, American Petroleum Institute, Washington, D. C., USA, 1983.

17. 張一岑、徐啟銘，《化工製程安全設計》，新北市：揚智文化，1996年。

18.NFPA, NFPA 68: Venting of Deflagrations, National Fire Protection Association, 2007.

19.AIChE, Effluent Disposal Systems, *Guidelines for Engineering Design for Process Safety*, CCPS, American Institute of Chemical Engineers, New York, USA, 1993.

PART 4

消防與安全管理

Chapter
7

消防設備

消防設備泛指火災發生後，裝置於製程設備外的滅火、防止火災蔓延，及隔離設備，可分為主動性設備與被動性設備兩種。主動性設備是利用水、滅火劑、惰性氣體，以冷卻火焰溫度，隔離火焰與空氣、可燃物質的接觸及分散火焰，以達到滅火的最終目的。主動性設備即一般所稱的滅火器及消防系統，工廠中常用的主動性設備為：

1. 水消防系統，包括消防栓、自動噴霧系統（Automatic Sprinkler System）與灑水系統（Water Spray System）。
2. 二氧化碳滅火裝置（Carbon Dioxide Extinguishing System）。
3. 鹵系滅火系統（Halogenated Agents Extinguishing System）。
4. 乾粉滅火系統（Dry Chemical Agents Extinguishing System）。
5. 泡沫滅火系統（Foam Extinguishing System）。

被動性設備是加強場所的設備、構造、材料，以增加工廠、系統的安全度，火災發生後，可以隔離火災或爆炸的蔓延，但是卻無法直接滅火。主要設備為：

1. 防火牆。
2. 防爆壁。
3. 耐火及難燃建築。
4. 絕熱材料。
5. 安全距離。
6. 排放及潑灑控制系統。

 7.1 水消防系統

水是使用最廣的滅火劑，具有下列優點：

1. 取得容易，價格低廉。
2. 可急速冷卻火焰溫度。
3. 水遇熱後，會蒸發成水蒸氣，不僅可籠罩及分散火焰，還可隔絕空氣與火焰接觸。

4.控制火焰的蔓延。

5.沾濕可燃物質表面,降低火焰的熱傳效果。

6.遇到無法用水撲滅的情況下,水仍然可以用來降低損失。

它的缺點為無法完全撲滅液體油品、可燃性有機蒸氣、可燃性金屬燃燒所造成的火災。

一個安全性高的工廠必須具備妥善、可靠的以消防水為基礎的消防系統,包括:

1.固定噴霧、灑水裝置、消防栓。

2.消防水的供應。

3.消防水分配系統,包括消防水管線、幫浦等。

美國消防協會(NFPA)出版的《防火手冊》第五部分(*Fire Protection Handbook*, Section 5, 1991)以及下列防火規碼(NFPA Codes)中,詳細敘述水消防系統設計、安裝及應用規範:

1.NFPA 11, 2010, Low Expansion Foam and Conbinctin Agent Systems.

2.NFPA 13, 2010, Installation of Sprinkler Systems.

3.NFPA 14, 2006, Installation of Standpipe and Hose Systems.

4.NFPA 15, 2006, Water Spray Fixed Systems for Fire Protection.

5.NFPA 16, 2011, Installation of Foam-Water Sprinkler and Foam-Water Spray Systems.

6.NFPA 16A, 2011, Installation of Closed-Head Foam-Water Sprinkler Systems.

7.NFPA 20, 2011, Installation of Centrifugal Fire Pumps.

8.NFPA 22, 2008, Water Tanks for Private Fire Protection.

9.NFPA 24, 2010, Installation of Private Fire Service Mains and Their Appurtenances.

10.NFPA 30, 2008, Flammable and Combustible Liquids Code.

11.NFPA 231, 1990, General Storage.

12.NFPA 231C, 1991, Rack Storage of Materials.

7.1.1 固定裝置

　　固定裝置包括灑水器、噴霧器等，可以設計為自動啟動或人工啟動方式。近年來由於薪資上漲，自動控制裝置已經非常普遍，選擇自動或手動裝置時，宜考慮場所的大小、可燃性物質的數量而定。大型石油煉製或化學工廠宜使用自動噴霧、灑水裝置，小型室內精細化工廠以使用手動式較為適宜。

7.1.1.1 自動灑水器

　　自動灑水器（Automatic Sprinklers）具有熱能感測裝置，當環境溫度達到設定溫度之後，即會自動噴灑出水流，並且有效分配至設計範圍之內，其設置目的在於撲滅火焰或防止火焰的蔓延。它裝置於任何由可燃建材為材料為儲存、處理可燃物質的建築物中，例如工廠廠房、倉庫、實驗室等。可燃性液體著火後，燃燒速度及溫度遠超過紙張或木材，使用水與泡沫混合系統較為有效。

　　最常見的熱能感測設計為熔融金屬式及球式兩種。熔融金屬式自動灑水器中，含有一個由錫、鉛、鎘或鉍等低熔點金屬或合金製成焊接劑，當環境溫度超過焊接劑熔點時，焊接劑熔融，造成槓桿擺動或開關作用，而啟動灑水裝置。

　　球式裝置中包括一個質地脆弱、內部裝盛液體的玻璃球，球內尚餘少量空氣，形成一個氣泡，溫度升高時，液體膨脹，氣泡先被壓縮，然後被液體吸收，氣泡消失後，壓力迅速上升，玻璃球破碎，以啟動水閥。其他感熱裝置為複合金碟、熔融金屬粒及化學粒等。**圖7-1**分別顯示熔融槓桿式、球式及流量控制式裝置。

　　自動灑水器上裝置有水分配器，可將水流噴灑、分配至設計範圍之內，由於水流的分配非常複雜，保險商實驗室（UL）要求製造廠家通過一項轉盤測試（Turntable Test），以確保噴灑圖樣合乎標準，以及一項「16盤」分配測試（16 Pan Distribution Test），以測試四個噴灑器之間重疊部分的噴淋圖樣。

7.1.1.2 水霧系統

　　水霧系統的主要功能在於冷卻暴露或接觸於火焰的設備，以保護設備或防止火焰與設備中可燃性物質接觸，它通常應用於下列物質或設備的保護：

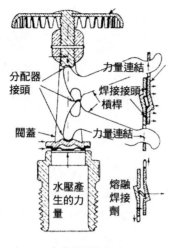

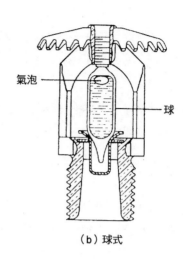

（a）熔融槓桿式

（b）球式

（c）流量控制式

圖7-1　自動灑水器[1]

1.一般可燃性物質如紙、木材、紡織品，可以撲滅此類物質的火焰。

2.電機設備如變壓器、油壓開關、轉動電機設備（馬達、壓縮機等）。

3.易燃氣體及液體，其目的在於控制此類流體的火焰。

4.易燃氣、液體儲槽、處理設備、反應器及建築物。

5.開放式電纜盤、架。

噴霧密度則視所欲保護的對象而異，設計標準如下：

著火性或可燃性液體：8.1～20.4（公升／分）／平方公尺

桶、槽、設備：10.2（公升／分）／平方公尺

防火與防爆
Fire and Explosion Prevention

302

建築支撐物如管線架，電纜架、盤，變壓器，輸送帶：4.1～12.2（公升／分）／平方公尺

單一噴淋系統的水釋出率每分鐘不宜超過11,356公升（3,000加侖），供水系統必須具備足夠的壓力及容量。

7.1.1.3 消防栓

消防栓宜平均遍布工廠之中，以便於火災時，救火人員使用，消防栓至少應具備兩個6.25公分直徑、平時緊閉的出口，生產工廠及高危險地區，消防栓之間的平均距離約25～35公尺之間，行政區及危險度低的地區，可視情況增加距離，但不宜超過90公尺。

7.1.2 消防水供應

設計工廠防火所需的水源及其供應必須考慮下面兩個重要因素：

1.充足。
2.可靠。

水供應量必須於火災發生時，足以維持消防所需的流率及壓力於一定的時間，約二至四小時。為了避免爆炸或其他意外情況發生時，影響水消防系統的功能，系統必須可靠，換句話說，必須具備備用系統，以備不時之需，而且在二十四小時之內，得以完全補充。

消防水供應及分配系統必須足以同時提供一個場所中許多地區足夠的水量。水的流動速率視場所大小及危險性而定，行政區僅需4公秉／分，而大型處理工廠則需要10倍以上的流率。水壓必須維持於689kpa（100psi）以上。有關灑水系統及水霧系統所需水量，可參閱NFPA 13A及NFPA 15中的標準。未裝置灑水及水霧系統的地區，可使用下列三種方法之一計算：

1.美國保險服務處方法（Insurance Service Office Method, ISO Method）。
2.愛荷華大學（Iowa State University, ISCL）方法。
3.伊利諾理工學院研究所（Illinois Institute of Technology Research Institute）方法。

上列三種方法中，以保險服務處方法（ISO方法）[2]最為普遍，它提供一個估算特殊建築消防用水流量的綱領，適於作為保險業者評估場地安全性參考基準。ISO方法將建築物結構、儲裝性、鄰近建築物以及建築物之間出入路徑等因素考慮在內。基本公式如下：

$$NFF_i = (C_i)(O_i)(X + P_i) \qquad (7\text{-}1)$$

NFF_i＝所需消防水體積流率（加侖／分或公升／分）

C_i＝營建因子（Construction Factor）

O_i＝儲裝因子（Occupancy Factor；建築物內裝載、儲存物質的燃燒係數）

$(X + P_i)$＝暴露及交通因子（Exposure and Communication Factors），受鄰近建築物的影響的因子

營建因子（C_i）可由下列公式求得：

$$C_i = 18F\sqrt{A_i} \qquad (7\text{-}2)$$

F＝營建等級係數＝1.5　1級（框架）

　　　　　　　　　　1.0　2級（石／磚造橫樑）

　　　　　　　　　　0.8　3級（不可燃）或4級（不可燃，磚／石）

　　　　　　　　　　0.6　5級（調整後的燃料材料）或6級（難燃材料）

A_i＝有效建築物面積

　　＝所有樓層中面積最大的面積加上

　　• 1～4級：其他樓層的面積的50%

　　• 5～6級：其他樓層面積與第二及第三大樓層面積之差的25%（如果各層有1.5小時保護逃生時間）或其上樓層面積與第二、第三大面積樓層之差的50%（無逃生防護或低於1.5小時者）。

對於第1級和第2級建築物，營建因子不應小於500加侖／分（1,893公升／分）或大於8,000加侖／分（30,280公升／分），對於第3、4、5和6級建築物，或任何平房，皆不宜超過6,000加侖／分（22,710公升／分）。

儲裝因子反映建築物內部所儲存物質的可燃度，**表7-1**中列出不同等級可燃度的儲裝因子。

暴露及交通因子包括X_i（暴露因子）及P_i（交通因子）兩項：

$$X_i = 1 + \sum_{j=1}^{n} X_j \qquad\qquad (7\text{-}3)$$

公式（7-3）中的X_j為第j個鄰近建築物的暴露影響因子，與其相距距離、牆的營建，與長度－高度值（所暴露的牆長乘以樓層高度）有關，可由**表7-2**中求得。交通因子（P_i）反映建築物之間的出入交通路徑，可由**表7-3**求得。

所需消防水體積流率（NFF_i）由公式（7-1）計算出後，先將其數值調整為下一個500加侖／分的倍數，如果NFF_i計算值為2,300加侖／分，則以2,500加侖／分估算；然後依據下列考慮調整數值：

1.木頂建築物：加500加侖／分。
2.NFF_i不應小於500加侖／分（1,893公升／分）或大於12,000加侖／分（45,425公升／分）。
3.有人居住的建築物，NFF_i最大值為3,500加侖／分（13,248公升／分）。
4.兩層或兩層以下單棟或雙併住宅群，可由**表7-4**求出。

安裝消防水泵時，必須考慮停電時其獨立運轉的可靠度，例如使用柴油泵浦，由過去案例可知，90%以上消防水泵失常事件發生在由電力或蒸氣驅動的泵浦上，消防水泵應遠離處理工場，以免工場發生爆炸時，影響消防水泵的正常操作。

表7-1　儲裝因子[2]

可燃度分類	儲裝因子
C-1（不可燃）	0.75
C-2（有限度燃燒）	0.85
C-3（可燃）	1.0
C-4（自由燃燒）	1.15
C-5（快速燃燒）	1.25

表7-2 暴露因子（Xi）[2]

所暴露的建築物所面對的牆的營建方式	距離（英尺）	長度－高度值	面牆的等級			
			1，3	2，4，5，6		
				未保護的開口	未保護的開口（金屬網狀玻璃或外裝灑水器）	牆
框架、金屬或具開口的石／磚／水泥建築	0-10	1-100	0.22	0.21	0.16	0
		101-200	0.23	0.22	0.17	0
		201-300	0.24	0.23	0.18	0
		301-400	0.25	0.24	0.19	0
		>400	0.25	0.25	0.20	0
	11-30	1-100	0.17	0.15	0.11	0
		101-200	0.18	0.16	0.12	0
		201-300	0.19	0.18	0.14	0
		301-400	0.20	0.19	0.15	0
		>400	0.20	0.19	0.15	0
	31-60	1-100	0.12	0.10	0.07	0
		101-200	0.13	0.11	0.08	0
		201-300	0.14	0.13	0.10	0
		301-400	0.15	0.14	0.11	0
		>400	0.15	0.15	0.12	0
	61-100	1-100	0.08	0.06	0.04	0
		101-200	0.08	0.07	0.05	0
		201-300	0.09	0.08	0.06	0
		301-400	0.10	0.09	0.07	0
		>400	0.10	0.10	0.08	0
不具開口的水泥、石、磚牆	(1)如果牆較所欲考慮的建築物高時，可使用以上數值，不過長度－高度值為超過該建築物面牆的高度，五層以上的建築物以五層考慮。					
	(2)如果暴露的建築物牆與所欲考慮的建築物的牆等高或較低時，$X_i = 0$。					

7.1.3 消防水分配系統

　　消防水分配系統的設計以提供充足消防用水為原則，設計時，宜參閱 NFPA 24: Standard for the Installation of Private Fire Service Mains and Their Appurtenances。以下為設計時的幾點重要準則：

　　1.加裝防止流逆裝置，以免公共或其他用水系統與消防水分配系統相連後，消防水流逆至公共或其他用水系統。

表7-3　交通因子（P_i）[2]

| 出入通路開口的保護情況 | 難燃、不可燃或燃燒速率緩慢的通路 | | | | 通路建材為可燃材料 | | | | | |
| | 開放 | 密閉 | | | 開放 | | | 密閉 | | |
	任何長度	10呎以下	11-20呎	21-50呎＋	10呎以下	11-20呎	21-50呎＋	10呎以下	11-20呎	21-50呎＋
未保護	0	++	0.30	0.20	0.30	0.20	0.10	++	++	0.30
出入口一端為A級防火單門	0	0.20	0.10	0	0.20	0.15	0	0.30	0.20	0.30
出入口一端為B級防火單門	0	0.30	0.20	0.10	0.25	0.20	0.10	0.35	0.25	0.25
兩端皆為A級防火單門或出入口一端為A級防火複門	0	0	0	0	0	0	0	0	0	0
出入口兩端皆為B級防火單門或出入口一端為B級防火複門	0	0.10	0.05	0	0	0	0	0.15	0.10	0

+：＞50呎，$P_i＝0$

++：將兩個建築物合併考慮為一個單位

表7-4　住宅區的消防水流率估算[2]

| 暴露距離 | | 建議消防水流率 | |
呎	公尺	加侖／分	公升／分
＞100	30	500	1,893
30-100	9.5-30	750-1,000	2,839-3,785
11-30	3.4-9.5	1,000	3,785
＜10	＜3	1,500	5,678

2.在每一個水供應源設置不同的連線管線。

3.消防水分配管線應埋入地下，以免爆炸或其他意外破壞管線的完整。

4.管線中安裝足夠的閥，可有效隔離破壞或洩漏的部分管線系統；隔離閥的設置位置應考慮各種不同可能發生的意外狀況，以不超過四至七個的設備（消防栓、噴霧閥等）同時失去水的供應。

5.估算管徑大小時，宜考慮即使部分系統受到損壞，仍能提供充足的水量。

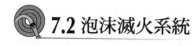 7.2 泡沫滅火系統

　　泡沫滅火劑是由特殊配方製成的濃縮化學藥劑，與水混合後，再經過充氣、攪拌，會形成泡沫，由於泡沫內充滿了空氣，比重較水及可燃液體低，可以浮在燃燒液體的表面，不僅可將空氣隔絕，冷卻火焰，同時可將有機蒸氣封緘，以達到滅火的目的。

　　泡沫滅火劑依膨脹比例的不同，可分為下列三類：

1.低膨脹比例泡沫（Low-Expansion Foam）：膨脹比例低於20。
2.中膨脹比例泡沫（Medium-Expansion Foam）：膨脹比例在20～200之間。
3.高膨脹比例泡沫（High-Expansion Foam）：膨脹比例在200～1,000之間。

　　有關泡沫滅火系統的設計、安裝、操作、測試及維護，可參閱下列NFPA規碼：

1.NFPA 11, 2010, Low Expansion Foam and Combined Agent Systems.
2.NFPA 11A, 2010, Medium-and-High-Expansion Foam Systems.
3.NFPA 16, 2011, Installation of Foam-Water Sprinkler and Foam-Water Spray Systems.
4.NFPA 16A, 2011, Installation of Closed-Head Foam-Water Sprinkler Systems.

7.2.1 應用範圍及限制

　　低膨脹比例泡沫滅火劑主要應用於撲滅著火性，或可燃性液體噴灑，或由儲槽洩漏所造成的火災，它可在燃燒液體或儲槽表面形成一層冷膜，防止有機蒸氣排出。泡沫也可降低或中斷尚未燃燒的液體或固體的蒸發及蒸氣的產生。飛機失常或失事後，洩漏出大量燃料油，迅速使用泡沫滅火劑，可以有效控制、撲滅火災。

　　中、高膨脹比例泡沫（20～1000倍）可應用於地下室或船舶貨艙的充填，以切斷空氣的進入及熱能的傳導。膨脹比例在400～500之間的泡沫適用於控制液化天然氣（LNG）洩漏所產生的火災，泡沫除冷卻火焰、隔離空氣外，還可

分散蒸氣雲。

　　泡沫與火焰接觸後，泡沫不僅會破裂，水也會吸熱而蒸發，因此必須在很短的時間內使用足夠泡沫，否則無法發生效用。泡沫易被物理或機械力所破壞，有些化學物質亦可能破壞泡沫，與其他化學滅火劑混合使用時，此種現象經常發生，空氣或燃燒產生的氣體亂流也會將泡沫由燃燒表面吹散。泡沫溶液具導電性，不可應用於電器失火。

　　泡沫滅火劑適用於符合下列條件的液體：

1. 液體的溫度必須低於它在一大氣壓下的沸點。
2. 液體溫體高於100℃時，必須特別謹慎，因為泡沫中所含的部分水分會蒸發成水蒸氣，泡沫會形成由空氣、水蒸氣及燃料組成的乳化劑，體積則增加4倍。
3. 液體不會破壞或溶解泡沫。
4. 液體與水不會產生反應。
5. 水災表面必須水平，泡沫無法撲滅三度空間（燃料由上而下）或壓力火焰。

7.2.2 種類

　　化學工業所使用的泡沫滅火劑依其成分可分為蛋白質衍生物與合成泡沫兩大類，蛋白質類泡沫滅火劑包括氟化蛋白質泡沫劑（Fluoroprotein Foaming Agents, FP）、薄膜氟化蛋白質泡沫劑（Film-Forming Fluoroprotein Agents, FFFP）、蛋白質泡沫劑（Protein Foaming Agents, P）等；合成泡沫劑包括水成膜泡沫劑（Aqueous Film-Forming Foam Agents, AFFF）、抗醇泡沫劑（Alcohol Resistant Foam Agents, AR），含界面活性劑的中、高膨脹比例泡沫劑等。

7.2.2.1 蛋白質泡沫劑

　　蛋白質泡沫劑（P）含有高分子量天然蛋白質，是由天然固體蛋白質經水解及化學消化（Chemical Digestion）等方法製造而成，具有彈性、機械力，並可保留水分。此種泡沫劑濃縮物含有多價金屬鹽類，可以加強泡沫表面的張力。商用濃縮物的體積濃度為3%及6%，與水或海水接觸後產生高密度、高黏滯性的泡沫，穩定性、熱阻性及逆燃性高，但是抗拒由燃料飽和所造成的泡沫破裂能

力較形成水膜的泡沫劑（AFFF）及氟化蛋白質泡沫劑（FP）為差。

蛋白質泡沫劑無毒，對於環境生態沒有負面影響，適用溫度範圍為－7℃～49℃之間。

7.2.2.2 氟化蛋白質泡沫劑

氟化蛋白質泡沫劑（FP）含有氟化界面活性劑，所產生的泡沫可以促使燃料與泡沫相容，最適於泡沫被燃料包覆的情況下，例如油井或其他碳氫化合物儲槽失火時，泡沫必須直接噴入燃料之中。此類泡沫與其他化學滅火劑的相容性較非氟化蛋白質泡沫高，逆燃抗拒性高，並可防止液體的揮發，它不具毒性，淡化後，可在自然界分解，對環境生態無不良影響，適用溫度範圍為－7℃～49℃之間。濃度為3%及6%兩種，使用時，可用水或海水淡化，產生泡沫。

7.2.2.3 薄膜氟化蛋白質泡沫劑

薄膜氟化蛋白質泡沫劑（FFFP）含有可形成薄膜的氟化界面活性劑，可以在易燃碳氫化合物的表面，形成水溶液薄膜。其所產生的泡沫散布速率快，可以迅速在液體表面形成泡沫及薄膜，除防止空氣進入外，並可防止液體揮發。

此類泡沫溶液產生泡沫的速率快，必須使用噴霧設備，由於所產生的泡沫在很短的時間內耗盡，不適用於火焰熄滅後的安全防護。

它與其他蛋白質泡沫同樣無毒，濃度為3%及6%，可使用水或海水淡化，與乾式化學滅火劑相容。

7.2.2.4 水成膜泡沫劑

水成膜泡沫劑（AFFF）是由人工合成的化學品所組成，除可產生泡沫外，還會在易燃碳氫化合物液體表面形成水溶液薄膜，濃度分別為1%、3%及6%，使用時，可用清水或海水淡化。

所產生的泡沫黏滯度低，散布速率快，可有效防止空氣與可燃性液體接觸，並降低液體的揮發。泡沫之下，亦會形成浮在液體燃料上的水膜，可冷卻液體溫度，抑止蒸氣的產生。水膜形成的效能會因熱及芳香族化合物的影響而降低。

水成膜泡沫劑的流動性高，在柴油表面上形成的水膜張力強，適於撲滅噴射機燃料洩漏所造成的火災。它含有氟化、長鏈碳氫化合物，兼具界面活性劑

功能，水膜可以穿透表面，進入燃料源的深處，適用於混合性火災（A級和B級）。

由於此類泡沫劑產生泡沫的速率快，以簡單的噴霧、噴水嘴，即可產生足夠的泡沫，而不必使用特殊的泡沫產生器，所產生的泡沫在短時間內消失，不宜作為火焰熄滅後善後之用。它與其他乾式粉狀化學滅火劑相容，也不會破壞由其他泡沫防火劑所產生的泡沫，其適用溫度範圍為−7℃～49℃。

7.2.2.5 抗溶泡沫劑

一般泡沫滅火劑所產生的泡沫與含有水溶解度高、極性化合物（醇、酮、醚、酸酐）的燃料接觸時，泡沫易於破裂，效能降低，必須使用抗溶泡沫劑（AR）。此類泡沫劑除了含有蛋白質、氟化蛋白質等物質外，還包含可形成水膜的醇類濃縮（Alcohol Type Concentrate）。對於一般碳氫化合物，它的功能與AFFF相同，但在與水可溶合的極性燃料表面上，它會形成一層膠狀浮膜，便於泡沫的形成及附著，其適用溫度範圍在−7℃～49℃之間。

7.2.2.6 中、高膨脹比例泡沫劑

中、高膨脹比例泡沫劑適用於撲滅A級、部分B級，充填地下室倉庫，泛溢於地表面及地板，與取代溶器或室內中的蒸氣、煙及降低溫度。高膨脹比例泡沫劑也可用於液化天然氣（LNG）蒸氣及火焰的控制。此類泡沫劑含有由碳氫化合物合成的界面活性劑，膨脹比例在20：1～1000：1之間。此類泡沫劑適於室內或密閉場所使用，不宜使用於室外，它所產生的泡沫於火焰的影響為：

1. 可以隔離空氣與火焰接觸。
2. 與火焰或熱能接觸，泡沫中的水分會吸收熱能，蒸發為水蒸氣，可以淡化空氣，降低氧氣的含量。
3. 表面張力低，泡沫會滲透A級物質。
4. 使用量大時，所累積的高膨脹比例泡沫厚度高時，可以保護未著火的物質、物體或建築物，防止火災蔓延。

7.2.3 泡沫滅火劑應用原則

使用泡沫滅火劑時，宜遵循下列原則：

1. 泡沫噴灑至火焰的行為不宜劇烈，愈溫和，滅火效能愈高，所需使用的數量愈低。
2. 噴灑速率愈高，滅火時間愈快，速率超過建議的最低速率3倍以上時，滅火時間並不會繼續等比減少；如果速率低於建議速率，不僅會延長滅火時間，甚至無法控制火焰。
3. 一般系統，以1.7℃～27℃之間的清水或海水與泡沫滅火劑濃縮物所產生的泡沫比較穩定，水中如含有清潔劑、油汙、防腐蝕劑等不純物質，會影響泡沫的品質。
4. 泡沫產生器或水壓必須維持於適當範圍（泡沫滅火劑製造廠家建議範圍）之內，壓力太高或太低也會影響泡沫的品質。
5. 泡沫與其他揮發性液體滅火劑及其蒸氣、乾式粉狀滅火劑接觸後，會破裂或影響其效用。
6. 空氣中所含的燃燒產物亦會影響泡沫的品質，泡沫產生器宜放置於火焰或可燃液體旁側，不應將其置於它們的上端。

7.2.4 泡沫產生及使用

泡沫滅火劑的應用包括下列三個步驟：

1. 與水混合、配比。
2. 產生泡沫。
3. 分配、噴淋至火焰之上。

圖7-2顯示泡沫形成、產生的步驟。

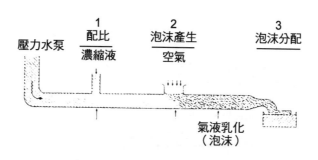

圖7-2　泡沫產生過程[3]

濃縮液與水混合所使用的方式有下列兩種：

1.以水的動能經文式管（Venturi）作用，將濃縮液吸入混合（**圖7-3a**）。
2.將濃縮液以幫浦打出，與水混合（**圖7-3b**）。

前者適用於攜帶式小型系統，後者適用於固定式系統。

淡化的泡沫溶液經充氣過程，會產生大量氣泡，再經噴嘴噴出。**圖7-4**顯示充氣式泡沫產生器的截面圖。

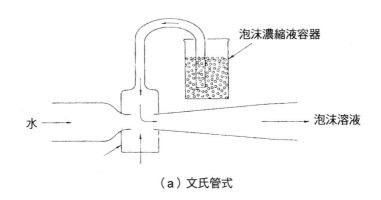

（a）文氏管式

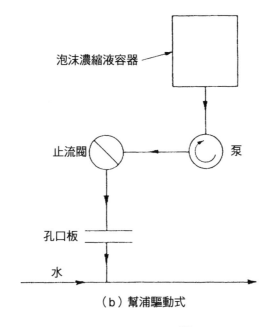

（b）幫浦驅動式

圖7-3 配比方式[1]

圖7-4　泡沫噴出圖

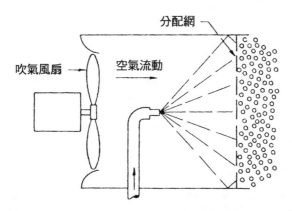

分配網

吹氣風扇　　空氣流動

圖7-5　風扇驅動式中、高膨脹比例泡沫產生器[3]

中、高膨脹比例泡沫產生方式有兩種，一種為使用文氏管作用及充氣流動，另一種則利用吹氣機將泡沫溶液吹出，再經分配網散布（**圖7-5**）。

液體燃料或石油產品儲槽區多設置固定式泡沫產生及噴灑分配裝置，泡沫劑則經由管線由泡沫劑儲槽輸送。

泡沫劑亦可裝置於卡車上，其功用與一般救火車相同，機動性高，適於撲滅製程區、管線架洩漏所造成的火災。

7.2.5 應用系統

　　泡沫滅火應用系統可分為全域釋放系統、局部應用系統及手持移動管式系統三種。全域釋放系統適用於密閉空間，設置基準如**表7-5**所顯示，防護區域500平方公尺內應設一個釋放口[7]。

　　局部應用系統適用於開放空間，設置基準如**表7-6**所示[7]。

　　手持移動管式系統的釋放口，則應半徑15公尺內設置一只。

7.3 乾粉滅火系統

　　乾粉滅火系統是粉末狀碳酸氫鈉、碳酸二氫銨等化學品的混合物，對於下列物質所引起的火災最有效用：

表7-5　全域釋放系統設置基準[7]

防護對象	釋放口條件		冠泡體積釋放量（註）／立方公尺
	膨脹比	類別	
飛機倉庫	80-250	1	2.0公升／分
	250-500	2	0.5公升／分
	500-1000	3	0.29公升／分
汽車修理場	80-250	1	1.11公升／分
停車場	250-500	2	0.28公升／分
	500-1000	3	0.16公升／分
第一、二類及第四類準危險	80-250	1	1.25公升／分
物儲存場所	250-500	2	0.31公升／分
	500-1000	3	0.18公升／分
特殊可燃物儲存場所	50-250	1	1.25公升／分

註：冠泡體積為區域內的體積，包括防護對象外圍0.5公尺所圍成的體積

表7-6　局部應用系統設置基準[7]

防護對象	每平方公尺釋放量（註）
準危險物或可燃物	3公升／分
其他建築物	2公升／分

註：防護面積為由防火對象外周線所圍成的面積；此外周線為防火對象最高點之三倍或一公尺（兩者最大者），由對象物周圍向外延伸而成的線

1.可燃性金屬。

2.氣體。

3.著火性液體。

4.與水不相容的可燃物質。

5.電器及電線走火。

但是對於防止著火性液池熄火後重新點燃的效用遠較泡沫滅火劑低，有關乾式粉狀滅火系統的成分、安裝及應用，可參閱下列NFPA規碼：

1.NFPA 10, 2010 Portable Fire Extinguishers.

2.NFPA 11, 2010 Low Expansion Foam and Combined Agent Systems.

3.NFPA 17, 2009 Dry Chemical Extinguishing Systems.

NFPA出版的《消防手冊》（*Fire Protection Handbook*, 1991）第五至二十一章詳細敘述應用於可燃金屬的化學滅火劑。

7.3.1 成分及物理性質

乾粉化學滅火劑的主要成分為碳酸氫鈉（一般乾粉）、碳酸氫鉀（紫紅K, Purple-K）、氯化鉀、尿素－碳酸氫鉀、磷酸二氫銨（ABC乾粉）等，再加上一些可以改善儲存、流動性及拒水性的添加劑，例如硬脂酸鹽、磷酸鈣、矽膠。**表7-7**列出乾粉滅火劑的類別及適用範圍。一般乾粉及紫紅K滅火劑對著火性液體或電器失火非常有效，而ABC乾粉或多功能乾粉則適用於一般可燃物質的滅火（ABC級）。

乾粉化學滅火劑的儲存溫度不得超過49℃；與火焰接觸後，會吸收熱能而分解，以碳酸氫鈉為主的滅火劑為例，吸收熱能後，碳酸氫鈉分解為二氧化碳、水蒸氣及碳酸鈉，碳酸鈉又會吸熱，產生氧化鈉及二氧化碳，反應式如下：

$$NaHCO_3 + 熱能 \rightarrow Na_2CO_3 + CO_2 + H_2O$$
$$Na_2CO_3 + 熱能 \rightarrow Na_2O + CO_2$$
$$Na_2O + OH^- + H^+ \rightarrow 2NaOH$$

反應後所產生的水、水蒸氣、二氧化碳，可將火焰熄滅或控制。

不同成分的乾粉滅火劑不宜混合使用，含酸性磷酸二氫銨的乾粉如遇含鹼性碳酸氫鹽的乾粉時，會產生化學反應，放出二氧化碳氣體，並且會結成塊狀，不僅無法發揮滅火效用，還可能造成滅火器外殼的爆炸。

乾粉顆粒直徑由10微米以下至75微米不等，顆粒大小與滅火效用有關，平均直徑在20～25微米之間最為有效。乾粉滅火劑無毒，如大量使用時，可能會降低能見度，並造成周圍人員呼吸困難。

7.3.2 適用範圍及限制

乾粉滅火劑主要的用途為撲滅著火性液體的火災，由於不具導電性，也適用於電器設備的失火。含碳酸氫鈉的乾粉滅火速率快，對於一般可燃物質的表面失火（A級火災）亦很有效，例如棉花工廠中分棉室及梳棉室，通常與水同時使用，以撲滅餘燼或發生在表面下的火焰。含磷酸二氫銨的多功能乾粉易吸熱而變成黏滯狀，不適用於梳棉室或裝置有複雜機械設備的場所，因為黏滯在機械設備上的滅火劑，難以有效去除。

乾粉滅火劑雖能迅速熄滅火焰，但無法在著火性液體表面，形成一個惰性的環境，如果火災現場有熱金屬表面或可能產生火花、電弧的設備時，再度點火的情況，很可能發生，必須輔以其他種類的滅火劑。

乾粉不宜使用於裝有電話交換機、電腦設備等精密電子設備的場所，因為乾粉的絕緣性可能造成電子及電機設備無法操作。有些乾粉具腐蝕性，火焰熄滅後，應設法將設備或物體表面的乾粉去除。

乾粉滅火劑無法撲滅發生在表面之下，或由本身可提供燃燒所需氧氣的物質所產生的火災。

乾粉滅火劑宜設置於下列場所[8]：

1. 隨壓力產生而噴出的引火性液體或氣體：液化天然氣（LNG）、天然氣、液化石油氣（LPG）等處理工廠、油輪卸油平台、反應塔槽、輸油管。

2. 引火性液體如萘、瀝青等具可燃特性的物質：危險物倉庫、塗裝室、塗料反應式、引擎室、液體燃料儲槽、淬火後油槽、油泵、鍋爐室、飛機庫、汽車停車場等。

3.產生表面火災的可燃物質如紙、纖維、紙造乾燥爐、印刷工廠、棉花工廠。

4.變壓器及油式斷電器。

7.3.3 應用系統及設備容量基準

應用系統可分為全域釋放系統、局部應用系統及手持移動管式系統，所有藥劑應在三十秒內全部釋放完畢。全域釋放系統所需乾粉量如**表7-8**所列。局部應用系統分成平面方式及立體方式，防護對象為平面時，所需乾粉量列於**表7-9**中；防護對象為立體時，其乾粉計算方式視其危險程度而異。依日本標準，屬於日本消防法規第十條危險物的對象，其所需乾粉[8]如下：

全域釋放

$$W = 0.7V + 2.4A \qquad\qquad (7\text{-}4)$$

W＝所需乾粉質量（公斤）

V＝防護區域容積（立方公尺）

A＝無自動開關裝置的開口部分面積（平方公尺）

表7-8 全域釋放系統所需乾粉質量（一般區域）[7]

乾粉種類	每立方公尺所需質量 （公斤／立方公尺）	開口部每立方公尺所需質量 （公斤／立方公尺）
1	0.60	4.5
2，3	0.36	2.7
4	0.24	1.8

表7-9 平面局部應用系統所需乾粉質量[7]

乾粉種類	所需質量（公斤／立方公尺）（註）
1	9.68
2，3	5.72
4	3.96

註：含10％安全餘量

局部應用

$$W = AR \qquad (7\text{-}5)$$

W＝所需乾粉質量（公斤）

A＝表面積（平方公尺）

R＝每單位表面積所流出的釋放濃度（公斤／平方公尺）（**表7-10**）

一般防火對象（日本消防法規第十七條對象）所需乾粉劑量[8]如下：

全域釋放

$$W = CV + KA \qquad (7\text{-}6)$$

W＝所需乾粉質量（公斤）

V＝防護區域容積（立方公尺）

A＝無自動開關裝置的開口部分面積（平方公尺）

C＝單位體積釋放濃度係數＝0.6（第1類乾粉）

　　　　　　　　　　　　　0.36（第2、3類乾粉）

　　　　　　　　　　　　　1.8（第4類乾粉）

K＝單位面積釋放濃度係數＝4.5（第1類乾粉）

　　　　　　　　　　　　　2.7（第2、3類乾粉）

　　　　　　　　　　　　　1.8（第4類乾粉）

表7-10　立體局部應用系統釋放密度（公斤／平方公尺）[8]

表面積（平方公尺）	第四類危險物		其他
	側噴式	頂噴式	
A＜6	3.33	5.66	5.66
6＜A＜10	3.80	6.40	6.40
10＜A＜20	4.60	7.80	7.80
20＜A＜30	5.27	8.66	8.66
30＜A＜40	5.62	9.25	9.25
40＜A＜50	—	—	10.0
50≦A	—	—	10.0

局部應用

1.單一燃燒面或無可燃物飛散情況：

$$W = 1.1AH \qquad\qquad (7\text{-}7)$$

$$H = 單位面積釋放濃度係數 = 8.8（第1類乾粉）$$

$$5.2（第2、3類乾粉）$$

$$3.6（第4類乾粉）$$

2.其他情況

$$W = 1.1QB \qquad\qquad (7\text{-}8a)$$

$$Q = X - Ya/A \qquad\qquad (7\text{-}8b)$$

$Q =$ 單位體積所需乾粉質量（公斤／立方公尺）

$a =$ 防護對象物周圍設置固定壁的面積之和（平方公尺）

$A =$ 防護空間之牆壁面積（平方公尺）

$B =$ 防護對象空間的體積（立方公尺）

X，Y值為

	X（公斤／立方公尺）	Y（公斤／立方公尺）
第1類乾粉	5.2	3.9
第2類乾粉	3.2	2.4
第3類乾粉	3.2	2.4
第4類乾粉	2.0	1.0

　　手持移動管式系統在每15公尺半徑圓內，設置一座，每層出入口附近，亦須加設一座。

7.4 鹵系滅火系統

　　鹵系滅火劑是由鹵化碳氫化合物所組成，可以抑止燃燒過程中的化學連鎖反應，最主要的鹵系滅火劑為：

1. 海龍1211（Halon 1211；溴化氯化二氟化甲烷）：裝入攜帶式滅火器中，是用於電控制室失火及ABC級火災。

2. 海龍1301（Halon 1301；溴化三氟甲烷）：適用於整個房間泛溢，以及電腦、控制室、開關室、馬達控制室的固定防火裝置。

使用時，請參閱美國消防協會（NFPA）下列之規碼：

1. NFPA 12A, 1992, Halon 1301 Fire Extinguishing System.
2. NFPA 12B, 1990, Halon 1211 Fire Extinguishing System.

由於鹵系滅火劑會破壞大氣層中的臭氧，蒙特婁議定書（Montreal Protocol on Substances that Deplete the Ozone Layer）規定世界各國在西元2000年以後完全禁止使用。

7.4.1 物理及化學性質

海龍1301在常溫（21℃）下為氣體，蒸氣壓為1,372kpa（199psi），溫度下降時，其蒸氣壓降低很快，-17℃（0℉）時386kpa（56psi），-40℃時為119kpa（17.2psi），為了增加壓力，確保其發揮功效，通常在系統中加入2,482kpa（350psi）或4,137kpa（600psi）的氮氣。由於Halon 1301的高揮發性，適於作為泛溢密閉系統或容器之用。

海龍1211在常溫下也是以氣體形式存在，蒸氣壓為152kpa（22pis），遠低於海龍1311，沸點為-4℃（25℉）。由於沸點較海龍1301高，適於以液體狀態裝入攜帶式或小型固定系統之中，攜帶式滅火器中，亦以氮氣增加壓力，壓力為689kpa（100psi）。

早期發展的鹵系滅火劑具有腐蝕作用，但是海龍1301及1211等目前使用的氟化物非常穩定，只要不與水接觸，即不會產生腐蝕作用。

表7-11列出海龍1301及1211的特性表，以供參考。

7.4.2 滅火特性及效能

鹵系滅火劑的滅火過程尚不得而知，吾人僅知鹵系滅火劑中所含的氯、溴、氟等與火焰接觸後，可以有效去除火焰連鎖反應（即化學鍵分裂反應）中

表7-11 海龍1301及1211特性表[5]

品名	海龍1301	海龍1211
簡稱	BTM	BCF
化學式	CF_3Br	CF_2ClBr
分子量	148.93	165.28
相態	液態氣體	液態氣體
沸點	57.8℃	−3.4℃
凝固點	−168℃	−160.5℃
比重（20℃）	1.57	1.83
臨界溫度	67℃	154℃
臨界壓力	3,962kpa	4,031kpa
氣化熱（cal/g）	26.5	32
允許暴露濃度		
（體積%） 15分鐘	7	—
1分鐘	7-10	4-5

主要的游離根，鹵系中又以溴的效能最高。以海龍1301（CF_3Br）為例，CF_3Br遇熱分解為$CF_3 \cdot$ 及$Br \cdot$ 兩個游離根。

$$CF_3Br \rightarrow CF_3 \cdot + Br \cdot$$

$Br \cdot$ 與碳氫化合物形成溴化氫（HB_r）

$$R \cdot H + Br \cdot \rightarrow R \cdot = HBr$$

溴化氫與燃燒反應產生的游離根例如氫根（$H \cdot$）或氫氧根（$\cdot OH$）作用，產生溴根（$Br \cdot$）

$$OH + HBr \rightarrow H_2O + Br \cdot$$

由於溴根與燃燒連鎖反應中的游離根作用，可以繼續不斷地產生溴化氫及溴根，可中止燃燒連鎖反應。

另外一個離子理論則認為燃燒反應中有一個重要的步驟，即氧原子與碳氫化合物離子化後，所放出的電子結合成氧離子，由於溴原子的截面積遠較氧原子大，較氧原子易於捕捉燃燒反應中產生的電子，因此可抑止燃燒連鎖反應[5]。

表7-12列出不同滅火器撲滅UL B級火災的效能比較，海龍1301及1211皆較二氧化碳系統有效。

在全域釋放系統中，鹵系滅火劑是最有效撲滅著火性氣／液火災的滅火劑，而海龍1301又較海龍1201有效，**表7-13**可知，海龍1301在空氣中百分比較海龍1201少了10%左右，即可滅火。

對於A級火災，鹵系滅火劑的效能難以預測。塑膠類物質燃燒後，產生蒸氣及液體，海龍1301與1211在空氣中的體積濃度僅需4～6%，即可熄滅火焰。纖維素表面的火焰易於熄滅，但是中、下層的餘火，則難以有效控制，海龍滅火劑在空氣中的濃度必須高至18～30%才可撲滅餘焰。

7.4.3 對人體的危害性

海龍1301在空氣中的體積濃度低於7%時，海龍1211低於2～3%時，對人類不致產生危害。當海龍1301的濃度在7～10%之間，海龍1211的濃度在3～4%之間時，人會感到頭昏及有氣喘現象；當海龍1301的濃度超過10%，海龍1211濃度在4～5%左右時，人體的心理、生理反應會減退，甚至會昏迷。

由於海龍滅火劑的臭氧破壞係數（DOP）高，會破壞地球大氣臭氧層，各

表7-12 不同鹵系滅火器的效能比較[5]

滅火劑名稱	滅火劑質量（磅）	UL B：C	撲滅每單位B級火災所需質量（磅）
海龍1301	4.0	5	0.8
海龍1211	2.5	5	0.5
1301與1211混合劑	0.9	1	0.9
二氧化碳滅火劑	5.0	5	1.0

表7-13 海龍1301及1211的效能比較（全域釋放情況下在空氣中滅火所需的百分比）

燃料	海龍1301	海龍1211
甲烷	3.1	3.5
丙烷	4.3	4.8
己庚烷	4.1	4.1
乙烯	6.8	7.2
苯	3.3	2.9
乙醇	3.8	4.2
丙酮	3.3	3.6

大化學公司已研發八種替代品，有關種類資訊請參閱附錄貳。

7.4.4 優點

鹵系滅火劑在UL完全檢驗紀錄中，列為毒性最低的第六類，如果設計適當，救火人員進入災區後，不受任何影響，滅火後，亦無殘留物，對一般材料無不良影響，其主要優點[7]如下：

1.使用高壓系統，適於噴放。
2.噴出後為氣態，可滲入物體中。
3.不具導電性，絕緣性高，適用於因電所產生的火災。
4.化學特性穩定，可保持長久時間，不會變質。
5.所需空間小，僅占二氧化碳系統的三分之一。

7.4.5 應用系統

海龍1301的應用系統可分為：(1)全域釋放系統（Total Flooding System）；(2)局部應用系統（Local Application System）；(3)手持移動釋放系統（Hand Hose Line System）。

海龍1301亦可裝入手提可攜式滅火器之中，海龍1211則裝入手提滅火器之中使用。

7.4.5.1 全域釋放系統

此系統係保護密閉或部分密閉場所而安裝的，可在短時間內釋放足以撲滅火焰的海龍1301滅火劑，適用於電腦室、電開關室、磁帶儲存室、電子控制室、藝術品、珍品書籍儲藏室、氣膠濃度高場所、船舶機房、運輸飛機的貨艙，以及工廠中溶劑、油漆、揮發性有機物的處理及儲存場所。

圖7-6顯示室內一個全域釋放系統圖。

所需氣體質量為：

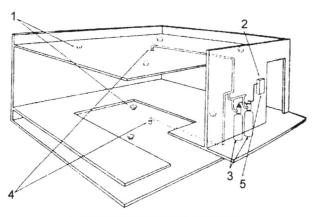

1.安裝於屋頂及地板的火災偵測器
2.控制板（連接偵測器及鋼瓶釋出閥）
3.海龍1301鋼瓶
4.釋放噴嘴
5.控制板（發出警示訊號、緊急開關等）

圖7-6　室內鹵系海龍1301全域釋放系統裝置圖[5]

Q＝G／T　　　　　　　　　　　　　　　　　　　　　　（7-9）

Q＝釋放速率（公斤／秒）

g＝基本氣體量（公斤／平方公尺），由**表7-14**得知

G＝所需氣體質量（公斤）＝g × V ＋ a × V

V＝場所體積（立方公尺）

a＝開口部增加氣體質量（公斤／平方公尺）

A＝開口部面積（平方公尺）

T＝10秒（**NFPA**規定）

　　30秒（日本法規規定）

表7-14　全域釋放系統所需基本氣體量（g）及開口部增加氣體量（a）[7]

防護對象	基本氣體量（g） （公斤／平方公尺）	開口部增加氣體量（a） （公斤／平方公尺）
發電機房、變電室、通訊機房、汽車庫	0.32	2.4
棉花、布類、絲綢	0.52	3.9
橡膠、木材	0.64	4.8
第四類準危險場所	0.32	2.4
第四類及第六類危險場所	$6.2\frac{C}{100-C}$（註）	3.0

註：C為不致產生危害的氣體濃度

7.4.5.2 局部應用系統

適於局部或第一設備失火防護之用，**圖7-7**顯示一個局部應用系統。滅火劑的供應量必須足以維持氣態滅火劑流過所欲防護地區、設備一定時間（通常為數分鐘）。噴嘴的設計非常重要，必須依據測試的結果而定。

所需藥劑量（Q）為：

$$Q = (4 + 3a/A) \times 1.25 \qquad\qquad (7\text{-}10)$$

Q＝有效釋放量（公斤）

a＝防護對象所圍成的側面積（平方公尺）

A＝防護空間表面積的總和（平方公尺）

7.4.5.3 手持移動釋放系統

以所欲防護物體為中心，每15公尺半徑圓，設置一個軟管捲輪，建築物每層出入口附近，也應安裝一個軟管捲輪。

所需釋放量[8]如下：

1.每一噴嘴：90公斤以上。

2.噴嘴釋放速率：60公斤／每分鐘以上。

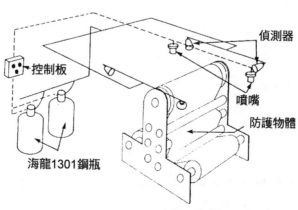

圖7-7　局部應用系統圖[5]

 7.5 二氧化碳滅火系統

二氧化碳可以稀釋空氣中氧氣的濃度，阻止燃燒，與一般油品、金屬、電絕緣物不會產生化學反應，滅火後，也不會造成汙染，因此適於撲滅著火性液體、氣體燃燒所引起的火災或電機設備失火。NFPA 12: Carbon Dioxide Extinguishing Systems（二氧化碳滅火系統）中詳列購買、設置、安裝、測試、檢測、操作及維護準則，日本消防法規亦詳列有關此系統設置準則。

7.5.1 二氧化碳特性

二氧化碳為不可燃氣體，性質穩定，與大多數物質不會產生化學變化，不具導電性，電絕緣性高，在常溫下為氣體，其固體俗稱乾冰，乾冰會吸收熱後昇華產生氣體。

二氧化碳在空氣中的濃度約為0.03%，濃度達到6～7%，人的呼吸速度加快；濃度增加至7%以上時，呼吸速度開始減慢；超過9%，大部分人會失去知覺；濃度到達25～30%，會馬上停止呼吸。

7.5.2 二氧化碳滅火特性及其限制

二氧化碳可以有效熄滅火焰的主要原因，係因它能淡化空氣中氧氣的濃度，它直接與火焰接觸，也可冷卻火焰的溫度，因此，當氧氣的濃度降低時，燃燒速率減慢，而溫度又無法維持點燃溫度時，火焰自然熄滅。

表7-15列出撲滅不同氣體及液體燃料燃燒火焰所需最低二氧化碳濃度。估算撲滅固體燃料燃燒所產生的火焰所需的二氧化碳量，非常困難，因為固體燃燒後火焰的熱損失（輻射及對流）與燃燒物質物理位置所產生的遮蔽效應（Shielding Effects）有關，難以準確估算。

二氧化碳對於A級火災較水的撲滅效果差，因為二氧化碳為氣體，難以有效地將燃燒物質包圍起來，與空氣完全隔離，對於一般物質的冷卻效能差。

二氧化碳對物質表面火焰非常有效，但是如果火焰延伸至物質表面以下時，必須使用較多的二氧化碳及時間，才可撲滅。

表7-15　滅火所需最低二氧化碳濃度[9]

燃料	理論值（%）	設計值（%）	燃料	理論值（%）	設計值（%）
乙炔	55	66	己烷	29	35
丙酮	27	34	高碳烴類	28	34
飛機燃料（115/145級）	30	36	氫	62	75
苯	31	37	硫化氫	30	36
丁二烯	34	41	異丁烷	30	36
丁烷	28	34	異丁烯	26	34
1-丁烯	31	37	甲酸異丁基酯	26	34
二硫化碳	60	72	JP-4（噴射機燃料）	30	36
一氧化碳	53	64	柴油	28	34
煤氣或天然氣	31	37	甲烷	25	34
環丙烷	31	37	醋酸甲酯	29	35
乙醚	33	40	甲醇	33	40
甲醚	33	40	甲基1-丁烯	32	36
道生熱媒（Dowtherm）	38	46	丁酮	32	40
乙烷	33	40	甲酸甲酯	32	39
乙醇	36	43	戊烷	29	35
乙烯	41	49	丙烷	30	36
二氯乙烯	21	34	丙烯	30	36
環氧乙烯	44	53	潤滑油、冷卻油	28	34
汽油	28	34			

　　二氧化碳對於本身可以提供燃燒所需的氧氣的物質（例如硝化棉）的效果很低；無法應用於反應性金屬如鈉、鉀、鎂、鈦、鋯（Zirconium）或金屬氫化物，因為這些物質燃燒會產生二氧化碳。

7.5.3 應用系統及需求量

　　二氧化碳應用系統亦可分為全域釋放、局部應用及手持移動釋放系統三種。全域釋放系統氣體流量[7]為：

$$Q = G／T（公斤／分）\qquad(7\text{-}11)$$

Q＝氣體質量流動速率（公斤／分）
G＝氣體量（公斤）
　＝g × V＋a × V

g＝單位體積滅火所需基本氣體量（**表7-16**、**表7-17**）

V＝防護區域體積（立方公尺）

a＝開口部增加的氣體量（公斤／平方公尺）（**表7-18**）

A＝開口部分面積（平方公尺）

T＝放出時間（分）（**表7-19**）

表7-16　撲滅深部火災（A級）所需基本二氧化碳量[7]

對象	單位體積所需二氧化碳量（公斤／立方公尺）
通訊機房	1.2
特殊可燃物儲存場所	
(1)棉花、紙類	2.0
(2)橡膠、木材	2.7

表7-17　撲滅表面火災（B級）所需二氧化碳量[7]（車庫、停車場、第四類準危險物）

防護區體積（立方公尺）	單位體積所需二氧化碳量（公斤／立方公尺）	總量最低限度值
50＜V	1.0	－
50＜V＜150	0.9	50
150＜V＜1500	0.8	135
V＞1500	0.75	1200

表7-18　開口部增加二氧化碳量

對象	單位面積所需二氧化碳量（公斤／平方公尺）
深部火災對象	
(1)通信機房	10
(2)特殊可燃物質	
‧棉花、紙類	15
‧橡膠、木材	20
表面火災	5

表7-19　二氧化碳釋放時間（分）

對象	釋放時間（分）
通訊機房	3.5
特殊可燃物	7.0
其他	1.0

局部應用系統釋放時間為三十秒，所需二氧化碳氣體量視體積方式或面積方式估算而定。

面積方式：每平方公尺所需二氧化碳量

$= 1.3 \times 1.4$（公斤／平方公尺）高壓系統

$= 1.3 \times 1.1$（公斤／平方公尺）低壓系統

體積方式：$W = 8 - a / A$ （7-12）

W＝單位體積所需二氧化碳量（公斤／立方公尺）

a＝防護空間周圍實際所設置的固定側壁表面積（平方公尺）

A＝將防護空間完全包圍所需側壁表面積（平方公尺）

手持移動釋放系統則以每15公尺半徑所構成的圓內，設置一個軟管捲輪，每一層樓的出入口附近也設置一只，每一噴嘴需90公斤以上氣體，釋放率為60公尺／分以上。

7.6 惰性氣／液體滅火系統

此系統係將惰性氣體或液體充填於密閉的桶、槽或空間之內，以防止爆炸性空氣－蒸氣混合物的產生與淡化氧氣的濃度。氮氣是最普遍使用的惰性氣體，用以充填於著火性液儲槽、混合槽、研磨機、離心機內的上部空間，以避免空氣進入，產生爆炸性的氣體混合物，或者在設備維修或清洗之前，用以取代設備中的著火性蒸氣。鋯可在氮氣中燃燒，因此必須使用氬氣（Argon）作為惰性氣體。二氧化碳有時也可作為惰性氣體，以淡化空氣中的氧氣或取代著火性有機蒸氣。美國消防協會出版的「第69號報告：爆炸預防系統」（NFPA 69, Explosion Prevention Systems）中，詳列設計及計算惰性系統的準則，可供讀者參考。

水蒸氣也可作為化學品處理工廠的惰性氣體，但是由於水蒸氣遇冷會凝結成水，水蒸氣冷凝後密閉空間很快地會為著火性、易燃性有機蒸氣所取代，

而且水蒸氣的釋放會產生靜電的積聚,靜電放電會成為點火源,使用時必須小心。

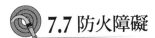

7.7 防火障礙

防火障礙是由水泥、磚、石、石膏板等不可燃的建材所製成,可以阻擋火焰的蔓延,降低損失,通常裝置於室內,有時也安裝於露天工廠中,以隔離處理單元或其他危害性高的地區。

防火障礙的設計是以防範熱及火焰的通過時間而區分其等級,耐火等級是以小時為單位,最低為三十分鐘,最高為四小時。美國保險商實驗室(UL)1992年出版的《阻火概覽》(*Fire Resistance Directory*)中,詳列牆壁、地板/天花板等的耐火等級的測試方法,美國消防協會研擬中的NFPA 221號準則中,也將防火牆包括在內。常見的防火障礙有防火牆及耐火間隔兩種。防火牆為具有至少30英寸高的胸牆(Parapet)、連至屋頂但不承擔負載的牆壁,火災發生時,即使兩邊結構倒塌,它也不會傾倒。一個標準的防火牆由水泥、磚石等材料構成,牆上無管線或電線導管通口,耐火時間四小時以上,標準防火牆為自行屹立的牆壁,不應依附於其他結構之上。

耐火間隔的耐火時間在三小時之內,高度不延伸至天花板,而且不具胸牆,也不必自行屹立,可以依附於其他結構。**圖7-8**顯示日本建築法指定的耐火間隔。

下列位置宜考慮安裝防火障礙:

1. 兩個不同性質的區域之間,例如倉庫與生產區。
2. 兩個分離而且互不相關的製程之間。
3. 工作人員密集區(如辦公室、控制室)與高危險區(如製程區、倉庫)之間。
4. 電機設備室、儀器室與高危險區之間。

在所裝置的開口如門、窗、排氣開口、空氣處理導管、輸送帶開口等處,應安裝可自動關閉或能關閉的保護設施(防火門、擋板),這些裝置本身的耐火等級應與防火結構相同。美國消防協會出版的「第80號報告:防火門、窗」

構造	材料	耐火時間	
		1時間	2時間
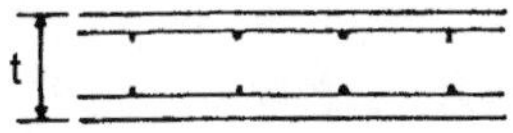	鋼筋水泥（30mm厚度以上） 鋼骨鋼筋水泥 鋼骨水泥	t≧70mm	t≧100mm
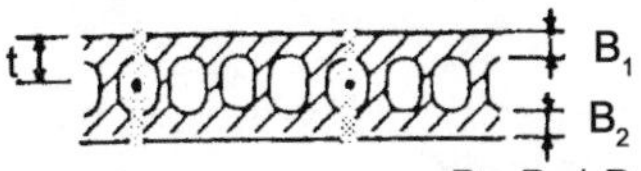 $B=B_1+B_2$	鋼材＋水泥塊	B≧50mm t≧40mm	B≧80mm t≧50mm
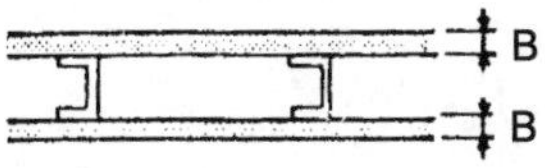	鋼骨＋鋼網泥漿 （外塗耐燃塗料）	B≧30mm	B≧40mm
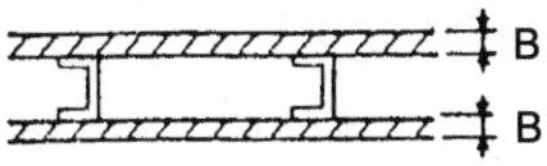	鋼骨＋鋼網岩鹽混凝土 （外塗耐燃塗料）		B≧35mm
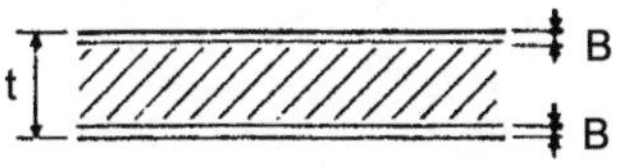	木片水泥板＋灰泥		t≧80mm B≧10mm
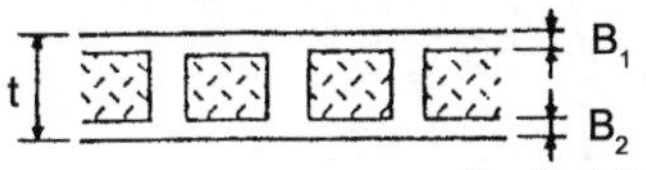 $B=B_1+B_2$	中空鋼筋水泥製的平板 （中空部分以氣泡水泥充填）		t≧120mm B≧50mm
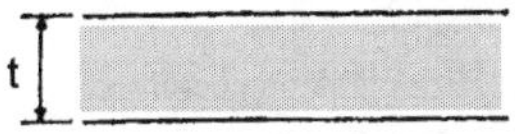	輕質氣泡水泥板		t≧75mm
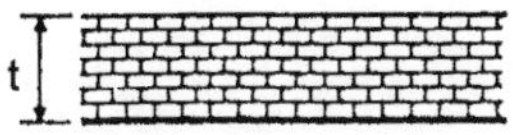	・水泥塊 ・內無鋼筋的水泥 ・石	t≧70mm	
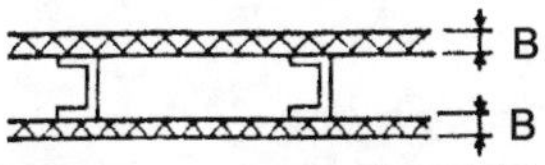 結構強度不足，必須加強支撐骨架	鋼骨＋石綿、岩綿板	B≧12mm	
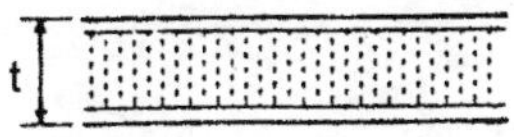 結構強度不足，必須加強支撐骨架	氣泡水泥 岩綿板＋石綿板 石綿矽酸鈣板	t≧35mm	
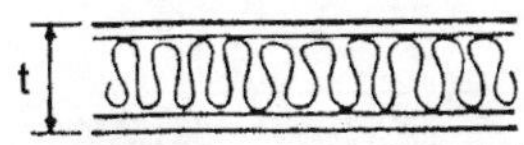 結構強度不足，必須加強支撐骨架	岩綿、礦物綿保溫板 水泥板＋石綿板 石綿岩鹽板	t≧40mm	

圖7-8　日本建築法中指定的耐火間隔[11]

（NFPA 80, Fire Doors and Windows）提供有關此類裝置的安裝及測試資訊。

穿透過防火阻礙物的電線導管、管線、電纜盤、電匯流排管等也必須具備防護設施。

圖7-9顯示東京消防廳技術基準中防火障礙的裝置及其範圍。

7.8 防爆牆

防爆牆係設置於炸藥、易燃性氣體、高壓氣體容器、儲槽與其他設施之間的防護設備，可以阻擋爆炸所產生的爆風及飛散物的破壞。**表**7-20列出日本安全法規中有關防爆牆的規定。

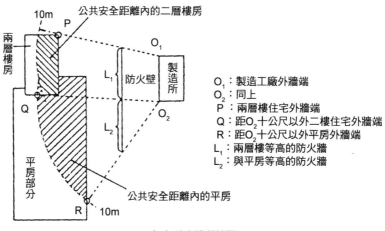

（a）防火障礙範圍

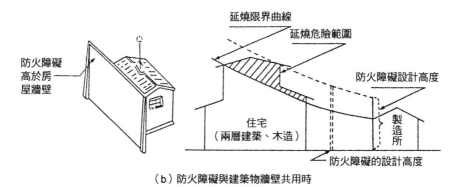

（b）防火障礙與建築物牆壁共用時

圖7-9　日本東京消防廳技術基準中有關消防障礙的範圍估算[11, 12]

表7-20　日本安全法規中有關高壓氣體防爆牆的規定

法規	內容規定
・液化石油氣保安規則2.障壁基準 ・一般高壓氣體保安規則33.障壁	1.儲槽及處理設備為短縮安全距離所設置的防爆牆構造應遵照各項標準，並依據所推算之爆炸威力及其衝擊，設計耐久堅固的結構 1.1鋼筋水泥製防爆牆（厚度12公分以上，高度2公尺以上） 1.2水泥塊製防爆牆（厚度15公分以上，高度2公尺以上） 1.3鋼板製防爆牆（厚度3.2公釐以上具山形鋼補強，或厚度6公釐以上，高度2公尺以上） 2.容器設置場所之防爆牆的標準 2.1鋼筋水泥製防爆牆（高度1.8公尺以上，其餘與1.1同） 2.2水泥塊製防爆牆（高度1.8公尺以上，其餘與1.2同） 2.3鋼板製防爆牆（高度1.8公尺以上，其餘與1.3同） 3.容器設置場所周圍2公尺之內的易燃、發火性、引火性物質設置場所的防爆牆 3.1鋼筋水泥製（厚度9公分以上，高1.8公尺以上） 3.2水泥塊製（厚度1.2公分以上，高1.8公尺以上） 4.壓縮機、氣體容器充填場所（壓縮乙炔、壓力100公斤／平方公分以上） 4.1鋼筋水泥製（如1.1） 4.2水泥塊製（如1.2） 4.3鋼板製（如1.3）

　　防爆牆阻止爆風的影響及其相互作用可由**圖7-10**中衝擊波與防爆牆的相互作用圖中顯示，向前衝擊的波鋒下部受防爆牆阻擋而反射，超出牆高的波鋒則繼續前進，牆的頂端附近會產生漩渦，並產生折衝擊波，其過壓較入射衝擊波低。

　　防爆牆以鋼筋水泥、水泥塊或鋼板製造。依據爆風貫穿威力的實驗所得公式為[13]：

$$t = \left(\dfrac{\dfrac{11.71}{R}}{W^{\frac{1}{3}}} \right)^{1.5} \qquad\qquad (7\text{-}13)$$

t＝牆厚度（公分）

W＝TNT炸藥量（公斤）

R＝炸藥與防爆牆之間的距離（公尺）

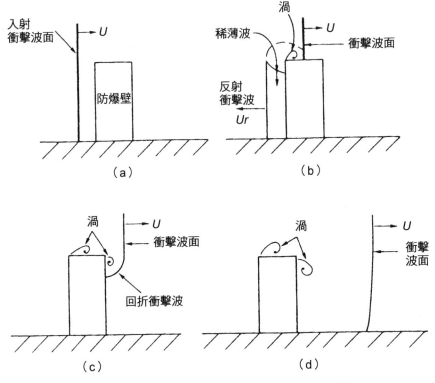

（a）　　　　　　　　　　（b）

（c）　　　　　　　　　　（d）

圖7-10　爆炸衝擊波與防爆牆的相互作用[13]

表7-21顯示牆厚度、炸藥量及距離的數據關係。

圖7-11顯示一個煙火用的鋼筋水泥製的實驗防爆牆的構造，高度為2.2公尺，寬3公尺，厚度約15公分，在防爆牆前3公尺處放置的煙火炸藥引爆後，防爆牆上有破裂縫隙，而且部分剝落。

圖7-12顯示一個小型模擬地下火藥庫的土堤構造，如使用35.5公斤TNT炸藥，土堤上及側邊的爆炸過壓如表7-22所顯示。

7.9 耐火結構

結構鋼材與火接觸後，會逐漸失去其張力，最後可能無法支撐其負載而傾倒，鋼結構倒塌後，它所支撐的設備及管線也會破裂、倒塌，而釋放出更多的燃料及危害性物質，因此大量著火性或可燃性物質的儲存及處理場所所使用的

表7-21　炸藥量（W）、防爆牆厚度（cm）與距離的關係[13]

厚度（公分）	換算距離（Dc）（公尺／公斤$^{1/3}$）	炸藥距防爆牆的距離（公尺）								
		1000公斤	600公斤	300公斤	200公斤	100公斤	60公斤	30公斤	10公斤	4公斤
50	0.380	3.80	3.21	2.54	2.22	1.76	1.48			
30	0.534			3.57	3.12	2.48	2.09	1.66		
25	0.603			4.04	3.53	2.80	2.36	1.87		
20	0.700					3.25	2.74	2.18	1.51	1.11
15	0.848					3.94	3.32	2.63	1.83	1.35

　　結構鋼架（材）宜加裝防護設施，以免受到火災的破壞。安裝灑水裝置，也可避免鋼材與火焰接觸或破壞，灑水裝置類的主動性、外在的防火設施的效果卻不如被動性本質安全的耐火結構佳。

　　耐火結構與防火阻礙物類似，它的設計係以其「耐火時間」而區分其等級。美國保險商實驗室（UL）1992年出版的《阻火概覽》中詳列耐火結構的構造及設計，測試方法請參閱ASTME 119（US 263）或UL 709。

　　鋼材可經過下列三種方式，達到耐火功效[10]：

1.塗裝：將耐火材料、塗料直接噴灑或塗裝在結構鋼材的表面。常用的塗裝材料可分為熱反應性及絕熱材料兩種；熱反應性材料會吸收熱能，而改變其特性；絕熱材料如水泥、蛭石（Vermiculite）等本身導熱係數低，避免鋼材直接暴露於火焰或輻射熱。
2.包裝：鋼材外以彈性絕熱材料包裝。
3.盒裝：將鋼材外以不可燃的絕熱材料（礦物、纖維或石膏板、石膏、水泥混合物等）建成盒狀。

　　處理設備、電線（纜）、儀器用電線有時也可以用上列方式，增加其耐火特性。

7.10 保溫材料

　　設備管線外所包覆的保溫材料，除了可以減少設備、管線的熱能損失，保護現場工作人員免於與高溫物體接觸外，還具有防火功能。火災現場中的設備

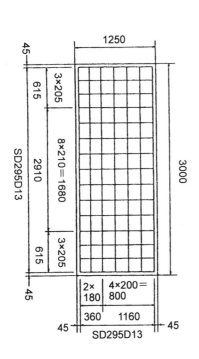

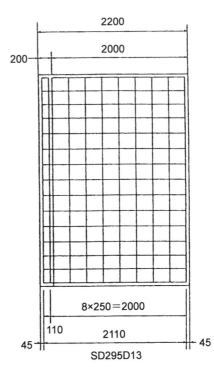

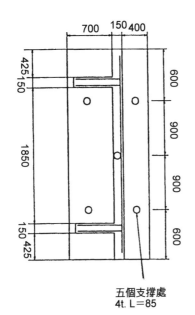

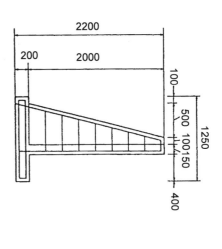

圖7-11　煙火用防爆牆的構造

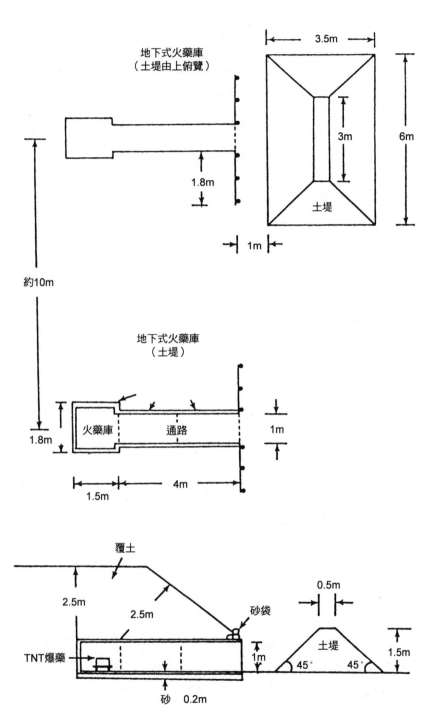

圖7-12　小型模擬地下式火藥庫土堤的構造[13]

表7-22 土堤所降低爆炸爆風過壓的效果[13]

換算距離 （公尺／公斤$^{1/3}$）	過壓	
	土堤上方	土堤側面
6.0	0.330	0.230
7.5	0.232	0.163
9.0	0.161	0.138
12.0	0.103	0.0971

或管線之外所包覆的保溫材料，可以減少外界熱能的傳導或避免與火焰直接接觸，不僅可以保護設備（或管線）外殼，免受破壞，還可以減少內含物質因受熱而分解、反應、揮發的影響。外部以保溫材料包覆的設備暴露於火災時，所需排放、疏解的流率亦低於未裝保溫材料的設備，所估算疏解速率僅及未裝保溫材料的30%。

選擇保溫材料時，應考慮以下三個因素：

1.保溫材料的可燃性。
2.所吸附的液體的可燃性。
3.火災時，絕熱材料的完整性。

理想的保溫材料為不可燃性、不具液體吸附性，而且在高溫中不會熔融的物質，避免使用以三聚異氰脲酸酯（Isocyanurate）類的聚合物製成的塑膠泡棉，作為絕熱材料，因為此類泡棉與火接觸後，分解放出毒性氣體。

著火性液體由設備或管線洩漏後，如果被多孔狀保溫材料所吸附，由於絕熱性佳、熱損失低，時間一久，溫度逐漸升至其自燃溫度，由於空氣濃度低，儘可能產生冒煙、悶燒現象，然而，此時如果修護人員將冒煙的保溫材料去除，大量空氣湧入，馬上會發生火災。1989年3月7日比利時發生乙二醇工廠爆炸事件，即是由於醛蒸餾塔的液面指示管線所洩露出的環氧乙烯，形成聚乙二醇，滲入了保溫材料之中，當維修人員將保溫材料剝開後，聚乙二醇在空氣中，自行氧化燃燒而造成的。為了避免此類事件的發生，可在易於發生洩漏的凸緣、管線連接處，使用不具吸附性的蜂巢狀玻璃類保溫材料。

7.11 排放／潑灑控制系統

　　工廠發生火災時，往往必須使用大量的水，以撲滅或控制火勢。由於大部分的著火性物質的比重較水低，會浮在水面上，這些浮在水面上的油品、溶劑如果遇到點火源，亦可能著火，造成火勢的蔓延，而且許多汙染性、危害性化學品會隨水而散布至土壤及環境之中，造成環境的汙染。因此，工廠中必須具備完善的水排放溝渠，以控制消防水的潑灑及排放。

　　排放溝渠及相關設施必須能將水及著火性液體由建築物、儲槽、設備等區域迅速排出，而且避免與其他生產設備或點火源接觸，以免著火，然後送至收集坑、塘等暫時儲存場所，再經簡單的物理方式的油水分離步驟後，直接送至廢水處理系統。收集坑、塘、槽等液體暫時收集／停留設施的容量宜以儲存液體半小時至一小時的時間為原則而設計。

　　排放／潑灑控制系統基本上包括下列設施[10]：

1. 表面宜具傾斜度，至少1%。
2. 壕溝及下水道。
3. 短提及邊牆。
4. 坑、塘等聚水（液）的場所。
5. 油火分離器、去除液體表面浮油、泡沫設備。
5. 汙油及液體儲槽。

設計時，宜考慮下列事項[10]：

1. 液體的總質量、流率及排放方式。
2. 液體的物理性質，例如黏度、水溶解度、比重、揮發性閃火點等。
3. 消防水系統的流率。
4. 地表面種類（土壤、碎石、水泥等）。
5. 場所位置及空間安排。
6. 雨量。
7. 預估火災連續時間。
8. 環境汙染風險。
9. 地方及中央政府法規。

參考文獻

1. Russel P. Fleming, Principle of Automatic Sprinklers System, *Fire Protection Handbook*, Chapter 16, NFPA, 2008.

2. ISO, *Fire Suppression Rating Schedule*, Insurance Services Office, New York, USA, 1980.

3. D. N. Meldrum, Foam Extinguishing Agents and Systems, *Fire Protection Handbook*, Section 5, Chapter 20, Edited by A. E. Cote, NFPA, Quincy, MA, USA, 1991.

4. W. M. Haessler, Dry Chemical Agents and Application Systems, *Fire Protection Handbook*, Section 5, Chapter 19, Edited by A. E. Cote, NFPA, Quincy, MA, USA, 1991.

5. C. Taylor, Halogenated Agents and Systems, *Fire Protection Handbook*, Section 5, Chapter 18, Edited by A. E. Cote, NFPA, Quincy, MA, USA, 1991.

6. R. Hough, Determination of a Standard Extinguishing Agents for Airborne Fixed Systems, *WADD Technical Report 60-552*, Wright Air Development Division, Wright-Patterson Air Force Base, Ohio, USA, 1960.

7. 劉祥輝，《消防工程實務》，第八章，頁129，中國電機技術出版社，1984年。

8. 《工廠消防系統規劃設計》，頁47，經濟部工業局，中國技術服務社工業汙染防治技術服務團編，1987年。

9. H. W. Coward and G. W. Jones, Limits of Flammability of Gases and Vapors, *Bulletin 503*, USDI Bureau of Mines, Pittsburgh, PA, USA, 1952.

10. AIChE, Fire Protection, *Guidelines for Engineering Design for Process Safety*, Chapter 16, CCPS, American Institute of Chemical Engineers, New York, USA, 1993.

11. 水野敬三，〈防火壁〉，上原陽一、小川輝繁編修，《防火防爆對策技術》，東京：技術系統株式會社，1994年。

12. 東京消防廳預防部危險物課編輯，《圖解危險物之設施分類》，頁67-73，全國加除法令出版，1983年。

13. 中山良男，〈防爆壁〉，上原陽一、小川輝繁編修，《防火防爆對策技術》，東京：技術系統株式會社，1994年。

Chapter
8

特殊生產場所防火防爆對策

　　一般石化或化學工廠的防火防爆對策普遍出現於消防或工業安全的雜誌、文獻或書籍中，然而其他行業如食品、半導體等的火災與爆炸事件亦偶爾會發生，為了協助這些行業中的從業人員，加強防火防爆的觀念及意識，本章特別討論下列幾個行業的防火防爆措施：

　　1.廢水處理工廠。
　　2.食品工廠
　　3.溶劑萃取工廠。
　　4.室內倉儲。
　　5.室外儲存。
　　6.穀類儲存及處理。
　　7.半導體生產工廠。

 8.1 廢水處理工廠

8.1.1 處理流程

　　廢水處理工廠流程包括下列三個部分：

　　1.廢水收集及輸送系統。
　　2.液體處理系統。
　　3.固體處理系統。

圖8-1顯示一個標準廢水處理工廠的流程。

　　初級處理調理所有流入廢水處理廠的廢水，將可能影響處理流程或操作條件的物質，如木片、紙、纖維、土石、塑橡膠物體等，以沉澱方式去除。

　　次級處理係利用生物或物理化學方式，將廢水中的懸浮固體、溶解固體、膠質物與生化氧需求量去除85%左右。大部分的次級處理方式為生物式，是以在含氧量的條件下，以微生物將廢水中所溶解的有機物質，轉化為生物物質。

　　三級處理則利用物理、化學、生物或三者的組合處理方式，將廢水中所含的有機、無機物質降至排放標準之下，磷、氮的去除也屬於三次處理的範圍。

　　廢水中如果含有感染性細菌、病毒、變形蟲囊胞時，必須以物理（紫外線

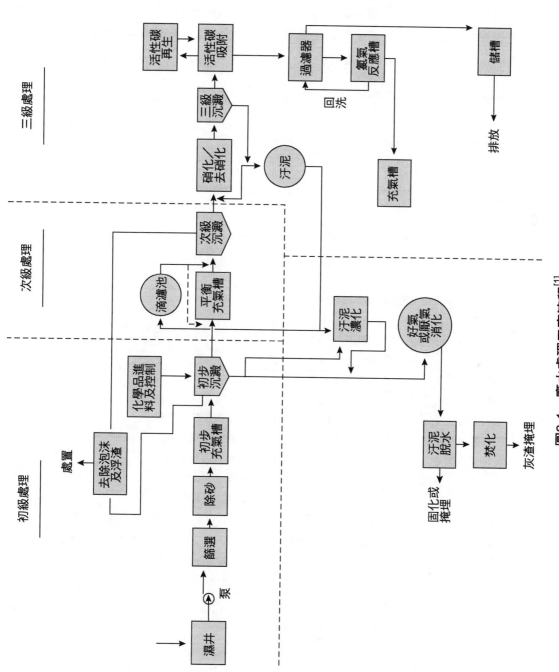

圖8-1 廢水處理工廠流程[1]

照射）或化學（氯氣或臭氧）方式消毒。

由液體處理系統所排放的固體汙泥，不僅含水量高達97%，而且還含有許多生物或有機物質，必須設法穩定及減量後，才可回收、掩埋或最終處置。固體處理是所有廢水工廠中最複雜及費用最高的一環，它包括下列幾個步驟：

1. 穩定（好氣或厭氣消化）。
2. 脫水乾燥。
3. 回收掩埋、焚化等。

8.1.2 危害源

廢水處理工廠可能造成火災及爆炸的危害源（**表8-1**）為：

表8-1　廢水處理工廠著火及可燃物質[1]

名稱	爆炸上下限（%）		來源
	下限	上限	
I、氣體			
氨（NH_3）	16	25	儲槽洩漏
硫化氫（H_2S）	4.3	46	下水道氣體、汙泥氣體
天然氣（CH_4）	3.1	15	天然氣管線洩漏
下水道氣體（註一）	5.3	19.3	下水道系統
污泥氣體（註二）	5	15	汙泥消化系統
氫氣（H_2）			實驗室校正分析系統
氧氣（O_2）	不可燃但可助燃		儲槽、活性汙泥系統、氧氣產生設備
臭氧（O_3）	同上		消毒系統、臭氧產生設備
II、液體			
汽油（C_5H_{12}-C_9H_{20}）	1.3	7	儲槽
柴油、燃料油、儲槽	—	—	儲槽
有機物	—	—	廢水儲槽、處理系統
III、固體			
活性碳粉、粒	—	—	活性碳儲槽、吸附床
其他可燃性粉塵	—	—	固體處理系統

註一：約含70%二氧化碳、5%甲烷及25%其他氣體
註二：約含65%甲烷、30%二氧化碳及5%其他氣體

1. 處理所需的氣體燃料：天然氣、液化石油氣、厭氣消化過程產生的沼氣。
2. 下水道及儲槽汙泥氣體：汙泥醱酵消化產生的沼氣。
3. 特殊工業氣體：實驗室分析校正氣體（氫氣、甲烷）、焊接用乙炔、氧氣。
4. 液體：廢水中所含的有機物、液體燃料（汽油、柴油、燃料油）、溶劑。
5. 可燃固體及汙泥：顆粒或粉狀活性碳、處理過程中產生的可燃粉塵。
6. 廢水處理工廠中的材質：塑膠、強化玻璃纖維塑膠、油漆、塗料、絕緣材料、家具等。

8.1.3 點火源

廢水工廠中的點火源，可分為下列幾類：

1. 火焰及高溫物體表面：焊接工具、鍋爐、焚化爐、柴油燈、內燃機、香菸。
2. 電弧及電火花：電器開關及馬達控制中心故障所產生的電弧、損壞、失常的機械設備及靜電產生的火花。
3. 化學反應：廢水儲槽、處理系統以及實驗室中產生的化學反應。

8.1.4 預防與控制措施

預防與降低火災與爆炸發生的控制措施有下列六項：

1. 危害評估。
2. 風險評估。
3. 點火源的控制。
4. 加強通風。
5. 使用適當的材質。
6. 加強安全教育。

點火源的控制已在第四章中討論。

8.1.4.1 加強通風

加強通風是控制失火及爆炸發生的最佳措施，密閉系統的空氣流動速率估算宜考慮下列主要因素：

1. 廢水中所含的有機物質的揮發速率。
2. 溝渠、儲槽、容器的表面積。
3. 廢水溫度。
4. 空氣溫度。

表8-2列出不同場所的最低通風速率以供參考。

8.1.4.2 使用適當的材質

選擇設備、建築物的材質時，宜依據著火危害及失火風險評估結果，使用適當的材質雖不能防止火災或爆炸的發生，但是可以降低火災、爆炸發生後所造成的損害。

所有建築物使用的建材，也必須符合中央及地方政府的規範。在短時間內失常，不致造成環境或公共安全重大危害的主要廢水處理設施（如生物處理系統）的材質，可以考慮使用不可燃或難以燃燒的材質。失常一星期以上，仍不致產生嚴重危害的設施，則不必考慮材質的燃燒特性。

人員出入及工作的廢水處理建築物宜使用不可燃或難以燃燒的材質，空氣供應及排放系統必須使用無法燃燒的材質。建築物的內部裝飾不宜使用多孔或泡狀塑膠材料。

表8-2　最低通風速率[2]

場所	通風速率（換氣次數／時）
1. 濕井、篩選室及其他廢水與大氣接觸的密閉系統中	12
2. 廢水固體、汙泥儲存或輸送室或空間	12
3. 設備室、隧道及其他低於地平面的空間	12
・具氣體管線及著火性氣體處理設施	12（註一）
・無氣體管線	6（註二）

註一：隧道或走廊中的空氣流速為每分鐘23公尺
註二：隧道或走廊中的空氣流速為每分鐘11.5公尺

8.1.4.3 加強安全教育

定期舉行防火、防爆安全講習，以確保員工熟悉、確認、預防及處理有關火災、爆炸源與緊急情況。工安人員與地方消防隊、緊急應變組織應保持良好關係。

8.1.5 消防設施

廢水工廠的消防設施包括：

1. 自動灑水系統。
2. 化學滅火劑系統（泡沫、乾粉、海龍等）。
3. 防火梯、消防柱。
4. 手提滅火器。
5. 其他特殊消防設施，如避雷裝置、偵測器、預警系統等。

消防設施的設置，宜依據危害評估及風險評估的結果。

 **8.2 食品工廠**

8.2.1 處理流程

8.2.1.1 原料儲存

食品工廠的主要原料為水果、蔬菜、穀類、牛肉、羊肉、豬肉、魚類、乳製品等，與油、鹽、味素、澱粉、麵粉、醋、酒等調味品或添加劑。麵粉、鹽或其他粉末、粒狀原料為了避免水或其他液體的損害，必須儲存於密封的儲槽中；食油、酒精、醋等在常溫使用的液體儲存於不同形狀的儲槽中；糖漿或其他必須加熱的液體，則裝入具有蒸氣加熱管的儲槽中。一般食品工廠通常將粉末、粒狀固體物質儲槽設置於建築物的頂層，將液體儲槽設置於第一層，儘量避免將儲槽設置於地下室，以免遭受水患。

8.2.1.2 乳品生產

乳品必須經過加熱、消毒,以去除細菌,冷卻、攪拌或添加其他原料,製成成品後,再送至冷藏庫中。其他含有牛乳的產品如冰淇淋、奶粉、奶酪等也必須保持在一定的溫度,以確保其新鮮及衛生。

8.2.1.3 烤箱或烤爐的保養維修

大型烤箱(爐)多以天然氣或柴油為燃料,小型烤箱(爐)則以電力加熱,維護烤箱(爐)的正常運作是不可缺少的工作。

8.2.1.4 肉類處理

肉類處理過程包括肉類的清洗、切割及冷藏,有些則經過乾燥、鹽浸及煙燻後製成肉乾、燻肉、火腿、鹹肉後出售。主要生產設備包括切割機、煙燻室、乾燥器、冷藏庫等。

8.2.1.5 速食生產

速食包括速食麵、速食湯、奶粉、即沖咖啡精、茶精等,它們的製造過程為快速乾燥或快速冷卻,原料在很短的時間內經過高溫或急冷的處理。

8.2.1.6 果菜醃浸

許多蔬菜、水果只能生長在某一特定季節,為了確保整年食用,必須加鹽、醋、辣椒等佐料,製成鹹菜、酸菜、泡菜等食品。這些果菜先在蒸煮鍋內加熱煮熟,再加上佐料封裝後冷藏。

8.2.1.7 糖果製造

糖果的製造包括蒸煮、加熱、成型、冷卻、切割、包裝等過程,主要的設備為蒸煮釜、鍋、爐及冷卻設備。

8.2.1.8 其他

其他製程如油炸(洋芋片、蝦味先等)、醱酵(酒的釀製)、充氣(汽水、飲料),主要設備為油鍋、火爐、醱酵槽、冷凍系統、充氣設備等。

8.2.2 危害源

8.2.2.1 生產設備

冷凍系統的危害源包括壓縮氣體、危害性蒸氣洩漏、移動的機械，以及電力控制系統等四項，傳統以氨氣為冷凍劑的系統遠較以氯氟碳氫化合物為冷凍劑的系統危險，液態氨揮發性高，而且易燃，萬一洩漏，經常著火爆炸。

蒸煮或加熱所使用的鍋、釜以蒸氣或電為熱源，可能產生著火危害的因素為電力系統及過熱。烤箱（爐）、油炸鍋、火爐的控制失常或燃料供應管線洩漏也會引發火災或爆炸。

8.2.2.2 粉塵

麵粉、糖、穀類、澱粉及可可粉等有機粉末在適當條件下，亦可能引爆。

8.2.2.3 氣體及液體

易燃氣體、液體與點火源接觸，可能引起火災或爆炸的發生，例如可可粉等粉狀食品煙燻消毒用的氣體與加速生澀水果成熟的環氧乙烯皆具易燃著火特性，使用任何氣體時，必須瞭解其物理特性。

食品工廠中所使用的食用油、潤滑油、含酒精飲料、溶劑、乙醚等皆具可燃性，如遇點火源則會燃燒。

8.2.2.4 輸送帶

食品工廠中原料、半成品及成品的輸送帶，由於機械故障或摩擦過熱，皆可能引起火災。輸送帶多以可燃性橡膠或塑膠製成，輸送帶又遍布全廠，萬一失火，火勢很容易蔓延至各角落。

8.2.2.5 儲存場所

大型食品倉庫框架高達2公尺，由於密度大，萬一失火，火勢難以控制。有些菜油為了顧客使用方便，裝入小型噴灑筒中，這些內部充壓的霧滴小筒，遇熱後，內部壓力驟增向四方爆射，形成火彈。

8.2.3 消防措施

8.2.3.1 安全距離

建築物應盡可能考慮使用不可燃的建材，倉庫與生產場所之間必須保持適當距離，同時具備隔離的設備，以免生產設備如烤箱、冷凍系統、易燃氣體或液體的輸送或儲存失火時，受到影響。

輸送帶應設計為分段切斷式，而且可將各個分段部分迅速拖離失火現場。在輸送帶頂端安裝噴霧裝置不是一個適當的方法，因為水霧並不能防止輻射熱的散布。

加熱、冷卻或冷藏系統上所安裝的保溫材料，應考慮低煙性及火勢蔓延速度慢的材料。附近必須安裝灑水裝置，牆板則使用無法燃燒的石膏或防火隔板。

8.2.3.2 灑水系統

灑水系統除了依照一般消防需求外，應安裝在下列場所：

1.具高倉儲框架的倉庫中。
2.含可燃材料的設備、通風管道、外罩的頂端。
3.輸送帶。
4.冷卻器、冷凍器或加熱器的外罩。

8.2.3.3 固定滅火系統

固定滅火系統適合安裝特殊處理或儲存易燃物質的設備附近，如大型油炸器可以使用固定二氧化碳及乾粉滅火系統保護。室外液體燃料或溶劑儲槽可裝置水噴霧或泡沫滅火系統。大型或主要的粉狀可燃物處理系統則安裝爆炸抑止系統。

8.2.3.4 電力設備

所有電力設備必須合於消防規格。

8.2.3.5 其他考慮

任何處理著火性液體的場所必須具備良好的通風設施，以免有機蒸氣的積聚。內含粉塵或著火性有機蒸氣的密閉容器必須安裝疏解閥或爆破裝置與地線。

所有自動化系統必須安裝互鎖裝置，以免緊急事件發生後，無法控制。燃燒系統應具備適當的安全裝置與空氣、燃料的控制。加熱設備如蒸煮釜、烤箱應具備高溫切斷裝置。

工廠定期舉行防火、防爆講習及訓練，並且具備緊急因應計畫，安全疏散路徑及出口隨時保持暢通無阻。

 # 8.3 溶劑萃取工廠

8.3.1 溶劑萃取流程

己烷不具毒性，而且易於由種子中將植物油萃取出來，價格低廉，幾乎所有的食油工廠皆使用己烷作為萃取溶劑。最主要缺點為易於著火而爆炸，安全設計及管理是必要條件。

幾乎所有的食油工廠的設計及操作皆相同，生產流程總共分成四個部分：

1. 種子的前處理。
2. 溶劑萃取。
3. 油及溶劑回收。
4. 殘渣的溶劑去除及加工。

圖8-2顯示食油工廠的流程圖。

前處理部分包括清洗、乾燥、去殼、製片、蒸煮等步驟，蒸煮步驟在內含蒸氣管的旋轉釜內進行，加熱溫度在60～74℃之間，水分含量約10%左右。

蒸煮後的薄片送入浸透式萃取器中與溶劑接觸，一般萃取器至少具備六段或六段以上萃取步驟。萃取器的種類很多，例如垂直籃式、旋轉式、含孔帶式與長方形回路式等。

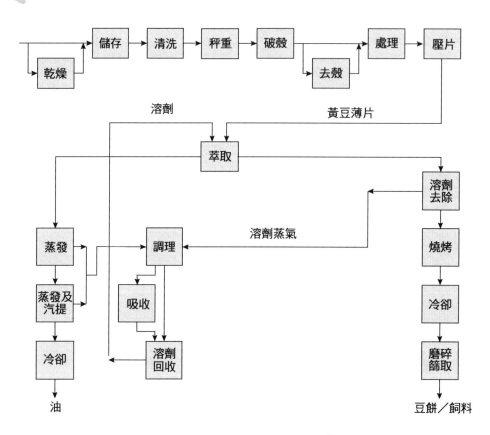

圖8-2　黃豆油溶劑萃取流程[5]

　　由萃取器送出的薄片經輸送帶送入垂直的兼具溶劑去除及燃燒功能的圓筒形設備中。垂直燒烤器內部由許多加熱盤板構成，頂上三層的薄片直接與蒸氣接觸，內部所夾帶的溶劑隨蒸氣由頂端排出，薄片則由上層向下層移動。燒烤器的頂端溫度維持於75℃，由燒烤器底部排出的薄片約105℃。

　　燒烤後的薄片再經旋轉乾燥器乾燥，將水分降至12%後，經冷卻、加工等步驟，作為飼料、豆餅或其他成品。

　　溶解於己烷中的油類再經兩個長管式薄膜蒸發器及一個氣提塔後，即與溶劑分離。由氣提塔頂端排出的溶劑冷凝後，進入分離器中，分離器上部的溶劑回流至溶劑儲槽，下部的水則經廢水蒸發器，將夾帶的溶劑完全去除後，直接排放至下水道中。廢水蒸發器的溫度約93℃。依據美國消防協會（NAFA）規定，蒸氣器底部必須安裝低溫警示器，當溫度降至82℃時，必須發出警示訊號[4]，以免溶劑被廢水夾帶至下水道中。1981年美國肯塔基州路易維爾市

（Louisville, Kentucky）的一家黃豆油萃取工廠，因未安裝低溫警示器，當溫度降低後，操作人員並未察覺，大量己烷隨廢水進入下水道後，引火爆炸，毀壞了約十公里長的下水道系統[5]。

　　由萃取器與所有儲槽排放的蒸氣由管線收集後，進入蒸氣回收系統，此系統是由兩個內部充滿了陶瓷填料的填料塔組成，第一個填料塔為吸收塔，蒸氣由食用油吸收，第二個填料塔為氣提塔，以蒸氣將食用油中所吸收的有機蒸氣驅出。有機蒸氣與水蒸氣混合氣體經冷凝器冷凝後，收集於液／水分離器中。吸收塔頂端裝有吹氣機，可將未吸收的水蒸氣與空氣混合氣體，經排放管吹入大氣中，排放管中安置火焰抑止器，以抑止火焰產生。

　　一個設計良好的以大豆為原料的萃取工廠可達到下列標準[5]：

1.溶劑損失：黃豆重量的0.15%，或2.29公升／公噸大豆。
2.萃取後的大豆薄片含油量為重量的0.5%（12%水分及0%溶劑）。
3.萃取所得的粗油中所含的水分及揮發物總質量為0.15%，粗油在閉杯測試器中，在150℃溫度下，無法點燃（即閃火點高於150℃）。
4.冷卻後的豆渣薄片以卡斯基納伯方法（Caskey-Knapp Method）測試所得的尿酵素活性增加量不超過0.15pH值。

8.3.2 危害源

　　食油萃取工廠中最主要的危險源為萃取溶劑、大豆（或其他含油的種子）儲存及處理過程所產生的粉塵，點火源包括電機設備產生的電弧、火花、靜電及開放性火焰。無論在正常操作、維修或緊急情況下，都可能發生意外。

8.3.2.1 正常操作狀況

(一)溶劑損失率

　　己烷比重為空氣比重的3倍，如果己烷蒸氣洩漏出去，很容易積聚在不通風的角落，而形成重蒸氣雲，一遇點火源，即會爆炸。正常操作時，必須監控溶劑損失率，如果損失率超過黃豆（或其他含油種子）處理量質量的0.3%時，必須研判損失原因，並進行改善措施。

(二)啟動與停俥

啟動之前，萃取器中充滿了空氣，如果不先將空氣完全驅除，就將熱溶劑注入，溶劑揮發後產生的有機蒸氣與空氣混合，形成易燃混合氣體。以己烷為例，它的著火限值為1.2～6.9%（體積百分比），少量的己烷揮發，即可能形成易燃氣體，靜電即會引火爆炸。因此必須先以氮氣或二氧化碳等惰性氣體通過萃取器，以驅除系統中的空氣。有些工廠則先以己烷通過第二個蒸發器，然後在啟動前，將頂部產生的熱蒸氣（40℃）通入萃取器中，以取代空氣，這種設計的優點為可以同時預熱萃取器，可將萃取器得預熱時間由四小時，降至三個半小時。

萃取室的門戶必須氣密，在萃取時完全關閉，以免溶劑蒸氣逸入前處理室。

停俥後，立即將溶劑及豆渣由系統中排出，然後以空氣流通整個萃取器及溶劑去除器，一直到其溫度降至室溫，也可以使用惰性氣體冷卻。最安全的方法為先以水蒸氣流通萃取系統，以驅除有機蒸氣，然後再以空氣或惰性氣體冷卻。

萃取區設備或管線如需焊接時，必須先執行下列步驟，以確保安全[5]：

1.將所有固、液體內系統中排出。
2.將溶劑回流至儲槽之中。
3.以蒸氣通過萃取器、溶劑去除器，以及所有可能有己烷存在的設備。
4.以水充滿所有桶、槽、塔。
5.以水將所有由萃取器及溶劑去除器的豆渣片排放管線充滿。
6.最後以可攜帶式氣體偵測儀檢查著火性氣體的存在。

8.3.2.2 失常操作狀況

(一)緊急失常

溶劑萃取工廠最嚴重的問題是萃取器突然失常，由於內部充滿了高溫豆渣薄片及溶劑，無法即時排出。此時應先將萃取器冷卻下來，大約需要三小時左右，同時研擬解決方案。然後將萃取器中的固／液體移出，再通以空氣。進入萃取器檢視的修護人員必須戴氧氣罩，同時避免任何點火源產生。

溶劑去除器─燒烤器的溫度控制失常時，盤板上的豆渣薄片會因過熱而失

火，此時必須先將加熱源切斷，再以蒸氣通過數小時之久，以驅除豆渣內所含的溶劑，然後將每個盤板的開口打開，將豆渣完全清除。

(二)公共設施失常

冷卻水的供應宜充分，以確保安全停俥，冷卻水供應中斷時，應立即停俥。蒸氣及電力中斷時，也必須立即停俥。

(三)生產超載

溶劑萃取工廠產量超過設計容量時，冷凝量不足以冷凝與回收所有的有機溶劑蒸氣，此時排氣系統不僅壓力上升，而且會排放出有機蒸氣，有機蒸氣也會隨豆渣排出，與空氣混合後形成著火氣雲。

8.3.3 消防措施

美國消防協會出版的「第36號報告：溶劑萃取工廠」（NFPA 36, Solvent Extraction Plants）詳列消防準則，其他參考書籍如下：

1. A. J. Collings and S. G. Luxon, *Safe Use of Solvents*, Academic Press Inc., N.Y., USA, 1982.
2. Hazard and Hazard, Prevention in Solvent Evaporation Ovens, *Fire Prevention*, *Vol. 127*, pp. 22-25, 1978.
3. J. R. Welker, W. E. Martinsen and D. W. Johnson, Effectiveness of Fire Control Agents for Hexane Fires, *Fire Technology*, *Vol. 22*, No. 3, pp. 329-340, 1986.
4. Y. Marcus, Ed., *Solvent Extraction Reviews*, *Vol. 1*, Marcel Dekker, Inc., N.Y., 1973.

8.3.3.1 布置及建築

建築物之間必須保持安全距離，**圖8-3**顯示各個建築物的布置圖及適當距離。萃取室宜以難燃或不可燃材料為建材，並加裝爆炸口。所有盛裝或處理溶劑的管線、桶槽之間應以導電體（線）相連，並且通地，以防止靜電的累積。

任何接觸可燃性粉塵的設備必須具備集塵設備，並且安裝防止靜電放電裝置。

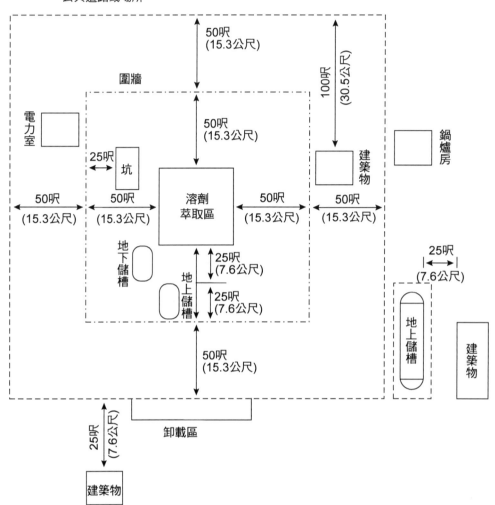

圖8-3　溶劑萃取工廠布置圖[5]

8.3.3.2 消防設施

　　萃取室中安裝噴水、泡沫／水滅火系統,前處理室內,則裝置自動灑水系統。可攜帶式滅火器應裝置於適當場所,例如溶劑洩載與儲存場所、豆渣加工場所,室外則安裝傳統消防栓。

8.3.3.3 管理

　　溶劑回收工廠的生產量不可超出設計容量，不可隨意增加產量，切忌為了生產而忽略了安全工作，任何安全設施損壞，必須馬上維修更換。如果溶劑損失率由大豆處理量的0.15%增至0.3%時，立即進行改善措施。

　　定期舉行安全訓練、消防演習及安全查核，並且具備緊急應變計畫。

 8.4 室內倉儲

　　為了節省空間，現代倉庫多採高架式，走道空間狹小，傳統消防設計已無法因應需求。近年來美國工廠互助研究協會（FMRC）不斷進行實際現場失火實驗，並分析損失，已發展出適當的消防原理及應用準則，本節即簡介他們所研發的成果。

8.4.1 商品分類

　　依據美國消防協會準則NFPA 231（一般倉儲）及NFPA 231A（物質的框架倉儲），將商品依放熱率、火焰蔓延速率及燃燒熱分為第一、二、三、四類，塑膠則再細分為A、B、C三群。

8.4.1.1 第一類

　　第一類商品為無法燃燒的商品，此類商品多裝置於可燃的托板上、紙箱中，或用紙或其他物質包裝。

8.4.1.2 第二類

　　此類商品與第一類商品相同，無法燃燒，但裝置於木箱、原紙板製成的紙箱，或其他可燃包裝材料之中。

8.4.1.3 第三類

　　此類商品為由木材、紙、天然纖維（棉、麻）或第C群塑膠所製成的商品。

8.4.1.4 第四類

放置於瓦楞紙箱中第一、二、三類商品，但其中含有相當成分的A群塑膠材料，或是以A群塑膠材料包裝的第一、二、三類商品。B群塑膠及流動性A群塑膠製品亦包括在第四類之中。

8.4.1.5 塑膠

塑膠可分成A、B、C三群：

(一)A群

1.丙烯腈─丁二烯─苯乙烯塑膠（ABS）。

2.亞克力酯（Acrylic或Polymethyl Methacrylate）。

3.聚甲醛（Polyformaldehyde）。

4.丁烷基橡膠（Butyl Rubber）。

5.乙烯─丙烯橡膠（EPDM）。

6.玻璃纖維強化塑膠（FRP）。

7.高度塑化PVC產品（如塗裝纖維及薄膜）。

8.天然橡膠（已膨脹）。

9.丙烯腈─丁二烯橡膠。

10.熱可塑性聚酯（PET）。

11.聚丁二烯。

12.聚碳酸酯。

13.聚酯彈性體（Polyester Elastomer）。

14.聚乙烯、聚丙烯、聚苯乙烯。

15.聚胺酯。

16.丙烯腈─苯乙烯（SAN）。

17.苯乙烯─丁二烯橡膠（SBR）。

(二)B群

1.纖維素（醋酸纖維、乙基纖維、醋酸丁酸纖維）。

2.氯丁二烯橡膠。

3.氟化塑膠（ECTFE、ETFE、FEP等）。

4.天然橡膠（未膨脹）。

5.尼龍（Nylon 6及66）。

6.矽酮橡膠。

(三)C群

1.PCTFE及PTFE等氟化橡膠。

2.三聚氰胺。

3.酚塑膠。

4.輕度塑化或硬化PVC（如水管、接頭）。

5.聚氟乙烯（PVF）

6.聚偏二氯乙烯（PVDC）。

7.脲醛樹酯。

8.4.2 設計標準

下列美國消防協會（NFPA）倉儲防火標準，不僅提供防護一般商品的消防標準，並且視材料差異性，提出適當的調整：

1.NFPA 231：一般倉儲（General Storage）。
2.NFPA 231C：框架倉儲（Rack Storage of Materials）。
3.NFPA 231D：橡膠輪胎倉儲（Storage of Rubber Tires）。
4.NFPA 231E：綑包棉類倉儲（Storage of Baled Cotton）。
5.NFPA 231F：紙捲倉儲（Storage of Roll Paper）。

圖8-4及圖8-5顯示一般商品灑水系統釋放密度，以供參考。

然而，美國消防協會倉儲標準並不能適用於所有可能發生的情況，必須視實際狀況調整。主要的影響變數為：倉儲高度、走道寬度、框架內灑水器、屋頂灑水器的額定溫度、灑水器下的空間距離、乾管或濕管灑水系統、堆積物的穩定度、封裝、煙的排放、高膨脹性泡沫、灑水器噴嘴口徑、灑水系統反應時間等。此處僅提出倉儲高度、走道寬度、框架內灑水器及使用高膨脹性泡沫系統討論。

8.4.2.1 倉儲高度

依據實際高架倉儲著火實驗結果，火焰強度與倉儲高度的平方成正比，框

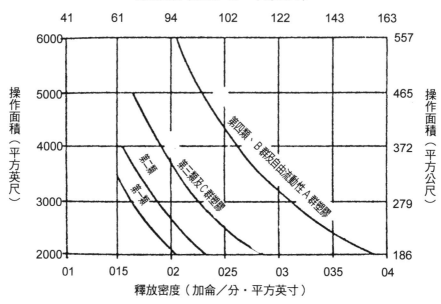

釋放密度（加侖／分・平方公尺）

適用於6.1公尺高的儲存物，灑水器的額定溫度為74℃；如灑水器的額定溫度為141℃時，操作面積為40%，但不小於2,000平方英尺（186平方公尺）

圖8-4　濕管式灑水器設計曲線[6]

架的高度增加10%，由6公尺增至6.6公尺時，滅火所需的灑水器釋放密度需增加35%（**圖8-6**、**圖8-7**）。由於儲存量經常變化，設計時宜以最大儲存量為基準設計。框架高度超過7.5公尺以上時，框架之中必須安裝灑水器。天花板上所安裝的灑水器只是為了保護框架頂端的商品及天花板、屋頂結構，不需考慮框架內的商品特性及儲存量。

8.4.2.2 走道寬度

走道愈寬，愈能防止火焰的傳布，並且愈容易將水灑至火焰上。由**圖8-5**可以求出不同的寬度下（1.2～2.4公尺間）所需灑水密度。在空間允許範圍之內，走道寬度至少應為堆積高度的一半，以限制火焰的跳躍。每一堆底部放置在托板上的商品的寬度不得超過15公尺，因為一般手持軟管或消防噴水系統僅能噴至7.5公尺。雙排式框架倉儲的走道寬度必須超過1.2公尺，如果走道寬度低於1.2公尺，則依據多排框架倉儲規定，設置灑水系統。

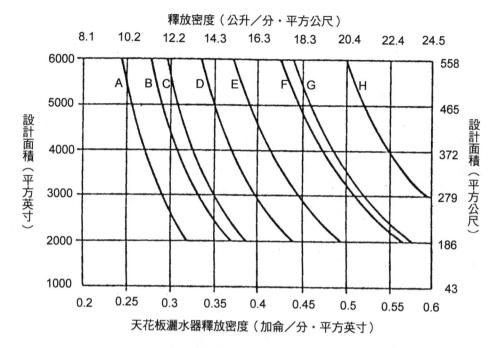

A：2.4公尺走道，141℃額定溫度的天花板灑水器，74℃額定溫度的框架內灑水器
B：2.4公尺走道，74℃額定溫度的天花板灑水器，74℃額定溫度的框架內灑水器
C：1.2公尺走道，141℃額定溫度的天花板灑水器，74℃額定溫度的框架內灑水器
D：1.2公尺走道，74℃額定溫度的天花板灑水器，74℃額定溫度的框架內灑水器
E：2.4公尺走道，141℃額定溫度的天花板灑水器
F：2.4公尺走道，74℃額定溫度的天花板灑水器
G：1.2公尺走道，141℃額定溫度的天花板灑水器
H：1.2公尺走道，74℃額定溫度的天花板灑水器

適用於保護3.6～6.1公尺高度的雙排框架，內部物品為放置於托板上未封裝的第四類物品

圖8-5　框架倉儲物質的灑水器設計釋放密度[6]

8.4.2.3 框架內灑水器

　　框架高度超過7.5公尺，內部應安裝灑水器，框架高度愈高，所需安裝的灑水器愈多。所儲存的固體物品高度或架板距離超過3.7公尺時，每一架板之下，必須裝置灑水器。高度7.5公尺以下的雙排或多排框架中，至少應安裝一層灑水系統，如果所儲存的物品為第四類，而高度超過6公尺時，至少安裝兩層灑水器。

　　框架超過7.6公尺以上時，裝置於天花板上的灑水器僅占有效噴淋至4.6公尺以上的框架，因此下部的框架則以「剖面」灑水器保護，此類灑水器裝置至走

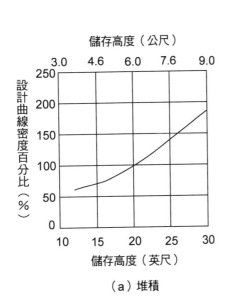

（a）堆積

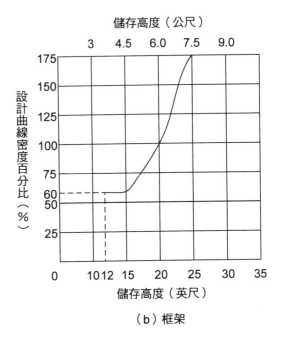

（b）框架

圖8-6　天花板灑水器釋放密度與儲存高度的關係圖[6]

道邊（約0.5公尺），可以將水噴灑至倉儲的縱剖面上。**圖8-8**顯示第一、二、三類物品倉庫走道上，縱剖面灑水器的布置。

8.4.2.4 高膨脹性泡沫

高膨脹性泡沫滅火系統亦可安裝於倉庫內，但是價格昂貴，而且無法保護天花板。如果高膨脹性泡沫系統與灑水系統並用時，可將灑水密度降至一半，但是不可低於下列標準：

1.第一至四類商品：6.1公升／分‧平方公尺。

2.橡膠輪胎：9.8公升／分‧平方公尺。

3.紙捲：10.2公升／分‧平方公尺。

框架內也不需加裝灑水器。

8.4.3 消防設施

倉庫中最主要的消防設施為灑水系統，設置及釋放密度已在前面介紹過。

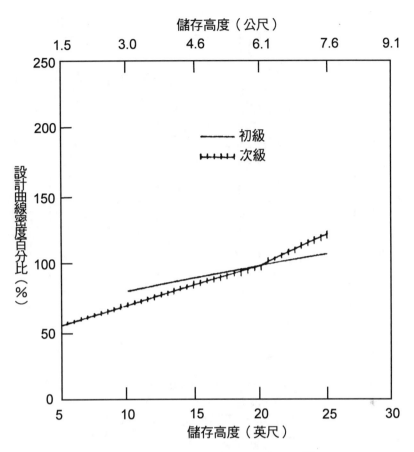

圖8-7　A群塑膠品的高度調整曲線[6]

水的供應必須充足及可靠。如果倉庫的長、寬度超過61公尺，由於軟管長度限制，由公共消防栓引水救火即可能發生困難，必須自行安裝消防栓，以確保安全，每個消防栓的距離為76公尺。

　　一般可攜帶式乾粉（ABC型式）滅火器宜在各個出口、走道安裝。由於所儲存的物品性質不同，灑水密度亦異，**表8-3**列出保護4.6公尺高不同倉儲物品的灑水密度以供參考。

8.4.3.1 橡膠輪胎

　　輪胎失火意外事件不多，但是萬一燃燒，溫度很高，而且產生大量濃煙，必須使用大量水才可以控制火焰，高膨脹性泡沫滅火系統對輪胎火災非常有效，宜與灑水器同時使用。

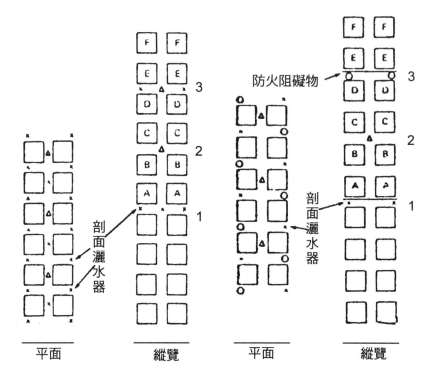

平面　　　縱覽　　　平面　　　縱覽

註：1.圖中A或B層為儲存頂點時，在標示1的地方安裝灑水器
　　2.圖中C或D層為頂點時，在標示1及2的地方安裝灑水器
　　3.圖中E層為頂點時，在標示1及3的地方安裝灑水器
　　4.高度超過F層時，依據註2及3，依序加裝灑水器

圖8-8　儲存高度不超過7.6公尺時，框架中儲存第一、二、三類物品時，框架內設的灑水器安裝處所[6]

8.4.3.2 紙捲

　　紙捲的儲存排列方式有兩種，一種為邊對邊並排，另一種為頂對頂並排，由實驗可知，邊對邊排列方式，易於水的滲透。另外一個頂對頂的排列方式的缺點為，失火時會產生剝皮現象，如果將紙捲用打包用鋼絲綑緊，可以減少損失。以經過難燃處理的包裝紙覆蓋外側，或將紙捲緊密排列（距離10公分之內），也可降低火焰的蔓延。

8.4.3.3 地氈

　　框架內必須安裝灑水器，除非框架中已具備至少15.2公分寬的橫向排煙空間。如果每一架板上的地氈卷高達十層，由於空間的限制，無法安裝足夠灑水

表8-3 保護高度為4.6公尺不同物品倉儲所需的灑水密度[6]

| 物品 | 灑水密度 | | 噴嘴額定溫度（℃） | 額外流量（公升／分‧平方公尺）（註一） | 時間（時） | 面積調整率（乾管式） | 參考規定 |
	公升／分‧平方公尺	面積（平方公尺）					
1.橡膠輪胎							
‧置於托板上或固定系統	20	330	74	2840	3	30%	NFPA 231D
‧框架倉儲（含托板）							
‧固定框架（無托板）	20	195	141	2840	3	30%	NFPA 231D
	25	465	141	2840	3	30%	NFPA 231D
2.綑包的可燃纖維	6	560	100	1900	4	無	FM8-7
3.吊掛衣裳（註四）	25	280	74	2840	1	（註二）	FM8-18
4.紙捲							
‧緊密排列	12.5	190	141	1900	2	30%	NFPA 231F
‧重質束綑紙捲（註三）	12.5	235	141	1900	2	30%	NFPA 231F
‧中質束綑紙捲（註三）	18	235	141	1900	2	30%	NFPA 231F
	25	215	141	1900	4-6	75%	FM8-21
5.打包的廢紙	8	300	71	1900-3800	4-6	35%	FM8-22
6.地氈（正方形框架）	10	280	141	1900	2	無	FM8-20
7.打包的毛類物品	6	235	100	1900	4	無	FM8-7
8.打包的棉類物品	10	280	71	1900	2	30%	NFPA 231E
9.打包的棉類物品（框架儲存）	14	280	71	1900	2	30%	NFPA 231E
10.木托板	25	420	141	1900	2	無	NFPA 231

註一：由消防水軟管噴出的額外水流
註二：不宜使用乾管式灑水系統
註三：每綑紙捲距離10公分
註四：灑水器與衣裳頂端距離不得超過1.5公尺

器及水管時，只得加強橫向排煙空間，可在每一個垂直的支撐處，空出5公分寬的空間，作為橫向排煙之用。有些工程師建議在每三個垂直支撐處，加裝垂直的橫向防火阻礙物。

8.4.3.4 打包的纖維品

打包棉、麻等天然纖維品的表面會露出一些纖細的絨毛，易於火焰的散布；倉庫地板上及頂端的管線、結構上常為細纖維所覆蓋，也是著火的來源；因此保持整潔，特別重要。

NFPA 231E（打包纖維品的倉儲）規定，框架不得超過4.6公尺，每一堆不得超過700包，主要走道寬度至少為3.7公尺，支道寬度為1.2公尺，總儲存藏量不宜超過10,000包。

一般可攜帶式BC型的乾粉滅火器，雖然對於打包的纖維表面上的火焰非常有效，不過，仍然必須配備由消防軟管或橡皮管所傳送的噴水系統，以撲滅滲透至表面之下的火焰，最好使用一種含有化學添加劑的「濕水」（Wet Water）滅火器，以增加水的穿透及散布能力。

8.4.3.5 打包的廢棄物

打包的廢紙與打包的纖維品一樣，以堆積方式儲存，火焰也可在內部燃燒。切碎的廢紙與纖維一樣，易於火焰的跳躍及散布。廢紙包堆積的高度不得超過9公尺。過期或廢棄的農藥不僅對害蟲有害，對於人體也會造成危害，它們通常溶解於著火性或可燃性液體、以粉狀或顆粒狀裝入可燃性材料製成的袋中或壓縮氣體罐中。設計倉儲時，除了考慮防火外，還必須考慮工作及消防人員的防護。除了安裝自動灑水系統外，必須考慮水的收集及處置，以免危害性農藥隨消防水進入公共下水道中，而且配置防護衣、呼吸器及緊急醫護設備，以備不時之需。

8.4.4 特殊倉儲

8.4.4.1 碼頭倉庫

設置於碼頭上的倉庫往往伸入水中數十或數百公尺，它們的構造及內部儲存物品，雖然與一般倉庫類似，但是由於距離岸上救火站遠，消防水主要供應水管易於冰凍，可能遭受水上船隻的碰撞，必須加強其消防設施。美國消防協會出版的NFPA 307（碼頭的建築及防護）規定，碼頭倉庫必須具備一般消防栓、消防軟管與灑水系統，消防水的供應應維持四小時，約為一般倉庫的2倍，為了保護下部結構，灑水器裝置於筆直的位置，以確保水能噴灑至下部結構的下表面。

橫向防火牆之間的面積應加以限制，而且防火牆宜伸入淺水灘之中，防火牆之間距離不得超過137公尺，可燃性下部結構之下所設置的橫向防火阻礙物之間的距離不得超過45公尺。

8.4.4.2 室內停車場

NFPA 88A停車建築（Parking Structures）中規定，設置於地下室、15公尺高而有可燃屋頂或地板的建築物，或高樓公寓、辦公大樓、旅館之中或底層的停車場應安裝自動灑水系統。旅館、辦公大樓或公寓之中或底層的室內停車場，如安裝有專人監控的煙偵測器與機械排煙系統時，則可取代灑水系統。

8.4.4.3 地下倉儲

地下倉儲可以節省土地，並節約能源，設計時，除安裝灑水系統外，還須考慮疏散路徑、煙與熱的排放，以及救火的通路。

8.4.4.4 充氣式結構物

充氣式結構物經常作為臨時性或邊遠地區的倉儲，這些結構物是由以塑膠外表塗裝的纖維套所製成，內部充滿了低壓空氣，其構造類似氣球。直徑或長、寬度小於46公尺的充氣式結構體，應依照美國消防協會第102號報告（NFPA 102, Assembly Seating, Tents, and Membrane Structures）規定設計。由於它們的結構無法支撐自動防火系統，因此不適於長期儲存高價值或高危險性物品。如果必須使用此種結構時，應使用幾個小型單元，不宜將所有物品置於一個大型單元之內。

8.5 室外儲存

小型室外儲存場所僅需充分的照明設備及圍牆，大型室外儲存場所卻必須安裝消防設施，以降低火災的損失。室外儲存場的場地選擇、設計與管理，皆必須考量安全。

8.5.1 場地的選擇

8.5.1.1 面積

儲存場的面積不僅必須足以放置目前所欲儲存的物品外，還必須提供將來可能擴充的面積，以及足夠的通道。

防火與防爆

Fire and Explosion Prevention

368

8.5.1.2 地勢

地表面必須平坦，傾斜的地勢會造成堆積物品的不穩定，會增加救火員執行任務的困難。

8.5.1.3 接觸

與附近其他建築物、場所保持安全距離，以避免發生在左鄰右舍的火焰，快速蔓延至儲存場內。

8.5.1.4 消防能力

由於場內儲存物品的布置、堆積高度、堆積物之間距離，與地區所能提供消防保護能力、消防水的供應有關，選擇場地時，應先評估地區的消防隊的性質、能力及機動性。

8.5.1.5 水患及暴風

避免在水患或暴風出沒的地區設置室外儲存場。

8.5.2 場地的整理

8.5.2.1 整地

盡可能保持場地表面平坦，並且將草、植物剷除；表面應全部以水泥或柏油覆蓋，如果無法完全覆蓋時，至少場內主要通道地基，必須堅實，以利於救火車的行駛。場內具備適當排水溝渠，以利消防水的排放。

8.5.2.2 場內布置

場內物品堆積位置、高度及堆與推之間的距離必須依據場區設計圖，主要通道寬度至少需4.5公尺以上，以便於救火車的通過。堆與堆之間的距離不得低於3公尺，以防止火焰的蔓延。

著火性液體宜儲存於地下儲槽或與其他物品遠離，以免洩漏或潑灑的液體流至儲存區。

8.5.3 消防設施

地區性消防能力薄弱，或距離消防站過遠的室外儲存場所應考慮自行設置供水管線及消防栓。**表8-4**依據美國保險服務局（Insurance Services Office）所發展出的公式，所求得的消防水流率，表中的裝載（儲存）分類為：

1. 局限可燃性：低燃燒性及低可燃性物質。
2. 可燃性：一般可燃物質。
3. 自由燃燒：例如棉包、家具、木材及木製品。
4. 快速燃燒：(1)高火焰強度；(2)瞬間著火而且難以撲滅者；(3)在常溫下，產生著火性蒸氣或粉塵者。

每23公尺之間宜設置可攜帶式滅火器（不會冷凍結冰的滅火器），如果場中有工作人員駐守，則應安裝消防水軟管，所有工作人員皆定期接受滅火訓練。場中最好設置自動警示系統，直接通至消防隊，以便於消防人員及時趕到現場，至少應有電話裝置，可隨時通知消防單位。

8.5.4 特殊材料的儲存須知

8.5.4.1 橡膠製品

輪胎燃燒時，放出大量熱量及濃煙，必須使用大量高壓水，才可控制。每堆輪胎不可過寬，場內提供足夠的走道，以便於水的透入。

打包的粗橡膠通常放置於室外儲存場內，美國工廠互助研究協會（FMRC）建議每堆重量限制為9公噸，每堆之間的距離不得小於9公尺，如果

表8-4　室外儲存場所的消防水流率[8]

面積		局限可燃性		可燃性		自由燃燒		快速燃燒	
平方英尺	平方公尺	加侖／分	公升／分	加侖／分	公升／分	加侖／分	公升／分	加侖／分	公升／分
10000	929	1500	5678	1750	6624	2000	7571	2250	8517
20000	1848	2000	7571	2500	9464	3000	11356	4000	15142
50000	4645	3500	13429	4000	15142	4500	17034	6000	22712
100000	9290	5000	18927	5500	20820	6500	24606	8000	30283
200000	18580	6750	25551	8000	30282	9250	35015	10000	37854

面積許可，宜距離15公尺[9]。

打包用的粗麻布上不得沾有油類，因為油類在緊密包裝堆中，很容易產生瞬間發熱現象。

8.5.4.2 木材及木製品

木材易燃，如果發生火災，必須使用大量水，每支救火所用的噴嘴流量每分鐘約3,785公升。儲存場宜埋藏地下消防水管，地上則設消防栓，堆積高的場所則將消防水噴嘴裝置於塔上。NFPA 46木材產品的儲存（Storage of Forest Products）內詳述儲存準則。

紙漿廠內儲有大量的木片，木片堆的火災可分為表面及內部火災兩種。長期暴露於乾熱的天氣下，而表面又未沾濕的木片堆易發生表面火災；如果儲存時間過久，而不經常替換的木片堆，易生內部火災。

8.5.4.3 打包的纖維品

美國工廠互助研究協會（FMRC）建議每一堆不得超過500包，每堆之間、堆與圍牆或建築物之間的走道寬度為15公尺，不得低於9公尺[10]。打包的亞麻桿每堆最大重量限制為200噸，高度限制為6公尺，與建築物之間的距離為60公尺，每堆之間或與其他點火源之間距離為30公尺[8]。為了通風及防止地面濕氣的影響，最好將纖維包放置在托板上，頂端及旁側覆以難燃材料製成的覆蓋。

8.5.4.4 煤

剛從礦坑開採出來的煤吸收氧氣的速率快，易於著火。水分及煤塵高時，煙煤也易於著火。

8.6 穀類的儲存及處理

穀類包括稻米、小麥、玉米、花生、大豆、向日葵子等，它們通常由農場收集後，先暫時儲存於穀倉之中，然後再依用途及需求，送至處理工廠，進行乾燥、去殼、磨粉、加工後，製成食品。由於穀類內含有大量澱粉、蛋白質、碳水化合物，具可燃特性，儲存處理過程中易產生粉塵，如果設計或操作不良，易於爆炸。

8.6.1 基本流程

穀類儲倉的種類很多，包括水泥或鋼鐵製成的筒形儲槽、木製的儲箱、一般儲槽，或一般倉庫及露天堆積等，它們的體積視需求而定，小型儲槽的容量約1,000斗（35.4立方公尺），大型儲槽可容納500,000斗（17,700立方公尺）。

穀類的處理包括：

1.輸送：輸送帶、輸送鍵、螺旋輸送器、氣動輸送系統等。
2.升降：籃式升降機（垂直方向輸送）。
3.接受及運輸。
4.乾燥：乾燥器。
5.篩選及去汙：篩選盤、通氣系統。
6.磨碎及破碎：磨碎機、鎚擊機。
7.灰塵的控制：集塵室（濾袋）、旋風集塵塔等。

8.6.2 爆炸危害

塵爆是穀類儲存及處理業最可怕的危害，以美國1977～1990年間，平均每年至少發生19次意外，財產損失少則數百萬美元，多則超過數千萬美元。塵爆發生的確實條件非常複雜，與塵粒大小、濃度、著火（引爆）源的能量、濕度及成分有關，而且每種穀類的塵爆特性不同，難有定論。不過專家們皆同意，控制粉塵在空氣中的濃度及顆粒大小是避免塵爆發生最有效的方法，然而如何去控制濃度及顆粒，卻是主要的難題。

表8-5列出主要穀類在空氣中的爆炸下限濃度，以供參考，其數值在45～100克／立方公尺。粉塵顆粒直徑小於100微米時，易於引爆，由**表8-6**可知，在穀倉中，顆粒直徑低於100微米以下占了相當的比例。如果穀倉中粉塵的濃度為20公克／立方公尺時，能見度不及1公尺，吾人很難想像一個空曠的穀倉中懸浮的粉塵會多到此種程度，然而事實上這種濃度在密閉儲槽頂端、升降籃內部、傾倒槽的下層不僅可能，而且經常發生。

積聚在地板上、牆板上或設備上的粉塵，一旦受設備的振動、空氣流動或局部性火災、爆炸的影響，也會懸浮在空氣中，如果達到爆炸臨界濃度，可能引爆。

表8-5　穀類粉塵的爆炸下限濃度[11]

粉塵	公克／立方公尺
玉米穗軸	40
玉米澱粉	40
紫花苜蓿	100
大麥	55
花生殼	45
稻米	50
大豆粉	60
糖	45
麵粉	50
澱粉（小麥）	45
棉花子粉	55

表8-6　顆粒大小的分配[11,12]

粉塵直徑（微米）	傾倒坑（酒膜）（%）	輸送帶（澱粉塵）（%）	主要穀倉升降機（60%酒膜，40%澱粉塵）（%）	豆粉（%）
+150	94.8	—	56.0	16.0
150-100	3.7	—	11.3	12.0
100-74	1.1	—	7.0	13.4
74-38	0.4	—	6.0	9.2
38-21	—	31	6.0	16.3
21-16	—	28	5.0	16.0
16-8	—	22	4.0	11.0
8-6	—	10	3.0	4.0
6-4	—	3	2.0	2.0
4-2	—	2	—	—
2-1	—	3	—	—
-1	—	1	—	—
總計	100	100	100	100

　　表8-7列出美國1958～1978年二十年間造成穀倉塵爆意外的點火源，其中除41%不詳外，最主要的點火源為焊接工具（占17.2%，共43件），其次為電器失火、廢金屬碰撞產生的火花、軸承過熱、摩擦產生的火花等。

　　升降機式穀倉中發生塵爆次數最頻繁的場所為籃升降機[12]，占23.2%（表8-8），由於超載或輸送帶停滯，轉動滑輪產生大量摩擦熱，進而點燃輸送帶。輸送帶脫序或操作失常，也會造成支柱外殼過熱而點燃潤滑油或粉塵等可燃物質。另外一個點火源為軸承過熱，在一些早期的設計中，頭、尾的滑輪的軸承裝置於外殼之內，軸承過熱也足以點燃粉塵。

表8-7　美國1958-1978年之間塵爆點火源[13]

點火源	次數	百分比
不詳	103	41.2
焊接	43	17.2
電器失火	10	4.0
廢金屬	10	4.0
其他火源	10	4.0
無法確認的外來物體	9	3.6
腳座卡住	8	3.2
軸承過熱	7	2.8
其他火花	7	2.8
摩擦產生火花	7	2.8
雷電	6	2.4
電延長線	4	1.6
馬達失常	4	1.6
靜電	3	1.2
輸送帶脫序失火	3	1.2
著火性蒸氣	3	1.2
穀類過熱悶燒	2	0.8
冒煙材料	2	0.8
爆竹煙火	1	0.4
由溶劑回收工場逸入的蒸氣	1	0.4
其他	7	2.8
	250	100

8.6.3 失火危害

穀倉中最可能引起火災的危害源為乾燥器及丙烷或液化石油氣等燃料。大型乾燥器的放熱率可高達6百萬瓦（20.5百萬英熱單位），長度約25公尺，如果操作失常，可能引起火災。丙烷或液化石油氣是乾燥及加熱的燃料，由於它們的比重比空氣重，由儲槽或管線所洩漏的蒸氣，很容易積聚於地下室或地下通道角落中，如遇點火源，即可能發生火災。

8.6.4 安全措施

8.6.4.1 建築設計

穀類儲槽應以強化水泥或鋼鐵為材質，並且裝置於整個場所的頂層，建築

表8-8 美國1958～1978年間升降機式穀倉中發生塵爆的位置[13]

位置	次數	百分比（％）
不詳	107	42.0
籃式升降機	58	23.2
研磨設備	17	6.8
儲槽	13	5.2
頂層	9	3.6
進料設備	8	3.2
地下室	4	1.6
處理設備	3	1.2
集塵器	3	1.2
隧道	2	0.8
分配盤頂部	2	0.8
電梯（載人）	2	0.8
穀類乾燥器	2	0.8
其他	20	8.0
小計	250	100.0

物在設計時，宜考慮爆炸時的人員疏解。美國消防協會出版的NFPA 68爆炸排放
（Explosion Venting）列出許多計算疏解面積的方法，此處僅推薦下列公式：

$$A_p = CA_s \diagup (P_{red})^{\frac{1}{2}} \qquad\qquad (8\text{-}1)$$

A_p＝排放（疏解）面積（平方公尺）

C＝常數（**表8-9**）

P_{red}＝結構中最脆弱部分所能承受的最大壓力（千帕斯卡）

　　實際的爆炸疏解裝置為門、窗、多重爆炸疏解板或裝在鋼結構上的輕質覆
蓋材料。密閉的樓梯、升降機主軸的出入口宜設置防火門。穀類傳送、儲存場
所與加工處理場所之間宜安裝防火牆，以免加工處理場所發生的意外，波及儲
存場所，如果空間允許，盡可能將秤重、清洗、接收等設備遠離於儲槽。

　　所有穀類流經的表面及噴嘴應設計為自清式，結構檔、樑或其他水平表面
宜具60度以上傾斜度，以避免塵埃的積聚。

　　儲槽之間不應安裝互相連通的管線。興建新的升降機時，所需的臨時辦公
室、維修工場、休息室、檢驗室、控制室等也應遠離施工場所。

表8-9　爆炸排放（疏解）公式中的常數值

燃料	C（kpa）
氨（無水）	0.13
甲烷	0.37
基本燃燒速率低於丙烷的1.3倍的氣體	0.45
St-1粉塵	0.26
St-2粉塵	0.30
St-3粉塵	0.51

8.6.5 機械設計

下列偵測機械設備或零件失常的儀器，可以協助操作人員及時警覺失常及失誤的發生：

1.軸承熱偵測器。

2.速率指示器。

3.排列裝置。

4.固體平面偵測儀。

5.減速指示儀。

6.泛溢警示器。

7.壓力計。

其中以速率指示器及排列裝置最為重要，它們是監控籃式升降機操作最重要的儀器。

如果善用這些偵測儀器，可以防止因輸送帶停滯、軸承過熱所造成的發熱、發火事件。適當組合機械或篩選盤、柵、磁式分類設備，可以防止體積較大的外來物體或金屬進入鎚擊機、研磨機等設備中，減少因機械失常、摩擦、超載所造成的過熱現象。

8.6.6 粉塵控制

設計穀倉時，應考慮如何限制穀類粉塵的產生，限制粉塵的流動，在穀類傳送點安裝粉塵收集器，使用粉塵產生低的設備，定期檢修粉塵收集器等。

8.6.7 消防設施

近年來,已發展出適於穀倉使用的爆炸抑止系統(參閱第六章),雖然此系統的應用尚未普遍,難以評估它的實際功效,不過,依據此類系統在其他產業的應用,它應該可以降低塵爆發生的次數。

使用高壓消防水或滅火器,撲滅發生在穀倉的火災時,必須特別小心,因為噴出的高壓水或滅火劑會將積聚在地面上、設備表面等地方的粉塵驅散至空氣中,反而會造成塵爆現象,依據以往的意外事件分析結果,有些塵爆發生於消防水噴入穀倉之後[13]。

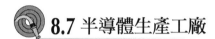 8.7 半導體生產工廠

半導體自1947年發明之後,即普遍應用於電子產品之中,1958年積體電路發明之後,應用範圍更廣,由超級電腦、錄放影機、電子控制系統至家電產品,無一不需半導體元件。半導體工業早已成為電子工業的基礎,由半導體工業的發展情況可以判斷出一個國家的工業興衰。

半導體最主要的材料為矽,其次為砷化鎵、鍺、磷化鎵等,製造過程中使用的化學物質多達二、三十種,其中不乏自燃性、腐蝕性物質,如不小心處理,即可能造成火災、爆炸等意外事件(參閱第二章第七節)。

8.7.1 製造程序

半導體的製造可分為前置預產與晶片製造兩個階段。前置預產作業包括線路設計、晶體的成長及預備、面罩生產等;晶片製造則包括一連串的生產程序,將電子線路圖刻劃在晶圓之上。

圖8-9顯示半導體元件的製造流程。

前置作業包括下列程序:

1. 線線設計:設計所需的電子線路,並將數據送入電子束曝光系統(Electron Beam Exposure System, EBES)。
2. 面罩製造:面罩(Mask)像照相底片一樣,電子束曝光系統可以選擇性

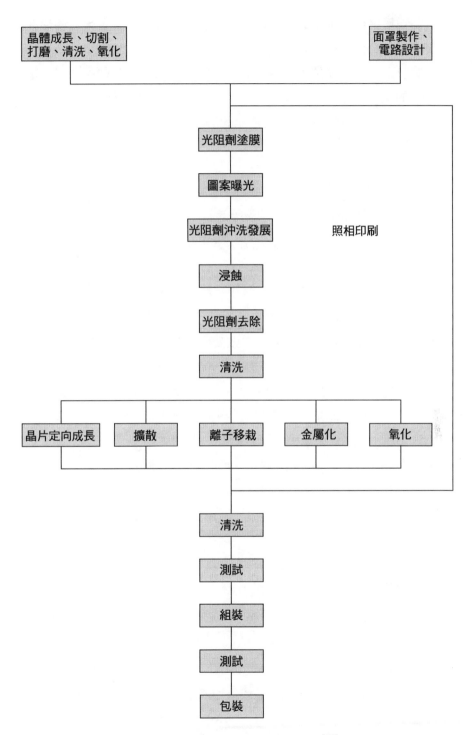

圖8-9 半導體工廠的製造程序[16]

的將玻璃平板上沉積的鍺層浸蝕，產生幾何圖形。這些幾何圖形在晶圓
製造時會被印在矽晶上。

3.晶體成長、切割及預備：多元矽晶及添加劑被放入晶體生長器（電熱、
水冷的爐子）中，在1,400℃溫度下熔融，以形成單晶，然後再切割為
0.76公釐厚的晶圓，再經水及溶劑的清洗後，即可送至下一步作業──晶
片製造。

晶片製造包括下列程序：

1.照相印刷：先將光阻劑塗在晶片表面，調整面罩與晶圓的位置，在暴露
於紫外光後，將未曝光的光阻劑除去，晶片上即呈現所設計的電路圖，
最後再經過侵蝕、清洗等步驟，即完成照相印刷的工作。

2.晶體定向成長：通常使用化學氣相沉積（CVD）、金屬有機化學氣相沉
積（MOCVD）或分子束技術在晶片上形成一層晶體。

3.擴散：將雜質、不純物加入，以改變所移栽區域的電子特性，擴散是在
管狀爐中進行，以無線電頻率加熱至900～1,200℃。

4.氧化：在管狀爐中加熱至800～1,000℃，在晶片表面上形成一層氧化物。

5.離子移栽：以高能量的添加劑離子束將特殊的添加物原子（如砷、烷、
三氟化硼、乙硼烷、氫集磷烷）栽入結晶結構之中。

6.金屬化：將晶片上不同部分連接，形成完整的線路。

7.浸蝕：將晶片上某些部分去除。

8.清洗：使用硫酸、雙氧水、1,1,1—三氯乙烯及異丙醇，清洗晶片。

9.測試及封裝。

8.7.2 安全對策

8.7.2.1 化學氣相沉積裝置（CVD）

化學氣相沉積裝置使用許多自燃性氣體（如甲矽烷、乙矽烷）與易燃氣體
（如鍺烷、氫氣、氨氣），如果設備或氣體管線洩漏，很容易造成火災。CVD
裝置的安全對策為：

1.自燃性甲矽烷氣體的供應及排放管線應單獨裝設，惰性氣體通入的洗除
管線可與其他氣體共用。

2.加強可能外洩場所的通風情況，以避免外洩氣體的積滯。

3.在可能外洩場所加裝偵測器、警示器及中斷供應的控制。

8.7.2.2 浸蝕

浸蝕程序中所使用的化學品，如腐蝕性的鹽酸、氯氣、四氯化碳與易燃性如乙烷、丙烷等，必須加強配管內的化學物質驅除，以免腐蝕。驅除、洗淨管線時可使用真空泵或以氮氣通入的真空產生器。兩者各有所長（**表8-10**），必須依據所欲驅除的氣體特性選擇。甲矽烷、鍺烷、砷烷等或其他金屬氫化物適於以真空產生器抽取，而蒸氣壓較低的物質如三氯化硼（BCl_3）則宜以真空泵抽取。

8.7.2.3 氣體的供應

洗淨、驅除用的氣體如氮氣、氧氣、空氣、氫氣等，儲存於由氣體製造廠家提供的儲槽內（氮氣、氧氣以液態方式儲存，氫氣則儲存於高壓彈式長筒中）。特殊氣體如甲矽烷、甲砷烷則儲存於47公升或10公升的高壓氣體鋼瓶中，鋼瓶則裝置於鋼瓶櫃中。

鋼瓶櫃是半導體工廠發生火災及爆炸最多的場所，櫃內管線的配製、設置位置及通風系統，皆會影響到日後的安全，其基本安全對策如下：

1.依氣體特性，採取最適當的清洗方式。

2.依其特性區隔。

3.定期檢視鋼瓶櫃，確保其操作安全。

4.使用耐久可靠的零組件。

表8-10　以真空產生器與真空泵方式抽取管線中的氣體的比較[14]

	真空產生器	真空泵
優點	・耐高壓 ・費用低廉，占空間小 ・不需增加額外電力消費 ・無維修問題	・可得高真空度（0.01 Torr） ・不需氣體清洗
缺點	・無法達到高真空度（0.01 Torr） ・必須去除清洗用的氮氣	・無法耐高壓 ・真空泵浦購置費用高 ・須經常維護，以確保真空泵浦操作正常 ・真空泵浦中會混有其他氣體

表8-11　半導體工廠鋼瓶櫃的安全措施[14]

安全項目	具體措施
1.空氣必須流通，並排至室外，室內壓力必須高於室外	・確保上部排氣擋板開放，並裝置室內外壓差計
2.使用不可燃的材料	・鋼瓶由鋼材（SS400）製成，玻璃窗門，空氣入口以鋁製造，N_2配管以耐熱樹脂製造
3.高壓氣體裝置必須通過其操作壓力1.5倍的耐壓及氣密試驗	・必須由合格的測試單位驗證，並出具檢驗文件
4.確保窗戶的安全	・使用內裝金屬網的玻璃
5.確保壓力計、流量計、配管材料合乎安全規定	・使用不鏽鋼SS316L
6.充填容器及配管安全	・容器上裝置緊急隔離裝置，在上游安裝高壓隔離閥
7.確保停電的通風、換氣及自動控制系統的正常操作	・安裝不中斷電力供應系統，提供三十分鐘以上的緊急電力
8.防止外洩	・安裝偵測器及警報器
9.避免工作人員錯認配管及鋼瓶內的氣體	・在配管及鋼瓶之外標明
10.避免排放氣體相互反應	・依氣體特性，分別收集處理

表8-11列出鋼瓶櫃的安全措施，以供參考。

為了避免氣體之間相互作用，氣體的供應及排放配管時，必須考慮相互之間的相容性及反應性，表8-12列出氣體之間的反應。圖8-10顯示安全氣體供應系統圖。

8.7.2.4 排氣處理

無塵室內所使用的氣體必須經過管線收集，經洗滌、焚化等步驟處理後，才可排至大氣之中。設計排放管線時亦必須考慮氣體之間的相容性及相互反應性，然後依其特性、濃度分別收集後處理，圖8-11顯示半導體工廠排氣及處理簡圖。

8.7.2.5 綜合監視警報系統

半導體工廠宜設置氣體偵測器及警報器，以確保工作人員的安全，當氣體濃度達到恕限值（Threshold Limit Value, TLV），即發生第一次警報，當濃度達TLV值3倍時，發生第二次警報，此時必須疏散員工，同時檢驗洩漏來源，以防

表8-12 不同氣體之間的反應[14,15]

氣體名稱	混合後的反應
氨（NH_3）＋氯化氫（HCl）	產生固體氯化銨
甲矽烷（SiH_4）＋氧氣（O_2）	著火
甲矽烷（SiH_4）＋鹵素	著火
二氯甲矽烷（SiH_2Cl_2）＋氯化物	產生腐蝕性氯化氫
磷烷（PH_3）＋鹵素	著火
砷烷（AsH_3）＋氯氣（Cl_2）	產生白色火焰
氯化鋇（BCl_3）＋甲矽烷（SiH_4）	產生乙硼烷（B_2H_6）
二氧化磷（PH_3）＋氟氣（F_2）	產生黃色火焰及亞氟化磷
硫化氫（H_2S）＋氯氣（Cl_2）或溴氣（Br_2）	產生激烈反應

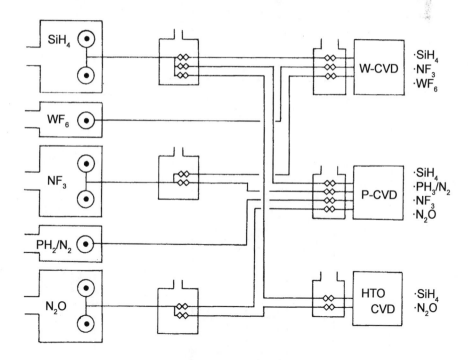

圖8-10 安全性氣體供應系統圖[14]

止工作人員受到傷害。可燃性氣體的濃度如達到其著火（爆炸）下限濃度的四分之一時，即發出警報。**圖8-12**顯示綜合監視警報系統，偵測器及顯示器則設置於主要工作場所、鋼瓶櫃等地區，所有的偵測結果經網路通至主機（中央處理設備）。

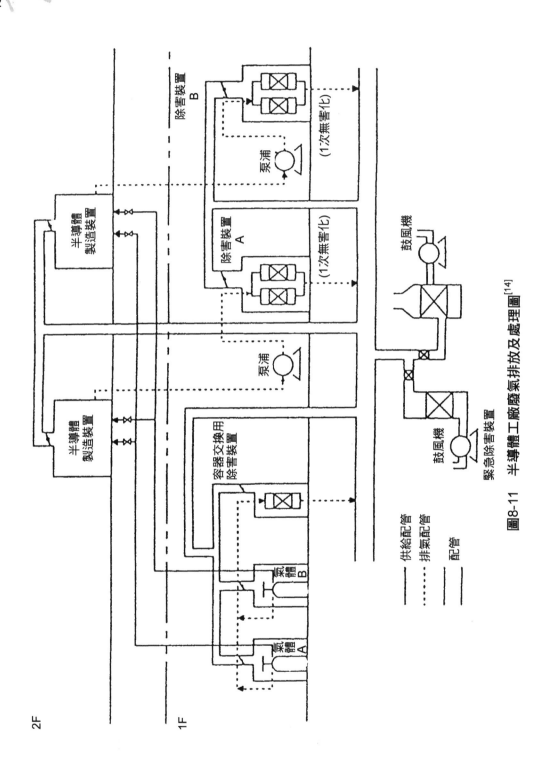

圖8-11 半導體工廠廢氣排放及處理圖[14]

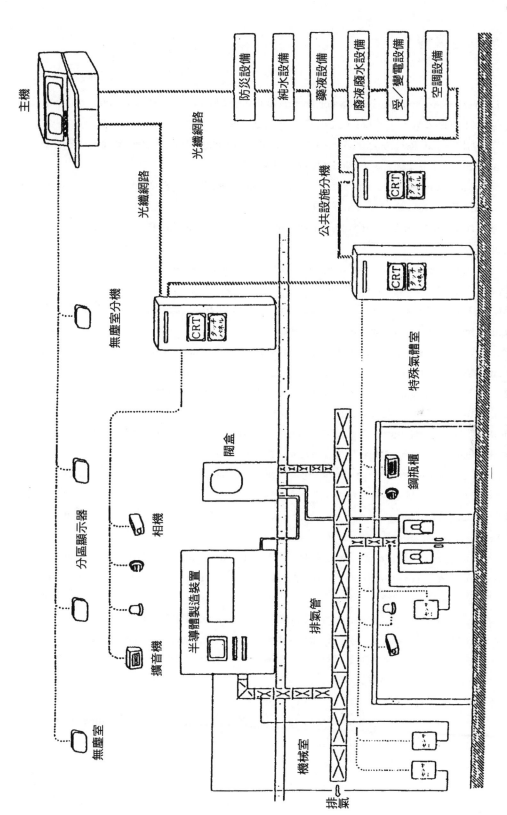

圖8-12　半導體工廠綜合監視警報系統[14]

參考文獻

1. J. F. Wheeler, Protection of Wastewater Treatment Plants, *Fire Protection Handbook*, Section 8, Chapter 1, Edited by A. E. Cote, NFPA, Quincy, MA, USA, 1991.

2. NFPA, NFPA 820: Recommended Practice for Fire Protection of Wastewater Treatment Plants, National Fire Protection Association, Quincy, MA, USA.

3. Jane I. Lataille, Food Processing, *Fire Protection Handbook*, Section 8, Chapter 3, Edited by A. E. Cote, NFPA, Quincy, MA , USA, 1991.

4. NFPA, NFPA 36: Standard for Solvent Extraction Plants, National Fire Protection Association, Quincy, MA, USA.

5. C. L. Kingsbaker, Solvent Extraction, *Fire Protection Handbook*, Section 8, Chapter 2, Edited by A. E. Cote, Quincy, MA, USA, 1991.

6. M. M. Brown, General Indoor Storage, *Fire Protection Handbook*, Section 8, Chapter 5, Edited by A. E. Cote, Quincy, MA, USA, 1991.

7. Air Structures Institute, ASI-77, Design and Standards Manual, Air Structures Institute, St. Paul, MN, USA, 1997.

8. M. M. Brown, Outdoor Storage Practices, *Fire Protection Handbook*, Section 8, Chapter 7, Edited by A. E. Cote, NFPA, Quincy, MA, USA, 1991.

9. FMRC, Storage of Baled Cradle Rubber, Loss Prevention Data Sheet 8-1, Commodity Classification, Factory Mutual Research Corp., Norwood, MA, USA.

10. FMRC, Baled Fiber Storage, Loss Prevention Data Sheet 8-7, Factory Mutual Research Corp., Norwood, MA, USA.

11. R. W. Schoeff, Department of Grain Science and Industry, Kansas State University, in Cooperation with Ralph Regan FGIS-USDA.

12. Prevention of Grain Elevator and Mills, Explosion, Publication # NMAB 367-2, National Materials Advisory Board, National Academy of Science, National Academy Press, Washington, D. C., 1982.

13. Guidelines for the Investigation of Grain Dust Explosion, Publication # NMAB 367-4, National Materials Advisory Board, National Academy of Science, Washington, D. C.

14. 加藤芳久，〈半導體製造裝置〉，上原陽一、小川輝繁編修，《防火防爆對策技術》，東京：技術系統株式會社，1994年。

15. 東京都，特殊材料氣體等消費安全指針，1991年。

16. L. A. McKenna Jr., Semiconductor Manufacturing, *Fire Protection Handbook*, Edited by A. E. Cote, Quincy, MA, USA, 1991.

Chapter
9

如何撲滅液體碳氫化合物火災

防火與防爆
Fire and Explosion Prevention

386

　　煉油及石油化學工廠的原料及產品皆為液體碳氫化合物，一般化學、食品、造紙等工廠所使用的燃料、溶劑、助劑，也幾乎屬於碳氫化合物，工業火災事件中，自然也以碳氫化合物所引起的意外占大多數。如何撲滅碳氫化合物所引起的火災，是工業消防人員最重要的課題，有關火災的防範、消防措施的一般準則，已在前面幾章中討論過，本章僅討論實際救火須知。

9.1 基本概念

　　任何一種液體碳氫化合物之所以會繼續燃燒，是由於它所揮發的蒸氣與適當比例的空氣的混合物不斷地供應至火焰上，如果空氣或碳氫化合物蒸氣的供應中斷，則火焰無法繼續維持，因此只須降低空氣及蒸氣的供應，即可達到滅火的目的。

　　降低空氣的供應量的方式有下列兩種：

1. 使用二氧化碳、水霧、泡沫及乾粉滅火劑以驅除火焰周圍的空氣。**表9-1** 列出不同場所所需要的滅火劑。
2. 以機械方式中斷空氣的供應，例如關閉桶槽的覆蓋、門，或者以泡沫滅火劑包覆液體表面。

　　將碳氫化合物的溫度冷卻至適當溫度之下，使液體碳氫化合物在其壓力下無法產生足夠的蒸氣量，而無法與空氣形成可燃混合氣體。此種降低溫度的方式僅能用於閃火點高、難以揮發的液體，但是不適用於低閃火點的液體燃料。以汽油為例，即使在很低的溫度，也能揮發出足夠蒸氣量，與空氣形成著火性混合氣體，因此無法以冷卻方式撲滅火焰。

9.2 局限性油品火災

　　局限性油品係指儲有或裝載於桶、槽等容器中的油品，由於桶槽、容器的設計合乎安全規範，即使失火，內容所盛裝的液體燃料也不會散布，火勢易於控制。油品依其閃火點的高低可分為閃火點及低閃火點兩類。局限性高閃火點

表9-1　不同場所所需滅火劑[1]

失火場所	水霧	泡沫	二氧化碳	乾粉
酒精儲槽	×	×	×	
柏油浸漬	×			
電池室			×	
乾燥爐	×		×	×
逃生梯	×			
著火性液體儲槽區	×	×	×	
燃料油儲槽區	×	×		
窯爐	蒸氣			
潤滑油及油壓油	×		×	
氫渦輪發電機	×		×	
液化石油氣儲槽	×			
油冷卻槽	×	×	×	×
油漆製造工場	×	×	×	×
油漆儲槽	×	×		×
石油化學儲槽	×	×	×	
石油分析實驗室	×	×	×	
泵房	×			
反應器及分餾塔	×			
橡膠混合及熱處理	×			
電力開關室			×	
變壓器及繼電器	×	×		
渦輪潤滑油	×	×	×	×
溶劑萃取	×	×		

油品火災包括下列三類：

1. 盛裝柴油、燃料油或閃火點高於常溫的油品的桶、槽失火。
2. 高閃火點油品因汙染、機械或管路失常等原因，在液體表面所形成著火性混合物所引發的火災。
3. 柏油、石油焦等石油固體失火。

桶槽中低閃火點油品火災包括：

1. 儲槽、運油槽車、坑、池中汽油、噴射機燃料油等低閃火點油品失火。
2. 儲槽中低閃火點原油火災。

　　局限性低閃火點油品失火後，可以使用泡沫滅火劑將油品表面覆蓋，以隔離空氣的進入，即可將火焰撲滅。一般大型儲槽區皆裝置有固定式泡沫消防系

統，如果消防系統受到損壞時，可以用可攜帶式或消防車取代。小型高閃火點油品失火，也可使用同樣的方法撲滅火焰。

　　另外一種撲滅高閃火點油品火災的方法，為降低表面溫度，減少蒸氣揮發量。常用的滅火器為消防水霧或水柱，水霧或水柱先在黏滯的油品表面形成一層泡沫，進而熄滅火焰。以高壓水柱直接射入油品表面之下，攪動表面下層的冷油，以取代表面的熱油，也可降低油品表面的溫度，減少有機蒸氣產生量，最後達到滅火的目的。將壓縮空氣直接注入儲槽的底層，也可造成儲槽內油品的更換及攪動，因為所注入的空氣會膨脹上升，同時將底層的冷油夾帶至表面。

　　高閃火點油品在常溫之下，難以點燃，低閃火點油品（汽油等）槽車失火事件，偶有所聞。發生時可先將槽門關閉，再使用二氧化碳或乾粉滅火器撲滅。

9.3 非局限性油品火災

　　非局限性油品火災係指管線或設備破裂後所洩漏的油品著火燃燒。由於燃料不斷地於管線或設備中流出，油品的供應及流動並不局限於發生火災的現場。最簡單的滅火方法為切斷流至火焰的油品供應。消防人員可穿著防護衣，在水幕的掩護下，衝進失火現場，將管線或設備的閥門關閉。

　　另一種方法是以水取代油品，由於水的比重較一般油品高，如將水注入儲槽設備之中，油品會浮在水面之上，儲槽或設備底部充滿了水，因此由底部開口流出的液體在很短的時間內，即被水取代，等到流至火焰的液體變成水之後，火焰自然熄滅。使用這種方式時，必須避免儲槽、設備溢流，否則大量油品溢出，後果不堪設想。

　　撲滅非局限性油品燃燒火焰時，必須瞭解油品的閃火特性，高閃火點油品必須直接接觸火焰，才可著火燃燒，火焰不僅不會蔓延至燃料的源頭，火焰經水噴淋冷卻後，即會熄滅。汽油等低閃火點油品燃燒後，火焰會蔓延至油品的源頭，水霧僅會降低設備或管線的溫度，可保護消防人員免受傷害，但不足以滅火，必須使用乾粉、泡沫滅火劑或兩者的組合，才可熄火。

9.4 局限及非局限性火災同時發生

　　當局限性及非局限性火災同時發生時，首先應設法撲滅非局限性火災。以儲槽為例，儲槽本身失火（局限性）與由儲槽流出的管線破裂後，油品流出失火（非局限性）同時發生後，應設法切斷油品輸送，再以水、乾粉或泡沫等滅火劑將地面上油品火災熄滅，然後再設法撲滅儲槽內液體表面上的火焰。如果先撲滅儲槽液體表面的火焰，而未撲滅由管線洩出的油品火焰，火焰很可能回燒蔓延至儲槽。

　　滅火時，應輪番使用乾粉滅火劑及消防水，乾粉滅火劑可以在短時間內，將火焰熄滅，但無法降低油品的溫度及隔離空氣，必須再使用消防水以免油品再度點燃。如果排水設施完善時，可以先將閥門關閉，中斷油品的來源，然後使用大量的消防水將地面上燃燒的殘油沖入下水道入口。流動的油品燃燒時，可使用乾粉滅火劑熄火，再使用泡沫滅火劑，將流動的油品覆蓋，以防止油品的再燃。

 9.5 液化石油氣火焰的控制

　　液化石油氣是丙烷及丁烷的混合物，為家庭桶裝瓦斯及工業用的氣體燃料之一，它在常溫下為氣體，但是通常在加壓的條件下，以液體方式儲存於桶、槽之中。如果液體石油氣管線或儲槽破裂，大量液體會驟然減壓揮發，形成蒸氣，最遠可能噴至1,500公尺以外。

　　氣體失火時，可使用乾粉滅火劑撲滅，但是除非先將閥門關閉，以切斷液化石油氣的供應源，否則無效，如果供應源無法切斷，氣體不斷逸出，不僅會再著火，而且會將火焰蔓延至更廣的區域。由於丙烷及丁烷的比重比空氣高，洩漏出的氣體如未著火，難以散開，會形成重氣雲，逐漸下沉，氣雲邊緣不斷與空氣混合，形成著火性混合氣體，如再遇點火源引火後，會產生蒸氣雲爆炸。

　　美國液化石油氣協會所發表的控制洩漏建議[2]如下：

　　1.事前注意事項：

　　(1)由上風方向救火或進行救護措施。

　　(2)迅速將人員由蒸氣雲可能籠罩的範圍中疏散出去，並且去除蒸氣散布路徑中的點火源。

2.洩漏但未失火時：

　　(1)將閥門關閉或中斷液化石油氣的供應。

　　(2)以水霧驅散液化石油氣蒸氣。

　　(3)如果氣體的流動無法停止，必須設法將蒸氣雲驅散，同時以水噴淋設備，以免萬一失火後，設備溫度過高而損壞。

　　(4)如果桶槽洩漏，但未發生火災，可先將桶槽移至邊遠地區。

3.洩漏失火：

　　(1)在洩漏未停止之前，不必急於滅火。

　　(2)如果洩漏出的氣體著火，首先以大量的水噴至火焰或熱能可能接觸的設備、管線。

　　(3)設法通知工廠操作人員，切斷液化石油氣的供應源。

　　(4)如果唯一可以切斷燃料輸送的閥在火場之中時，可以派遣有經驗的消防人員在防護衣及水幕的保護之下，衝入火場，設法關住閥門。

　　(5)可攜帶式乾粉滅火器對於小型液化石油氣火災非常有效，滅火劑應直接噴向蒸氣出口處，亦可使用二氧化碳滅火器滅火。

　　(6)如果水的供應不足，無法繼續冷卻儲槽溫度時，可以考慮將人員迅速疏散，脫離現場。

　　(7)不宜移動燃燒中的儲槽，如果必須移動時，必須由筆直方向進行。

9.6 浮頂式儲槽的防火

　　浮頂式儲槽的頂蓋隨著儲槽內油品的液面上下浮動，可以防止油品揮發。雷擊是造成火災的主要原因，而且發生的次數逐年升高。依據專家分析的結果，雷擊失火與儲槽的設計有密切的關係。早期的浮頂式儲槽的掛鉤很多，這些掛鉤裝置於浮頂與槽殼的封緘之上（**圖9-1**），浮頂上裝有管線網路，這些掛鉤及管線類似法拉第籠（Faraday Cage），可以將所感應的電荷排至大氣之中，因而降低了電荷量。由於在現代的設計中幾乎不包括掛鉤，而加上封緘的材質

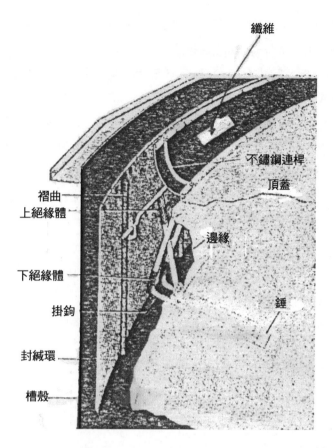

圖9-1　新型儲槽設計，浮頂與延伸至槽殼的金屬連接[1]

改善，氣密度提高，反而降低了封緘以上槽殼與浮頂之間的直接接觸的數目及電容量，浮頂本身變成了一個完全絕緣的金屬物體。浮頂遭受雷擊時，所感應的電荷無法傳至地面上，而在浮蓋邊緣放電產生火花，自然會引起火災。如欲降低雷擊失火的機率，必須增加浮頂與槽殼的接觸點及電容器，或加裝法拉第籠。

　　完全防止雷擊失火意外發生的最佳方式為，使用導電度高的材料作為封緘，然而，到目前為止，未發展出導電度佳的封緘材料。有些儲槽製造工廠在浮蓋邊緣以一圈鋼片直接與槽殼接觸，鋼片與浮蓋之間以纖維相連，封緘則深入液面之下，**圖9-1**顯示此種設計，其目的在於增加浮頂與槽殼的導電接觸。

　　過去曾經有一次意外，是由於浮頂上所積聚的硫化鐵所引發的；該儲槽內所儲存的原油中硫磺含量高，而且槽內原油的液面及浮蓋在很長的時間內很

低，油品所揮發的硫化氫與浮蓋上的碳鋼，長期接觸，產生硫化鐵。

到目前為止，尚未出現有關靜電所引起的浮頂儲槽失火的報導，然而，如果浮頂失常無法漂浮時，而油品又不斷地由泵浦輸入時，在適當的溫度下，會形成爆炸性蒸氣混合物，如遇靜電放電，亦可能引爆。由於汽油的蒸氣壓高，在－12℃以下，柴油必須在43～99℃之間，JP-4噴射引擎燃料油則在－12～27℃之間才會形成爆炸性蒸氣，因此只有JF-4燃料油較有可能發生意外。為了避免JP-4燃油儲槽內部形成爆炸性蒸氣，在浮頂未曾漂浮之前（在液面未達漂浮高度前），宜以重力方式或較低速率泵送，浮頂漂浮之後，才可將泵送速率調至正常水準。

浮頂邊緣失火時，只須使用裝置於平台上的泡沫噴嘴，以噴出的泡沫將火焰撲滅，有些公司在儲槽四周修築一條走道，救火員可使用可攜帶式滅火器沿著走道，將浮頂邊緣的火焰撲滅。

發生於浮頂邊緣的火災也可使用乾粉滅火劑撲滅，救火時，至少應有兩位救火員同時執行滅火的工作，兩人由一定點開始，沿著槽邊朝著相反方向進行，一直到兩人相遇為止。

9.7 球形儲槽火災的控制

儲存於球形儲槽的油品有下列幾種：

1. 液化石油氣：丙烷及丁烷的混合物，38℃（100℉）時的瑞德蒸氣壓（Reid Vapor Pressure）在100～170kpa（10～25psi）之間。
2. 飛機燃料，瑞德蒸氣壓（38℃）在35～49kpa（5～7psi）之間。
3. 汽油（一般車輛），瑞德蒸氣壓（38℃）在49～84kpa（7～12psi）之間。

這些油品揮發後所產生的蒸氣比空氣重，其比重超過空氣的2倍，因此會沉積在低窪處或通風不良的低處。它們比其他低蒸氣壓的油品所產生的蒸氣隨風飄浮至更遠的地方。

球形儲槽區的布置及設計宜參考下列準則，以降低這些高蒸氣壓油品失火所造成的損害[3]：

1.儲槽與儲槽之間，以及儲槽與區外界限之間，應保持足夠安全距離。

2.控制閥、隔離閥及流量調節閥應遠離於可能發生失火的區域。

3.區內配置泵浦及連線管線，可及時將潑灑的油品泵離儲槽區，同時避免潑灑的油品在槽底積聚。

4.槽底或儲槽附近地面應保持平坦，不允許有低凹部分存在，以免潑灑的油品積聚。

儲槽的設計宜遵循下列準則：

1.儲槽宜以高熔點合金或碳鋼製成。

2.管線以碳鋼為材質，管線之間的接合宜以焊接為主。

3.避免使用管徑低於0.5英寸的管線。

4.在管線上任何兩個閥之間的部分，安裝熱膨脹液體疏解裝置。

5.使用堅固耐用及耐高溫的泵浦。

6.加強球形儲槽的底部材料的張力，以免失火以後，底部材料破裂。

7.儲槽支柱宜以耐火材料如水泥塗裝，以增加其在高輻射熱的影響下所維持的時間。

8.安裝分散度良好的噴水系統。

9.氣體排放口宜朝上或面向旁邊。

10.除一般壓力疏解閥外，宜安裝：

(1)一個防爆盤，盤口與通往適當場所的管線相接，如壓力超過設定壓力後，防爆盤破裂，蒸氣經由管線送至燃燒塔或適當場所焚化。

(2)在主蒸氣管線上安裝手動疏解閥。操作時，應避免洩漏情況發生，如油品洩漏時，應及時切斷油品的流動，並處理善後事宜，並防止充填時，進料太多，造成儲槽的泛溢，因為儲槽泛溢後，壓力上升，疏解閥開啟，由疏解閥釋放出的液體瞬時揮發，形成蒸氣雲，會隨風飄浮很長的距離，蒸氣雲外圍不斷地與空氣混合，形成一個飄浮的定時炸彈，如遇點火源，即會引火爆炸。

球形儲槽中所儲存的高蒸氣壓液體油品萬一失火時，無法以任何已知的滅火器材所撲滅，必須保持冷靜，並遵循下列準則：

1.使用大量的水噴淋，以冷卻所有可能被暴露的設備。

2.切斷任何流至儲槽的流體流動。

3.如果排放口或破裂的管線口直接向儲槽殼噴出火焰時，宜以水直接噴至受影響的槽殼，以冷卻殼壁。

4.盡可能設法保護液面之上儲槽部分。

5.如果管線破裂或有管線洩漏情況發生時，宜先切斷流體的供應，並以乾粉滅火劑滅火，如果火勢很大時，則使用水霧噴淋。

 ## 9.8 烴基鋁火災的控制

烴基鋁在石油及化學工業中運用甚廣，它是許多聚合反應的觸媒、還原劑及化學品中間體，例如低壓聚乙烯合成、四乙基鉛的製造、醇類的合成，以及鋁氣體鍍塗程序中，不可缺少的物質。此類金屬有機物液體具發火性，與空氣接觸，即會燃燒，傳送、處理及儲存時都必須在惰性氣體之中，任何潑灑或洩漏，都可能立即失火，一般滅火劑如二氧化碳、海龍、乾粉都無法有效控制烴基鋁的火焰。水與烴基鋁接觸後會產生劇烈的反應，最有效的滅火劑為一種以碳酸氫鹽為主，再加上活性吸附物的乾粉滅火劑[4]，它的流動性佳，與一般滅火劑類似，可以裝入一般乾粉滅火器之中使用。以撲滅三烴基鋁（三乙基鋁、六異丁基鋁、三丙基鋁等）所產生的火災為例，大約僅需8～10公斤乾粉滅火劑即可撲滅1公斤烴基鋁所產生的火焰。

另外一種有效乾粉滅火劑為一般乾粉滅火劑與自由流動的石墨吸附物的混合使用，分別由不同的滅火器噴出，乾粉滅火劑可直接滅火，而石墨吸附劑則將尚未引燃的烴基鋁吸附，以避免再度引燃。

為了避免烴基鋁在傳送時點燃失火，每一個容器皆先以氮氣充填，而且傳送、置換及裝填工作皆在氮氣氣氛之下進行。

美國Ethyl公司製作了一套有關烴基鋁的防火影片，可供同業借閱，有興趣者可與美國路易斯安那州巴頓魯治市（Baton Rouge, LA）Ethyl公司工業化學部門連絡[5]。

9.9 液化天然氣火災的處理

天然氣在低溫之下，以液態方式儲存於儲槽之內，如果由儲槽或管線中洩漏出來，很快地會揮發成氣體，形成蒸氣雲，與空氣混合後，再與點火源接觸，即會引燃爆炸，因此防範液化天然氣工廠或轉運站失火的最佳方法為避免其由儲槽或管線中逸出，如果洩漏發生時，則設法控制，以避免事態惡化。

液化天然氣的儲運及管線必須合乎規格，美國消防協會出版的「第59A號報告：液化天然氣生產、儲存及處理標準」（NFPA 59A, Standard for the Production, Storage and Handling of Liquefied Natural Gas）已普遍被接受，應視為設計及營運的必備準則。

液化天然氣洩漏時，會產生一團白霧，白天可由肉眼目視發現，晚上除非在照明之下，則無法由肉眼辨識。一般大型場所皆安裝著火性蒸氣偵測系統，偵測器遍布可能發生洩漏的位置，當著火性蒸氣的濃度超過其爆炸下限的10～25%時，即會發生警示訊號，有些場所則在濃度超過爆炸下限的5%，自動引發停機連鎖系統。

液化天然氣洩漏後會形成蒸氣雲，為了避免蒸氣雲與點火源接觸，消防人員應以消防水管噴出大量水霧，水滴與天然氣接觸後，會加熱天然氣的溫度，造成膨脹現象，有利於氣雲的向上散布；水與液態天然氣會形成固態水和物，由於產生的數量不大，而且易於揮發，只要避免與其接觸，即不致產生危害。泡沫滅火劑可以防止液態天然氣蒸氣，但是由過去的經驗得知，液態天然氣槽內液體的蒸發速度很慢，泡沫的功效不大。

水與泡沫滅火劑皆無法撲滅液化天然氣火災，必須使用碳酸氫鹽乾粉滅火劑，而碳酸氫鉀又較碳酸氫鈉有效，使用時必須以高速（4.5公斤／秒）噴出，而且連續噴出二十五秒以上，消防人員應穿著特殊反射性防護衣，以免灼傷[6]。

 9.10 天然氣火災的控制

天然氣是家庭及工業最普遍使用的氣體燃料，天然氣所造成的火災，自然也層出不窮，美國消防專家蓋斯氏（Ather B. Guise）依據241次的實驗結果，提

出下列建議[7]：

1. 假設所有由天然氣燃燒造成的火災，皆為侵犯性火災。
2. 在消防水充分供應之下，以及天然氣所引起的火災尚未引發木材失火的情況下，以使用碳酸氫鉀為主要成分的乾粉滅火劑最為有效。
3. 如果沒有水源，而且火災已蔓延至木材、灌木或樹林時，則使用多功能或乾粉滅火劑。
4. 使用可移動式的滅火設備（例如消防車或手推式設備），並配置高速噴嘴（每秒4.5公斤），滅火劑攜帶量足以供應每個噴嘴應用三十秒鐘。
5. 消防人員應穿戴反射式頭盔及防護衣，並配置塑膠面罩。

圖9-2及**圖9-3**顯示撲滅天然氣火災所需乾粉滅火劑的數量[7]，以碳酸氫鉀為主成分的乾粉遠較以碳酸氫鈉為主成分的乾粉有效。**表9-2**列出兩種滅火劑所需的劑量，以供參考。

9.11 使用泡沫滅火劑撲滅氣體火災

泡沫滅火劑是撲滅汽油、飛機燃料、燃料油、加熱油、原油等低揮發性油品最普遍使用的滅火劑，雖然不同泡沫的效能因其物理性質而異，但是基本滅

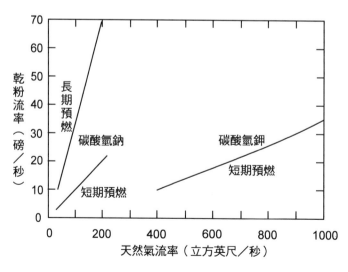

圖9-2　撲滅水平方向侵犯性火焰所需最低乾粉劑量[7]

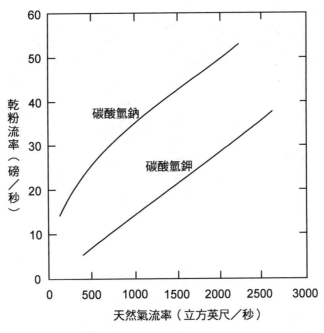

圖9-3　撲滅垂直方向噴射火焰所需最低乾粉劑量[7]

火原理皆大同小異，由於泡沫滅火劑會冷卻火焰，將液體表面包覆住，以防止液體的揮發，阻止火柱對於液體表面的熱傳，因此可撲滅火焰。

　　甲烷、乙烯、丁二烯、丙烷、丁烷等氣體通常是在低溫下以液體形態儲存，它們在一大氣壓下的沸點遠低於常溫，此類在低溫下儲存的液體，萬一由管線或容器中洩漏出來，由所接觸的物體如泥土、水泥、管線外殼等所傳至的熱量，會產生足夠的蒸氣，以維持火焰的延續，消防水或泡沫的溫度（常溫）也遠高於液體，與液體接觸後，也會造成揮發，不僅無法控制火焰，反而會加強火焰的持續；因此撲滅由這些氣體燃燒所造成的火災是一件具挑戰性的難題。

　　美國MSA公司與能源分析家公司（Energy Analysts）於八〇年代初期，接受美國環保署的委託，針對丁乙烯、乙烯、液化石油汽、液化天然氣火災，進行一連串的實驗，期以找出足以控制液化氣體火災的泡沫物理特性，以及液化氣體的沸點及密度對於泡沫滅火效能的影響。**表9-3**列出泡沫滅火功效的比較，將沸點數據與滅火功效相結合，即可引伸至泡沫對於其他液化氣體火災的功效。

表9-2　撲滅天然氣火災所需最低乾粉劑量[7]

火災種類	乾粉流速（磅／秒）	乾粉總量（磅）（註一）	天然氣流量（立方英尺／秒）	
			碳酸氫鉀	碳酸氫鈉
垂直噴射式	5	150	180	5
	10	300	360	20
	20	600	720	79
	40	1200	1400	320
水平侵犯式（短期預燃）	5	150	170	22
	10	300	260	44
	20	600	420	88
	40	1200	670	180
水平侵犯式（長期預燃）	5	150	79	7
	10	300	120	14
	20	600	200	28
	40	1200	310	57
向下侵犯式（短期預燃）（註二）	5	150	44	22
	10	300	88	44
	20	600	176	88
	40	1200	350	176
向下侵犯式（長期預燃）（註二）	5	150	14	7
	10	300	28	14
	20	600	56	28
	40	1200	110	56
裂縫管線（短期預燃）（註二）	5	150	12	3
	10	300	49	12
	20	600	121	49
	40	1200	165	121
裂縫管線（長期預燃）（註二）	5	150	4	1
	10	300	16	4
	20	600	40	16
	40	1200	54	40

註一：流量＝流速×30秒

註二：假設碳酸氫鉀乾粉的效能為碳酸氫鈉的2倍

表9-3　泡沫滅火劑對於液化氣體的滅火功效

物質	沸點（℃）	低膨脹泡沫	中膨脹泡沫	高膨脹泡沫
丁二烯	-4	部分熄火	—	熄火
液化石油氣	-42	無影響	—	熄火
乙烯	-104	火勢加強	降低火勢55%	降低火勢76%
液化石油氣	-162	火勢加強	降低火勢	降低火勢90%

　　由上述實驗結果（**表9-3**）可知，低膨脹泡沫僅能撲滅由丁二烯所引起的部分火焰，對於液化石油氣完全沒有功效，對於沸點極低的乙烯及液化天然氣，不僅不能控制火焰，反而會增加火勢。由此可知低膨脹泡沫僅對沸點超過或與常溫相近的化學品有效。中及高膨脹泡沫不僅可有效控制低沸點化合物的火勢，而且可完全熄滅較高沸點物質如丁二烯及液化石油氣所造成的火災。

 參考文獻

1. How to Fight Hydrocarbon Processing Plants Fires, in *Fire Protection Manual for Hydrocarbon Processing Plants, Vol. 1*, Chapter 7, Edited by C. H. Vervalin, Gulf Publishing Co., Houston, Texas, USA, 1973.

2. LPGA, National Safety Council's Petroleum Section Newsletter, Liquefied Petroleum Gas Association, September, 1962.

3. J. L. Risinger, Controlling High Vapor Pressure Fires, in *Fire Protection Manual, Vol. 1*, Chapter 7, p. 373, Edited by C. H. Vervalin, Gulf Publishing Co., Houston, Texas, USA. 1973.

4. E. D. Zeratsky, How to Fight Aluminum Alkyl Fires, in *Fire Protection Manual for Hydrocarbon Processing Plants, Vol. 1*, Chapter 7, p. 376, Edited by C. H. Vervalin, Gulf Publishing Co., Houston, Texas, USA. 1973.

5. K. H. Schmit, T. E. Lee, J. H. Mitchen and E. Z. Spiteri, How to Cope With Aluminum Alkyls, in *Fire Protection Manual for Hydrocarbon Processing Plants, Vol. 2*, Chapter 3, p. 165, Edited by C. H. Vervalin, Gulf Publishing Co., Houston, Texas, USA. 1987.

6. W. L. Walks, Coping With LNP Plant Fires, in *Fire Protection Manual for Hydrocarbon Processing Plants, Vol. 1*, Chapter 7, p. 377, Edited by C. H. Vervalin, Gulf Publishing Co., Houston, Texas, USA. 1973.

7. A. B. Guise, How to Fight Natural Gas Fires, in *Fire Protection Manual for Hydrocarbon Processing Plants, Vol. 2*, Chapter 3, p. 151, Edited by C. H. Vervalin, Gulf Publishing Co., Houston, Texas, USA. 1987.

Chapter
10

安全管理

在競爭日益激烈的九〇年代，任何一個公司都禁不起一次嚴重的火災或爆炸事件所帶來的衝擊，意外事件如果不幸發生，不僅生產工作停頓，機器設備損失嚴重，而且還可能危及附近社區居民的安全與環境生態的破壞。以美國菲利浦化學公司為例，1989年德州帕薩丁納高密度聚乙烯工廠爆炸後，造成了23人死亡，314人受傷，財產損失高達八億美元，對公司的營運造成巨大的危害，因此如何有效防範火災及爆炸事件的發生，是工廠管理人員重點工作。

由以往的經驗可知，徒有昂貴精密的設備、先進的製程技術及本質安全設計，並不能完全免除意外的發生，約有一半以上的工業意外事件是由於人為或管理上的疏忽所造成的，例如：

1.疏於檢視、維護安全及消防設備。

2.使用不符規格的材料、設備或零組件。

3.違反安全作業程序及方法。

4.自動抑止設備失修或停止使用。

如欲達到安全生產及零意外的終極目標，必須加強安全管理。安全管理係安全操作及防範意外發生的管理步驟，包括下列項目：

1.安全意識、政策及責任歸屬。

2.危害通識。

3.行政控制。

4.風險管理。

5.緊急應變計畫。

6.意外調查。

7.安全訓練。

有關工廠一般性安全管理，請參閱下列書籍：

1. 張一岑，《製程安全管理》，揚智文化，2012年。

2.*Guidelines for Technical Management of Chemical Process Safety*, Center for Chemical Process Safety, American Institute of Chemical Engineers (AIChE), Washington, D. C., USA.

本章僅討論直接與防火、防爆有關的管理措施，包括：

1.安全管理組織。

2.防火、防爆計畫的執行。

3.風險管理。

4.意外調查及申報。

4.職工安全訓練。

6.消防組織及訓練。

 # 10.1 安全管理組織

任何一個安全管理計畫能否有效發揮功能，與高層管理階層的參與及重視程度有密切的關係。公司的董事會必須責成管理部門訂定具體而合理的目標及執行步驟，定期檢討。世界各大跨國性公司的安全管理工作，皆由一位副總經理負責，主管工業安全、衛生、環保等相關業務，下設工業安全處，實際研擬安全管理計畫，並訂定目標，工程技術部門內設安全工程技術組，提供安全技術標準及支援。工廠中則設全廠性安全管理委員會，主任委員由廠長或副廠長擔任，委員則由各生產單位主管擔任，委員會的工作為協調任務的執行及檢討工作成效，經常性工作則由工業安全經理負責，他的主要工作為：

1.研擬預防計畫、功能，確定責任歸屬，督導任務的執行。

2.評估、分析危害，擬定安全目標及改善計畫。

3.提供安全教育、防火、防爆訓練。

4.協調：例如提供生產及工程單位有關新製程、材料的危害及安全防護資訊，督導維修單位，確實執行消防器材、安全設施的檢視及維修，並與廠內及公共消防隊經常保持連繫。

5.定期執行安全查核、消防演習及緊急應變計畫。

生產主管必須執行公司的安全計畫，他們的責任為：

1.嚴格執行安全操作程序。

2.訓練員工執行安全管理計畫中有關任務。

3.與工業安全經理密切合作，選擇適當人選，作為單位中的義務安全工作

人員。

4.協助工安人員建立檢視、測試及維修消防及安全器材的優先順序。

5.啟發員工建立正確安全意識，並確保工作時合乎安全規範。

6.與工安人員密切合作，確保緊急疏散路徑保持安全無礙。

 10.2 防火、防爆計畫的執行

全廠防火防爆計畫應由工業安全經理會同生產、行政及工程部門主管共同研擬，並取得各級員工的共識。工安經理應參與新廠興建、舊廠擴建、日常生產管理中有關安全的討論及決定。在新廠的場地選擇時，工安經理仍須考慮下列有關事項：

1.足夠消防水的供應，以備救火需要。

2.洪水發生的可能性。

3.受附近機關、工廠的影響。

4.附近社區消防隊、醫護設備是否完備。

5.附近交通情況。

在建廠的企劃階段，必須考慮下列事項：

1.使用耐燃材料及建材。

2.應用防火牆、防火門、防火間隔，以限制火焰的蔓延。

3.隔離貴重、精密設備與高危險區域。

4.確保設置足夠的緊急疏散、逃生路徑。

5.提供足夠消防設施，例如消防栓、自動灑水器等。

6.提供足夠空間，以便於消防車的出入及操作。

7.加強抗震、防風、防洪設計。

工廠中安裝新的設備或進行製程改善時，必須考慮下列事項：

1.降低其他設備所產生的影響。

2.安裝特殊防護及抑止系統。

3.加強安全警衛。

4.特殊疏散、逃生設施。

工程營建進行時，工安人員必須參與下列事務：

1.提供承包工程者足夠的安全及消防訓練。
2.確保工地消防設備合乎規格。
3.監視工程的進行，確保作業安全。

工業安全經理定期評估、分析場所中的安全狀況，並提供下列資訊：

1.提供風險或保險經理有關保險公司需求的資訊。
2.協助保險公司代表、總公司工安人員、政府安全檢查人員進行檢查。
3.複檢主管保險公司、政府主管單位或外界顧問所提出的改善建議。
4.提供保險經理有關工安改善的經濟評估。
5.定期提供風險管理部門有關意外事件的資訊。

工業安全經理應協助廠長或公關人員，對附近社區宣導廠內消防及安全計畫及防護能力，以建立良好的形象，並消除社區居民的恐懼及排斥心理，並與地方消防單位、警政機關建立良好的工作關係，使廠內緊急應變計畫與地方應變計畫相互配合，以得到地方行政單位的支持。

工安人員除了儘量提供生產單位主管足夠的導引及資訊，以確保生產主管執行公司的政策及安全管理步驟，並應建立下列事項：

1.建立自我檢視計畫及步驟，以便於生產人員自動申報失誤情況，並謀求改善。
2.建立適當的消防器材維護計畫。
3.建立「熱工作」許可制度，以控制焊接或切割的工作。
4.建立警衛制度。
5.建立緊急應變組織及計畫。

表10-1列出一個消防器材的自我檢視表，它是由美國哈特福蒸氣鍋爐檢視及保險公司所研擬，以提供讀者參考。[1]

表10-1 消防器材檢視表[1]

項次	消防器材	週	月	半年	年	參考規定 美國消防協會（NFPA）	檢視記錄	
							安全計畫	執行人員
1	控制閥：水源 灑水系統、部分閥	V		S	PO,M	13/26		
2	消防水泵	AOP	FPC	S	WF	20		
3	水槽	V		S	WF	22		
4	公共給水系統	V			WF	13		
5	特殊滅火系統			S,AOA,M		12/12A/ 12/B/11 11A/16/17		
6	防火門	V			AOD	80		
7	灑水及噴霧系統		V,AT,DT	S	DPV,DLV	13/15		
8	噴水管		V		M,FHT	14/1962		
9	消防栓		V		PO,FHT,M	24/26/1962		
10	可攜帶式滅火器		V,AT		M	10		
11	自動偵測系統、警示系統		V,AT	S		71/72/72H		
12	可移動式救火設備		V,AT			1901/11C		

AOA：測試操作是否正常
AOD：門的自動操作測試
AOP：泵浦自動啟動及每週試車
AT：遙控及手控測試
DLV：噴淋閥測試

DPV：乾管閥測試
DT：排放測試
FHT：噴水管測試
FPC：消防水泵檢視
M：設備定期維修

PC：消防栓閥的實際操作
S：警示系統測試
V：目視檢視
WF：水流測試

10.3 風險評估及管理

風險評估及管理包括危害辨識、機率分析、影響分析、風險分析與風險管理，**圖10-1**顯示火災與爆炸風險管理架構，以供參考。

10.3.1 危害辨識

危害辨識的方法很多，包括下列各種方法：

1.程序／系統危害校驗表。

2.相對危害程度順序表。

3.初步危害分析（PHA）。

4.假設狀況分析。

5.安全複檢。

6.危害及操作性分析（HAZOP）。

7.失誤模式及影響分析（FMEA）。

8.事件樹。

9.失誤樹（FTA）。

10.因果分析。

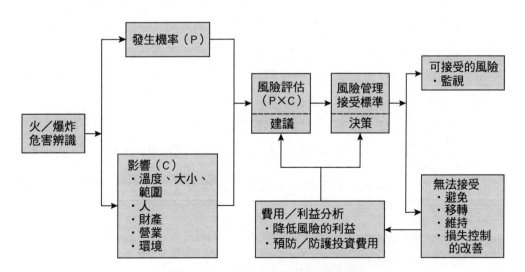

圖10-1　火災／爆炸風險管理架構

有關一般性危害辨識方法，請參閱下列書籍：

1. 張一岑，《製程安全管理》，第四章，揚智文化事業股份有限公司，
   2012年。

2. 《初步危害分析，危害與操作性分析、故障樹分析，工廠危害評估》，
   經濟部工業局，1994年。

3. *Guidelines for Hazard Evaluation Procedures,* 3rd Editon, American Institute
   of Chemical Engineers, New York, USA, 2011.

美國陶氏化學公司（Dow Chemical Company）發展的陶氏失火及爆炸指數
（Dow Fire and Explosion Index），提供了一種簡單排列化學工廠中不用製程危
險程度的方法，易於使用。

10.3.2 機率、影響及風險分析

機率是事件發生可能性的測量，影響分析則為估算失火或爆炸後所造成
的損失，而風險分析是組合意外發生的機率及其可能造成的影響。近年來，工
業安全專家已發展出系統性的機率、影響及風險分析方法，可以將過去統計數
據、預測模式及專家的意見綜合起來，作為安全決策的參考。

火災／爆炸的風險評估中最困難的任務在於機率分析，重大的自然性意外
如地震、颱風或交通事故發生的機率可以依據過去的統計數據求得，然而火災
或爆炸發生的原因很多，例如著火性、可燃物質的洩漏、化學反應失常、桶槽
過壓、操作失誤、設備、管線破裂等，如欲估算一個工廠的火災／爆炸發生的
機率，必須綜合所有生產過程中的單元設備的失誤機率，然後使用失誤樹（故
障樹）或事件樹等方法推演出發生的機率。

影響分析可依據著火性、可燃性物質排放及散布模式，再綜合爆炸及火災
模式，估算其影響。有關機率及影響分析詳細說明，請參閱下列書籍：

1. 張一岑，《製程安全管理》，第五章，揚智文化事業股份有限公司，
   2012年。

2. *Guidelines for Chemical Process Quantitative Risk Analysis*, American Institute
   of Chemical Engineers, New York, USA, 1989.

3.*Guidelines for Process Equipment Reliability Data, with Data Tables*, American Institute of Chemical Engineers, New York, USA, 1989.

4.《影響分析》，經濟部工業局，1994年。

5.*SFPE Handbook of Fire Protection Engineering*, 1st. ed., National Fire Protection Association, Quincy, MA, 1988.

在風險分析的過程中，雖然必須整合大量的數據及資訊，但是分析的結果往往只是一個簡單的風險指數值，或是一個標示不同風險程度的地圖，其目的在於提供一個明確的風險程度的指標，以作為決策的依據。有關風險分析的詳細介紹，也請參閱本節所列參考書籍。

10.3.3 風險管理

風險管理係建立可接受風險程度所需的價值判斷標準以及鑑定風險的方法。決定可接受的風險程度的程序，視組織的目標而定，它包括下列因素的考慮：

1.利潤（市場競爭力）。

2.公司資產的防護（可能產生的財產損失）。

3.永續經營（生產停頓的影響）。

4.持續成長（擴充）。

5.人道考量（員工及公共安全）。

6.公司信譽。

7.法律要求（責任、營建法規等）。

8.保險公司需求。

9.環境考慮。

如果判斷的結果，認為現況的風險程度可被接受，則不須進行改善，只須注意可能造成風險程度增加的改變（例如設備、製程的更新）即可。如果認為風險過高，無法接受，則必須研擬如何降低風險的策略，例如：

1.停止高風險程度的單元工場或設備的運轉。

2.風險轉移，例如購買財物保險，以備意外發生後，可得保險償付。

3.自我風險轉移，例如公司自備意外預備金，以備不時之需。

4.改善製程及設備，以降低風險（工程控制）。

5.加強消防設施（工程控制）。

6.研擬風險管理方案（工程控制）。

降低風險的策略決定以後，必須立即進行費用／利益分析（Cost/Benefit Analysis），估算降低風險改善製程、火災／爆炸預防及防護所需投資費用，與改善後所可能得到的實際利益，例如火災發生機率的降低及影響程度的減少。

改善製程、設備，增設消防設施所需費用的估算，比較直接、簡單，然而估算改善後風險降低的利益，不僅難以計量，而且一般估算降低風險利益的方法中，雖然包含了許多過去的統計資料，但仍依賴估算者的工程經驗及主觀的判斷。有關國外此類資料可由美國消防協會所屬的火災意外數據組織（Fire Incident Data Organization），與美國全國火災意外報導系統（National Fire Incident Reporting System）取得，國內資料可由內政部消防署取得。

如欲有效達到風險管理計畫的目標，必須定期檢討計畫進度、成效，提供完整的文件、紀錄，只有經年累月的嚴格執行計畫，並逐漸累積經驗，才可將風險降至合理的程度之內。

 10.4 意外調查及申報

意外調查是收集、彙總有關意外發生的資訊，判斷意外發生的原因，並提出改善建議的工作，其結果可以提供經營及安全管理者參考，以避免日後重蹈覆轍，目前化工廠意外調查的結果，如原因、建議、災情報告皆已公開，工業安全專家普遍認為過去數十年以來，化學工業安全紀錄的穩定改善與調查結果的公開有著很大的關係，吾人可以不斷地自失敗中吸取教訓，以降低意外的發生，近年來意外調查的技術不斷地演進，調查作業已系統化、專業化。

調查工作是為了發現事實，而非找出錯誤或是找出指責對象，在調查作業未完成之前不宜判斷是非，否則事實真相難以發掘。作業程序，可分為下列六個基本步驟[3]：

1.詳細描述意外發生的過程。

2.彙總收集相關事實。

3.分析事實及詳列可能造成意外發生的原因。

4.研習與意外原因相關的系統製程及操作方法。

5.演繹最可能造成意外的原因。

6.研擬改善建議以避免重蹈覆轍。

　　良好的意外調查可以找出可能造成意外發生的原因，協助生產機構發現程序或操作上的弱點，生產機構宜以意外的發生為教訓，不斷改善，以達到安全生產的最終目的。

　　傳統的調查方法僅為發現造成意外的原因以及提出改善建議，其目的往往僅是為了應付社會、政府或管理階層的壓力，作業過程流於形式化，使得改善建議便往往不著邊際，而難以付諸實現。近年來層次性的調查方法（Layered Investigations）逐漸為調查者使用，此種新式調查方法的分析較為深入，並要求不同層次的改善建議。由於意外發生後所能收集及發掘的過程事實或相關事件有限，大規模的調查也難以收集更多的資訊，但是事實分析的深入程度卻可能導引出新的結論或改善建議，分析事實時，參與者宜避免存有成見，客觀地分析與意外發生有關的事實，其間的過程有如腦力激盪（Brain Storming）。英國化學工業安全專家克萊茲氏（Kletz）強調改善建議至少宜分為下列三個層次，以防止並降低意外發生的可能性[4]：

1.第一層次：立即付諸實施的技術上的改善建議。

2.第二層次：避免危害的建議。

3.第三層次：改善安全管理系統的建議。

　　表10-2列出一些進行層次性調查工作時所應提出的問題，這些問題可以協助調查者發掘防止意外發生的方法。

　　調查作業過程包括下列八個不同的任務：

1.調查小組成立。

2.初步調查。

3.設定目標並分配工作。

4.收集意外發生前的客觀情況資訊。

5.收集及組合與意外相關的資訊。

6.研習並分析收集的資訊。

表10-2　層次性調查工作所使用的示範問題[3, 4, 5]

1.哪些設備失常或失誤？
　・如何防止失常或失誤發生
　・如何降低失常或失誤發生的機率
　・如何偵測失常或失誤發生
　・設備功能
　・替代設備類別
　・是否可使用安全性較高的設備替代

2.洩漏、失火、爆炸、裂解的物質？
　・如何防止洩漏（或失火、爆炸、裂解等）
　・如何偵測物質的洩漏（或失火、爆炸、裂解等）
　・物質用途及功能
　・是否可以降低存量或以其他安全性較高的物質取代

3.如何改善操作人員的表現？
　・可以改善的項目
　・管理者如何協助操作人員改善

4.與意外相關的作業項目之目的？
　・為何進行此類作業
　・如何取代
　・是否可請其他單位協助或簽包至其他單位代工
　・何時可以交由其他單位代工

7.討論及結論。

8.撰寫調查報告。

表10-3列出上列八個任務的說明。

調查報告是調查作業的主要成果，其形成宜力求彈性，內容明白清析，結論中應避免模棱兩可、語焉不詳的字句、以免混淆視聽。報告應包含下列項目：

1.緒論。

2.意外發生場所或單元工場描述。

3.意外簡報。

4.調查結果。

5.討論事項。

6.結論。

表10-3　調查工作任務說明[3, 5]

任務	說明
1.調查小組成立	小組應於意外發生以後一、二日內成立，小組成員包括與意外地點或單位工廠相關的技術、生產、研發、工安及環保單位代表
2.初步調查	由資深工業安全師擔任聽取意外簡報，初步瞭解狀況
3.設定目標並分配工作	決定調查目標，責成小組成員負責，並訂定工作時間表，限期完成
4.收集意外發生前的客觀情況資訊	收集流程圖、作業手冊、圖片、操作數據及條件
5.收集及組合與意外相關的資訊	檢視意外發生時及發生後現場所拍攝的照片，與現場目擊者面談，以瞭解意外發生過程及演變，收集損失資訊，工作時，力求客觀，儘量避免主觀的判斷
6.研習並分析收集的資訊	分析意外發生原因、發生過程，並進行現場樣品測試及模擬實驗工作
7.討論及結論	討論調查結果，提出調查結論，提出層次性建議
8.撰寫調查報告	報告內容力求明白清楚

　　7.層次性改善建議。

　　克萊茲氏建議一種將意外發生的原因及改善建議並列的摘要表[6]，此類摘要表不含發生過程的細節，適於高層管理者作為改善工作的依據，**表10-4**摘要列出意外的調查結果，以供參考。

　　意外調查小組所需的基本工具為：

　　1.錄音機、錄影機及照相機。
　　2.筆、紙、筆記本、繪圖工具、筆記型電腦。
　　3.軟尺、皮尺、繩索。
　　4.不同大小的紙袋、公文封及塑膠袋，用以收集現場樣品及證物。
　　5.個人防護設備，如頭盔、護目鏡、耳塞、安全鞋及防護衣等。

10.5 職工安全訓練

　　職工安全訓練是確保員工熟悉安全法規、準則、合理的操作步驟，及適當的緊急應變措施的必需工作，訓練計畫應具系統性及層次性，所欲達成的目標

表10-4　意外調查結果摘要表[6]

1.意外名稱：
2.主要損失：
3.日期：
4.地點：
5.事件原因及改善建議：

事件原因	改善建議
造成意外的原因或事件 意外發生前的條件、狀況 導致意外發生的步驟或事件發生順序	防止連鎖事件發生的改善建議 ・第一層次 ・第二層次 ・第三層次
管理決策及作業影響 ・ ・ ・ ・	加強訓練、講習、查核的改善建議 ・ ・ ・
造成意外發生前條件或狀況的事件 ・ ・ ・ ・	改善基本設計方法或作業程序的建議 ・ ・ ・

須明白地界定，否則極易流於形式化、表面化，徒然浪費人力、物力罷了，訓練方式可分為：

1.課堂講習。

2.現場實習，例如消防、緊急應變措施、疏散等。

3.閱讀資料。

4.定期性安全檢討會議。

5.使用多媒體視聽教材，如錄影機、錄音機。

6.電腦模擬。

訓練手冊宜妥善準備，並定期修訂，主要訓練計畫可分為下列三類：

1.新進員工訓練。

2.定期性員工訓練。

3.管理階層訓練。

　　新進員工訓練，包括安全法規準則介紹、警示訊號辨認、緊急疏散路徑辨識、基本消防、防火常識、工業衛生介紹、衛生及醫療設施、簡單急救箱的使用、危害傳播介紹等，其目的在於協助新進員工瞭解與工作有關的基本安全規定及因應方法。定期性的訓練計畫則包括安全意識的培養，生產程序中主要的危害，原料、產品、副產品及廢棄物的處理方法及物質安全資料表（MSDS）的研習、緊急應變措施及疏散計畫、個人防護工具的使用及選擇、滅火器的介紹及使用、現場救火實習等。訓練計畫以一至三年為一週期，反覆舉行，以加強職工的印象，訓練紀錄應妥善保存，並列入考評。

10.6 消防組織及訓練

　　大型化學工廠往往必須自行設立消防組織，以便及時撲滅火災，**圖10-2**顯示決定自設消防組織的考慮事項[7]，首先必須考慮是否有此必要，例如思考下列一些問題：

1.是否易於發生火災，或者發生火災的機率很高？
2.財產損失及營運停頓所造成的後果？

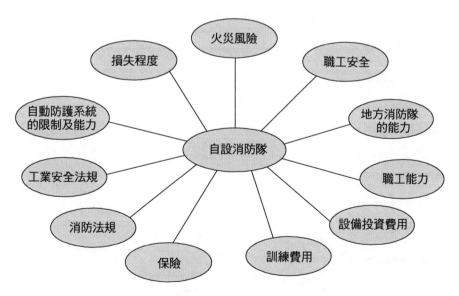

圖10-2　自設消防組織時應考慮的事項[7]

3.自設消防隊，是否會降低火災所造成的損失？

4.地方公共消防隊是否稱職，可及時趕至失火現場救助？

5.現有自動灑水、消防系統或失火／爆炸抑止系統是否周全？

6.自設消防組織後，財物保險費是否降低？

然後再進行費用／利益評估，比較所獲得的利益與所需投資費用，例如：

1.自設消防組織所需費用。

2.訓練員工所需時間。

3.訓練機構及地點。

4.是否會減少火災發生後財產的損失。

任何一個工廠皆必須經過以上的考慮，評估得失，以決定是否有必要自設消防隊，**圖10-3**顯示消防隊的組織。美國消防協會出版的NFPA 600（Private Fire Brigades）及NFPA 1500（Fire Departmant Occupational Safety and Health Program）建議消防隊員每月皆必須接受訓練。

10.6.1 救火訓練課程內容

美國德州農工大學（Texas A & M University）定期在校區舉行長達一週的救火訓練，最適於工業消防隊員的培訓，其課程內容如下：

10.6.1.1 課堂講授部分

1.火（燃燒）化學。

2.可攜帶式滅火器──維護、檢視及使用。

3.呼吸防護。

4.因應液化天然氣洩漏、失火的緊急措施。

5.泡沫滅火劑的基本原理及應用。

6.焊接時防火須知。

7.有效救火訓練。

8.檢視。

9.滅火器材。

10.可供使用的資源。

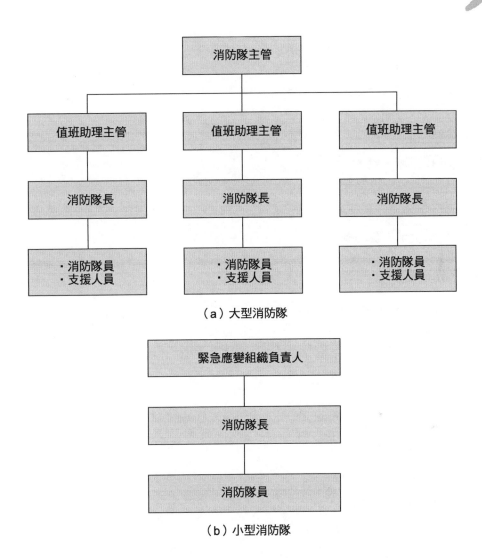

（a）大型消防隊

（b）小型消防隊

圖10-3 消防隊組織架構

11.水。

12.火焰傳布。

13.火災損失。

14.相互支援。

15.緊急企劃。

16.滅火劑。

17.特殊器材及工具。

18.小組討論。

19.連絡、溝通。

20.緊急事故發生前的企劃。

21.火熔性薄膜泡沫滅火劑。

22.以水控制火焰。

23.乾粉滅火劑。

24.鹵系滅火劑。

25.蒸氣及燃燒偵測儀器。

26.蛋白泡沫滅火劑。

27.救火前人員訓練。

10.6.1.2 現場演習部分

1.工業用消防水管及噴嘴。

2.液化石油氣火災。

3.協調式的救火行動。

4.可攜帶式滅火器的應用。

5.充填站失火。

6.自動灑水系統。

7.呼吸器。

8.製程中儲槽失火。

9.油罐車安全裝置。

10.著火性液體泵浦封緘失火。

11.坑內壓力火災。

12.油品潑灑至地面上所引起的火災。

13.頭頂上管線架失火。

14.製程設備──塔、槽、凸緣失火。

15.大型化學工廠火災。

10.6.2 六小時工業消防課程

美國馬里蘭州工業安全及消防專家約翰・朗（John Long）建議一個六小時的工業消防課程，內容著重於救火車與消防器材的操作[7]，每個月每個救火車

上的隊員（四人），必須重複此訓練，值得一般工廠效法。

10.6.2.1 第一小時

1.將救火車由消防站開至現場，準備泵送消防水。
2.由加壓儲槽中泵送消防水。
3.由救火車噴放300磅乾粉化學滅火劑。
4.由救火車噴放泡沫滅火劑。
5.由救火車操作濕水系統。

10.6.2.2 第二小時

1.找到消防栓，找出2.5英寸管徑消防水軟管。
2.將2.5英寸軟管套至消防栓管口。
3.練習噴水。

10.6.2.3 第三小時

1.重複第二小時實習的步驟。
2.解釋油槽附設的固定泡沫釋放系統的構造及功能。

10.6.2.4 第四小時

以救火車及手持消防軟管撲滅A級火災。

10.6.2.5 第五小時

以救火車及手持消防軟管撲滅B級火災。

10.6.2.6 第六小時

1.保持加壓水槽水位。
2.保持所有軟管清潔及乾燥。
3.保持救火車清潔。
4.將車上噴嘴、雲梯、繩索回復原位。
5.檢視機油、冷卻器，並加填汽油。
6.檢視滅火器，使其恢復至備用狀態。
7.維護救火車車房內的整潔。

 參考文獻

1. T. F. Barry, R. W. Asa and C. H. Moye, Fire Loss Prevention and Control Management, *Fire Protection Handbook*, Section 9, Chapter 2, Edited by A. E. Cote, NFPA, Quincy, MA, USA, 1991.

2. AIChE, *Dow's Fire and Explosion Index Hazard Classification Guide*, 6th Ed., AIChE, New York, USA, 1987.

3. 張一岑，《製程安全管理》，新北市：揚智文化，2012年。

4. T. A. Kletz, Layered Accident Investigations, *Hydrocarbon Processing*, pp. 372-389, November, 1979.

5. A. D. Craven, Fire and Explosion Investigations on Chemical Plants and Oil Refineries, Edited by H. H. Fawcett and W. S. Woods, *Safety and Accident Prevention in Chemical Operations*, pp. 659-680, John Wiley & Sons, New York, USA, 1982.

6. T. A. Kletz, *Learning from Accidents in Industry*, p. 22, Butterworths, Boston, MA., USA, 1988.

7. J. J. Long, Fire Brigade Training, in *Fire Protection Manual for Hydrocarbon Processing Plants, Vol. 2*, Chapter 10, p. 410, Edited by C. H. Vervalin, Gulf Publishing Co., Houston, Texas, 1987.

附錄

附錄一　物質著火（爆炸）濃度範圍

物質著火（爆炸）濃度範圍

中文名稱	化學式	英文名稱	爆炸限度	
			下限	上限
甲矽烷	SiH_4	Silane	1.37	98
二氯甲矽烷	SiH_2Cl_2	Dichlorosilane	4.1	98.8
二氯二甲基甲矽烷	$(CH_3)_2SiCl_2$	Dchlorodimethylsilane	3.4	9.5
三氯甲烷	$SiHCl_3$	Trichlorosilane	7	83
乙矽烷	Si_2H_6	Disilane	0.5	100
胂	AsH_3	Arsine	0.8	98
膦	PH_3	Phosphine	1.32	98
乙硼烷	B_2H_6	Diborane	0.9	98
硒化氫	H_2Se	Hydrogen selenide	12.5	63
鍺烷	GeH_4	Germane	2.28	100
氫化碲	H_2Te	Hydrogen telluride	?	100
氫化銻	SbH_3	Stibine	?	100
氫化錫	SnH_4	Stannane	?	100
氘(重氫)	D_2	Deuterium	4.9	75
氫	H_2	Hydrogen	4	75
氰化氫	HCN	Hydrogen cyanide	6	41
硫化氫	H_2S	Hydrogen sulfide	4.3	46
氨	NH_3	Ammonia	15.0	28.0
一氧化碳	CO	Carbon monoxide	12.5	74.2
二硫化碳	CS_2	Carbon disulfide	1	44
二氯化氧	Cl_2O	Dichlorine monoxide	23.5	100
硫碳醯	OCS	Carbon oxide sulfide	12	29
氰	$(CN)_2$	Cyanogen	6.6	32
甲烷	CH_4	Methane	4.6	15.9
乙烷	C_2H_6	Ethane	2.6	13.9
丙烷	C_3H_8	Propane	2.2	9.5
正丁烷	C_4H_{10}	n-Butane	1.8	8.4
異丁烷	C_4H_{10}	i-Butane	1.9	8.5
正戊烷	$CH_3(CH_2)_3CH_3$	n-Pentane	1.5	7.8
正己烷	$CH_3(CH_2)_4CH_3$	Hexane	1.2	7.5
正庚烷	$CH_3(CH_2)_5CH_3$	Heptane	1.1	6.7
正辛烷	$CH_3(CH_2)_6CH_3$	Octane	1.0	6.5
正壬烷	$CH_3(CH_2)_7CH_3$	Nonane	0.8	2.9
正癸烷	$CH_3(CH_2)_8CH_3$	Decane	0.8	5.4
異己烷	$(CH_3)_2CH(CH_2)_2CH_3$	Isohexane	1.0	7.0
異庚烷	C_7H_{16}	Isoheptane	1.0	6.0
異戊烷	$(CH_3)_2CHCH_2CH_3$	Isopentane	1.4	7.6

（續）物質著火（爆炸）濃度範圍

中文名稱	化學式	英文名稱	爆炸限度	
			下限	上限
(3,3)二乙基戊烷	$CH_3CH_2C(C_2H_5)_2CH_2CH_3$	3,3-Diethylpentane	0.7	5.7
(2,2)二甲基丁烷	$(CH_3)_3CCH_2CH_3$	2,2-Dimethylbutane	1.2	7.0
(2,3)二甲基丁烷	$(CH_3)_2CHCH(CH_3)_2$	2,3-Dimethylbutane	1.2	7.0
(2,3)二甲基戊烷	$CH_3CH(CH_3)CH(CH_3)CH_2CH_3$	2,3-Demethylpentane	1.1	6.7
(2,2,4)三甲基戊烷	$(CH_3)_3CCH_2CH(CH_3)_2$	2,2,4-Trimethypentane	1.1	6.0
新戊烷	$C(CH_3)_4$	Neopentane	1.4	7.5
(2,2,3,3)四甲基戊烷	$(CH_3)_3CC(CH_3)_2CH_2CH_3$	2,2,3,3-Tetrametylpentane	0.8	4.9
環丙烷	C_3H_6	Cyclopropane	2.4	10.4
環己烷	C_6H_{12}	Cyclohexane	1.3	8
環庚烷	C_7H_{14}	Cycloheptane	1.1	6.7
萘	$C_{10}H_8$	Naphthalene	0.9	5.9
雙環己烷	$(C_6H_{11})_2$	Bicyclohexyl	0.65	5.1
甲基環己烷	$C_6H_{11}CH_3$	Methylcyclohexane	1.2	6.7
甲基環戊烷	$C_6H_9CH_3$	Methylcyclopentane	1.0	8.4
乙基環丁烷	$C_2H_5C_4H_7$	Ethylcyclobutane	1.2	7.7
乙基環己烷	$C_2H_5C_6H_{11}$	Ethylcyclohexane	0.9	6.6
乙基環戊烷	$C_2H_5C_5H_9$	Ethylcyclopentane	1.1	6.7
乙烯	CH_2CH_2	Ethylene	2.7	36
丙烯	CH_2CHCH_3	Propylene	2.0	11.1
異戊間二烯	$CH_2C(CH_3)CHCH_2$	Isoprene	1.5	8.9
2-甲基丙烯	$CH_2C(CH_3)_2$	2-Methylpropene	1.8	9.6
1-丁烯	$CH_3CH_2CHCH_2$	1-Butene	1.6	10.0
順2-丁烯	$CH_3CHCHCH_3$	cis-2-Butene	1.7	9.0
異2-丁烯	$CH_3CHCHCH_3$	trans-2-Butene	1.8	9.7
3-甲基-1-丁烯	$(CH_3)_2CHCHCH_2$	3-Methyl-1-butene	1.5	9.1
1-戊烯	$CH_3(CH_2)_2CHCH_2$	1-Pentene	1.5	8.7
2,4,4-三甲基戊烯	$CH_2C(CH_3)CH_2C(CH_3)_3$	2,4,4-Trimethyl-1-pentene	0.8	4.8
1-3-丁二烯	$CH_2CHCHCH_2$	1,3-Butadiene	2.0	12.0
1,4-己二烯	$CH_3CHCHCH_2CHCH_2$	1,4-Hexadiene	2.0	6.1
乙炔	$CHCH$	Acetylene	2.5	81
丙酮	CH_3COCH_3	Acetone	2.1	13
2-己酮	$CH_3CO(CH_2)_3CH_3$	2-Hexanone	1.2	8
3-己酮	$C_2H_5COC_3H_7$	3-Hexanone	1	8
3-甲基-3-丁烯-乙酮	$CH_2C(CH_3)COCH_3$	3-Methyl-3-butene-2-one	1.8	9.0
甲醇	CH_3OH	Methyl alcohol	6	36.5
乙醇	C_2H_5OH	Ethyl alcohol	3.3	10
2-甲基-1-戊醇	$CH_3(CH_2)_2CH(CH_3)CH_2OH$	2-Methyl-1-pentanol	1.1	9.7

（續）物質著火（爆炸）濃度範圍

中文名稱	化學式	英文名稱	爆炸限度	
			下限	上限
4-甲基-2-戊醇	$(CH_3)_2CHCH_2CH(OH)CH_3$	4-Methyl-2-pentanol	1.0	5.5
3-甲基-2-丁醇	$(CH_3)_2CHCH(OH)CH_3$	3-Methyl-2-butanol	1.2	9.0
三級戊醇	$CH_3CH_2C(CH_3)_2OH$	t-Pentylalcohol	1.2	9.0
糠醇	$C_4H_4OCH_2OH$	Furfurylalcohol	1.8	16.3
1-丙醇	$CH_3CH_2CH_2OH$	1-Propanol	2.1	13.7
1,2-丙二醇	$CH_3CH(OH)CH_2OH$	1,2-Propanediol	2.6	12.5
三級丁醇	$(CH_3)_3COH$	t-Butylalcohol	2.4	8.0
2-氯乙醇	$Cl(CH_2)_2OH$	2-Chloroethanol	4.9	15.9
烯丙醇	CH_2CHCH_2OH	Allylalcohol	2.5	18.0
2-乙基-1-己醇	$C_4H_9CH(C_2H_5)COH$	2-Ethyl-1-hexanol	0.9	9.7
四氫糠醇	$C_4H_7OCH_2OH$	Tetrahydrofuryl alcohol	1.5	9.7
三乙二醇	$HOCH_2(CH_2OCH_2)CH_2OH$	Triethylene glycol	0.9	9.2
2,4-己二醛	$CH_3CHCHCHCHCHO$	2,4-Hexadienal	1.3	8.1
酚	C_6H_5OH	Phenol	1.5	?
乙醛	CH_3CHO	Acetaldehyde	4.0	60
丙醛	CH_3CH_2CHO	Propionaldehyde	2.6	17
丙烯醛	CH_3CHCHO	Acrylaldehyde	2.8	31
異丁醛	$(CH_3)_2CHCHO$	Isobutylaldehyde	1.6	10.6
巴豆醛	$CH_3CHCHCHO$	Crotonaldehyde	2.1	15.5
丁醛	$CH_3(CH_2)_2CHO$	Butylaldehyde	1.9	12.5
2-糠醛	C_4H_4OCHO	2-Furaldehyde	2.1	19.3
2-乙基丁醛	$(C_2H_5)_2CHCHO$	2-Ethylbutylaldehyde	1.2	7.7
二甲基醚(甲醚)	$(CH_3)_2O$	Dimethylether	3.4	27
乙醚	$(C_2H_5)_2O$	Diethylether	1.58	48
乙基乙烯醚	$CH_2CHOC_2H_5$	Ethylvinylether	1.7	28
乙基丙基醚	$C_2H_5OC_3H_7$	Ethylpropylether	1.7	9.9
異丙醚	$[(CH_3)_2CH]_2O$	Diisopropylether	1.4	7.9
二乙二醇基單丁基醚	$C_4H_9OCH_2CH_2OCH_2CH_2OH$	Diethylene glycol monobutyl ether	0.4	24.6
乙烯醚	$(CH_2CH)_2O$	Divinylether	1.7	27
酚醚	$(C_6H_5)_2O$	Diphenylether	0.8	1.5
丁醚	$(C_4H_9)_2O$	Dibutylether	1.5	7.6
甲基乙烯基醚	CH_2CHOCH_3	Methylvinylether	2.6	39
環氧乙烯	C_2H_4O	Etyleneoxide	3.6	100
環氧丙烯	CH_3CHOCH_2	Propyleneoxide	2.8	37.0
呋喃	C_4H_4O	Furan	2.3	32
四氫呋喃	C_4H_8O	Tetrahydrofuran	2	11.8
1,4-環氧乙烷	$C_2H_4OC_2H_4O$	1,4-Dioxane	2.0	22.5

（續）物質著火（爆炸）濃度範圍

中文名稱	化學式	英文名稱	爆炸限度	
			下限	上限
1,3,5-環氧己烷	$(CH_2O)_3$	1,3,5-Trioxane	3.6	29
氟化甲烷	CH_3F	Fuloromethane	6.8	20.3
二氟甲烷	CH_2F_2	Difuloromethane	13.3	29.3
氯氟甲烷	CH_2ClF	Chlorofuloromethane	14.4	26.5
1,1-二氟乙烷	CHF_2CH_3	1,1-Difuloroethane	4	19.6
1,1,2-三氟乙烷	CHF_2CH_2F	1,1,2-Trifluoroethane	6.2	22.6
1-氯-1,1-二氟乙烷	CH_3CClF_2	1-Chloro-1,1-Difuloroethane	6.8	18.2
1,1-二氯-1-氟乙烷	CH_3CCl_2F	1,1-Dichlore-1-fuloroethane	9	15.4
1-氯-1,2,2-三氟乙烯	$FCClCF_2$	1-Chloro-1,2,2-tyifluoroethylene	8.4	16.0
一氯甲烷	CH_3Cl	Chloromethane	8.2	20.2
二氯甲烷	CH_2Cl_2	Dichloromethane	14.1	20.8
氯乙烷	CH_3CH_2Cl	Chloroethane	3.3	18
1,1-二氯乙烷	CH_3CHCl_2	1,1-Dichloroethane	4.9	16.7
1,2-二氯乙烷	CH_2ClCH_2Cl	1,2-Dichloroethane	4.6	14.2
1,1,1-三氯乙烷	CH_3CCl_3	1,1,1-Trichloroethane	8	14.7
3-氯丙烯	CH_2CHCH_2Cl	Allyl chloride	2.9	11.1
異氯丁烷	$(CH_3)_2CHCH_2Cl$	Isobutyl chloride	2.0	8.8
異氯丙烷	$(CH_3)_2CHCl$	Isopropyl chloride	2.8	10.7
異氯戊烷	$(CH_3)CHCH_2CHCl$	Isopentyl chloride	1.5	7.4
氯乙烯	CH_2CHCl	Vinyl chloride	3.6	23.0
氯丁烷	$CH_3(CH_2)_3Cl$	Butyl chloride	1.8	10.1
氯丙烷	$CH_3(CH_2)_2Cl$	Propyl chloride	2.8	11.1
氯戊烷	$CH_3(CH_2)_4Cl$	Pentyl chloride	1.6	8.6
2-氯-3甲基丁烷	$CH_3CH_2CCl(CH_3)_2$	t-Pentyl chloride	1.5	7.4
二氯乙烯	CH_2CCl_2	Vinylidene dichloride	7.3	16.0
1-氯-2-丁烯	$CH_3CHCHCH_2Cl$	1-Chloro-2-butene	4.2	19.0
2-氯-2-丁烯	$CH_3CClCHCH_3$	2-Chloro-2-butene	2.3	9.3
氯丁二烯	$CH_2CClCHCH_2$	Chloroprene	4.0	20.0
1-氯丙烯	$CH_3CHCHCl$	1-Chloropropene	4.5	16
2-氯丙烯	CH_3CClCH_2	2-Chloropropene	4.5	16
氯苯	C_6H_5Cl	Chlorobenzene	1.3	3.9
環氧氯丙烷	CH_2OCHCH_2Cl	Epichlorohydrin	3.8	21.0
順-1,2-二氯乙烯	$ClCHCHCl$	cis-1,2-Dichloroethlene	9.7	12.8
異-1,2-氯乙烯	$ClCHCHCl$	trans-1,2-Dichloroethylene	5.6	12.8
1,2-二氯丙烯	$CH_3CHClCH_2Cl$	1,2-Dichloropropane	3.4	14.5
順-1,3-二氯-1-丙烯	$CHClCHCH_2Cl$	cis-1,3-Dichloro-1-propene	5.3	14.5
鄰二氯苯	$C_6H_4Cl_2$	o-Dichlorobenzene	2.2	12

（續）物質著火（爆炸）濃度範圍

中文名稱	化學式	英文名稱	爆炸限度	
			下限	上限
三氯乙烯	ClCHCCl$_2$	Trichloroethylene	12.5	90
1,2,3-三氯丙烷	C1CH$_2$CHClCH$_2$Cl	1,2,3-Trichloropropane	3.2	12.6
2-甲基烯丙基氯	CH$_2$C(CH$_3$) CH$_2$Cl	2-Methylallyl chloride	3.2	8.1
溴化甲烷	CH$_3$Br	Methyl bromide	10	15.0
溴乙烷	C$_2$H$_5$Br	Ethyl bromide	6.8	8.0
丙烯基溴	CH$_2$CHCH$_2$Br	Allyl bromide	4.4	7.3
甲酸乙酯	HCO$_2$C$_2$H$_5$	Ethyl formate	2.8	16.0
甲酸丁酯	HCO$_2$C$_4$H$_9$	Butyl formate	1.7	8.2
甲酸甲酯	HCO$_2$CH$_3$	Methyl formate	4.5	23
醋酸	CH$_3$COOH	Acetic acid	4	16
醋酸異丁酯	CH$_3$COOCH$_2$CH(CH$_3$)$_2$	Isobutylacetate	1.3	10.5
醋酸乙酯	CH$_3$COOC$_2$H$_5$	Ethyl acetate	2.0	11.5
醋酸乙烯	CH$_3$COOCHCH$_2$	Vinyl acetate	2.6	13.4
醋酸丁酯	CH$_3$COOC$_4$H$_9$	Butyl acetate	1.7	7.6
S-醋酸丁酯	CH$_3$COOCH(CH$_3$) C$_2$H$_5$	s-Butyl acetate	1.7	9.8
醋酸戊酯	CH$_3$COO(CH$_2$)$_4$CH$_3$	Pentyl acetate	1.1	7.5
醋酸甲酯	CH$_3$COOCH$_3$	Methyl acetate	3.1	16
丙酸	CH$_3$CH$_2$COOH	Propionic acid	2.9	12.1
丙酸甲酯	CH$_3$CH$_2$COOCH$_3$	Methyl propionate	2.5	13
丙酸乙酯	C$_2$H$_5$COOC$_2$H$_5$	Ethyl propionate	1.9	11
丙烯酸乙酯	CH$_2$CHCOC$_2$H$_5$	Etyl acylate	1.4	14
丙烯酸丁酯	CH$_2$CHCO$_2$C$_4$H$_9$	Butyl acrylate	1.5	10
丙烯酸甲酯	CH$_2$CHCO$_2$CH$_3$	Metyl acrylate	2.8	25
丙烯腈	CH$_2$CHCN	Acrylonitrile	3.0	17
甲基丙烯酸甲酯	CH$_2$C(CH$_3$)COOCH$_3$	Metyl methacrylate	1.7	8.2
亞硝酸乙酯	C$_2$H$_5$ONO	Ethyl nitrite	0.9	2.6
硝酸丙酯	CH$_3$CH$_2$CH$_2$NO$_2$	Propyl nitrate	1.8	100
丙胺	CH$_3$(CH$_2$)$_2$NH$_2$	Propylamine	2.0	10.4
甲胺	CH$_3$NH$_2$	Methylamine	4.9	20.7
乙胺	CH$_3$CH$_2$NH$_2$	Ethylamine	3.5	14
丙烯基胺	CH$_2$CHCH$_2$NH$_2$	Allylamine	2.2	22
丁胺	C$_4$H$_9$NH$_2$	Butylamine	1.7	9.8
戊胺	CH$_3$(CH$_2$)$_4$NH$_2$	Pentylamine	2.2	22
異丙胺	(CH$_3$)$_2$CHNH$_2$	Isopropylamine	2.0	10.4
二甲胺	(CH$_3$)$_2$NH	Dimethylamine	2.8	14.4
二乙胺	(C$_2$H$_5$)$_2$NH	Diethylamine	1.8	10.1
二異丙胺	[(CH$_3$)$_2$CH]$_2$NH	diisopropylamine	1.1	7.1

（續）物質著火（爆炸）濃度範圍

中文名稱	化學式	英文名稱	爆炸限度 下限	爆炸限度 上限
乙二胺	$H_2NCH_2CH_2NH_2$	Ethylenediamine	4.2	14.4
三甲胺	$(CH_3)_3N$	Trimethylamine	2.0	11.6
三乙胺	$(C_2H_5)_3N$	Triethylamine	1.2	8.0
2-二苯胺	$C_6H_5C_6H_4NH_2$	2-Biphenylamine	0.7	4.1
1-溴-2-丁烯	$CH_3CHCHCH_2Br$	1-Bromo-2-butene	6.4	12.0
苯	C_6H_6	Benzene	1.3	7.1
甲苯	$C_6H_5CH_3$	Toluene	1.2	7.1
苯胺	$C_6H_5NH_2$	Aniline	1.3	11
乙基苯	$C_2H_5C_6H_5$	Ethylbenzene	1.0	6.7
茴香素	$C_6H_5CH(CH_3)_2$	Cumene	0.9	6.5
丙基苯	$C_3H_7C_6H_5$	Propylbenzene	0.8	6.0
丁基苯	$C_6H_5C_4H_9$	Butylbenzene	0.8	5.8
異丁基苯	$(CH_3)_2CHCH_2C_6H_5$	Isobutybenzene	0.8	6.0
S-丁基苯	$C_6H_5CH(CH_3) C_2H_5$	s-Butylbenzene	0.8	6.9
異佛爾酮	$C_6H_5O(CH_3)_2CH_3$	Isophorone	0.8	3.8
苯乙烯	$C_6H_5CHCH_2$	Styrene	1.1	6.1
α-甲基苯乙烯	$C_6H_5C(CH_3) CH_2$	α-Methylstyrene	1.9	6.1
N,N-二甲基苯胺	$C_6H_5N(CH_3)_2$	N,N-Dimethylaniline	1.2	7.0
二乙烯苯	$C_6H_4(CHCH_2)_2$	Divinylbenzene	1.1	6.2
鄰二甲苯	$C_6H_4(CH_3)_2$	o-Xylene	1	6
乙烯基甲苯	$C_6H_4(CH_3) CHCH_2$	Vinyltoluene	0.8	11.0
1-氯-2,4-二硝基苯	$C_6H_3Cl(NO_2)_2$	1-Chloro-2,4-dinitrobenzene	2.0	22
樟腦	$C_{10}H_{16}O$	d-Camphor	0.6	3.5
2,4-二異 酸甲苯酯	$CH_3C_6H_3(NCO)_2$	2,4-Diisocyanatetoluene	0.9	9.5
1-甲基醋丁酸酯	$CH_3CO_2CH(CH_3)(CH_2)_2CH_3$	1-Methylbutylacetate	1.12	7.5
乙醛二乙苯縮醛	$CH_3CH(OC_2H_5)_2$	Acetaldehyde diethyl acetal	1.6	10.4
2-乙基己基醋酸酯	$CH_3CO_2CH_2CH(C_2H_5) C_4H_9$	2-Ethylhexyl acetate	0.8	8.1
二乙二醇丁基醚醋酸酯	$CH_3COO(CH_2)_2O(CH_2)_2OC_4H_9$	Diethylene glycol monobuty letheracetate	0.8	10.7
聯胺	N_2NNH_2	Hydrazine	2.9	98
甲基聯胺	CH_3NHNH_2	Methylhydrazine	2.5	92
N,N-二甲基聯胺	$(CH_3)_2NNH_2$	N,N-Dimethylhydrazine	2	95
1-氮雜環丙烯	$NHCH_2CH_2$	Aziridine	3.6	46
乙腈	CH_3CN	Acetonitrile	3.0	16.0
丙酮合氰化氫	$(CH_3)_2C(OH)CN$	Acetone cyanohydrin	2.2	12.0
嗎啉	C_4H_8ONH	Morpholine	2.0	11.2
氟乙烯	CH_2CHF	Vinylfluoride	2.6	21.7
二氟乙烯	CH_2CF_2	Vinylidene difluoride	5.5	21.3

（續）物質著火（爆炸）濃度範圍

中文名稱	化學式	英文名稱	爆炸限度	
			下限	上限
5-乙基-2-甲基吡啶	$C_5NH_3(C_2H_5)(CH_3)$	5-Ethyl-2-methypyridine	1.1	6.6
2,2-二甲基環氧乙烯	$(CH_3)_2CCH_2O$	2,2-Dimethyloxirane	1.5	18.3
乙二丙酮	$(CH_2OOCCH_3)_2$	Ethylene diacetate	1.6	8.4
4-羥基-4-甲基-2-戊酮	$CH_3COCH_2C(CH_3)_2OH$	4-Hydroxy-4-methyl-2-pentanone	1.8	6.9
乙酸酐	$(CH_3CO)_2O$	Acetic anhydride	2.0	10.3
苯二甲酸酐	$C_6H_4(CO)_2O$	Phthalic anhydride	1.7	10.5
馬林酐	$C_4H_2O_3$	Maleic anhydride	1.4	7.1
2-乙基己酸	$C_4H_9CH(C_2H_5)CO_2H$	2-Ethylhexanoic acid	0.8	6.0
甲硫醇	CH_3SH	Methanethiol	3.9	21.8
乙硫醇	C_2H_5SH	Ethanethiol	2.8	18.0
二甲基硫	$(CH_3)_2S$	Dimethylsulfide	2.2	19.7
二甲亞碸	$(CH_3)_2SO$	Dimethylsulfoxide	2.6	42
吡啶	C_5H_5N	Pyridine	1.8	12.4
2-甲基吡啶	$C_5H_4HCH_3$	2-Methylpyridine	1.4	8.6
丁酸	$CH_3(CH_2)COOH$	Butyricacid	2.0	10.0
丁酸乙烯	$CH_3(CH_2)COOCHCH_2$	Vinylbutyrate	1.4	8.8
	—		1.4	7.6
	—		0.7	5
	—		0.6	3.7
	—		1.3	8.0
尼古丁	—	Nicotine	0.75	4.0

附錄二　海龍滅火劑與替代品之特性比較

NEPA 2001對對海龍替代品之測試表

替代品	ODP	大氣壽命	化學式	滅火濃度(%)	設計濃度(%)	NOAEL	LOAEL	蒸氣壓(77°F psi)	沸點(°F)	安全性	替代對象	製造廠商
PFC410	0	500	C_4F_{10}	5.2-5.9%	6.5%	40%	>40%	42.0	28.4	安全	Halon 1301	3M
FM-100	0.74	5-7年	CHF_2Br	3.9-4.4%		2%		55.0	4.1	不安全	Halon 1211	Great Lakes
FM-200	0	31-41年	CF_3CHFCH_3	5.8-6.6%	7.1%+	9%	10.5%	66.4	2.4	安全	Halon 1211 Halon 1301	Great Lakes
FE-241	0.022	短	CF_3HClF	8.2%		1%		61.0	12.2	不安全	Halon 1211 Halon 1301	Du Pont
FE-25	0	非常長	CF_3CHF_2	8.1-9.4%		7.5%		190.0	-55.3	不安全	Halon 1301	Du Pont
FE-13	0	400年	CHF_3	12-13.0%	14.9%	50%	>30%	686.0	-115.7	安全	Halon 1301	Du Pont
IG-541	0	-	52% N_2 40% Ar 8% CO_2	29.1%	14-12% O_2	N/A	N/A	2205	-	-	Halon 1301	Ansul Fire Protection
NAF S-III	0.044	7年	HCFC Blend	8.6%	10.3%	10.0%	>10%	199.0	-37.0	安全	Halon 1301	North American Fire Guardian

註一：滅火濃度：以庚烷燃杯（Heptane Cup Burner）測定藥劑之體積滅火濃度。

註二：NOAEL: The Highest Concentration at which no Adverse Toxicological or Physiological Effect has been Observed. 即藥劑對身體不產生影響之最高濃度。

註三：NOAEL: The Lowest Concentration at which an Adverse Toxicological or Physiological Effect has been Observed.

註四：設計濃度必須低於NOAEL值。

註五：NAF S-III其化學組成有82% HCFC-22，4.75% HCFC-123，4.5% HCFC-124，3.75% Organic。

資料來源：W. Eckholm,〈海龍滅火劑（Halon）技術發展及替代品趨勢〉，《化工資訊月刊》，第7卷第11期，1993年11月（徐瑞珠整理）。

國家圖書館出版品預行編目（CIP）資料

防火與防爆 / 張一岑著. -- 二版. -- 新北
市：揚智文化, 2012.10
面； 公分

ISBN 978-986-298-064-4（平裝）

1.工業安全 2.火災 3.消防

555.56   101020256

防火與防爆

作　　者／張一岑
出 版 者／揚智文化事業股份有限公司
發 行 人／葉忠賢
總 編 輯／閻富萍
特約執編／鄭美珠
地　　址／22204 新北市深坑區北深路三段 260 號 8 樓
電　　話／(02)8662-6826
傳　　真／(02)2664-7633
網　　址／http://www.ycrc.com.tw
 E-mail ／service@ycrc.com.tw
印　　刷／鼎易印刷事業股份有限公司
 I S B N ／978-986-298-064-4
初版一刷／1999 年 12 月
二版一刷／2012 年 10 月
定　　價／新台幣 550 元

.